페미니즘들

페미니즘들
FEMINISMS: A Global History

여성의 자유와 해방에 관한 지구사

루시 딜랩 지음
송섬별 옮김

오월의봄

페미니즘들의 지구사를 쓰기 위해서는 방대한 지식과 그것을 엮어내는 독창적인 관점, 비판과 대화의 씨줄과 날줄을 유기적으로 엮어내는 글솜씨가 필요하다. 그런 작업을 할 수 있는 개인 연구자는 존재하기 어렵다고 생각했다. 이 책은 바로 그 불가능해 보이는 일에 도전해서 이뤄낸 놀라운 성취다.

　　페미니즘의 역사를 물결 중심으로 구분하거나 다른 사상과 접합해 분류하는 '하이픈(-)페미니즘'식 서술로는 페미니즘의 역사를 제대로 설명하지 못한다. 1물결, 2물결, 3물결, 4물결 등 시간순으로 이름을 붙이는 연대기적 서술은 페미니즘이 건너온 시간의 지층을 드러내는 장점이 있지만 연속성을 놓치고 구체성을 상실하며 지리적 차이를 삭제하는 치명적인 단점이 있다. 사회주의-페미니즘, 자유주의-페미니즘, 급진주의-페미니즘, 탈식민주의-페미니즘 등 하이픈으로 이어 붙인 분류법은 페미니즘의 사상적 다양성과 폭넓은 논쟁을 드러내는 데 유용하지만 기존의 사유체계를 넘어서고자 했던 페미니즘 사상의 해방적 잠재력을 묘사하는 데는 턱없이 부족하다. 또한 1세계에 사는 교육받은 백인 여성 중심성에 대한 비판은 유색인종 관련 서술을 추가하거나 비판 자체를 덧붙이는 수준에서만 수용되곤 했다. 이러한 역사서술의 가장 큰 문제는 서로 다른 의견을 조율하기 위해 노력했던 페미니스트들 간의 상호작용과 대화가 대부분 누락된다는 점이다.

이 책의 저자 루시 딜랩은 발전주의적 세계관에 입각한 선형적인 역사서술 방법으로는 전 지구적인 페미니즘들을 제대로 드러낼 수 없다는 점을 분명히 하면서, 서로에게 영향을 주고받아온 페미니스트들의 대화를 드러내기 위해 모자이크 페미니즘이라는 매력적인 방법론을 제시한다. 모자이크의 무늬를 만들어온 재료들이 어떻게 계속 변화해왔는지를 보여주며, 다른 방식으로 다시 짜일 수 있는 가능성 역시 남겨둔다. 이 책을 읽으면 페미니즘들이 만들어내는 모자이크에 기꺼이 동참하고 싶어질 것이다. 나 역시 사물과 활동과 노래에 관한 장을 읽을 때는 그동안 보고 들었던 역사가 감각기관에 그대로 새겨져 있다는 걸 알았다. 지난 약 3세기 동안 세계 각지의 페미니스트들이 만들어온 세계에 대한 이야기는 행동주의를 바라보는 상상력에도 다시금 불을 지펴준다. 쉽게 읽히면서도 깊이가 있고, 완벽하지 않기 때문에 비어 있는 역사를 채우고 싶게 하는, 영감을 안겨주는 책이다. 전혀 진전되지 않는 듯한 논쟁에 피로감을 느끼는 사람에게 특히 추천하고 싶다.

　　　　　　　　　　　—권김현영(페미니스트 연구활동가, 《여자들의 사회》 저자)

지금까지 '역사'라 하면 대개 현재의 국경선을 경계로 하는 각국사, 아니면 고대 그리스로부터 근대 유럽으로 이어지는 흐름을 역사의 발전 단계로 설정하고 이를 역사의 본류mainstream로 삼는 서구 중심적 역사였다. 이에 대한 반성으로 새롭게 등장한 것이 근래 주목받는 '지구사 global history'이다. 영국 케임브리지대학교 역사학부 교수 루시 딜랩이 펴낸《페미니즘들: 여성의 자유와 해방에 관한 지구사》는 이 같은 지구사적 역사서술 방법론을 이용해 페미니즘 역사의 핵심적인 모순에 도전한다.

그의 문제의식은 본래 페미니즘운동이 "사회적·정치적 삶의 모든 영역에 여성을 포함하라 주장하고, 여성을 배제하는 구조를 향해 급진적인 변혁을 촉구"해왔음에도 불구하고, 그간 페미니즘의 역사서술이 "대부분 백인이자 교육받은 여성 선구자들이라는 제한된 출연진을 중심으로" 반복되어왔다는 것이다. 루시 딜랩은 페미니즘을 더 깊이 이해하기 위해선 이것이 단지 '서구에서 전래된 일종의 수입품'이 아니라 다양한 시대와 지역, 세대에 걸쳐 함께 나눈 대화를 통해 발전하고 융성하게 된 일종의 모자이크 같은 사상이란 점을 확인할 필요가 있다고 주장한다. "여성들이 서로 다른 걸 원한다는 사실은 놀랄 일이 아니다. 페미니즘의 성패는 이러한 다양성을 어떻게 활용하느냐에 달려 있다"는 것이다.

이에 따라 저자는 자신의 주장을 뒷받침하고 입증하기 위해 서구를 중심에 놓고 전개하는 연대기적 방식을 대신해 꿈, 생각, 공간, 사물, 모습, 감정, 행동, 노래라는 8가지 키워드를 채택한다. 이를 통해 다양한 지역과 시대 속에서 자유와 해방을 외친 페미니즘운동과 활동가들의 얽히고설킨 전 지구적 역사를 섬세하고 친절하게 보듬어나간다. 우리는 이 책이 보여주는 지구적인 연결고리를 확인함으로써 지역과 세대를 초월해 서로 영향을 주고받으며 성장해온 입체적인 운동이자 사상으로서의 페미니즘을 재발견할 수 있을 것이다. 비서구지역에서 활동한, 여러 계급의 여성 페미니스트들의 활동과 역사는 앞으로 우리가 만들어가야 할 자유와 해방의 세상에 대한 풍부한 영감의 원천이 될 것이다.

—전성원(미디어문화 연구자, 계간 《황해문화》 편집장)

차례

일러두기

1. 독자의 이해를 돕기 위해 옮긴이가 덧붙인 내용은 '[ ]'로 묶어 표시했다.
2. 저자 주는 미주(1, 2, 3)로, 옮긴이 주는 각주(*, **, ***)로 표기했다.
3. 본문에 언급되는 도서 중 한국어판이 있는 경우에는 번역 출간된 제목을 쓰고 원제를 생략했다.
4. 외국 인명과 지명 등은 국립국어원 표기 원칙을 바탕으로 하되 현지 발음에 가깝게 표기했다.
5. 단행본, 정기간행물 등은 겹화살괄호(《》)를, 논문, 선언문, 에세이, 노래 등은 홑화살괄호(〈〉)를 사용했다.

들어가며

1886년 1월, 영국령 골드코스트(오늘날의 가나)의 한 여성이 펜을 들어 지난해 창간한 지역 신문 《웨스턴 에코Western Echo》에 선동적인 편지를 썼다.

> 우리 아프리카 숙녀들은 애석하리만치 오해받을 뿐 아니라 골드코스트를 찾아오는 흰 물개들의 축구공 신세가 되었습니다. …… 우리는 그렇게 묘사되는 사람들로부터 애석하리만치 매도되었으며, 우리가 아무 말도 하지 않았으므로 그들은 아무 처벌도 받지 않고 계속해서 우리를 매도합니다. …… 비록 백인이 아니고, 천사 같은 얼굴을 지니지 않았다 해도, 우리 역시 그 어느 백인 숙녀와 마찬가지로 수준 높은 문화를 이룰 수 있습니다.[1]

유럽 식민주의자들로부터 받은 부당한 취급과 자신들의 문화를 존중받지 못하는 것, 나아가 여성에게 학대를 가하면서도 어떠한 처벌도 받지 않는 식민정부에 느끼는 감정을 유려하게 표현한 편지였다. 이 여성이 그저 화만 낸 건 아니다. 백인 남성 권력을 "정의Justice" 대신 "그저 멍청이Just Ass"라 일컫는 풍자적인 말놀이도 곁들였다. 여성의 이름은 역사에 기록되지 않았지만, 그럼에도 "우리 아프리카 숙녀들"을 대변해 말하고자 했던 그의 의지는 그가 상상한 아프리카 여성 공동체로 우리의 주의를 이끈다. 그의 직설적인 언사와 폭넓은 비전을 널리 알린 건 골드코스트에서 긴 세월 이어져온 아프리카 소유의 언론사라는 지역적 요소와 그 시절 전 지구적 영향력을 행사한 여성운동이었다.

1886년은 강도 높은 식민지 확장이 이루어진 시기다. 유럽의 주요 강대국 일부가 아프리카와 아시아 영토를 빠른 속도로 점령하면서 인종 위계와 성적 규범이 한층 강력하게 강요되었고, 급진주의자, 국가주의자, 반식민주의자들이 다가오는 시대를 놓고 경합을 벌이는 폭력적인 세계 질서가 태동하는 시기였다. 한편으로는 전 세계의 여성들이 활발하게 교육을 받고, 유급 노동에 진출(또는 강압에 의해 진입)했다. 자전거의 보급과 함께 블루머를 입고 자전거를 타는 '신여성new woman'의 모습으로 요약되는 새로운 이동성과 열망이 등장한 시기이기도 했다. 이 책은 여성이 자신의 몸과 삶을 생각하고 살아가는 방식이 완전히 변화하게 된 더 큰 이야기로 들어가는 길을 보여줄 것이다. 이 이야기는 1886년 이전과 이후를 넘나들며, 젠더 불평등을 정치화하고자 했던 250년간에 걸친 시도들을 망라할 것이다.

여성이 마주하는 부당함과 싸우고자 한 이들이 이 문제에 접근한 방식은 각자가 위치한 역사적 시기로부터 강한 영향을 받아 만들어진 것이었다. 페미니스트, 여성, 숙녀, 자매 등 그들이 스스로를 지칭한 이름은 언제나 임시적이었다. 그들의 정치는 계급, 카스트, 민족, 종교, 성, 국적, 나이라는 차이를 바탕으로 형성되었다. 한 사람에 대한 페미니스트라는 명명은 결코 당연하게 허용되지 않는다. 또, 스스로 페미니즘을 인지하지 못했거나 이를 적극적으로 거부한 여성이나 남성의 행동에 '페미니즘'이라는 이름을 붙일 수도 없다.

우리는 다만 '여성의 권리', '새로운 여성성', '여성의 각성' 또는 '여성해방'을 둘러싼 캠페인들이 관심사와 전술을 공유한 방식을 더욱 잘 이해하기 위한 진입 지점으로서 '페미니즘'을 활용할 수 있다. 그러나 이 책에는 페미니즘의 한계, 맹점, 침묵, 특수성과 복잡성에 대한 이야기도 등장할 것이다. '여성women'(또는 19세기 평론가들이 흔히 쓴 표현인 '한 여성woman')이라는 개념조차도 논란의 소지가 있는 것으로 여겨진다. 생물학적인 것이라고 받아들여진 성별이 사실은 문화적·사회적으로 구성된 것임을 드러내는 '젠더'라는 용어가 널리 쓰이기 시작한 것도 20세기 후반에 이르러서야 생긴 일이다. 이 책은 여성 페미니스트와 활동가들이 국가주의, 종교적 교리, 제국주의, 유토피아주의, 급진주의 사상과 어떤 관계를 맺었는지 추적한다. 나는 다양한 세대와 시대를 가로질러 페미니스트들 사이에 존재하는 연결고리와 공명共鳴을 보여줌으로써 페미니즘의 영감을 불러일으키고자 한다. 페미니스트들의 연대는 오래전부터 한계에 부딪히곤 했으며, 과거 페미니즘의 관심사가 젠더 피해를 가시화하고 근절하고자 하는 동시대의 긴급한 노력과 언제나 쉽게 맞물리는 것도 아니다.

페미니즘은 인류의 절반 이상을 동맹으로 삼고자 하는 운동이다. 인류 역사상 이보다 야심 찬 운동은 없었으리라. 페미니스트가 원하는 건 무엇일까? 여성이 여성이라는 이유로 남성에 비해 불이익을 받고 있으며 이는 투쟁으로 해소할 수 있다는 통찰은 모두가 공유하는 것이다. 그러나 그러한 통찰에서 비롯된 정치적 요구는 시대마다 극적으로 달랐으며 여러 가지 다른 이름으로 전개되었다. 페미니즘은 18세기 또는 그 이전에 형성되기 시작한, 서로 중첩되며 내적으로 복잡한 일련의 행위, 질문, 요구라고 보는 것이 가장 적절해 보인다. 페미니즘의 관심사는 시대에 따라 변화한다. 100여 년 전 영국의 사회주의 페미니스트 에셀 스노든Ethel Snowden은 페미니즘이 "인류를 보호하기 위해 필요한 본능적인 여성의 힘"을 이용해 남성과 여성의 순수성을 추구하는 기획이라 보았다. 21세기의 페미니스트라면 이런 수사에 동의하지 않을 것이며, 신문사에 편지를 썼던 골드코스트의 이름을 알 수 없는 여성 또한 스노든의 생각에 반박했을 것이다. 그럼에도 불구하고, 오늘날 페미니즘의 관심사를 렌즈 삼아 이를 바라본다면 과거에 벌어졌던 페미니즘의 논쟁에도 주목할 만한 참신성과 의미가 있음을 알 수 있다. 예를 들어 여성 역시 군대에서 전투를 할 동등한 권리가 있다던 스노든의 주장은 오늘날 여성이 전장 운영에서 동등한 권리를 얻기 위해 벌이는 치열한 캠페인과 공명한다.

강간, 성적 학대, 원치 않는 임신, 그리고 남성의 시선으로 인한 끊임없는 압박처럼, 여성이 자신의 몸을 통제하지 못한다는 끔찍한 현실은 페미니스트들에게 동기를 부여해왔다. 페미니스트들은 여성의 빈곤, 더 안전하고 임금이 높은 직업으로부터의 배제, 결혼과 모성으로 인해 갖게 되는 취약함, 여성 문맹률에 주목했다. 자녀 양육권 상실, 강제 노동, 의료 자원과 토지 소유권의 부재, 그리고 점령이나 전쟁 및 기근 등의 상황에서 여성의 법적 권리가 부재한 결과로 발생하는 여성들의 취약함에도 주목했다. 젠더 불평등에서 비롯된 폐해와 인류의 고통은 막대했고 여전히 그러하다. 그럼에도 페미니스트들의 활동은 창의적으로 힘을 기르는 방식으로 이루어졌고, 그 과정에서 연합체를 이루기도 하며 변화를 향한 의지에 영감을 불어넣었다. 꿈과 아이디어는 캠페인과 항의시위의 형태로 구체화되었고, 개인은 그 속에서 희망, 회복탄력성, 그리고 정의를 찾았다.

페미니즘은 이미 그 목표를 완수한 정치운동으로 치부되곤 했으나, 다음 세대 여성들이 분노에 찬 목소리로 자신이 지닌 문제에 이름을 붙일 때마다 매번 새로이 힘을 얻어 다시 등장하곤 했다. 오늘날의 캠페인 활동가들은 어떤 사람들이 양가적인 의미를 담아 "F 워드"*라고 일컫기도 하는 페미니즘에 지대한 관심을 둔다. 그러면서도 대다수는 자신들의 활동이 페미니즘 역사와 어떤 관계를 맺는지 반신반의한다. 콘셉시온 아레날 Concepción Arenal, 메리 울스턴크래프트Mary Wollstonecraft, 1759~1797, 푼밀라 요 랜섬쿠티Funmilayo Ransome-Kuti, 1900~1978 같은 '여성 선구자'들을 포용하는 이도 있지만, 과거와 절연하고 '자신들만의' 페미니즘이 가진 특별함을 강조하는 이들도 있다.

페미니즘이라는 용어, 그리고 과거의 페미니즘을 향한 양가감정은 놀라운 게 아니다. 역사적으로 구성된 '페미니즘의 물결'이라는 틀은 페미니즘 역사가 지닌 복잡성을 설명하는 임무를 다하지 못한다. 페미니즘의 제1, 제2, 제3, 제4의 물결이라든지, '뉴 페미니즘'이나 라이엇걸riot grrrl** 같은 변종에 관한 이야기가 여성들의 경험과 언제나 쉽게 연결되지는 않는다. 또한 사회주의, 국가주의, 반식민주의 같은 다른 운동들과 지극히 밀접한 연관을 맺고 있는 많은 여성에게 '페미니즘'이라는 용어는 지나치게 분열을 초래하고, 지나치게 유럽-미국 중심적이고, 지나치게 백인 중심적이며, 지나치게 중산층적이라는 이유로 거부되곤 했다.

앞으로 우리는 전투적 여성참정권운동과 돌 던지기 시위는 물론이고 여성의 힘과 연대를 찬양한 급진주의 페미니즘 같

---

* 통상적으로 금기어인 'fuck'을 에둘러 말하는 표현으로, 페미니즘 역시 같은 글자로 시작하며 금기이자 낙인으로 치부되기도 한다는 점에 착안한 표현이다.

** 1990년대 미국에서 생겨난 페미니즘 문화운동. 본래 라이엇걸은 페미니스트 밴드의 펑크록 장르를 칭하는 의미로 쓰이다가 점차 페미니즘 문화운동의 함의를 가지게 되었다. 라이엇걸에 대한 자세한 내용은 419~423쪽을 참고하라.

은 익숙한 이야기들도 살펴볼 것이다. 그러나 페미니즘이 때와 장소를 막론하고 같은 모습을 한다고 가정하지는 않는다. 이 책을 관통하는 주제는 페미니즘이 품고 있는 핵심적인 모순이다. 운동으로서의 페미니즘은 사회적·정치적 삶의 모든 영역에 여성을 포함하라 주장하고, 여성을 배제하는 구조를 향해 급진적인 변혁을 촉구한다. 그러나 주변화는 페미니즘 내부에도 나름의 형태로 존재한다. 이에 따라 페미니즘은 모든 여성을 대등한 조건으로 포함할 수 있도록 그 경계를 확장하려 애써왔다. 흑인, 노동계급, 레즈비언, 트랜스젠더와 양성애자, 장애인, 비서양인과 비기독교인 여성들은 이론가 첼라 샌도벌Chela Sandoval이 이름 붙인 '패권적 페미니즘hegemonic feminism'에서 배제되어 있었다.[2] 이 책에서 앞으로 다루게 되겠지만, '페미니즘'의 기원은 범세계적임에도 종종 서구에서 형성된 해방된 여성이라는 모델과 연관되어왔다. 다양한 배경이나 목적을 지닌 이들의 목소리는 무시되기도 했으며, 페미니즘의 캠페인이 그들의 욕구를 제대로 충족시키지도 못했다. 얼마 안 되는 기록물마저도 권력과 특권을 지닌 페미니스트들이 하고자 한 이야기에 편향된 경향이 있다. 아델 무르돌로Adele Murdolo의 말대로, "페미니즘 아카이브에는 갈등을 겪거나 인종적으로나 민족적으로 분열된 운동을 선뜻 보여주는 기록이 거의 없다".[3]

페미니즘의 싸움은 때로 이미 이긴 것으로, 즉 여성에게 투표권이 주어진 순간에, 또는 선두에 선 여성들이 마침내 의사가 될 수 있는 권리, 자녀양육에 관한 권리, 운전을 할 수 있는 자격을 얻었을 때 이미 승리가 실현된 것으로 간주되기도 했다. 1990년대에는 여성들이 정치적 권력과 경제적 성공, 문화적 풍요를 모두 얻어야 한다는 '포스트 페미니즘 세계'에 대한 논의가 활발히 이루어졌다. 그러나 페미니즘의 목표가 모두 이루어졌다는 식의 이러한 자신감은 경제가 위축되고, 잔혹한 전쟁이 일어났으며, 독재권력이 득세한 지난 10년간 사뭇 감소했다. 2013년, 나이지리아의 특출한 소설가 치마만다 응고지 아디치에Chimamanda Ngozi Adichie는 "우리는 모두 페미니스트가 되어야 합니다"라고 선언하는 테드TED 강연을 펼쳤다. 그는 2014년 이런 호소를 담은 책을 출판했으며, 팝의 아이콘 비욘세는 2013년 무대 위에 프로젝터로 거대한 '페미니스트'라는 글자를 띄워놓고 투어 공연을 펼쳤다. 《우리는 모두 페미니스트가 되어야 합니다》는 출간되자마자 스웨덴의 모든 16세 청소년에게 배포되었다. 그런 와중에도 최근의 정치적 논쟁을 지배한 건 반페미니즘과 여성혐오의 수사학이다. 2016년, 힐러리 클린턴Hillary Clinton은 외모 비하까지 난무하는 극심한 네거티브 보도를 마주하며 미국 대선에서 패배했다. 클린턴을 비롯한 여성 정치인들은 상대 후보 도널드 트럼프Donald Trump의 독설을 감내해야 했다. 트럼프는 같은 공화당의 경선 후보였던 칼리 피오리나Carly Fiorina를 향해 "저 얼굴 좀 봐라!" "저 얼굴에 투표하고 싶은가?" 같은 막말을 퍼부었다. 이를 계기로 2017년 초 전 세계 수백만 명의 여성들은 행진을 벌였다. "여성들의 보지pussy를 움켜쥐었다"고 떠벌리는 트럼프에게 격노한 여성들은 "푸시들이 너를 움켜쥐겠다pussy grabs back"라는 슬로건을 만들어냈다. 전 세계에서 벌어진 항의시위와 행진에서 여성들은 분홍색 '푸시햇pussyhat'을 썼는데, 이는 프랑스혁명에서 공화주의자 시토옌느citoyenne*들이 쓰던 붉은색 리버티 캡liberty cap 또는 보네 루즈bonnet rouge를 연상시켰다. 2017년은 또한 '페미니즘'이 미국의 주요 사전인 미리엄웹스터Merriam-Webster 사전에서 '가장 많이 찾아본 단어'를 차지한 해이기도 했다. 하지만 그런 와중에도 전 세계를 대상으로 진행된 설문조사 결과 일본에서는 "나는 여성의 동등한 기회를 옹호하고 지지한다. 나는 그저 이를 생각하는 데 그치지 않고 실제로 내 나라의 여성들을 위한 변화가 일어나도록 목소리를 내고 행동에 나선다"라는 진술에 응답자 대부분이 동의하지 않는 것으로 나타났다.[4] 이러한 사회적·정치적 상황을 고려한다면 포스트 페미니즘 논의는 그다지 설득력이 없어 보인다.

19세기 후반에 만들어진 '페미니즘'이라는 용어는 꾸준히 논란의 대상이었다. 미국의 한 만화 신문은 이를 "난봉꾼을 가리키는 새로운 이름"이라 이르면서, 한 남성이 "저는 신경 쓰지 마십시오, 마드모아젤, 전 그저 페미니스트일 뿐입니다"라고 말하며 무턱대고 여성에게 접근하는 그림을 실었다.[5] 페미니스트라는 단어가 여성이 겪는 불평등에 대항하는 운동에 가담하는 사람이라는 의미로 자리 잡기까지는 시간이 걸렸다. 1911년 20

---

* 　본래 '시민'을 뜻하는 프랑스어 시토옌citoyen은 보통명사이자 남성명사다. 1791년 《여성과 여성 시민의 권리 선언》을 발표한 올랭프 드 구주Olympe de Gouges는 이를 시토옌느라는 여성명사로 바꿔 씀으로써 비판적 의식을 드러냈다.

세의 나이로 페미니스트 저널 《프리우먼The Freewoman》에 글을 쓰기 시작한 [영국 소설가] 리베카 웨스트Rebecca West는 페미니스트란 "내가 **발깔개**와 차별화되는 감정을 표출할 때마다" 사람들이 자신을 부르는 이름이라고 정의했다. 그럼에도 웨스트는 가족에게 수치를 안길지 모른다는 두려움 때문에 필명을 썼다.

평등, '젠더 정의', 그리고 기존의 삶과 다른 삶을 사는 것으로부터 영감을 받은 이들이 오로지 여성뿐만은 아니었다. 이 책에는 페미니즘의 목표가 남성에게도 이익이 된다는 신념을 지니고 여성의 권리를 향상하고자 치열하게 노력한 남성들 역시 등장한다. 실제로 19세기 후반 '페미니스트'라는 용어의 등장 자체가 기존의 '여성운동women's movement'이라는 개념을 남녀 모두에게 열린 것으로 대체하기 위한 것이었다. 1906년 파리에서 개최된 세계여성단체협의회International Council of Women, ICW 회의에서 한 남성이 회의 도중 끼어들어 자신이 최근 지역 선거에 출마한 페미니스트 후보라 선언했다. 회의 참가자들은 전혀 관심을 갖지 않았으며, 신문 보도에 따르면 그는 여성들만 참가한 이 회의에서 "무자비하게 추방당했다".⁶ 20세기 들어 정계 입문을 위한 티켓으로 페미니스트라는 이름을 들고 나온 남성이 그뿐만은 아니었다. 훗날 영국 노동당 대표가 된 조지 랜스버리George Lansbury는 1906년 미들즈브러에서, 1913년에는 보우와 브롬리에서 여성참정권을 지지하는 후보로 출마했다. '페티코트 정부petticoat government'*를 추구한다는 비난을 받은 랜스버리는 두 선거 모두에서 낙선했지만 거기서 포기하지 않았다. 1913년, 여성참정권을 위해 싸우고자 했던 그는 당시 투옥에 항의하는 여성 수감자들이 널리 이용했던 단식농성에 참여했다가 폭력행위를 선동한 혐의로 수감되었다. 최근에는 활동가들이 "페미니스트는 이렇게 생겼다This is what a feminist looks like"라는 문구를 새긴 티셔츠를 제작하며 모두가 입을 수 있도록 남성 사이즈를 포함한다. 이 슬로건은 2016년 미국의 버락 오바마 전 대통령도 채택한 것이었지만, 많은 남성에게 페미니스트가 된다는 건 여전히 모호함과 불안감을 안고 다가가야 하는 일이다.

어떤 이에게 페미니즘은 세상을 바라보는 변혁적이고 폭발적인 시각이며, 이는 때로 인생을 바꿀 만큼 강력한 사건이기도 하다. 그러나 또 어떤 이에게 페미니즘은 생리적 거부감, 웃음, 모호함, 아이러니를 유발한다. 빈곤 여성들은 복지권을 요구하고, 흑인 여성들은 경찰의 폭력과 열악한 주거 실태에 항의하고, 노동조합원인 노동계급 여성들은 동일노동 동일임금과 안전한 일터를 요구했다. 남성 집단을 이룬 남성들은 종종 '성차별 반대', '우머니스트womanist', 또는 '사회정의 활동가' 같은 다른 이름을 택하기도 했다. 자신들의 활동에 다른 이름을 붙인 이들을 '페미니스트'라 주장해서는 안 될 것이다. 그러나 이들이 가진 동기, 그리고 이들이 페미니즘이라는 이름을 거부한 이유는 젠더 불평등에 맞서는 행동들을 기록하고자 널찍하게 그물을 던져야 하는 페미니즘 역사학자들에게는 중요한 문제다.[7]

---

* 여성 구성원이 다수를 이루거나 여성의 권력이 강한 정부를 폄하하는 표현.

페미니즘과 그 '시기'

과거 수백 년을 돌아보며 페미니스트로서의 삶을 되비추어 보려는 시도에는 늘 성공과 실패가 교차했다. 중세 후기의 작가 크리스틴 드 피장Christine de Pizan이나 그보다 더 거슬러 올라가 고대 알렉산드리아의 철학자 히파티아Hypatia 같은 인물을 '페미니스트'라 주장하려는 시도들도 있었다. 물론 이런 역사 속 행위자들은 페미니즘의 방식으로 사고하지 않았으므로, 훨씬 더 훗날에 우리가 갖게 된 이데올로기적 관심사를 통해 그들에게 다가가는 건 오해를 불러일으키는 일이 된다. 그 대신 우리는 그들이 남성과 여성에 대해 사고하기 위해 사용한 용어와 개념을 물어야 한다. 두 가지 성으로 이분해 바라보는 세계를 당연한 것이라 여겨서는 안 된다. 세계의 어떤 곳에서는 '여성'이라는 개념이 뚜렷이 존재했는지조차 확실치 않다. 중국 역사가들의 주장에 따르면 '여성 인간'(부녀妇女)이라는 범주는 상대적으로 최근에 고안된 것이며, 가족 내 위치와 직접적으로 연관되었다. 청나라에서 여성은 여러 맥락에서 '아내' 또는 '정부情婦' 등으로 극히 세분화되어 있었다. 19세기 영국에서의 '여성women'과 '귀부인ladies'이라는 계급 구분 역시 마찬가지라 할 수 있다.

지역적 다양성은 전 세계에서 변화를 향한 조직적 요구가 무척이나 다른 방식으로 등장했음을 의미한다. '페미니스트들'은 자신이 존재하는 곳에서 다양한 집단을 위해, 또 다양한 집단에 소속된 채 목소리를 냈다. 19세기 유럽과 미국에서는 '여성운동' 또는 '여성 문제'라는 용어를 쓴 반면, 21세기 초 중동과 북 아프리카에서는 '여성 각성'이라는 용어가 널리 쓰였다. 이 시기 여성에게 주어진 새로운 형태의 경제적·문화적 기회의 상징으로 '신여성'을 논한 이들도 있었다. 중국의 급진주의자들은 여성 권리(부녀절[여성의 날]妇女节)와 성평등(남녀평등男女平等)의 이름으로 각양각색의 요구를 했다. 이렇게 다양한 지형들 속에서 페미니즘은 하나의 쭉 뻗은 길로 제시되지 않으며, 페미니즘 역사학자들은 투쟁과 행동에 담긴 지역적 특수성을 지우지 않도록 주의해야 한다. 그러나 이 모든 논의와 운동을 별개의 것으로 보는 것 또한 실수이리라. 페미니스트들은 종종 서로의 핵심 아이디어를 공유하거나 다른 이들의 투쟁으로부터 영감을 얻었기 때문이다. 우리는 젠더와 권력의 관계를 놓고 지구적으로 이루어진 논의들이 얼마나 풍부하게 서로 뒤얽혀 있는지 그 지형도를 그려보는 동시에, 페미니즘이 극히 역사적이며 맥락 특정적인 현상임을 확인할 수 있을 것이다.

'페미니즘'이라는 용어는 무척이나 다양한 방식으로 정의되곤 했으나, 이 용어가 지구적으로 채택된 것은 20세기 초반이다. 당대 페미니즘은 여성의 '권리'를 가리키는 말인 동시에 여성의 진보, 보호, 평등을 위한 운동을 가리키는 말이기도 했다. 1904년 칠레에서는 《페미니즘의 새벽La Aurora Feminista》이라는 단권 잡지가 발간되었고, 같은 해 헝가리에서는 로지카 슈빔머Rosika Schwimmer가 페미니스트연맹Feministák Egyssülete을 설립했다. 다음 해 아르헨티나 부에노스아이레스에서는 페미니스트센터Centro Feminista

가 창설되었고, 1905년 필리핀에서는 필리핀페미니스트협회 Associación Feminista Filipina가 등장했다. 필리핀 여성들은 페미니즘이 여성에 대한 노동 규제를 개선하고 조혼을 방지하며 시민으로서 여성의 역할을 개척하는 것이라 보았다.[8] 같은 해, 아르헨티나에서는 제1회 국제여성회의International Feminine Congress가 열렸으며 이곳의 도시 라플라타에서는 학술지 《신여성La Nueva Mujer》이 창간되었다. 제1회 국제여성회의의 모토는 "우리가 일하게 해달라Let Us Work"였고, 초창기 라틴아메리카 페미니즘의 주안점은 사회복지, 그리고 국가 차원의 여성 보호였다. 당대 논객들은 페미니스트들을 '마리마초marimacho'라고 비난했는데, 이는 반은 남성이고 반은 여성이라는 의미였다. 그러나 '페미니즘'이라는 용어는 라우라 코레아 데 부스토스Laura Correa de Bustos 같은 보수적인 종교인도 1907년 우루과이의 수도인 몬테비데오에서 〈기독교 페미니즘 feminismo Christtiano〉이라는 글을 발표했을 만큼 널리 쓰였다.[9]

영국의 경우 일반적으로 여성참정권운동이 당대 페미니즘의 관심사를 대변하는 것으로 여겨지곤 한다. 그러나 영국 최초로 '페미니즘' 잡지를 표방하고 나섰던 《프리우먼》은 1911년 자신들의 신념을 여성 투표권을 위한 여성참정권운동과 구분하고자 '페미니즘'이라는 단어를 사용했다. 시대를 앞서간 《프리우먼》 편집자들은 '페미니스트'를 양성 모두에게 열린 용어이자 기존 정치제도를 거부하는 용어로 사용했다. 이들은 혁명적 변화를 추구했다. 편집자 중 한 사람인 도라 마스든Dora Marsden은 여성이 존중받기 위한 가장 좋은 방법은 "소총으로 무장한 반란"이라고 선언하며 논란을 불러일으켰다. 페미니즘과 함께 다른 용어들 역시 쓰였다. 프랑스의 급진주의자들은 "여전히 수많은 동지들을 억누르고 있는 모든 것으로부터 해방된" 선도적 여성들이라는 의미를 담아내고자 '에클레뢰즈éclaireuse(선구자)'라는 단어를 실험적으로 사용했다.[10] 독일어권 활동가들은 '페미니스무스Feminismus(페미니즘)'와 '프라우엔베베궁Frauenbewegung(여성운동)'을 놓고 갈팡질팡했는데, 전자의 표현이 '자유연애' 또는 영국의 전투적 여성참정권운동을 암시할지도 모른다는 염려 때문이었다.[11] 페미니즘은 종종 다양한 곳에서 각기 다른 종류의 젠더 정치를 이름하는 '외래어'로 쓰였다. 1910년 일본에서는 '훼미니즈무'라는 이름으로 페미니즘 담론이 전개됐다. 반면, 러시아 활동가들은 혁명으로 격양되어 있던 1905년 여성평등권연합을 설립하며 '라프노프라프스키равноправки(평등권주의자들)'라는 용어를 사용했다.[12] 전 세계가 페미니즘이라는 새로운 개념에 매혹된 한편으로, 유럽과 미국의 영향을 경계했다.

때로는 외부에서 꼬리표처럼 이름을 붙이기도 했다. 영국 언론은 20세기 초반 투사들에게 '서프러제트suffragettes'라는 이름을 붙여 조롱했으나, 투표권을 얻고자 돌 던지기 시위를 벌이던 이들은 이 이름을 격하게 환영했다. '브라버너bra-burner'* 역시 1970년대에는 모욕적 의미로 쓰인 표현이었으나 활동가들은 자신들만의 말놀이와 전복적인 재전유를 생각해냈다. 하피스 비

---

* 투쟁적 페미니스트를 일컫는 은어.

자Harpies Bizarre,* 마녀들Hags,** 라벤더 위협Lavender Menace,*** 괴물연대 Monstrous Regiment,**** 남성거세결사단Society for Cutting Up Men***** 또한 그 러한 예들이다.

　'페미니스트'의 의미는 줄곧 진화해왔으며 꾸준히 논쟁적 이었다. 1970년대와 1980년대 활동가들은 '페미니스트'를 참정 권과 참정권에 대한 개혁적 '자유주의' 정치와 연관 지어 '여성 해방'을 논하는 쪽을 선호했다. 프랑스의 정신분석과정치Psych et Po라는 그룹에서 활동하던 페미니스트들은 미국에서 수입된 '페 미니스트'라는 용어가 대립의 의미를 내포하고 있다는 점을 꺼 렸다. 이에 따라 여성들이 지닌 차이와 모성적 특성을 담아내고 자 '투쟁하는 여성femme et lutte'이라는 표현을 선호했다. 20세기 후 반 일본의 활동가들은 '젠더에서 자유로운' 사회에 대해 이야기 하기를 선호했다. 21세기가 되자 전 세계적으로 많은 활동가는 자신들의 페미니즘 앞에 다른 깃발을 내걸어야 할 필요성을 느 꼈고 이에 따라 '교차성 페미니즘', '트랜스 친화적 페미니즘' 같

---

*　미국의 유명 여성 패션잡지인 《하퍼스 바자》를 패러디한 1970년대의 페미 니즘 소식지.

**　1970년대 급진 페미니스트 메리 데일리Mary Daly는 여성혐오적 시각에서 불 쾌하고 위협적인 여성들을 가리키는 할멈crones, 노처녀spinster, 마녀hag 등의 단어 를 여성의 입장에서 적극적으로 재전유했다.

***　동성애혐오에 대항해 1970년 제2회 '여성 화합을 위한 회의'에서 벌어진 레 즈비언 페미니스트들의 항의시위를 가리킨다. 자세한 내용은 302쪽을 참고하라.

****　1975년 설립된 영국의 페미니스트 극단.

*****　미국의 급진주의 페미니스트 밸러리 솔라나스Valerie Solanas가 1967년 발표 한 페미니즘 선언서.

은 이름표들이 사용되었다.

페미니즘은 매우 다양하게 존재하지만, 무엇보다 중요한 페미니즘의 꿈 중 하나는 1913년 국제여성참정권연맹International Woman Suffrage Alliance, IWSA에 걸린 중국어 현수막에 쓰여 있던 "한마음으로 서로를 돕다"라는 말처럼 모든 여성이 함께하는 것이었다. 하지만 이러한 이상에는 바로 그 포용성 때문에 구체적인 배제를 무시하고 마는, 추상적인 정치적 의제가 가지는 모순이 도사리고 있었다. '흑인 페미니즘', '치카나 페미니즘'******** 담론이 이런 문제를 풀고자 시도했지만, 평론가들은 그것이 민족적 표식이 없는 페미니즘의 '주류'로부터 흑인 또는 치카나 여성을 배제할 뿐이라고 주장했다. 아프리카계 미국인 작가 앨리스 워커Alice Walker는 1984년 '우머니즘womanism'이라는 용어를 만들었고 일부 흑인 여성들이 이를 채택했다. '우머니스트'(또는 'woman'에 들어 있는 'man'을 완전히 삭제하는 쪽을 바랐던 이들에게는 '워미니스트womynist') 역시 페미니스트라는 용어와 마찬가지로 여성의 요구를 획일화한다는 위험성을 가지고 있었다. 그러나 페미니즘이 가진 한계와 배제를 상기시키는 데 유용한 역할을 하기도 했다. 이에 대해서는 아프리카계 미국인 활동가 프랜시스 왓킨스 하퍼Frances Watkins Harper, 1825~1911가 1866년 간명하게 말했다. "당신들 백인 여성들은 여기서 무엇이 옳은가를 말한다. 나는 무엇이 틀린

******** 치카나/치카노는 1960년대 이후 등장한 멕시코계 미국인 문화·정치·사회운동에 적극적으로 참여한 이들이 스스로에게 부여한 정체성으로, 치카나 페미니즘은 백인 여성 중심의 페미니즘과 구분되는 페미니즘의 갈래를 가리킨다.

가를 말한다." 하퍼는 여성운동이 전차 내의 인종분리 칸에 반대하기를 바랐으나, 백인 동료들은 인종차별이라는 의제를 꺼렸다. 아프리카계 미국인 여성이자 과거 식모살이를 했던 하퍼는 다음과 같이 말을 이었다. "유색인 여성인 나는 이 나라에서 마치 내가 이스마엘의 상황에 놓인 것처럼, 내 손이 모든 남성에게 맞서고 모든 남성의 손이 내게 맞서는 것처럼 느끼게 하는 교육을 받았다."[13] 하퍼를 비롯한 아프리카계 미국인 활동가들은 인종차별이 점점 거세지는 환경에서 '페미니즘'이라는 플랫폼을 벗어나 백인 여성과 별개로 결집하고자 1897년 전국유색인여성협회National Association of Colored Women를 설립했다.

이름과 소속감을 둘러싼 논쟁들은 역사적으로 젠더운동에 붙었던 이름들이 가변적이었음을 면밀히 살펴보고 각각의 집단이 다른 이름으로 수행한 작업들을 숙고할 필요성을 시사한다. 최초의, 또는 진정한 페미니스트가 누구인가를 식별하는 경쟁적 투쟁을 벌일 필요는 없다. 그보다는 젠더와 사회정의 활동가들 사이에 존재한 배제와 차이의 경험을 추적하고, 이들의 열정적인, 고통스러운, 또는 전략적인 연대를 기록해야 하리라.

오늘날 또다시 페미니즘이 무엇을 '의미하는가'가 주안점으로 떠오르고 있다. 하지만 중요한 건 그 의미가 유동적이라는 사실을 인식하는 것이다. 페미니즘의 상징과 슬로건은 다양한 사람들이 쓸 수 있는 것으로 계속해서 변화하고 변형되었다. 이 책은 이슬람, 흑인, 토착민, 레즈비언 페미니즘을 포함한 다양한 유산을 탐구할 것이다. 또한 이 책은 페미니즘이 호명하는 이들이 누구이며 누가 이 운동에 속할 수 있는지를 놓고 오랫동안 이어져온 긴장을 낱낱이 들여다보기 위해 페미니즘에 동조한 남성들을 살펴보는 보다 논쟁적인 작업 역시 하고자 한다.

어째서 지구적 관점인가?

우리는 왜 지구적 관점으로 페미니즘에 다가가야 하는가? 페미니즘 역사는 흔히 유럽 중심적인 '문명' 모델에 기반해 서술되었다. 이런 이야기들 속에서 페미니즘의 시작은 애프라 벤Aphra Behn, 프랑수아 풀랭 드 라 바르François Poullain de la Barre, 세라 피그Sarah Fyge처럼 여성을 '노예계급'으로 보기 시작한 17세기 유럽 작가들로 거슬러 올라간다. 이런 작가들은 대부분 개신교의 종교적 전통 속 여성의 영적 평등에 대한 개념에서 영감을 받았다. 이들이 말하는 '노예'가 미국과 카리브해의 플랜테이션농장과 영지에서 말 그대로 노예로 살고 있는 여성들인 경우는 거의 없었다. 이들은 강간과 강제 결혼이라는 경험에 이름을 붙이고 이러한 악습과 결별하는 법을 서서히 찾기 시작했으나, 노예 여성들에게 그러한 경험이 흔하디흔한 것이라는 사실에 대해서는 언급하지 않았다. 이 지식인들은 일반적으로 페미니즘 역사의 중요한 '여성 선구자'로 여겨져왔다.

이보다 이후의 시대로 거슬러 올라가면 보통 18세기 후반 미국과 프랑스에서 혁명을 경험한 애비게일 애덤스Abigail Adams와

올랭프 드 구주 같은 여성들에게로 배턴이 넘어간다. 《여성과 여성 시민의 권리 선언》(1791)에서 여성의 권리를 주장했던 드 구주는 영국 작가 메리 울스턴크래프트와 함께 페미니즘으로 식별 가능한 사상과 논쟁을 시작한 인물로 나란히 놓이곤 한다. 이들의 영향력은 그 뒤로 더욱 많은 이가 활동하며 여성의 교육권, 재산권, 참정권을 외치는 운동이 활발히 벌어진 19세기를 거쳐 20세기까지 이어진다. 이 이야기에 노예 출신 시인 필리스 휘틀리Phillis Wheatley, 1753?~1784 같은 인물이 더해진 건 최근에야 일어난 일이다. 페미니즘 역사는 대부분 백인이자 교육받은 여성 선구자들이라는 제한된 출연진을 중심으로 구성되었다. 이는 초기 페미니즘 사상과 행동을 오독할 위험으로 작용할 뿐 아니라 '누가 최초인가'를 보여주고자 하는 욕망을 중심으로 페미니즘 계보가 구조화되는 데도 영향을 미쳤다. 간단히 말하면, '페미니즘'으로 읽을 수 있는 최초의 텍스트들은 프랑스, 영국, 미국 같은 강력한 제국주의 국가의 백인 시민을 기준으로 국가적 우선권을 설정하는 데 이용되었던 것이다.

지구사 또는 세계사라는 관점은 지금까지 수십 년간 이어진 이런 식의 설명에 이의를 제기해왔다. 역사학자들은 대안적인 시작점과 새로운 사상가들을 통해 세계를 이해할 수 있는 방법들을 제시했다. 우리는 1798년 프랑스의 알렉산드리아 침공에 과격하게 항의하던 이집트 여성들이 여성의 고용 및 가족 내 지위를 논의하기 위해 1799년 결성한 라시드여성회의Rasheed Women's Conference를 페미니즘의 시작으로 잡을 수 있을 것이다. 또 다른 대안으로, 1792년 시에라리온에서 원주민 여성 가구주에게 투표권이 주어진 순간을 그 시작점으로 볼 수도 있겠다. 이 투표권은 시에라리온이 영국의 왕령식민지가 된 1808년에 빼앗기긴 했지만 말이다. 뉴질랜드의 원주민과 정착민 여성들은 1893년에 투표권을 얻었고, 이는 유럽이나 미국 여성들보다 한참을 앞선 것이었다. 이런 관점은 우리가 유럽 페미니즘의 설정된 우선순위에 대항할 수 있도록 한다.

페미니즘 지구사는 '여성 문제woman question', 여성 권리, 여성 해방에 관한 생각을 뒷받침하는 광범위한 구조에 초점을 맞춘다. 예를 들면, 19세기에서 20세기 여성운동을 형성한 한편으로 식민지 주민들의 자유와 시민권을 박탈한 세계를 만든 제국의 역할에 주목하는 것이다. 식민지 주민들은 계약노동과 강제노동이라는 체계하에서 대규모 이주를 겪었다. 여러 지역에서 여성들은 토지에 대한 접근권과 각종 거래에 대한 권리를 제한당했다. 제국의 여성들은 식민지 여성들 위에 군림하고자 인류와 문명의 발전이라는 수사를 이용했다. 이들은 선교사, 정착민, 아내의 지위를 사용해 여행하며 비서구 여성들의 삶을 묘사했고, 때로는 평등이나 페미니즘의 이름으로 그들이 받는 대우에 개입했다. 이후 제국이 해체되기까지 수십 년 동안 냉전이 빚어낸 지정학적 대립은 여성운동과 페미니즘운동 내의 권위를 형성하고 부여하는 데 영향을 미쳤다.

19세기와 20세기는 국가주의의 발전과 함께한 시기였고, 이에 따라 여성의 지위와 자유는 국가 발전이라는 논쟁에 얽매이기도 했다. 이런 논쟁 속에서 '후진성'이라는 문제적 개념이 여성이 처한 상황에 대한 지역적 불만을 포착하는 수단으로 두드러지게 등장했다. 예를 들어, 브라질에서는 국가·지역 발전을 주장하는 데 상상 속에 존재하는 유럽이나 북아메리카의 해방되고 교육받은 여성들이 이용되었다. 여성 권리를 다룬 브라질의 신문《여성저널O Jornal das Senhoras》 편집자는 1852년 창간호 사설에 다음과 같이 썼다.

> 프랑스, 영국, 이탈리아, 스페인, 미국, 그리고 포르투갈에는 다양한 신문에 기고하며 문학에 헌신하는 여성들이 무척 많다. 전 세계가 진보를 향해 행진하며 사회의 도덕적·물질적 개선을 향해 나아가는 지금, 제자리에 가만히 있는 건 오로지 남아메리카뿐 아닌가?

리우데자네이루에서 창간된 《여성저널》 편집자는 아르헨티나 출신의 후아나 파울라 만소 데 노로나Juana Paula Manso de Noronha, 1819~1875였다. 만소에게 《여성저널》은 "사회 개선과 여성의 도덕적 해방"을 위해 필요한 발판이었다. 그가 '진보한' 지역과 '낙후한' 지역의 대조를 사용한 건 수사학적으로 유용했을지 모르나 영국, 프랑스, 그리고 미국에서 실제로 (또는 상상적으로) 진행된 개혁은 사실 브라질에서도 눈에 띄게 진행 중인 것이었다. 영국에서 여학생에게 입학을 허가한 최초의 대학교인 케임브리지 거튼칼리지Girton College가 문을 연 건 1869년의 일이었다. 브라질에서 여성이 고등교육을 받을 권리를 얻은 건 그로부터 단 10년 뒤인 1879년으로, 프랑스가 여학생들에게 '리쎄lycées'(중등학교) 입학을 허가한 것과 같은 해였다. 1891년 열린 브라질 제헌의회에서는 여성참정권을 진지하게 논의했고, 이는 영국과 미국에서 유사한 논의가 벌어진 것과 엇비슷한 시기였다. 만소는 후진성이라는 수사법을 쓰기는 했으나 유럽이 주도권을 잡을 필요는 없다고 확신했는데, "열대의 향기로운 바람에 계몽의 깃발이 우아하게 나부끼고" 있기 때문이었다.[14]

만소가 국경을 자유로이 넘나들었다는 사실은 페미니즘 역사가 단일한 국가, 지역 또는 제국 내에 국한될 수 없음을 상기시킨다. 페미니즘이 전 지구적으로 영향력을 미칠 수 있었던 건 난민, 학생, 망명자, 노동자 같은 개인들의 이주 때문이었다. 예를 들어, 영국에서 1851년 셰필드여성정치연합Sheffield Female Political Association 소속 앤 나이트Anne Knight, 1786~1862가 초기 여성참정권운동 청원을 조직한 것은 그가 1848년 혁명 당시 파리에서 프랑스의 활동가 잔 드루앵Jeanne Deroin, 1805~1894과 교류한 이후였다. 마찬가지로 드루앵은 1852년 자신이 발행하던 저널 《여성연감 L'Almanach des Femmes》에 [영국의 철학자] 해리엇 테일러 밀Harriet Taylor Mill이 1851년 쓴 에세이 〈여성의 투표권〉을 실었다. 19세기 여행 및 통신에 관련된 기술이 발달하며 일부 여성들은 여러 국가를 여행할 수 있게 되었다. 역사학자 보니 앤더슨Bonnie Anderson은 유대인이자 노예제폐지론자이며 여성참정권운동가였던 어니스틴 로즈Ernestine Rose, 1810~1892가 중매결혼을 벗어나 사회주의와 페미니

즘운동에 몰입하며 폴란드, 베를린, 파리, 런던, 뉴욕을 종횡무진 떠돌았던 여정을 추적하기도 했다.[15]

역사학자들은 전 지구적으로 유통된 정기간행물들은 물론이고 동맹단체, 콘퍼런스, 연맹, 연합을 통해 초국가적 공간이 의도적으로 배양된 데 새로이 주의를 기울이기 시작했다. 여성기독교절제연합Women's Christian Temperance Union, WCTU을 비롯한 단체들이 19세기 지구 곳곳으로의 파견 사업을 수행한 데서 목격할 수 있듯 초국가주의는 때로 의도적 전술이기도 했다. 세계여성단체협의회 같은 국제기구는 여성의법적지위를위한국제연맹League of Nations Commission on the Legal Status of Women(1937) 등 글로벌 거버넌스의 중요한 조직이었다. 20세기 후반 '좌파 페미니즘' 단체 국제민주여성연맹Women's International Democratic Federation, WIDF이 이와 비슷한 캠페인 및 파견 네트워크를 만들었고, 이는 훗날 멕시코시티(1975년), 코펜하겐(1980년), 나이로비(1985년), 베이징(1995년)에서 열린 유엔 세계여성대회에 영향을 미쳤다.[16]

지구사라는 접근을 통해 우리는 세계적으로 유명한 텍스트와 각 지역의 학술 또는 운동의 전통 사이에서 일어난 상호작용을 볼 수 있다.[17] 예를 들어, 존 스튜어트 밀John Stuart Mill, 1806~1873의 주요 저작인 《여성의 종속》은 시티오브런던 및 웨스트민스터 지역구 의원이던 그가 하원에서 여성참정권 법안을 통과시키려 시도한 직후인 1869년 영국에서 출판되었다. 이 책은 곧 여러 언어로 번역되었는데, 1872년에는 칠레 여성인 마르티나 바로스 보르고뇨Martina Barros Borgoño가 스페인어로 번역해 〈여성의 노예화La Esclavitud de la Mujer〉라는 제목으로 칠레 저널 《산티아고 매거진 Revista de Santiago》에 게재했다. 칠레 여성운동은 유럽의 텍스트에서 영향을 받았지만 뚜렷하게 고유한 관점을 고수했다. 남성 역시 모두의 투표권이 보장되지 않았던 칠레에서 가장 중대한 문제 는 여성참정권이 아니라 산업부문에서 일어나는 여성의 경제적 착취였고, 이런 상황은 밀이 이야기한 여성의 '노예화'의 의미를 새로이 빚어냈다.

페미니즘을 더 깊이 이해할 수 있는 방법은 그것을 해외에 서 전래된 수입품이 아니라 대화라고 보는 것이다. 이 대화에는 다양한 목소리가 함께하지만 어떤 목소리는 증폭되고, 어떤 목 소리는 무시당하기 일쑤다. 즉, 불평등한 조건하에서 이루어지 는 대화다.[18] 지구사학자들은 사상, 사람, 텍스트가 국경을 넘어 가고 또다시 넘어가며 복수의 '교차점'이 만들어지는 과정을 설 명하고자 '뒤얽힌 역사들entangled histories'이라는 개념을 사용해왔 다. 역사학자 캐스린 글리들Kathryn Gleadle은 페미니즘 역사가 예기 치 못한 생장점, 막다른 길, 영향의 패턴으로 가득한, 비선형적 리좀rhizome 뿌리와 같은 구조라고 설명했다.[19] 이런 패턴 중 일부 는 시간이 흐르며 확장되었다. 페미니스트를 비롯한 후대 사람 들은 과거의 텍스트와 비판적 대화를 해나가며 기존의 개념을 수정했다. 페미니즘 역사를 유럽과 미국의 교육받은 백인 여성 들이 이끌었다는 추측은 잘못된 믿음이었음이 밝혀졌다.[20] 앞으 로 나올 장들에서 나는 페미니즘의 꿈, 생각, 행동의 발전과 경 합을 추동한 특정한 지역적 관점들을 보여줄 것이다. 그들 사이에는 때때로 희미한 영향력의 선이 보이기도 하지만, 그만큼이나 절연과 혁신도 존재한다. 나는 페미니즘의 기원을 유럽에서 찾으려 애쓰기보다 역사적으로 계속해서 이어 붙여진 여러 조각들로 구성되어 독특한 무늬와 그림을 만들어내는 '모자이크 페미니즘'이라는 한층 더 확산적인 개념에 의지한다. 페미니즘들은 마치 모자이크처럼 멀리서 바라볼 때와 가까이에서 바라볼 때 무척이나 다른 그림을 보여준다. 또한 모자이크와 마찬가지로 페미니스트 연합은 그때그때 가능한 부스러기와 조각들, 즉 다른 운동, 헌신적인 개인, 행동과 아이디어 등이 한데 합쳐 이뤄진 것이다. 어떤 조각은 오래도록 살아남았지만 부스러져 타일만이 재사용된 경우도 있고, 아예 사라져버린 조각도 있다.

유럽을 중심에 두는 익숙한 관점은 다른 네트워크나 장소의 역사들을 이야기함으로써 대체되고 '지방화provincialized'된다. 20세기 초반 중국 망명자들을 받아들여 강력한 교류의 장을 창출한 일본이 그 중요한 예다. 국경을 넘나들며 여성참정권, 절제, 반제국주의, 평화 문제를 다룬 운동가와 작가들을 조명함으로써 국민국가 내로 한정된 시야를 대체할 수 있다. 이 책 전반에 걸쳐 나는 다양한 페미니스트들의 신념이나 페미니즘운동을 광각으로 바라보며 요약하는 시각과 젠더 불평등에 맞서 싸운 여성들 개개인의 삶을 면밀하게 살펴보는 시각을 오갈 것이다. 이런 작업을 통해 역사적 시간 속 페미니즘의 실천과 사상을 읽어내는 주요하고 새로운 방식들을 이끌어낼 수 있기를 바란다. 또한 킴벌리 스프링어Kimberly Springer의 '틈새의 정치politics in the cracks'라는 개념을 참고하여, 모자이크를 이루는 조각과 파편뿐만 아니라 조각들 사이의 공간도 바라보기를 제안한다. 제3세계여성연맹Third World Women's Alliance 같은 흑인 페미니즘 단체를 다룬 스프링어의 연구는 '틈새', 즉 일상적인 일과 돌봄의 요구들 사이 짬짬이 나는 시간 속에서 창출된 정치를 이야기했다. 또, 흑인 여성들의 결집은 시민권운동과 여성운동 사이에 존재함으로써 계급, 젠더, 인종의 교차점을 불편하게, 또는 창조적으로 보여주었다.[21] 스프링어가 이야기한 '사이의interstitial' 정치는 기존의 페미니즘 정치에 수월히 들어맞지 않는 사안들, 그리고 그 결과 발생한 기회와 어긋남으로 우리의 관심을 이끈다. 비슷한 맥락에서 우리는 무엇이 모자이크를 안정적인 것으로 만드는지, 또 무엇이 모자이크의 무늬를 침식하는지 물을 수도 있다. 아니면 꿈, 운동, 공간과 장소, 감정과 노래가 어떻게 페미니즘에서 일종의 '접착제'가 되어 역사적인 형상 안에 정치를 새겨 넣는지, 나아가 시간의 흐름에 따른 변화로 모자이크 조각이 떨어져나가고 새로운 무늬가 나타나게 만들 수 있는지를 탐구해볼 수도 있으리라.

모자이크와 대화라는 은유는 페미니즘 담론의 풍요로움을 보여준다. 그러나 페미니즘의 또 다른 특징이 갈등, 폭력, 트러블이라는 시각을 견지하는 것도 주요하다. 페미니즘 철학자 벨 훅스bell hooks의 말대로, "여성은 지배에 기반한 정치에 피해자이자 가해자로서 참여할 수 있으며, 실제로도 그러하다".[22] 세계적으로 '여성 문제' 및 페미니즘과 역사적으로 엇비슷한 시기에 등장한 제국주의, 선교사 및 정착민 식민주의, 계약노동, 국가주의 같은 전 지구적 체계들은 폭력과 종속에 기반한 기획이었다. 역사적으로 세계는 누구나 자유로이 횡단할 수 있는 공간이 아니었다. 21세기의 관찰자인 우리는 페미니즘의 과거를 지구적 관점으로 바라볼 수 있지만, 이런 특권은 역사 속 행위자들에게는 없는 것이었다. 역사학자 므리날리니 신하Mrinalini Sinha가 주장했듯, 페미니즘 지구사는 단순히 우리가 보는 그림을 복수로 만드는 식으로 '페미니즘들'을 이야기하는 것이 아니다.[23] 페미니즘들을 이야기하기 위해서는 경합, 갈등, 권력 다툼을 그 특징으로 하는, 신하의 표현대로라면 "각기 다른 여성운동들이 지닌 불일치하는 역사"를 인정해야 한다.

이론, 행동, 쓸모

페미니즘들은 여태 어떤 쓸모를 가져왔나? 오늘날 페미니즘들의 쓸모는 무엇인가? '쓸모 있는 과거useable history'라는 개념은 현재와의 대화 속에서 역사를 상상할 수 있도록 한다. 다시 말해 과거의 운동이 어떻게 형성되었고 어떤 딜레마를 마주했는가를 보여줌으로써 오늘날 페미니즘의 전략, 우선순위, 초점에 관한 질문을 명확하게 해줄 수 있는 역사다. 페미니즘의 아이디어와 캠페인은 가사노동을 재분배하고, 아동의 교육과 양육, 예술과 음악의 창작, '일'의 범주화와 보상, 법체계의 작동과 관련한 방식을 변화시켰다. 역사가 직접적으로 반복된다거나 개요를 보여준다고 주장하지는 않더라도 우리는 페미니즘의 과거를 돌아봄으로써 오늘날 마주할지 모를 문제의 전조를 찾을 수 있다. 우리는 다음과 같은 질문들을 던져볼 수 있으리라. 역사적으로 '페미니스트'라는 범주에 속한 이들은 누구인가? 누가 이 범주에서 배제되었는가? 페미니즘은 개인, 사회, 또는 국가에 어떤 변화를 가져왔는가?

쓸모에 관해 생각한다는 건 단지 영감을 얻기 위해 과거의 페미니즘을 탐구해야 한다는 의미가 아니다. 예를 들면 우리는 18세기 후반 종교가 페미니즘에 미친 영향, 또는 20세기 초반 중국이나 중동에서 전개된 국가 건설이 여성운동에 부여한 특수한 맥락 같은 구체성과 특수성을 파악할 수 있다. 쓸모 있는 과거란 오늘날의 기준으로 재단한 과거가 아니다. 쓸모는 역사적 행위자들의 삶 속에서 페미니즘이 수사적으로, 지적으로, 또 물질적으로 활용되었던 다양한 방식을 우리에게 알려준다는 데 있다.[24] 독자는 불가피하게 각자의 질문을 제기하며 자신에게 쓸모 있는 게 무엇인지 고민하게 될 것이다. 쓸모 있는 페미니즘은 교조적이지 않으면서 열린 결말을 가진 것으로, 과거와 현재의 만남을 통해 형성되지만 이로 인해 결정되지는 않는 것이어야 한다.

과거의 페미니즘에는 오늘날 우리가 보기에 불편할 만한 측면들이 존재할 수 있다. 그러나 쓸모라는 개념은 오늘날의 운동에 역사적 뒷받침이 필요함을 인정하도록 한다.[25] 페미니스트들은 오래전부터 페미니즘 역사와의 관계에서 곤란함을 느끼곤 했다. 저항하고자, 새로운 시대를 선포하고자, 그리고 물려받은 전통을 떨쳐내고자 하는 욕구는 어머니나 할머니의 신념을 거부하는 순간들을 추동했다. 소셜미디어플랫폼 같은 신기술 때문에 오늘날의 페미니스트들은 #CuéntaLo(말하라) 또는 #MeToo의 순간들이 과거 페미니스트들의 운동과 무척 다른 것이라 느낄 수 있다. 그러나 페미니즘운동에는 언제나 강력한 역사적인 측면이 존재해왔으며, 때로는 과거를 향한 향수가 운동을 고취하기도 했다. 아주 잠깐만 되돌아보더라도 과거와 오늘날의 페미니즘운동은 일터와 거리에서의 성추행, 남성의 폭력, 여성에 대한 비존중과 법적 불평등을 둘러싼 강력한 주제들을 공유하고 있음을 알 수 있다.

많은 사람에게 페미니즘 역사를 다룬 책은 적어도 부분적으로는 지적 여정이 될 것이다. 무엇보다도 페미니즘은 언제나 사회가 어떻게, 왜 그러한 식으로 구성되었으며, 왜 (일부) 남성이 여성보다 더 큰 목소리, 더 많은 자원, 더 강력한 권위를 지니는지를 골똘히 생각해보게 만드는 초대장 역할을 해왔다. 페미니즘 사상가들은 근대에 등장한 자유주의적 개인, 사회계약, 민주주의 시민권, 국가와 민족은 물론 혁명이라는 사회주의 사상처럼 주요한 개념들에 도전했다. 페미니즘은 아나키즘 비평은 물론 생태주의, 신학, 비판적 인종 연구와도 교차하며 기여해왔다. 20세기 후반에 들어서는 대학교육이 확대되며 페미니즘은 세계 대부분에서 학문적 지형의 일부로 확고히 자리 잡았다. 그럼에도 페미니즘 이론은 [학계 안에서만이 아니라] 항의시위, 의

식화, 운동의 최전선에서도 생산되었다. 이론은 때로 개인적 삶의 변화뿐 아니라 운동에서의 쓸모를 의도하고 만들어졌다.

지난 20년 사이 역사가 쓰이는 방법에는 많은 변화가 있었고 방식 자체도 다원화되었다. 문화사 연구가 활발해지면서 물질문화, 공간, 자본, 그리고 감정 연구를 위시한 다양한 영역에서 새로운 접근법이 발달했다. 이 책은 이런 새로운 접근법들의 영향을 받아 페미니즘 역사를 지적·사회적 운동 분석이라는 통상적 위치 너머로 확장한다. 나는 지난 2세기에 걸친 페미니즘 운동을 연속적인 흐름에서 이야기하려 들지 않을 것이다. 이는 불가능할 정도로 거대한 과업이기 때문이다. 그 대신 최근의 혁신적 역사들에 뿌리를 둔 몇 가지 새로운 도약점을 제시하고자 한다. 페미니스트의 꿈에 관한 1장은 우리의 꿈, 그리고 꿈이 할 수 있는 창의적이고 무의식적인 작업을 진지하게 생각하는 문학적·정신분석학적 사고로의 전환에 영향을 받았다. 2장은 가부장제를 비롯한 여러 용어들이 인간의 사회구조에 끈덕지게 등장하는 젠더 패턴을 어떻게 포착했는지 논의하며 여태까지 페미니스트들이 생산한 이론적 자원들을 살펴본다. 아울러 공화주의 같은 오랜 지적 전통의 영향과 최근에 발달한 개념인 교차성과 성차별주의의 영향도 살펴본다. 3장은 장소와 공간이 어떻게 사회운동을 형성하는가에 대해 학계의 관심이 점점 커져가는 데서 영감을 얻어 페미니즘의 공간을 탐구한다. 일터와 예배의 공간에서 페미니즘을 찾아보고 보호와 안전의 공간을 만들고자 했던 시도들을 기록할 것이다. 4장에서는 페미니즘의 사물들을 살펴본다. 기존의 역사가 페미니즘을 이데올로기로 이해하거나 인물의 전기를 통해 포착해냈다면, 이 장에서는 배지와 포스터에 담긴 정치적 구호, 또는 평범하지만 강력한 힘을 지닌 책과 모자핀 같은 일상적 사물을 통해 페미니즘의 물질적·시각적 문화의 전경을 살핀다. 5장은 물질문화를 페미니즘의 복장과 패션이라는 '모습'으로 확장하고, 6장에서는 새로이 등장한 감정을 다루는 연구에 바탕을 두고 페미니즘들이 불러일으킨 감정들에 대해 살펴본다. 7장은 페미니즘들의 역사를 관통하는 강력한 행동주의적 측면에 집중하며, 몸과 공간을 아우르며 실천된 저항의 방식들을 이야기한다. 마지막으로 8장에서는 운동과 연관된 구호, 노래, 음악적 혁신에 대해 생각하며 페미니즘의 청각적 차원을 탐구할 것이다.

이런 새로운 관점들은 페미니즘 역사를 역사 연구의 가장 혁신적인 영역에 뿌리내리게 하며 페미니즘의 쓸모에 대한 우리의 인식을 뒤흔든다. 그 과정에서 우리는 여러 대륙을 넘나들며 시간과 장소를 아우르는 페미니즘의 보편적 정의를 내리는 것이 어째서 불가능한 일인지를 확인하게 될 것이다. 우리는 페미니즘에 대한 보편적 정의를 내리는 대신, 페미니즘들을 250여 년에 걸친 지구적 캔버스 위에 펼쳐놓고 살펴볼 필요가 있다. 그 이야기들은 젠더 평등보다는 젠더 정의, 즉 모두가 번영할 수 있는 환경에 관한 요구에 가깝다. 이는 공정한 임금을 의미할 수도 있고, 식민 통치자를 몰아내거나 여신의 영혼을 받아들인다는 걸 의미할 수도 있다. 때로는 서로 다른 페미니즘의 목표와 꿈 사이의 갈등을 의미할 수도 있다. 이 책을 통해 우리는 페미니즘의 과거에서 영감을 얻을 수 있을 뿐만 아니라, "우리 모두"에게 "페미니스트가 되어야 한다"고 권하는 치마만다 응고지 아디치에의 말이 어째서 결코 그리 쉬운 과업이 아닌지를 더욱 잘 이해하게 될 것이다.

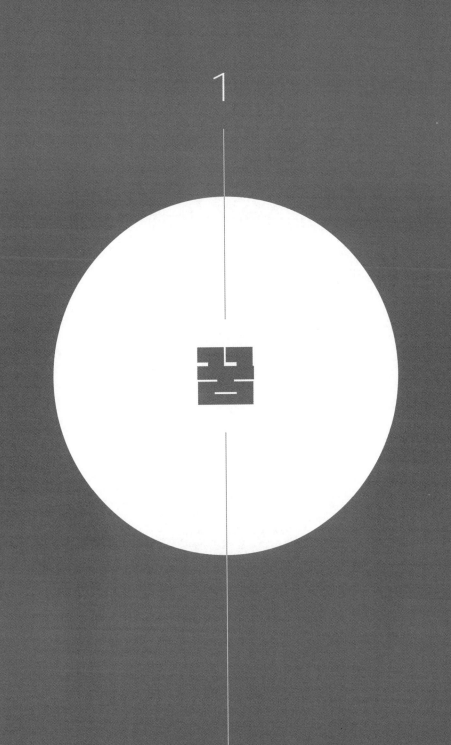

1

1990년대, 페미니즘 역사라는 학문에 처음 발을 들인 대학원생이던 나는 어느 날 저녁 세미나에서의 우연한 만남 덕분에 어떤 꿈이 페미니스트들에게 동기를 부여하는가를 깊이 생각하게 되었다. 나는 한 선배와 나란히 앉아 페미니즘 철학 토론에 귀를 기울이는 중이었다. 아니, 어쩌면 귀로는 세미나를 듣고 있었는지 몰라도 강렬한 시각적 기억으로 남아 있는 건 마치 장갑처럼 발가락을 하나하나 감싸고 있던 선배의 무지개색 양말이었다. 선배는 독특하고도 매력적인 방식으로 스스로를 드러내는 사람이었다. 우리는 페미니즘에 대해 이야기를 나누기 시작했고, 선배가 페미니즘이 젠더 자체를 없애버릴 거라고 말했을 때 나는 진심으로 충격을 받았다. 선배는 여성과 남성이라는 구분 자체가 무의미한 세계를 꿈꿨다. 젠더퀴어, 트랜스, 젠더 중립적 형태의 정체성이 실험적이면서도 맹렬하게 부상한 오늘날 이런 꿈은 그때만큼 파격적인 것으로 여겨지지 않고, 나의 관점 역시 그 당시와는 크게 달라졌다. 그럼에도 그 순간이 중요하게 여겨지는 이유는 그것이 페미니즘에 담긴 유토피아적 희망의 다양성을, 또 남성과 여성이라는 기존 범주에 대한 나 자신의 인식을 선명하게 보여준 순간이었기 때문이다. 꿈은 변화와 타자성에 대한 생각을 불러일으키는 강력한 수단이다. 18세기 후반의 작가 메리 울스턴크래프트는 이를 '야생의 소망wild wishes'이라 불렀으며, 이런 상상의 순간은 무엇이 여성과 남성을 페미니즘으로 이끌었는지 드러낸다.

꿈은 페미니즘운동에 대한 사적이고 내밀한 의미의 동기를 보여준다. 꿈의 형상은 꿈을 꾼 사람의 가족, 노동과 고용 경험, 독서, 감정 상태 같은 환경에 기반한다. 하지만 꿈은 점령, 혁명, 도시화, 기근 같은 맥락에서 상상할 수 있는 역사적 시기와 관련된 것이기도 하다. 페미니즘의 꿈은 처음에는 남성과의 동등함이나 양육권 같은 특정한 권리의 쟁취를 중심으로 작게 출발했으리라고도 상상할 수 있다. 하지만 그러한 상상은 18세기 후반부터 19세기에 이르는 수십 년간의 여러 꿈과 그러한 꿈을 꾼 사람들이 지녔던 다양성을 언뜻 살펴보기만 해도 완전히 빗나간다는 사실을 알 수 있다. 샤를 푸리에Charles Fourier, 1772~1837와 그 신봉자들이 꾸었던 꿈은 새로운 젠더 질서의 초기 비전이 지녔던 야심과 깜짝 놀랄 만한 비전통성을 넌지시 비춘다. 푸리에는 인간이 행복하려면 의미 있는 노동과 욕망의 자유로운 표출이 필요하다고 주장했다. 그는 당대의 부패한 성적 관습을 다음과 같이 고찰했다.

젊은 여성이란 가장 높은 값을 호가하는 입찰자에게 팔리는 하나의 상품이 아닌가? 그 여성은 어린 시절부터 편견의 압제를 받았으며 중매로 들어온 그 어떤 결혼이든 동의해야 할 의무를 지고 있지 않은가? 사람들은 그를 옭매고 있는 것이라고는 오직 화관밖에 없다고 회유한다. 그러나 그가 자신이 당하는 수모를 진정으로 의심할 수 있단 말인가?[1]

푸리에는 또 다른 페미니즘의 꿈을 제시했다. 바로 '조화로움Harmony'으로 일컬어지는 이상적 사회로, 이 사회의 특징은 남성과 여성, 아동에 이르기까지 모든 노동자가 각자의 성향에 맞는 창의적이고 매력적인 노동으로 협력하며 꾸려간다는 것이었다. 성적으로는 그 누구나 "우리가 아직 상상할 수도 없는 수없이 많은 성적 혁신들을" 자유로이 표현할 수 있는 곳이었다. 여성들은 푸리에의 전망대로라면 지구 곳곳에 자리잡을 '조화로움'의 운영을 함께 담당해야 했다. 그러나 이런 목표를 이루는 수단은 모호했고, 이 때문에 훗날의 사상가들은 푸리에의 관점을 진지한 사회적 전망이라기보다 유토피아적인 것이라 이름붙였다. 푸리에 신봉자들은 1830년대에서 1840년대에 이르기까지 프랑스, 스페인, 알제리, 미국을 비롯한 여러 국가에 생겨난 그들의 공동체에서 '정념의 조화'를 위해 결혼, 사유재산, 전통적 모성을 철폐하자 주장했다. 이들의 급진적인 실험은 페미니즘 사상에서 급진주의가 오늘날에 와서야 나타난 게 아니라는 사실을 상기시켜준다.

1장에서는 페미니즘의 꿈이 탄생한 다양한 근원과 장소를 살펴본다. 페미니즘의 꿈에는 남성으로부터의 분리를 옹호한 꿈, 사랑과 섹슈얼리티를 최우선으로 삼은 꿈, 그리고 '인류를 발전'시키고자 한 꿈 등이 있었다. 재능 있는 문학 또는 과학소설의 상상들은 꿈속의 무의식적이고 혼란스러운 파편들과 함께 탄생했다. 꿈은 부단한 유토피아주의의 장소이자 때로는 새로운 삶을 향한 비전에 빈번히 수반되는 불안과 갈등을 나타내는 지표이기도 했다.

레이디랜드와 허랜드

1905년 25세의 벵골 여성 로케야 사카와트 호사인Rokeya Sakhawat Hossain, 1880~1932은 가상의 페미니스트 유토피아이자 기술적으로 진보한 나라 '레이디랜드Ladyland'의 이야기를 담은 《술타나의 꿈》을 발표했다. 레이디랜드를 통치하는 것은 베일veil도 퍼르다purdah도 쓰지 않은 여성들이고, 남성은 '제나나zenana'라는 하렘에 갇혀 지낸다. 정원을 닮은 레이디랜드의 여성들은 전문성과 기술을 한껏 발휘한다. 로케야가 상상한 레이디랜드에는 여성들이 운영하는 대학이 있고, 이 여성들의 연구를 통해 생태적으로 지속 가능한 농업이 탄생한다. 무엇보다도 로케야는 레이디랜드의 여성들이 물을 충분히 쓸 수 있다고 강조하는데, 이는 아마도 무굴Mughal*문화와 정원 전통의 영향인 동시에 영국 식민 통치하의 인도에서 그가 경험한 자연의 약탈 때문이었을 것이다. '실제 세계'에서 그는 남성들이 군사적 목적으로만 과학을 이용한다고 주장했다. 그럼에도 로케야가 상상한 여성의 왕국에서 여성들은 강력하며 기꺼이 지배를 강행한다. 인근 국가에서 침략하는 남성 군대를 열선 무기로 무찌르는 모습을 상상했던 것이다.

무슬림으로 태어난 로케야가 지지한 종교는 세속적인 비전을 가지지는 않았으나 이슬람 교리를 벗어난 것이었다. 그의 묘사대로라면 이 종교는 사랑과 믿음을 바탕으로 '순결한' 관계를 새로이 정의했다. 벵골인 사회에서 '순결한 관계'란 결혼이 금지된 직계가족 간의 관계다. 로케야의 레이디랜드에서 '순결한' 관계는 확장되어 **모든 이가** '가족'이나 마찬가지이기에 남성과 여성은 그 어떤 성적 함의도 없이 자유롭게 교류할 수 있다는 발랄한 주장으로 이어진다. 로케야는 퍼르다와 베일을 비판하지만 이슬람을 제약의 장으로 치부하지는 않는다. 여러 다른 이들과 마찬가지로 로케야의 정치학에도 이슬람 종교가 제시했던 여성의 권리 회복에 대한 사상이 자리했다. "우리가 원하는 건 구호

---

* 무굴제국을 뜻하며 이는 16세기 초부터 19세기 중반까지 오늘날의 인도 중부 및 파키스탄, 아프가니스탄에 이르는 지역을 지배한 이슬람 국가다.

금도 선물도 아닙니다. 우리의 요구는 1300년 전 이슬람이 우리에게 주었던 그것에 지나지 않습니다."[2]

로케야는 벵골인 무슬림 여성들이 퍼르다에 순응한다는 사실 앞에서 평생에 걸쳐 절망했다. "어째서 입을 다물고 있습니까? 여러분은 스스로에게 주어진 의무를 소홀히 했고, 타고난 권리를 잃었습니다." 그는 동시대 여성들이 자유를 추구하는 방법으로서 여성교육을 열성적으로 지지했으며 평생을 사회복지와 여성교육에 헌신했다.[3] 로케야가 보기에 여성을 고립시키는 퍼르다와 베일은 "일산화탄소 가스나 마찬가지인 소리 없는 살인자"였다. 퍼르다를 거부한 로케야의 입장은 무슬림 여성의 고립을 힌두교의 조혼이나 사티sati*와 마찬가지로 미개하고 야만적인 관습이라 보았던 식민주의 평론가들의 관점과도 일치하는 것이었다. 로케야는《술타나의 꿈》을 영어로 집필했고, 이 글이 처음 실린 지면도《인디언 레이디스 매거진Indian Ladies Magazine》이었다. 기독교 영문 학술지인 이 매체를 선택했다는 점은 로케야가 상상한 독자가 교육받은 엘리트 식민주의자였음을 시사한다. 그는 영국령 인도에서 국내의 관습들을 '근대화'하고자 개입하는 엘리트 토착민들 중 하나를 자처했다. 그러나 그는 벵골어 학술지에도 다양한 글을 발표했으며 무슬림 여성을 위한 복지협회인 무슬림여성연합 지부를 설립하기도 했다. 그 밖에도 아프가니스탄과 영국의 진보적 페미니즘 소설과 문헌을 번역했으며

---

* 남편이 사망했을 때 그의 아내도 산 채로 화장하던 힌두교 관습.

1차 세계대전과 2차 세계대전 사이에는 여성교육운동을 펼치기도 했다.[4]

자주적 자치권을 행사하는 여성들의 공동체라는 로케야의 비전은 완전히 다른 문화적 배경을 가진 또 한 명의 중요한 페미니스트가 품었던 꿈과 사뭇 겹친다. 샬럿 퍼킨스 길먼Charlotte Perkins Gilman, 1860~1935은 가장 독보적이고도 중요한 20세기 초반의 페미니스트 중 한 사람으로, 복장 개혁, 여성참정권, 성 개혁, 피임, 성매매까지 놀라울 만큼 다양한 의제로 캠페인을 펼쳤다. 길먼의 아버지 쪽 친척에는 노예제폐지론자였던 대고모 해리엇 비처 스토Harriet Beecher Stowe를 비롯한 사회적 대의와 여성참정권운동에 헌신한 저명한 활동가들이 여럿 있었다. 그러나 아내와 자식들을 버린 아버지로 인해 길먼은 가난과 소외에 시달리며 어린 시절을 보냈다. 오빠는 대학에 진학했으나 길먼은 그러지 못했다. 그는 어쩔 수 없이 지력과 자립심을 발휘해야 했으며 이는 1884년 결혼한 후에도 마찬가지였다. 1888년 남편과 당시에는 흔치 않았던 별거를 시작한 뒤 궁핍은 더욱 심해졌다. 이러한 가난에 대한 경험은 그가 자신의 재능을 십분 활용하며 보기 드물게 다작하는 작가가 되는 데 영향을 미쳤다. 그는 1909년부터 1916년까지 혼자 힘으로 월간지《선구자Forerunner》를 발행하며 사설, 기사, 서평, 시, 단편소설을 전부 썼다. 심지어 광고문까지도 직접 썼는데, 그중 하나를 꼽자면 1909년 위스콘신주의 [양말회사] 홀프루프 호저리Holeproof Hosiery Company를 광고하며 "나는 매일 이 제품을 신고, 신고, 또 신어요. 구멍이 나지도 않고 낡지도 않

는, 이상할 정도로 멀쩡한 스타킹에 싫증이 나서 내다 버리게 될
때까지!"라는 극찬의 말로 보증했다.

길먼은 '평범한' 여성 독자들에게 다가가고자 가벼운 어조
로 페미니즘을 알렸다. 페미니즘을 일종의 휴머니즘이라 칭하
며 "여성들의 인간성과 역량 고취"를 외쳤다. 길먼은 소설을 통
해 경제적으로 의존하는 여성의 대안을 상상했고, 로케야의《술
타나의 꿈》이 등장한 지 10년 뒤인 1915년, 정교하게 빚어낸 유
토피아《허랜드》가 출간되었다.《허랜드》는 여성참정권운동의
긴장이 최고조에 이르렀으며 1차 세계대전이 자행하는 대대적
인 파괴 역시 증가하던 시기에 집필되었다. 이 소설은 남성 지배
라는 제약 없이 인간의 종적 진보(또는 '인류 작업race work"*)가 수
행되는 여성만의 공동체를 상상한다. 길먼은 인류사회의 초기
형태를 모계사회 또는 '여성중심gynaecocentric'적인 사회로 보는 이
론들에서 많은 영향을 받았다. 당대 사회학자와 민족지학자들
은 초기 인간사회를 주도한 것은 여성이었으나, 친족관계와 재
산 소유라는 동기로 인해 남성이 여성의 사회 지배를 전복하게
되었다고 주장했다. 길먼은 이 전복으로 인해 '남성중심androcentric'
적 사회라 불리는, 일하지 않는 '기생 상태'의 여성들이 존재하
는 사회가 만들어졌다고 말했다.

길먼은 이제 이러한 단계는 종식되었고, 사랑에 바탕을 두

---

*   길먼은 인류가 발전하기 위한 작업들을 '인류 작업'이라 칭했으며 그러한 작
업에서 여성이 역할이 가사노동과 자녀양육에 국한된다는 점을 비판했다.

고 성을 선택하여 '더 고매한 종'으로 나아가는 보다 평등한 사회가 여성에게도, 그리고 '인류'에게도 이득이 되리라고 믿었다. 이런 사회가 어떻게 이루어질 수 있으며 그 결과는 어떠할지를 상상하는 수단이 바로 《허랜드》였다. 길먼은 오래전 여성들이 남성들을 살해하고 만든 남아메리카의 공동체라는 유토피아를 과학소설의 형태로 그려낸다. 2000년간 단성생식을 통해 오로지 딸만 태어난 허랜드는 휴머니즘의 가치를 진화시켰다. 허랜드의 여성들은 지성적이고, 신체적으로 활발하며, 남성으로부터 완전히 자유롭다. 모성은 그 무엇보다도 고귀한 가치를 지니며, 개인적인 형태로 나타나든 사회를 돌보는 '사회적 모성'의 형태로 나타나든 사회의 중심부에 위치한다.

> 갈망의 대상인 모성은 개인적인 기쁨일 뿐만 아니라 국가적 희망이기도 하다. …… 모든 여성이 극강의 기쁨이자 더없는 영광, 무엇보다 내밀하고, 무엇보다 사적이며, 무엇보다 소중한 모성을 아끼고 중히 여긴다.

길먼이 그려낸 허랜드에서 성관계는 사라졌다. 허랜드 주민들의 복장은 거추장스럽지 않으며 심미적으로 보기 좋았다. "모자를 쓰지 않은 채 흩어져 있으며 반짝이는 짧은 머리, 탄탄한 소재로 만들어진 단출한 정장, 튜닉tunic**과 무릎까지 오는 바

** 허리 아래까지 내려오며 품이 넉넉한 여성용의 블라우스 또는 코트.

지 비슷한 것에 깔끔한 각반." 길먼은 이 이상적인 복장에 큼직한 주머니도 달려 있다고 강조하며 실용성을 더했다. 허랜드 주민들은 코뮌을 닮은 형태로 생활하고, 각자에게는 침실과 응접실, 욕실이 있다. 이혼과 함께 딸의 양육권을 빼앗기고 단칸방과 임시 숙소를 전전하며 강의와 운동을 이어가는 떠돌이 삶을 살았던 길먼 자신에게도 이러한 꿈은 변화에 대한 희망을 지탱해 주었을지 모른다.

길먼의 소설은 그저 여성이 중심이 되는 생활양식에 바치는 찬가가 아니었다. 이 소설의 플롯을 이루는 건 허랜드를 발견한 세 명의 미국인 남성이 여성들을 포섭해 부부관계를 맺고자 애쓰는 과정이다. 싸구려 장신구로 여성들을 유혹하려던 처음의 시도는 수포로 돌아가고, 중심 (남성) 화자의 말에서 드러나는 것과 같은 그들의 예상은 금세 빗나간다.

제프는 여성이란 덩굴처럼 칭칭 감겨드는 것이라는, 신사적이고 낭만적이며 예스러운 관념을 지녔다. 테리는 세상에 존재하는 여성은 자기가 원하는 여성과 그렇지 않은 여성 둘로 나누어진다는 명확하고 단호하며 현실적인 이론을 가지고 있다.

허랜드 주민들은 침입자들을 에워싼다.

그가 어떻게 생각하는지에는 조금도 신경 쓰지 않는 것이 분명하고, 그에 관련한 자신들의 어떤 목적을 마음먹은 게 분명하며, 그들의 목적을 충분히 강행할 수 있을 것 같은 모습의 다수가.

화자는 여성들의 체격에 놀라워한다.

생선 장수나 시장통 여자라면 힘은 비슷할지 모르겠으나 그들은 더 거칠고 묵직했다. 딱 운동선수 같았다. 가볍고도 강인했다.

남성 방문객들은 결혼 상대를 얻겠다는 목적을 이루고자 총까지 들이대지만, 결국 붙들려서는 허랜드 사회 그리고 이곳의 '고매한 동지애'를 존중할 것을 강요받는다. 이들은 결국 결혼을 통해 허랜드 사회로 진입하는데, 길먼은 그들을 구세계의 '과도한 여성성'이 여성과 남성 모두에게 해악일 수 있음을 서서히 깨닫는 모습으로 그려낸다.

길먼은 책에서든 강의에서든 남성과 여성 모두 서로를 향한 사랑과 존중을 바탕으로 페미니즘에서 공통의 이익을 얻을 수 있다고 주장했다. 그럼에도 사랑과 존중이 얼마나 손상되기 쉬운지를 인식했기에, 남성이 아내의 성적 동의를 구하지 않았어도 법정에서 전적인 지지를 받았던 시대(1993년에 와서야 미국의 모든 사법 관할 구역에서 개선된 사항이다)에 《허랜드》를 통해 부부 강간이라는 문제를 제기했다. 소설 속 미국인 남성 방문객 중 하나인 테리는 허랜드 주민들의 의사를 무시한 채 자신의 '부부권'을 행사하려 들며 다음과 같은 논리를 내세운다. "굴복당하는 걸 좋아하지 않는 여자는 없소." 그러나 테리가 아내와 강제로 성관계를 하려 한 탓에 길먼의 유토피아 소설 결말부에서 세 남성은 모두 허랜드에서 추방당한다.

《허랜드》의 결말은 언뜻 비관적으로 보인다. 그러나 역사학자들은 남성이 페미니즘적 변화의 행위자로서 개입하기를 바란 길먼의 간절한 소망, 그리고 남성의 폭력과 강압은 인류의 요구와 대립하며 궁극적으로 실패하리라는 그의 낙관주의에 주목했다.[5] 남성의 성적 자제력을 옹호한 길먼의 주장은 정신분석학에서 유래한 새로운 성적 가르침은 물론 20세기 중반 미국에서 횡행한 성적 자유주의와 실험 앞에서 순진하면서도 '빅토리아적인' 것이 되었다. 그럼에도 불구하고 짧은 머리에 신체적으로 자유로우며 현명한 여성들이 남성으로부터 정서적·성적으로 해방된 삶을 살아가는 길먼의 유토피아는 지금도 페미니즘의 미래에 관한 매혹적인 꿈으로 남아 있다.

위대한 사랑

로케야와 길먼 모두 남성과의 성적 연결고리를 끊음으로써 이루어지는 여성해방을 상상했다. 이혼한 뒤 떠돌이 강사로 지낸 길먼의 삶은 어떤 여성들에게는 남성 없이도 살아갈 수 있으며 정서적 중심에 다른 여성을 둘 수 있다는 새로운 가능성을 전해주었다. 유럽과 미국에서는 점점 더 많은 여성이 독립적인 삶을 경험했으며, 이를 한탄하는 여성들이 있는 한편으로 여성중심의 삶을 애정 어리며 충만하다고 느끼는 여성들도 있었다. 그러나 남성을 배제하는 게 대다수의 목표는 아니었고, 페미니즘의 미래를 꿈꾼 이들은 대개 여전히 다양한 형태와 역할로 남성을 미래에 포함했다. 알렉산드라 콜론타이Alexandra Kollontai, 1872~1952도 그런 이들 중 하나다. 그는 남성과 여성 간의 사랑과 섹스가 가지는 변혁적 힘에 열성적으로 전념하면서 사랑이 번성할 수 있는 완전히 새로운 세계를 상상했다.

콜론타이는 부유한 러시아인 아버지와 농민 출신 핀란드인 어머니 사이에서 태어났다. 아버지와 어머니 사이의 사회적 격차는 결혼생활에 엄청난 난관이 되었다. 콜론타이는 어린 시절부터 19세기 후반 러시아의 '연애결혼'에 내포된 긴장을 인식했으며 나아가 사랑이 가진 힘에 매혹되었다. 그는 부모에게서 강요받은 전통적인 부르주아 여성의 역할을 거부하고 반항적인 결혼을 선택했으나 실제 결혼생활은 무척이나 불행했다. 아들을 낳은 이후에도 콜론타이는 상트페테르부르크의 마르크스주의 모임에서 점점 더 활발한 정치활동을 펼쳤다. 1896년 직물공장 여성 노동자들의 파업에 큰 감명을 받은 그는 여성들이 사회주의 투쟁에 참여해야 한다고 확신하게 되었다. 1898년 5년 만에 결혼생활을 끝내고 남편을 떠나 본격적으로 정치조직에서 활동하기 시작했다.

콜론타이에게 러시아 여성들의 참정권과 고위직 진출은 주

마르크스주의 혁명가, 작가이자 볼셰비키혁명
이후 복지 담당 인민위원(1917~1918년)을 지낸
알렉산드라 콜론타이(왼쪽). 그는 여성의 지위가
공산주의의 핵심이라 보았으며 혁명 이후 도래할
변혁의 세계를 확신으로 고대했다. 출처: Alamy.

변적 문제였다.[6] 그에게 핵심은 공장에서 일하는 여성 노동자들의 단체 조직과 혁명운동이었다. 이러한 활동으로 차르 치하 러시아에서 위험에 처한 그는 부모에게 아들을 맡기고 독일, 스위스, 스칸디나비아로 망명길에 올랐다. 유럽과 미국을 두루 다니는 동안 그는 애정관계에서의 개인의 자기실현이라는 아이디어를 더욱 깊이 접하게 되었다. 그는 여성의 지위가 공산주의의 핵심이라 보았으며, 공산주의 혁명 이후 도래할 변혁의 세계를 확신으로 고대했다.

《노동하는 여성과 어머니Working Woman and Mother》(1914)에서 콜론타이는 마셴카라는 같은 이름을 가진 네 명의 여성을 통해 이들의 삶이 지닌 기회들을 비교해 보여주었다. 네 명의 마셴카는 각각 공장주의 아내, 세탁부, 하녀, 염색 노동자다. 콜론타이는 네 여성의 삶 사이에 존재하는 물질적 불평등에 분노하며 '기생충'과 노동자를 만들어내는 계급 위계의 종식을 상상했다. 콜론타이는 독자를 향해 "귀부인 마셴카와 세탁부 마셴카가 더는 존재하지 않는 사회, 사람, 공동체를 상상해보라"고 요청했다. 그에게 그러한 세계는 인간의 필요를 "하나의 크고 친밀한 가족과 같은 사회가 돌보는" 세계였다.[7]

콜론타이는 볼셰비키혁명이 약속한 변화 속에서 여성들이 얻게 될 엄청난 가능성을 보았다. 초기 저작에서 그는 마르크스주의적 경제체제 해석에 근거하여 이런 변화를 불가피한 것으로 서술한다.

그러나 이런 사회는 동화 속에서만 가능한 게 아닐까? 그런 사회가 존재할 수 있을까? 경제학과 사회사, 그리고 국가의 역사는 그러한 사회가 반드시 존재하고 실현될 것임을 보여준다. 부유한 자본가, 공장주, 지주, 자산가가 아무리 분투해도 이 동화는 실현되고 말 것이다.[8]

1917년 볼셰비키혁명에서 콜론타이는 페트로그라드 소비에트 집행위원으로 활약했고, 혁명 이후에는 저명한 정치운동가가 되었다. 콜론타이가 예견한 공동 가사노동과 새로운 도덕, 새로운 여성상은 소련 내에서 널리 선전되었으며 1920년대 중국 5·4운동의 혁명가들이 그의 저작을 번역하기도 했다. 그러나 불가피한 변화라는 콜론타이의 꿈은 남성 권력이라는 문제를 경시하며 여성이 주체성을 발휘할 공간을 거의 남겨두지 않은 듯하다. 아무리 영감을 불러일으키는 꿈이라 할지라도 여성에게 꿈을 실현할 기회가 주어지지 않는 이상 그저 불가능한 희망으로 남을 뿐이다.

볼셰비키혁명 이후 수년이 지나고 쓴 글에서, 콜론타이 역시 여성의 변혁된 삶을 향한 초기의 꿈이 지닌 한계를 어느 정도 인식했던 듯하다. 1917년 블라디미르 레닌 정부에서 초대 사회복지 인민위원으로 활약하던 시기 그는 자신이 품었던 꿈의 일부를 실험해볼 수 있었다. 그는 1919년 제노텔Zhenotdel(여성부)을 창설해 소련 초창기 여성의 문해교육과 재생산권 보장에 힘썼다. 임신중단은 1920년에 합법화되었지만 1936년 스탈린에 의해 다시금 범죄화되었다. 혁명 이후 혼란기에 콜론타이는 꿈을 실현하기 어렵다는 사실을 알게 되었고 결국은 볼셰비키 지도부에서도 축출된다. 망명이나 다름없는 생활을 하던 1920년대에 그가 쓴 장편, 단편소설에는 젠더 질서를 타파하는 것이 얼마나 복잡한 일인가를 차츰 인식해간 과정이 드러난다. 대다수 혁명 동지들과 달리 콜론타이의 꿈은 그의 마셴카들에게 더 나은 생활수준을 보장하겠다는 비전을 넘어선 것이었다. 그가 남긴 후기 저작에 드러난 유토피아는 모두가 '위대한 사랑'을 경험할 수 있는 사회다. 콜론타이는 위대한 사랑이야말로 사회 질서 전체의 변혁을 추동할 수 있는 가능성이라고 믿었다. 그는 성적 해방을 추구했으며 (이성애적) 욕망을 초월적 힘으로 보았다.

그 어떤 언어로도 충분하지 않은 순간에야 무척이나 아름답고 밝게 타오르는 힘을, 그녀의 꿈에 담긴 색채들을 에워싸는 성적 열망의 감정에 걸맞은 궁극적 표현을 찾아내리라.[9]

그러나 콜론타이는 사랑과 욕망이 통제하기 어려운 감정이며 이로 인해 여성이 상당한 대가를 치를 수도 있다는 점 또한 인식했다. 사랑에 대한 이토록 강렬한 확신은 그의 개인사에서도 드러난다. 그는 금속 노동자 알렉산드르 실랴프니코프 Aleksander Shliapnikov와 관습에 얽매이지 않는 연애를 했고, 이후에는 한참이나 나이 차이가 나는 연하의 노동계급 혁명가 파벨 디벤코 Pavel Dybenko와 결혼했다. 콜론타이가 추구했던 성적·정서적 변혁이 경제와 정치의 위기라는 현실 앞에서 빛을 잃을 수밖에 없었던 1920년대의 곤혹스러운 상황 속에서 그는 자신의 꿈은 물론 그 실현의 한계 또한 마주하게 된다. 노동자의 통제권을 지지하던 콜론타이는 이 문제로 인해 레닌의 신임을 잃었고, 외교관으로 좌천되어 소련을 떠나 스칸디나비아와 멕시코에서 지내게 되었다. 그가 소설을 통해 공산주의사회에서 여성의 삶을 탐구하고, 이 때문에 세계적으로 '자유연애'를 주장하는 대표 인사로서 악명을 얻은 것도 1920년대의 일이다. 영국 작가 메리 울스턴크래프트가 혼외관계와 임신 사실이 알려지며 성적으로 부도덕하다는 비판에 시달린 것과 마찬가지로, 콜론타이 역시 성적 방종을 선동하는 불순분자라는 유명세를 치렀다. 그에 대한 악명은 그가 섹스를 물 마시는 일처럼 자연스러운 일로 비유했다는 데서 기인했는데, 레닌은 다음과 같은 말로 가차 없이 낙인을 찍었다. "갈증은 해소해야 한다. 그러나 정상적인 환경에 있는 정상적인 사람이 도랑에 누워 웅덩이의 물을 마시거나 수많은 입술이 닿아 테두리가 번들거리는 잔으로 물을 마시려고 하겠는가?" 콜론타이의 의도가 무엇이었건 간에, 대안적인 삶을 꿈꾸고 실천하는 데는 배제와 침묵의 대상이 될 위험이 따랐다.

유토피아에 관해 쓴 대부분의 작가들과 달리 콜론타이는 볼셰비키혁명 이전의 과거 또는 동시대의 혁명을 소설의 배경으로 삼았다. 그의 소설 속 주인공은 남성을 사랑하면서 새로운 삶의 방식에 전념하는 여성들이었다. 콜론타이가 상상한 유토피아가 미래적이지는 않았지만, 사랑에 뛰어들고 성적 열망을 실현하는 동시에 자기실현 및 집단의 이익에 헌신하는 완전히 새로운 인간 정신을 상상했다는 점은 충분히 유토피아적이다. 1923년 발표한 단편소설 〈위대한 사랑〉의 주인공 바실리나말리기나는 공동주택을 세우고자 하는 노동계급의 공산주의 활동가다. 그는 아나키스트에서 볼셰비키주의자로 변모한 블라디미르의 혼외관계 애인이었다가 곧 아내가 되고, 두 사람은 욕망, 우정, 좌절이 뒤섞인 복잡한 관계를 맺는다. 콜론타이가 창조한 다른 많은 여성 주인공과 마찬가지로 바실리사 역시 휘몰아치는 개인의 애정사와 혁명을 위한 노력을 결부하려 고군분투한다. 바실리사는 가부장제가 높이 사는 정조를 거부하며 여러 남성과 관계를 맺지만, 그들 역시 위선적으로 성적 정숙함이라는 구식 개념을 고수한다는 데 고통스러워한다. 결국 이 노동계급의 여성 주인공은 부덕한 남편을 떠나 공산당 활동에만 전념한다. 콜론타이의 소설 속 여성 주인공들은 요구가 많은 연인에게서 벗어난 뒤에 반드시 더 행복하다. 바실리사는 거의 모성에 가까운 방식으로 남성들과 관계를 맺고, 콜론타이가 그려낸 남성들은 어린아이처럼 여성에게 정서적으로 의존한다.

〈위대한 사랑〉에서 바실리사가 블라디미르를 향해 품었던 열정적인 사랑은 결국 우정으로 바뀌고, 나아가 블라디미르의 새로운 여인에게 자매애를 느끼기에 이른다. 비록 그 자매애에는 한 남성을 사랑한다는 부르주아적 의존을 향한 연민이 스며들어 있지만 말이다. 그럼에도 콜론타이는 바실리사가 임신 사실을 알아차리는 장면으로 〈위대한 사랑〉을 끝맺음으로써 여성이 재생산에서 취약하다는 사실을 인정했다. 소련의 식량배급에 의지해 아이를 키울 수 있다고 전망한 그는 어쩌면 순진할 정도로 낙관적이었던 것 같다. 콜론타이의 확고한 낙관은 《노동하는 여성과 어머니》에서 다음과 같은 서술로 드러난다.

> 이제 귀부인도 하녀도 아닌 그저 시민인 마셴카는 만약 임신을 해도 자신 또는 아이에게 무슨 일이 일어날지 걱정할 필요가 없다. 사회라는 행복한 대가족이 모든 걸 보살펴줄 것이기 때문이다. 정원에 꽃이 만발한 특별한 집이 그를 맞이할 것이다. ······ 아이들은 전문 보모들의 지도하에 탁아소, 유치원, 학교에서 자라날 것이다. 아이와 함께 있고 싶을 때는 말 한마디면 충분하다. 아이를 돌볼 시간이 없다 해도 마셴카는 안심할 수 있다.[10]

혁명 이후 소련의 현실은 콜론타이의 상상만큼 장밋빛이 아니었지만 그는 바실리사의 임신과 양육을 상상하는 데 낙관주의를 유지한다. 이는 아마도 그가 상대적 특권을 지니고 있었다는 점, 즉 자신의 정치활동에서 양육의 영향을 거의 받지 않았기 때문에 전통적인 가족구조 바깥에서 자녀를 키우는 여성들의 실제 경험을 거의 상상하지 못한 데서 기인한 것인지도 모르겠다.

로케야, 길먼, 그리고 콜론타이가 상상한 페미니즘의 유토피아는 모두 불과 20년 사이에 쓰였음에도 저마다 다른 문화적·종교적·정치적 맥락이 반영되면서 여성과 남성의 관계를 상상하는 데 극적인 차이를 드러낸다. 샬럿 퍼킨스 길먼의 작품에서 그의 영성과 비전은 다윈주의 및 우생학적 관점과 한데 엮여 길먼이 '더 큰 페미니즘'이라 명명한 형식으로 구성되었다. 로케야 호사인의 꿈은 초월적 환상과 비전통적 이슬람교인의 시점으로 꾸는 페미니즘의 꿈이다. 알렉산드라 콜론타이 역시 사랑의 힘을 통한 영적 초월에 관심을 가졌으나 이를 실현하는 수단으로 현실의 마르크스주의를 택했나. 세 인물은 여성참정권, 재생산권, 교육 같은 다양한 대의를 놓고 벌어지는 특정 지역의 운동에 뿌리를 두고 있으면서도 젠더관계가 변화된 세계를 상상했으며 때로는 환상적인 세계를 열렬히 탐구했다. 세 사람 모두 여성의 의미 있고 보편적인 노동을 페미니즘의 미래로 나아가기 위한 핵심으로 강조했다. 이는 유토피아 사회주의 전통에서 공통된 것으로, 특히 콜론타이의 작품에서 여성 노동은 노동자에 의한 지배라는 마르크스주의적 비전과 더욱 긴밀하게 연결되어 있었다. 일자리는 경제적 독립을 가져오기에 페미니스트 대부분은 이를 중요한 목표로 삼아야 한다고 보았다. 그러나 창조적이면서도 사회적으로 쓸모 있는 활동으로서의 여성 노동이야말로 다양한 페미니즘의 꿈들이 공유하는 근본적이고도 핵심적인 이상이었다.

유토피아를 실현하다

페미니즘의 유토피아를 향한 꿈들은 19세기 후반에서 20세기 초반에 이르는, 남성과 여성 모두가 새로운 사회구조를 상상할 수 있었던 풍요로운 시기를 반영한다. 또한 이 시기에는 이러한 꿈을 보다 구체적인 방식으로 실현하고자 하는 시도 역시 존재했다. 19세기 급진주의자들은 다양한 '모델'과 유토피아적 공동체를 널리 실험하며 꿈을 실현할 수 있는 가능성을 역설했다. 그러한 이들 중 하나인 판디타 라마바이Pandita Ramabai, 1858~1922는 당대의 인도 여성이 여성들로 이루어져 서로를 지지하는 공동체에서 자율적으로 살아가야 한다 믿었다. 저명한 사회 개혁가였던 그의 삶은 문헌 지식을 아내와 딸에게도 전수하겠다는, 고위 카스트인 브라만 계급 출신의 산스크리트 경전 교사인 아버지의 예외적인 결단에 크게 영향받은 것이었다. 라마바이는 부모, 형제자매와 함께 순례에 투신하는 불안하고 비전통적인 삶을 살았다. 아버지가 정략결혼을 모두 거절한 덕에, 라마바이는 1877년 마드라스 기근으로 부모가 아사하고 남동생마저 예기치 못하게 사망한 뒤 상대적으로 늦은 나이인 22세에 직접 남편을 선택해 결혼했다. 결혼 전 라마바이는 캘커타에서 힌두교 신앙과 전통을 물려받은 모범적인 학자로서 각광받았으나, 카스트제도의 규율을 깨고 다른 계급의 남성과 종교의식을 따르지 않는 결혼식을 치르겠다고 결정하면서 논란을 불러일으켰다. 그는 인도 여성들에게 영향을 미치는 여러 의제들에 깊은 관심을 가졌다. 역사학자 파드마 아나골Padma Anagol이 주장한 대로라면, 라마바이는 1882년 인도 마하라슈트라주에서 아리아여성협회Arya Mahila Samaj를 설립했고 이는 여성의 종속과 개혁의 필요성이라는 의제들에 있어 식민정부에 목소리를 내는 발판 역할을 했다.[11]

결혼한 지 2년 만에 남편을 잃고 홀로 딸을 키우게 된 라마바이는 조혼과 사별을 젠더 정의와 공정의 주요한 의제로 바라보았다. 그는 이 경험으로 인해 과부가 된 여성들, 특히 아동이나 청소년기에 남편을 잃고 혼자가 된 여성들을 위한 일종의 쉼터를 설립하게 된다. 1889년 처음 문을 연 라마바이의 집은 샤라다사단Sharada Sadan(배움의 여신의 집)이라는 이름으로 불렸고, 이곳은 여성들이 공예와 농업을 통해 경제적으로 자립할 수 있도록 지원하는 것을 목표로 했다.

다른 많은 여성운동가들처럼 라마바이 역시 페미니즘의 꿈을 실현하기 위해 읽기, 쓰기, 출판문화가 가진 힘에 집중했다. 샤라다사단은 과학과 문학 분야에서 최고의 장서들로 꾸린 도서관 설립을 계획하며, "도서관에서는 강좌 역시 열려야 한다. …… 오랜 세월 무지의 감옥에 갇혀 있던 이들의 눈과 귀를 열어주기 위하여"라 선언했다.[12] 라마바이는 여성이 운영하는 출판사 설립을 후원했으며 여성 저널 발간에도 힘을 불어넣었다. 인도 여성들이 교직과 간호 분야에 진입할 수 있도록 고용을 촉진했으며, 재혼 또한 장려했다. 애초 그는 고위 카스트 계급 여성들의 안정된 미래 보장을 자신의 일이라 여겼으나, 점차 교육과 특권에서 배제된 여성들의 요구에도 귀를 기울였다. 라마바이 자신도 기근으로 인한 비극을 겪었기에, 식민지 인도에서 반복되는 기근으로 취약해진 여성들을 구제하는 데 특히 적극적으로 뛰어들었다. 라마바이가 페미니스트로서 행한 헌신의 중심에는 여성의 자립이 있었다. 그는 여성교육에 잠재된 변혁적인 힘의 가능성을 확신했다.

라마바이는 의학을 공부하고 과부 공동체를 위한 기금을 마련하기 위해 영국과 북아메리카를 장기간 여행했다. 1887년 영어로 출간한 《고위 카스트의 힌두 여성The High-Caste Hindu Woman》이 주목을 받으며 강연을 할 수 있었던 라마바이는 성공적으로 기금을 마련했고, 여기에는 미국에서 설립된 라마바이협회도 한몫했다.[13] 여성참정권운동가, 금주운동가, 노예제폐지론자들과의 교류를 바탕으로 라마바이는 사회의 주변부로 밀려난 인도 여성들을 지원할 수 있는 연합체를 구축했다.

그러나 이런 지원에는 대가도 따랐다. 라마바이의 저서는 인도 여성을 타자화하며 이들을 피해자로 제시하는 방식으로 소개되었다. 라마바이의 후원자 중 하나였던 레이철 L. 보들리 Rachel L. Bodley는 펜실베이니아 여자의과대학교 학장으로, 9세의 나이에 결혼하고 최초로 의학 학위를 취득한 힌두 여성 아난디바이 조시Anandibai Joshee, 1865~1887를 후원한 바 있었다. 13세의 나이에 임신해 출산 중 아들을 잃은 조시는 그러한 경험에 큰 영향을 받아 의사를 꿈꾸게 된 사람이었다. 보들리는 조시를 지원했지만 인도 여성을 피해자 이상의 존재로 바라보지는 못했다. 《고위 카스트의 힌두 여성》서문을 청탁받은 보들리는 마치 드라마 같은 글을 썼다.

마침내 천 년의 침묵이 깨지고, 이 꾸밈없는 얇은 책을 집어 든 독자는 처음으로 발화되는 낯선 목소리를 듣게 된다. 지적이고, 교육수준이 높으며, 행복한 영국과 미국의 여성들 앞에 이제부터 고통에 욱신거리는 이들의 존재가 드러난다.

라마바이 역시 보들리가 이끄는 대로 따르듯 힌두 여성을 몹시도 경멸적인 표현으로 묘사했다.

어린 시절부터 잔인하게 잘려나간 탓에 그들 안의 자립심과 에너지는 죽어버렸다. 나태와 거짓된 소심증의 무력한 피해자인 그들은 쉽게 겁에 질리며 진보하고자 하는 사람이 반드시 맞닥뜨리게 되는 시험과 곤혹을 견딜 힘이 거의 없거나 전무하다. …… 그들에게 자립심을 길러주는 것이 서구 자매들의 의무가 아니겠는가?[14]

인도 여성들을 소심한 존재로 일반화하면서도 자신만은 피해자화된 인도 여성에서 제외된 채, 라마바이는 논쟁적이고 비정통적인 인물로서 명성을 얻었다. 영국을 방문한 사이 기독교로 개종하여 샤라다사단에 거주하는 여성들에게 힌두교와 기독교 모두를 가르쳐 논란을 불러오기도 했다. 그러나 그는 영국 성공회의 의례와 신학의 주요 요소를 거부했고 이에 따라 십자가를 건다거나 신의 존재나 그리스도의 부활을 설파하지는 않았으며, 그 대신 마라티어와 힌디어로 직접 시편을 정리하고 마라틴어로 성서를 번역하며 기독교의 현지화에 힘썼다. 또, 선교나 자선을 통한 서양의 개입이 인도 여성의 상황에 미치는 영향력은 극히 적다고 확신하기도 했다. 그가 보기에 해외에서 온 '규방선교사들zenana missionaries'은 결코 인도의 카스트제도라는 제약을 넘어설 수 없었다. 실제 변화를 일으키려면 '자국민 여성 교사'를 양성하는 일이 무엇보다 시급하다고 라마바이는 주장했다.

　식민지 인도라는 복잡한 환경은 라마바이가 샤라다사단 운영에서 권위를 얻기 힘들게 만들었다. 라마바이의 활동이 영국과 미국에서 온 선교사들은 물론 영국성공회 당국과 식민정부와도 갈등을 빚었던 것이다. 라마바이는 자신이 세운 과부 공동체에서 권위를 가지고자 했지만 미국의 부유한 후원자들로 이루어진 위원회는 이를 매우 경계했다. 그는 또한 브라만계급의 의례적 권위에도 맞서고자 했으나 기독교인 여성이라는 점에서 달갑잖은 존재로 취급받았다. 입소자들이 기독교로 개종하는 것을 우려한 마하라슈트라주의 유력한 힌두교인들은 과부 공동체 폐쇄를 주장하기 시작했다. 여러 종교가 어우러진 환경을 포용하며 여성의 영적 자유를 옹호한 라마바이는 바로 그 때문에 전복적인 기독교 사역자로 오해받았는데, 라마바이가 상류계급의 과부로 제한되어 있던 공동체 입소 자격을 기근 시기에 굶주림에 시달리며 교육받지 못한 시골 여성들까지로 확대하자 오해는 더욱 깊어졌다. 결국 운영위원회는 라마바이가 공동체 내 부엌, 식당, 힌두 여성들의 거주 공간 등에 접근하지 못하게 막았다.

여성에게 개인적·종교적 자유가 허용되는 공간에 대한 꿈은 종교 간 관계가 긴장된 환경에서는 특히나 실현하기 어려운 것이었다. 여성이 운영하는 안식과 기회의 공간을 만들고자 했던 라마바이의 시도는 가부장제의 반대뿐 아니라 종교적 파벌주의 그리고 식민권력의 압력까지 동시에 맞닥뜨리며 결국 꺾이고 말았다. 그럼에도 그의 주체성과 투지는 훗날의 활동가들에게 전해지며 영감을 불러일으켰다. 인도네시아의 한 여학생은 라마바이에 관한 글을 읽고 다음과 같은 기록을 남겼다.

> 흥분으로 온몸이 떨렸다. 독립적인 지위를 얻는다는 게 백인 여성들만의 전유물이 아니며 갈색 피부의 인도 여성 역시도 자유로워질 수 있었던 것이다. 나는 며칠이나 라마바이를 생각했고 그 뒤로도 영영 그를 잊을 수 없었다.[15]

이 글을 쓴 라덴 아젱 카르티니Raden Adjeng Kartini, 1879~1904는 네덜란드령 동인도(오늘날의 인도네시아)에서 네덜란드 여성들과 서신을 주고받으며 일부다처제에 공개적으로 이의를 제기하고 여성교육운동을 펼친 최초의 여성이 되었다. 도쿄로 가서 교사가 되려던 계획을 포기하고 1903년 인도네시아의 고위직에 있는 남성의 세 번째 아내가 된 그는 이듬해 아들을 출산한 뒤 25세의 나이로 사망했다. 짧은 삶이었으나 인도네시아 여성들이 더 많은 기회를 얻을 수 있도록 목소리를 낸 그는 훗날 인도네시아 활동가들에게 중요한 인물로 남았다.

꿈의 한계

지금까지 살펴본 페미니즘의 꿈들은 소설이나 상상의 형태로, 가끔씩은 일상에서 실현되기도 한 유토피아였다. 그러나 꿈이 언제나 유토피아만을 그리거나 야심에 차 있는 것만은 아니다. 밤에 꾸는 꿈은 양가감정을 불러일으키기도 하고, 페미니즘의 원칙에 따라 살아가는 삶의 어려움을 상기시키는 무의식적 긴장으로 가득하기도 하다. 남성과 여성의 관계를 재정립한다는 건 가장 친밀한 영역을 다시금 생각해야 한다는 걸 의미한다. 이는 당연하게도 서로 다른 세계를 상상하는 여성과 남성의 꿈에서도 양가성과 고충을 유발하는 무언가로 투영되었다.

역사에 기록된 꿈은 거의 없으며, 기록된 꿈 역시 실제 꿈꾸는 정신을 스쳐간 그 무엇을 가능한 한 가장 근접하게 기록한 것으로 받아들여야 할 것이다. 또 당연하게도, 기록된 꿈은 꿈을 꾼 이가 공유하기로 선택한 꿈이다. 19세기의 철학자, 정치가이자 여성 권리 옹호자였던 존 스튜어트 밀John Stuart Mill이 한 편지에 기록한 꿈에는 주요한 페미니즘 사상가인 그의 무의식적 소망이 담겨 있다.

밀은 1869년 철학적·윤리적 차원에서 여성 평등을 주장하는 《여성의 종속》을 발표했다. 1867년에는 영국의 남성 노동계급에게까지 선거권을 확대하는 선거법 개혁안에 대해 여성참정권을 반영한 수정안을 발의함으로써 여성참정권 쟁취에 힘을 싣고자 했다. 여성참정권에 대한 밀의 기여는 이 책 전반에 흐르는 하나의 중요한 기조, 즉 남성 역시 적극적이고 영향력 있는 페미니스트로 활동했다는 사실을 상기시킨다. 우리는 오직 여성만이 페미니스트가 될 수 있다는 믿음을 역사적 사실에 바탕을 두고 검토해볼 필요가 있다. 특정한 시기, 특정한 장소에서 그러한 믿음은 확고한 신념이었으나 모든 시대가 그러했던 것은 아니다. 밀은 노예 출신 미국의 여성참정권운동가 프레더릭 더글러스Frederick Douglass, 중국의 진톈허金天翮, 1873~1947와 더불어 여성에게 더 큰 기회가 열려야 한다고 주장한 저명한 지지자 중 한 사람이었다. 여러 남성 페미니스트가 그런 것처럼 밀 역시 여성 동료로부터 영향을 받았는데, 그의 경우에는 아내 헤리엇 테일러 밀이었다. 그는 아내를 "견줄 이 없는 지혜로운 사람"이라며 이상적으로 바라보았고, 두 사람은 가정폭력을 비롯한 여러 운동 의제들을 주제로 함께 글을 썼다.[16]

존 스튜어트 밀은 이상적인 여성 시민에 관해 매우 구체적인 비전을 가지고 있었다. 19세기 후반 여러 유럽 국가에서는 결혼하지 못하는 여성의 수가 늘어났는데, 이러한 상황에서 그는 가사에 종사하는 기혼 여성의 삶을 지고한 여성성이라고 추어올렸다. 당시 유럽 각국은 남성들이 미국, 아르헨티나, 오스트레일리아, 캐나다 등으로 이민을 가면서 발생한 성비 불균형 문제를 겪고 있었다. 이로 인해 대중적으로 비혼 여성들을 사회적·성적 '잉여'로 보는 시각이 빠르게 확산되었다. 밀의 여성참정권 옹호는 기혼 여성이 지닌 특정한 자질들이 시민에 걸맞다고 본 특정한 인식에 기반한 것으로, 지고의 성취를 이루는 데 실패한 것으로 간주되는 비혼 여성들은 그의 옹호 대상에서 제외되어 있었다. 밀은 기혼 여성을 이상적으로 바라봤으나, [정치학자] 린다 제릴리Linda Zerilli에 따르면 여성적 미덕에 관한 그의 해석은 "도덕적 힘으로서의 무성적 여성성"을 전제로 두는 것이었다.[17] 다시 말해 밀이 생각한 시민권의 핵심에는 신중함과 절제력을 갖추고 저속한 욕구를 억제하는 태도가 자리했다. 밀은 기혼자였던 헤리엇과 20년간 열정적이면서도 순결한 관계를 이어갔다. 두 사람은 헤리엇 테일러의 남편이 사망한 이후에야 결혼했으며, 밀은 한평생 '정욕'을 사회악으로 여기며 이에 대한 비판적인 입장을 견지했다.

밀이 남긴 꿈에 대한 기록은 성적 욕망이 그에게 안긴 불협화음의 어떤 면을 시사한다. 1857년 그는 아내 헤리엇에게 쓴 편지에서 자신이 꾸었던 꿈을 묘사한다. 그 꿈은 디너파티에 참석한 밀이 "왼편에 있는 한 여성과 맞은편에 있는 젊은 남성"과 대화를 나누는 꿈이었다. 밀의 꿈속에서 젊은 남성은 말한다.

"여성에게서 찾을 수 있는 두 가지 뛰어나고 흔치 않은 자질이 있습니다. 충실한 친구로서의 자질, 그리고 충실한 막달레나로서의 자질이지요." 나는 이렇게 대답했지요. "한 여성에게 두 가지 자질이 모두 있다면 가장 좋을 것입니다." 그러자 여성은 "아뇨, 그건 **너무나** 부질없는 생각이에요"라고 말했어요. 그래서 나는 "그 자체로 좋은 것을 말하는 사람이 자신의 사리사욕을 챙기려는 것이겠습니까? 아닙니다. 추상적으로 좋고도 감탄스러우리라는 뜻입니다."[18]

여기서 "막달레나"는 문란한 여성 또는 성매매 여성을 에둘러 표현한 것이다. 밀의 꿈은 그가 시민의 미덕으로 높이 사는 지적인 동등함과 동지애에 결합하여 관능과 욕망까지도 불러일으키는 인물을 찾고 있었음을 시사한다. 한편으로는 "부질없는" 일이라 재단당할 것을 두려워하면서도 말이다. 여기서 그가 이 결합을 '부질없다'고 일컫는 건 그것이 정말 불가능하다(허사 in vain)는 의미일 수도 있고 허영심vanity이라 비난하는 의미일 수도 있는 중의적인 표현처럼 보인다. 꿈의 의미가 명확한 경우는 거의 없으나 그럼에도 긴장과 해소되지 않은 감정을 암시할 수는 있다. 밀은 편지에서 꿈속 남성의 말을 다음과 같은 말로 정정한다. "젊은 남성은 막달레나를 잘못 인용했고 **정확하게** 표현하자면 **'순수한 막달레나'**일 것이오."

여성이 성적으로 알 것을 다 알면서도 순수해야 한다는 이러한 모순은 밀이 자신의 성 정치학에 품었던 무의식적 좌절과 양가감정을 다시금 꼬집는다. 불가능한 존재인 '순수한 마리아 막달레나'는 위협적이며 상대를 불안에 빠뜨리는 존재다. 밀의 편지는 다음의 말로 이어진다. "엉터리 경구가 등장하는 데다가 나의 방식에도 성격에도 전혀 들어맞지 않는 이런 꿈을 꾸다니 얼마나 괴상한 일입니까?" 그는 꿈을 "우스꽝스럽고" "말도 안 된다"고 표현하며 자신과 멀찍이 떨어뜨려놓는다. 그럼에도 불구하고 밀의 꿈은 길먼이나 로케야와 마찬가지로 성적 절제를 중시하고 욕망을 다스리는 이성을 높이 사는 페미니스트로서의 위치를 고수하는 일이 어떤 어려움을 동반하는지 엿보게 해준다.

미국의 페미니스트 도리스 스티븐스Doris Stevens의 꿈은 페미니스트의 삶에 존재하는 긴장을 보여주는 또 하나의 생생한 예시다. 스티븐스는 전국여성당National Women's Party 소속으로 여성참정권운동에 참여했으며 훗날 1, 2차 세계대전 사이(1928~1939) 미주여성위원회Inter-American Commission of Women 위원장을 맡아 국제정책에 대한 여성들의 영향력을 높이는 것을 목표로 활동했다. 1921년 유명 변호사 더들리 필드 멀론Dudley Field Malone과 결혼한 그는 부부 사이의 관계가 과거와는 달라져야 한다고 공개적으로 표명했는데, 여성이 결혼 후에도 본래의 성을 유지하고 계속해서 임금노동을 할 수 있어야 한다고 주장했던 것이다. 그는 자신의 결혼생활이 사랑과 동지애의 공존이 가능하다는 걸 보여주는 예시가 되기를 바랐다. 콜론타이가 불과 10여 년 전에 품었던, 볼셰비키혁명의 소요 속에서 유토피아적인 동시에 실현 가능해 보였던 그 소망의 살아 있는 예시 말이다.

그러나 남편과의 관계는 스티븐스가 기대한 대로 흘러가

지 않았다. 남편은 도리스를 하찮게 취급하고 고립시키는 정서적 학대를 일삼았으며, 여성이 노동을 통해 자율성을 발휘하고 성취감을 얻을 수 있어야 한다고 생각하지 않았다. 또한 성적으로도 부정을 저질러 결국 둘은 1927년 이혼에 이른다. 도리스의 일기장에는 더들리와 함께 파리에 살던 시절 꾼 꿈이 기록되어 있다. 친구들 사이에서 더들리가 자신을 가리켜 "하찮은 아내— 꽤 괜찮은 년이야" 하고 말하는 꿈이었다. 남편의 행동에 모욕감을 느낀 꿈속 도리스는 남편의 하대를 숨기고 상황을 무마하고자 "칙칙폭폭" 하고 기차 소리를 흉내 냈다.[19] 그의 꿈은 관습이라는 제약 바깥에서 살아가고자 할 때 치러야 하는 정신적 대가를 시사한다. 이혼한 뒤 도리스는 자신의 일과 '현대적' 사랑을 향한 야심 때문에 결혼생활을 망친 여성이라는 언론의 혹독한 비난에 시달렸다.

차이를 꿈꾸다

지금까지 살펴본 페미니즘의 꿈들은 1880년대에서 1920년대에 이르는 비교적 짧은 기간에 걸쳐 영국령 인도와 소비에트 러시아, 미국이라는 각각의 환경이 얼마나 다른 비전을 그리게끔 영향을 미쳤는지 보여준다. '모자이크'를 이룬 각각의 페미니즘 조각들은 저마다 고유한 무늬를 가지고 있지만, 때로는 시간과 공간을 가로질러 같은 타일이나 색채를 가진 조각이 눈에 띄기도 한다.

페미니즘들 사이 공통점을 찾고자 하는 욕망은 1968년 이후 여성해방이라는 사상 전반에 녹아든 자매애라는 개념의 등장과 함께 특히 시급하면서도 곤혹스러운 상황을 맞이했다. 미국의 페미니스트 에이드리언 리치Adrienne Rich, 1929~2012는 1978년 시집《공통 언어를 향한 꿈》을 출간했다. 이미 저명한 시인이었던 그는 여성의 자주권을 높이 사며 모성과 자유로운 성적 욕망에 기반한 지식과 흥미를 지녔다는 점에서 '급진적'이라고 불리던 미국 여성해방운동의 주요한 인물이었다. 리치는 시를 통해 진지한 어조로 결속을 촉구했으며, 남성이 독점한 언어 속에서 이루어지는 여성의 권력 박탈을 역설했다. 그는 또한 인종, 민족, 섹슈얼리티, 계급의 차이가 '자매애'라는 개념에 가하는 도전 역시 통렬히 인식하고 있었다. 그런데 흑인 레즈비언 페미니스트 오드리 로드Audre Lorde, 1934~1992에게 바친 어느 시에서 리치는 마치 여성들 사이의 팽팽한 인종적 분열을 여성적, 어쩌면 모성적 연대로 초월하려는 것만 같다.

나는 모든 신념을 확신하며 서 있다—
당신 역시, 마찬가지다. 우리는 서로의 힘에
닿기도 전에 물러나고, 움츠러들고, 자신뿐 아니라
서로를 굶주리게 한다. 우리는
우리 사랑을 움켜쥐고 이용한다면 어떨지,
도시 위로, 세계 위로 호스로 흩뿌리고,

사랑의 물줄기를 휘두르고 인도하여
독, 기생충, 쥐, 바이러스를 파괴하면 어떨지
생각하는 것만으로도 겁에 질려 어쩔 줄 모른다—
마치 우리가 갈망하는 동시에 두려워하는 끔찍한 어머니를 생
각할 때처럼.[20]

오드리 로드는 1979년 리치와 함께 여성의 경험과 트라우
마를 전달하는 글쓰기의 힘에 관해 장시간 대화를 나누었고 이
를 녹취해 1981년 글로도 발표했다. 두 사람이 나눈 대화는 미국
페미니스트들 사이에 깊이 자리한 인종적 긴장감을 보여주는
한편으로 차이를 인정함으로써 창조적 에너지가 샘솟을 가능성
을 시사하기도 했다. 리치는 로드에게 바친 시를 다음의 말로 끝
맺었다. "우리가 서로를 찾아낼 때까지, 우리는 혼자다."

그러나 공통점은 쉬이 찾아낼 수 있는 게 아니었다. 로드는
끊임없이 설명을 거듭해도 미국 백인 여성들의 인종주의가 해
소되지 않는다는 현실에 참을성을 잃었다. 1979년 로드는 인종
주의 때문에 활동가로서의 에너지가 소모되는 데 반기를 들며
더는 관여하지 않겠다고 마음먹었다. 백인 급진주의 페미니스
트 메리 데일리에게 보낸 공개서한에서 로드는 다음과 같이 선
언한다.

나는 다시는 백인 여성과 인종주의에 관한 이야기를 나누지 않
겠다 다짐했습니다. 백인 여성들이 표출하는 파괴적인 죄책감

과 방어심리 때문에 에너지를 낭비한다는 생각만이 드니까요. 내가 무슨 말을 하건 그 말을 백인 여성들끼리 했을 때 말하는 사람의 감정도 훨씬 더 아낄 수 있고, 아마 상대방도 더욱 귀를 기울일 테니 말이지요.[21]

아시아계 영국인 영화감독이자 활동가인 프라티바 파르마 Pratibha Parmar가 1989년 《페미니스트 리뷰Feminist Review》에 〈다른 종류의 꿈들Other Kinds of Dreams〉이라는 회고의 글을 기고한 것 역시 로드와 비슷하게 느낀 허무감 때문이었다. 파르마는 차이에 전념하는 흑인 페미니스트로부터 힘을 얻는다고 했지만, 그것이 백인 페미니스트들 사이에서 방어심리를 자극하기도 한다고 지적했다. 특정한 억압의 경험에서 오는 차이를 드러내는 건 생산적이지만 동시에 다른 한편으로는 "억압받는 정체성"의 비생산적인 누적과 "생활양식의 '정치'"로의 퇴보로 이어질 수도 있다는 주장이었다. 파르마는 공통의 억압 또는 "고통을 감수하고 동행하는 관계"를 중심에 둔 결집에서 벗어나며 '흑인성', '백인성' 같은 정체성에 담긴 본질주의를 피하는 방법으로서 디아스포라 개념을 제시한다. 그는 미국 시인 준 조던June Jordan, 1936~2002의 시를 인용하며 "우리가 백인인지 흑인인지와 상관없는 다른 종류의 꿈들"의 힘을 강조했다.[22]

1871년 미국의 여성참정권운동가 수전 B. 앤서니Susan B. Anthony, 1820~1906는 유타주 솔트레이크시티에서 대중강연을 펼쳤다. 어느 성가신 남성 청중이 자신의 관점을 피력하려 하자 앤서니가 이렇게 답했다는 일화는 유명하다. "당신의 남성적 시각은 치워버려요. 여성들은 그런 거라면 모조리 거부하고 스스로 꿈을 꿀 작정이니까요." 여성의 꿈이 남성의 꿈과 다를 수 있다는 생각은 극도로 전복적인 것이었다. 그러나 여성들이 어느 정도까지 **같은** 꿈을 꾸는가는 페미니스트들의 주요한 관심사이자 깊은 분열의 영역이었다. 꿈은 여성 쉼터를 만들고자 힘겨운 시도를 감행한 라마바이가 보여주듯 혁신을 상상하게 할 뿐만 아니라 변화를 향한 희망 속에 파고든 한계와 긴장을 시사하기도 한다. 페미니스트들이 상상하는 미래는 근본적으로 복수의 것이다. 예를 들면 나의 선배가 상상했던 젠더의 소멸은 1969년 어슐러 K. 르 귄Ursula K. Le Guin이 발표한 양성성androgyny을 다룬 뛰어난 장편소설 《어둠의 왼손》과 비슷한 꿈이다. 그러나 젠더의 소멸은 누군가에게는 악몽일 수도 있다. 로케야, 길먼, 콜론타이를 비롯한 20세기 초반의 꿈꾸는 페미니스트들이 서로의 저작을 읽었다는 증거는 없다. 그들은 자신들이 공통의 '페미니즘'운동에 참여한다거나 어떤 정체성을 공유한다고 의식하지 못했을 가능성이 높다. 이들의 꿈을 나란히 놓는 건 그 꿈들을 서로 일치시키기 위해서가 아니다. 그보다는 서로 다른 공간에서 싹튼 서로 다른 페미니즘 유토피아의 상상들, 그리고 이 꿈들 사이에 존재하는 유사성과 공명을 살펴보기 위해서다.

페미니스트 통합이라는 난제를 벗어나 이를 더 느슨하고 잠정적인 연대와 모자이크 무늬로 대체하는 건 최근 페미니즘 사상에서 나타난 생산적 움직임이다. 페미니스트 철학자 아이리스 매리언 영Iris Marion Young은 1997년 이렇게 주장했다. "우리는 공통의 꿈을 계속 꿈꾸기보다는 차이를 이해한다는 도전에 눈을 떠야 한다."[23] 에이드리언 리치가 자신의 꿈에 '공통 언어'라는 이름을 붙였을 때, 로드는 '차이의 집'을 이야기했다. 로드의 저서 《자미》에 등장하는 꿈은 여성들이 "친구이자 연인으로서 함께 일하며" 밀, 길먼, 콜론타이의 글을 그토록 애먹였던 노동과 사랑의 분리를 하나로 이어주는 관능적 세계다. 나는 이 장을 로드의 말로 마무리하고자 한다.

함께 여성인 것만으로는 충분치 않았다. 우리는 달랐다.
함께 레즈비언인 것만으로는 충분치 않았다. 우리는 달랐다.
함께 흑인인 것만으로는 충분치 않았다. 우리는 달랐다.
함께 흑인 여성인 것만으로는 충분치 않았다. 우리는 달랐다.
함께 흑인 레즈비언인 것만으로는 충분치 않았다. 우리는 달랐다.[24]

2

생각

페미니즘의 꿈들이 비록 유토피아적이었을지는 모르나, 그럼에
도 거기에 담긴 다른 미래에 관한 상상, 성찰, 환상은 젠더가 구
조화된 방식에 내포된 폭력, 부조리, 우연성을 들추어냈다. 꿈
은 페미니스트의 삶과 운동에 단단히 자리 잡아 페미니즘 사
상, 이론, 분석에 영감을 불어넣었다. 2장에서 우리는 페미니즘
이 이룩한 주요한 지적 혁신들을 살펴보고, 페미니즘이 기독교,
사회주의, 자유주의, 입헌주의, 국가주의, 공화주의 같은 다양
한 전통으로부터 차용한 요소들을 알아본다. 여기서는 성차sexual
difference란 결코 자연스럽지 않으며 시공간을 초월해 다양한 형태
로 강요되어온 것이라는 데 초점을 맞춘다.

　　젠더라는 개념은 사회적·정치적 구조를 통해 유지되어왔
다. 어떤 사회에서 젠더는 남성과 여성이라는 이항대립으로 작

동한다. 나이, 사회적 지위, 수행하는 노동, 영적 역할 등에 기반해 구성된 다양한 형태의 섹스와 젠더가 존재하는 사회도 있다. 한 예로, 근대 초기 일본에서는 젊은 남성이나 승려가 '제3의 성' 역할을 수행했다. 일부 아메리카 원주민사회도 이와 비슷하게 다양한 젠더로 이루어져 있었다. 성차를 사회 구성의 근본 형태로 보는 사회도 있지만, 나이, 민족, 또는 인종을 그보다 훨씬 더 중요하게 여기는 사회도 있다. 이피 애머디움Ifi Amadiume 같은 학자는 일부 아프리카사회에서는 연령에 따른 위계와 구분이 젠더보다 중대한 요소였으며, 이에 따라 여성이 '여자 남편female husband' 같은 위반적이거나 강력한 역할을 맡을 수 있었다고 주장했다.[1]

성차가 고정된 것이 아니라 얼마든지 다양한 형태를 띨 수 있다고 보는 가변적인 관점은 변화의 가능성을 열어준다는 점에서 무척이나 중요하다. 이러한 관점에서 성차는 도전과 변화에 열려 있을 수 있기 때문이다. 페미니스트들에게 역사가 강력한 힘을 지니게 되는 것 또한 시간이 흐름에 따라 성차의 가변성이 입증되고 이로써 당연하다고 여겨졌던 여성의 종속에 저항하기 때문이다. 그러나 성차가 유동적이고 가변적이라는 생각은 여성에게 불리한 사회경제적 구조의 형태들이 오래 지속되어왔으며 이는 좀처럼 바꾸기 어렵다는 또 다른 페미니즘의 생각들과 맞물리며 발전해온 것이다. 유해한 사회경제적 구조에 페미니스트들은 '분리된 영역separate spheres', '남성중심주의 androcentrism', '남녀男女', '가부장제' 등 다양한 이름을 붙였다.

끊이지 않는 불평등과 억압을 인식하는 한편으로 보다 낙관적인 생각의 갈래 역시 이어졌다. 여성의 모성, 또는 보다 인간적이고 평온하며 공평한 사회형태와 결부되는 '여성 문화women's culture'라는 개념에 뿌리를 두고 오래전부터 꾸준히 존재해온 여성만의 독특한 특성이 있다는 생각으로부터 용기와 영감을 얻은 페미니스트들도 있었던 것이다. 이번 장에서는 지난 250여 년 동안의 성차에 대한 생각과 지속된 남성 지배에 대해 살펴보자.

여성, 이성, 미덕

18세기 유럽에서 전개된 젠더 담론은 사치와 한담을 즐기는 여성의 속성이 공공선에 위협이 된다고 치부하는 경향을 띠었다. '계몽주의의 가치', 즉 이성과 교육의 힘으로 인간성을 변혁하여 좋은 정부를 지탱해야 한다고 역설하던 18세기에 여성성은 진보라는 개념을 위협하는 것으로 여겨졌다. 이 시기, 여성의 공적 삶을 논하던 이들 중 일부는 이런 관점을 거부하고 여성에게 지적·도덕적 잠재력이 있음을 주장했다. 흔히 '여성 문제'라 불린 이런 주장은 남성의 권력이 아니라 논쟁의 여지를 지닌 여성성의 특성들에 초점을 맞췄다.

스페인 아라곤의 엘리트 집안에서 자란 호세파 아마르 이 보르본Josefa Amar y Borbón, 1749~1833은 스페인의 저명한 계몽주의 작가

이자 번역가였다. 그는 스페인 국민의 집단적 감수성이 자국의 후진성과 무지함을 비난하던 시기 스페인 문학에 크게 기여했다는 찬사를 받은 인물이다. 아마르는 여성의 교육과 공적 삶에서의 적절한 역할에 중점을 두고 '여성 문제'를 다룬 책들을 썼다. 1786년 발표한 에세이 〈여성의 재능 및 정부를 비롯해 남성이 고용되는 다른 직책에 있어 여성의 적합성을 옹호하는 담론 Discourse in Defence of the Talents of Women, and Their Aptitude for Government and Other Positions in which Men Are Employed〉에서 그는 남성과 여성 모두가 동등한 교육과 자기수양의 기회를 얻을 때까지 각 성별이 지닌 상대적 장점에 대한 논의 일체를 멈춰야 한다고 주장했다. 공치사와 압제에 얽매인 여성은 "절대적 무지 속에서 태어나 자라고" 그들의 재능은 질식당한다는 게 그의 생각이었다. 또, 그는 계몽주의적 신념을 바탕으로 "무지를 무찌른다면 노예제도 역시 무찌를 수 있다"고 말했다. 그러나 아마르의 주장은 단순히 남성의 자만심을 야유하는 게 아니었다. 그의 글은 에덴동산의 사과를 먹은 이브는 죄를 저질렀을지언정 최소한 호기심이 있었다는 논지를 바탕으로 했다. 아마르는 아담은 그저 이브의 명령에 따라 "묵인 하에" 사과를 먹었을 뿐이이며, 따라서 기독교의 타락 서사는 여성을 죄 많고 위반적인 존재로 보여주는 것이 아니라 "지식에 대한 욕망에서 여성이 남성보다 앞서 있었다"는 것을 보여주는 것이라고 주장했다.[2]

아마르는 스페인사회의 근대화와 개혁을 모색하던 진보주의자들을 향해 당대 남성 동료들 사이에 유행하던 살롱에 여성도 입장할 수 있도록 하라 요구했다. '경제회economic societies'라 불리던 살롱들은 개혁론을 둘러싼 논쟁이 이뤄지는 공간이었다. 당대 여러 작가들과 마찬가지로 아마르 역시 과거로 눈을 돌려 고대 그리스, 프랑스, 러시아, 스페인 여성들의 성취를 돌아보았고, '계몽사상가philosophe'들의 추정에 단호히 반기를 들기도 했다. 장 자크 루소Jean-Jacques Rousseau는 《에밀》(1762)에서 남성과 여성은 완전히 다른 욕구와 사회적 의무를 지닌다고 강력하게 주장했다. 여성은 좋게 보아야 남성의 귀여운 조력자라는 루소의 관념주의적 견해는 가정적이고 고분고분한 성격이 여성의 가장 중요한 덕목이라 보는 18세기~19세기의 여성관이 형성되는 데 크나큰 영향을 미쳤다. 아마르는 여성이 가사의 의무를 지향해야 한다는 생각을 수용하면서도 가족을 돌보기 위해서는 이성적 교육이 필요하다고 주장했고, 이 이성적 교육에는 복식부기, 라틴어와 그리스어, 역사, 수학 등 상당한 수준의 고등교육들이 포함되었다. 아마르의 요구에 정치적 권리나 시민으로서의 권리는 포함되어 있지 않았지만, 실명으로 글을 발표하며 도덕과 지성 면에서 여성이 남성과 동등하다는 대담한 주장을 했던 그는 스페인의 '여성 문제'에 기여한 핵심 인물이다. 나폴레옹전쟁 당시 격전지를 헤치고 부상병들을 안전한 곳으로 이동시킨 그의 활약 역시 지배적인 관념과는 다른 방식으로 조국에 일조할 수 있는 여성의 능력을 시사했다.

아마르가 '여성 문제'에 관해 남긴 글들은 오늘날 읽더라도 여전히 통쾌하고 유쾌하며, 여성들이 재단되고 취급받는 방식에 대한 분노 또한 자아낸다. 그러나 스페인이 식민지를 상실하고 다른 유럽 강대국과 분쟁을 벌이던 19세기 초 혼란의 시기에 아마르의 기여는 빛을 잃고 말았다. 19세기 초 나폴레옹이 다른 유럽 국가들을 침공한 이후 프랑스를 향해 일어난 정치적 반발역시 아마르 같은 작가에게는 좋은 상황이 아니었다. '여성 권리'가 프랑스의 혁명 담론과 연결되며 오해를 받았던 것이다. 그러나 이러한 백래시의 시기에도 '여성 문제' 논쟁에서 스페인은다른 유럽 국가들과 여전히 강한 연결고리를 유지했다. 특히, 여성과 남성의 평등 증진이라는 문제에서 유토피아 사회주의자샤를 푸리에는 프랑스인이었음에도 여전히 중요한 인물이었다. 푸리에 사상은 [여성의 정치적 권리와 피임을 지지한] 애나 휠러 Anna Wheeler 같은 아일랜드 작가나 독일 튀링겐주의 [여성참정권운동가] 루이즈 오토 Louise Otto 같은 여성들에게 영향을 주었다. 유럽과 미 대륙 전역에서 생겨난 여러 실험적 공동체는 푸리에 사상을 이어갔으나, 이러한 공동체에 속한 여성들에게 푸리에 사상에 담긴 성적 전복성은 공동체를 위태롭고 불안정하게 느끼도록 만드는 것이기도 했다. 그럼에도 새로운 가치에 따라 살아가고자 하는 욕망은 여전했으므로, 전 세계에서 '조화로움'은 활발하게 명맥을 어어갔다.

　　19세기 혁명가들의 특징인 망명과 이주로 인해 '성적 급진주의'는 빠른 속도로 전 세계로 확장되었다. 스페인 안달루시아지방의 혁명 도시 카디스에서는 프랑스에서 수년간 망명했던혁명가 호아킨 아브레우 Joaquín Abreu가 푸리에 사상을 설파했다.

카디스는 1812년 스페인 최초로 헌법 제정을 시도한 도시다. 헌법의 기초 작업에 참여한 이들은 언론의 자유라는 자유주의 권리를 역설하고 입헌군주제하에서 남성 대중의 참정권 보장을 요구했다. 이는 비록 제정되지 못했지만, 페미니스트와 초기 사회주의자들은 이 시도가 남긴 급진적 입헌주의라는 유산을 받아들이며 확장해나갔다. 카디스에서 활동한 마르가리타 로페스 모를라^{Margarita López Morla}를 비롯한 여성 푸리에주의자들은 학술지를 발간하며 1850년대에서 1860년대에 이르기까지 푸리에는 물론 '여성 문제'를 다룬 폴란드의 급진주의자 얀 친스키^{Jan Czynski, 1801~1876} 같은 유럽 사회주의자들의 저작을 번역해 소개했다. 카디스의 여성들은 협력과 성적 자유가 사회의 조화를 이루는 바탕이 된다는 푸리에 사상을 계승했다.[3] 푸리에의 사상은 지역적 문제에 쉽게 적용될 수 있었기에 스페인의 초기 페미니즘운동에서 중요한 자원이 되었다. 카디스의 지역적 문제란 농업 개혁 및 참여적인 자치와 자유에 방점을 두는 공화주의의 정치적 전통을 의미했다.

카디스의 페미니스트들이 학술지에 기고한 글은 로사 마리나^{Rosa Marina}(필명으로 추정된다)에 의해 1857년 《여성과 사회^{La Mujer y la Sociedad}》라는 책으로도 출간되었다. 이 책은 스페인 여성들의 사회적 지위에 대한 개혁 요구를 담은 선언문과도 같았다. 로사 마리나는 호세파 아마르를 비롯한 초기 페미니스트들을 회고하며 남성과 여성이 영적으로 평등하다는 기독교적 약속을 근거로 여성 평등을 주장했다. 이는 로마 가톨릭이라는 스페인의 종교적 배경과 공명하는 페미니즘의 언어를 낳았다. 페미니즘과 기독교의 어우러짐은 19세기에서 20세기 초 스페인의 페미니즘 텍스트에 꾸준히 등장하는 주제였다.[4] 로사 마리나 역시 이러한 관점에서 여성이 결혼 후에도 모든 형태의 노동에 종사할 수 있어야 하며 법적으로 자율성을 지녀야 한다고 주장했다. 카디스 페미니스트들의 글에는 유토피아 사회주의 특유의 노동에 대한 강조가 그대로 담겨 있지만, 푸리에의 페미니즘이 설파한 성적 자유의 목소리는 잦아들어 있다. 여성이 주변으로 밀려난 채 구성된 사회에서 남성이 누리는 이득에 대한 각별한 고찰 역시 그닥 드러나지 않는다. 18세기 후반에서 19세기 중반 사이에 생산된 많은 텍스트가 그렇듯, 여성이 남성과 동등해졌을 때 모두가 얻을 수 있는 이득을 강조하는 데 초점을 맞춘다.

기독교, 계몽주의, 사회주의의 결합은 19세기 스페인에서 쓰인 '여성 문제'를 다룬 글들에 영향을 주었다. 이는 내적 긴장에도 불구하고 라틴아메리카 국가들에서 비슷하게 활성화되고 있던 논의에 영향을 미치며 담론을 형성했다. 스페인과 마찬가지로 라틴아메리카 역시 18세기 후반에서 19세기 초반에 이르는 시기에 전쟁 및 헌법을 둘러싼 논쟁 등 급격한 사회 변화를 겪었다. 신문이 발달하고 산업부문에서 노동계급 여성들의 진입이 늘어났다. 이런 변화는 헌법 개혁을 둘러싼 논쟁은 물론이고 '여성 문제'에 대해서도 대대적인 논쟁을 불러일으켰다.

예를 들어, 19세기 초반 브라질에서 여성은 식민 지배국인 포르투갈의 법에 따라 영구적 미성년자로 여겨졌고 이 때문에 삶에 많은 제약을 받았다. 노동계급 여성들은 상황에 따라 가장이 되어 가족을 이끌기도 하는 등 여러 다양한 삶의 형태를 가지기도 했으나, 자유인 여성은 대부분 이른 나이에 결혼해야 했고 교육을 받을 수도 없었다. 나아가 브라질 여성들 중에는 법적 미성년자인 동시에 개인의 **재산**인 이들도 있었다. 브라질은 1888년까지도 노예제가 존재했기 때문이다. 노예 여성들 중 일부는 아프리카계 브라질 교회에서 지도자 역할을 맡기도 했으나 대부분이 극도로 궁핍한 삶을 살았다.

19세기 브라질을 정치적으로 지배한 이들은 커피 재배농 계급과 포르투갈 식민 통치자였다. 공공 영역에서 목소리를 낼 수 있는 여성은 각별한 투지를 지닌, 주로 엘리트인 여성들뿐이었다. 그러한 여성 중 하나였던 니시아 플로레스타 브라질레이라 아우구스타Nísia Floresta Brasileira Augusta, 1810~1885는 1832년 메리 울스턴크래프트의 《여성의 권리 옹호》(1792)라고 여긴 책을 포르투갈어로 번역했다. 《여성의 권리와 남성의 불의Direitos das Hulheres e Injustiça dos Homens》라는 제목으로 출간된 이 책의 원전은 사실 울스턴크래프트의 책이 아니라 《여성은 남성보다 열등하지 않다 Woman Not Inferior to Man》라는 작자 미상의 책이었다.[5] 당시는 저자가 유동적이거나 불명확한 채로도 텍스트가 전해질 수 있는 환경이었기에, 번역가가 텍스트를 구성하는 데 지대한 역할을 했다.

애국심을 강조하려 스스로 '브라질레이라Brasileira'라는 이름까지 붙인 플로레스타는 40년간 출판계에 종사하면서 여성 권리를 지지하는 목소리를 낸 드문 인물이었다. 13세에 결혼해 짧은 결혼생활을 했고, 이후 다른 남자와의 사이에서 두 아이를 낳았으나 이내 사별하고 막 걸음마를 하는 첫째와 갓난아이인 둘째를 홀로 키웠다. 그는 생계를 위해 브라질의 포르투알레그리와 리우데자네이루에서 교사이자 출판인으로 일했고, 한편으로는 유럽을 여행하기도 했다. 플로레스타는 여성교육에 깊이 헌신했으나 공화주의 전통에서 두드러지는, 훌륭한 시민을 생산하고 길러내는 존재로서 여성에게 부여되는 광범위한 책임에도 전념했다. 이런 그의 사상은 여성이 도덕과 재생력에 있어 우월하다 믿었던 프랑스의 실증주의 철학자 오귀스트 콩트August Comte, 1798~1857와 교분을 나누며 형성된 것이었다. 동시대의 다른 페미니스트들처럼 플로레스타 역시 여성을 사치를 좋아하는 노리갯감 정도로 본 18세기의 여성관에 격분했고, 루소를 비롯한 철학자들을 정면으로 비판하며 여성의 이성적 능력을 주장했다. 그는 여성의 자기부정 능력과 어머니로서의 영향력이라는 자질이 국가 건설과 인류의 진보에 반드시 필요하다고 역설하는 저작들을 남겼다.

카디스의 여성들과 마찬가지로, 브라질의 여성 권리 지지자들 역시 입헌주의의 강력한 언어에 의지했다. 수십 년, 수백 년을 스페인과 포르투갈의 전제 식민 통치에 시달리던 라틴아메리카 국가들이 하나둘씩 독립하던 시기였다. 제헌회의와 의회가 정치 질서를 확립할 성문법을 논의했고, 이에 따라 여성 시민권 지지자들도 여성을 시민에 포함하도록 요구할 수 있는 기회가 생겼다. 상황은 그러했으나, 이들의 주장은 가정생활과 기독교 도덕의 유지라는 틀에 갇혀 있었다. 이는 확고하고 급진적인 페미니즘이라기보다는 '프로그레소 페미니노progresso feminino'(여성적 진보)에 가까운 것이었다.[6]

플로레스타는 여성의 역할이 가족 바깥으로 확장될 수 있다고 상상하지 않았다. 카디스의 사회주의자 동료들과 달리 빈곤층, 토착민, 노동계급 여성의 삶에도 무관심했다. 그럼에도 19세기 전반에 걸친 (각종 제조업 노동에서부터 중산층 여성의 경우 학교 교사에 이르기까지) 여성의 고용 증대는 여성들의 문맹률을 낮추고 이들에게 더 많은 자원 및 더 강력한 사회적·시민적 권리를 부여하게 만든 중요한 요인이었다. 19세기 후반 브라질과 라틴아메리카 전역에서 등장한 여성 신문은 여성의 권리를 이야기하고 여성들이 정치적 논쟁에 참여할 수 있도록 했다는 점에서 특히 의의를 가진다. 이때 여성들이 상상한 여성의 시민권은 비록 가정생활을 중심에 두기는 했으나 여성의 역할을 가정 안으로만 제한하지는 않았다. 브라질은 1889년 공화국을 선포하며 국가를 위해 헌신하는 적극적인 시민의 역할을 강조했다. 이후 수년 동안 여성참정권 요구는 그저 투표권의 문제가 아니라 피선거권을 비롯해 보다 적극적인 정치 참여에 대한 권리를 요구하는 방향으로 나아갔다.

가부장제

기독교, 그리고 자유주의적 형태를 띤 공화주의가 지닌 전통은 급진주의자들이 기존의 구조에 여성을 포함해야 한다고 주장할 수 있도록 힘을 불어넣는 중요한 역할을 했다. 그러나 이는 여성의 종속적 지위를 만들어내는 고질적이고 구조적인 본질을 규명하고자 하는 이들에게는 그리 유용하지 않았다. 여성에 대한 남성의 압제와 착취를 인식한 이들은 많았지만, 이를 구조적 문제로 이해하는 경우는 드물었다. 대서양을 넘나드는 노예무역에 대한 반대운동이 점점 더 강경하게 조직화된 목소리를 띠고 여성들이 이 운동에 활발하게 참여하면서, 남성에 의한 여성의 '노예화enslavement'라는 은유는 급진주의자 여성과 남성 모두에게 널리 쓰이는 개념이 되었다. 그러나 억압은 남성 개인을 압제자로 그리는 방식으로 묘사되는 일이 허다했고, '여성 문제'를 다룬 초기 텍스트들의 논점은 여성이 지닌 이성의 힘과 더 나은 시민이자 어머니가 되는 방법을 말하는 데 집중되어 있었다.

19세기 중반, 일부 지역에서 보다 강력하고 조직적인 여성운동이 등장하면서, 여성운동 사상가와 이론가들은 여성에 대한 남성의 억압이 지닌 깊이와 중요성을 전달할 수 있는 여러 개념을 실험했다. 가부장제는 그중 가장 성공적인 개념으로, 애초이는 민족지학에서 고안된 개념이었으나 사회주의운동을 통해 대중화되었고, 이후로 다양한 유형의 페미니스트들이 차용하고 재해석하며 논쟁을 벌였다.

여성을 끊임없이 남성의 지배하에 두는 주요한 사회구조로서 가부장제라는 개념은 1877년 루이스 헨리 모건Lewis Henry Morgan, 1818~1881이 출간한 《고대사회》라는 책에서 처음 등장했다. 인류의 진화를 '야만'에서 '문명'으로의 이행으로 빗대어 설명하는 대목이었다. 인간의 성적·사회조직적 구조가 지닌 복잡성에 대한 모건의 광범위한 연구는 근대 인류학의 토대가 되었다. 모건은 아메리카 원주민을 비롯한 원주민 연구에 바탕을 두고 난혼에서 일부일처제로, 모계사회에서 가부장제사회로 흐르는 과정을 추적했다. 그는 찰스 다윈Charles Darwin의 영향을 받아 '문명'을 점진적 단계들의 연속으로 보는 선형적인 이론을 펼쳤다. 모건의 설명에 따르면, "타락한" 또는 난잡한 형태의 난혼은 "원시적"이지만 그렇다고 혐오감을 느낄 필요는 없는데, 난혼은 부성과 사유재산에 대한 지식을 바탕으로 점차 "독점적 동거"라는 "문명화된" 형태에 밀려날 것이고, 결국은 필연적으로 서서히 사라질 것이었기 때문이다.[7] 여성의 고등교육을 확대하는 데도 깊이 전념한 그는 여자대학교 설립에 재산을 유증하기도 했다.

유럽의 사회주의자 카를 마르크스Karl Marx, 1818~1883와 프리드리히 엥겔스Friedrich Engels, 1820~1895는 모건의 가부장제 개념을 차용하며 사유재산의 해악을 설명했다. 소유권이 등장하며 남성은 여성의 재생산 능력('모권mother right')을 착취했고, 이는 결국 사회의 초기 형태인 모계사회의 전복으로 귀결되었다. 엥겔스는 여성을 최초의 프롤레타리아트로 명명하며, 그들의 노동은 남성에게 착취당한 순간에 탄생한 것이라고 주장했다. 이는 19세기의 전형적인 진보 서사에 역행하는 것이었다. 1884년 발표한 《가족, 사유재산, 국가의 기원》에서 엥겔스는 초기 인간사회에서 여성은 "훗날의 여성들이 누린 것보다 높은 사회적 지위를 누렸다"고 주장했다. 원시공산주의가 사라지고 보다 '발전한' 가부장제사회로 나아가면서 여성의 지위는 노예나 매춘부로 전락했던 것이다.

거짓된 존경에 둘러싸인 채 진정한 노동으로부터 소외된 문명의 여성들은 자신의 민족으로부터 진정한 여성으로 간주되었던 근면한 여성들보다 대단히 낮은 사회적 지위를 지니게 되었다.[8]

"문명의 여성"에 대한 엥겔스의 비판에서는 여성을 사치와 연관 짓던 18세기적 사고의 반향이 엿보인다. 이런 사고의 갈래는 훗날 남아프리카 작가 올리브 슈라이너Olive Schreiner, 1855~1920의 《여성과 노동Woman and Labour》 같은 주요 페미니즘 저작의 바탕이 되는 여성의 '기생 상태'라는 해석으로도 이어졌다. 슈라이너는 소설과 논쟁이라는 두 가지 방법 모두를 동원해 여성의 자유, 평화주의, 인종 평등을 주장했다. '페미니즘의 바이블'로서 크나큰 영향을 미친 《여성과 노동》은 1911년 출간되었는데, 슈라이너는 앵글로-보어전쟁Anglo-Boer War의 불안 속에서 이 책의 초고를 소실하고 다시 써야만 했고 이에 따라 그에게는 영영 회복되지 않을 상실감을 남기기도 한 책이었다. 샬럿 퍼킨스 길먼이 1898년에 출간한 유명한 저서 《여성과 경제학Women and Economics》에서 역설한 경제적 자유에 대한 신념과 '기생 상태'에 대한 공포는 이 책에서도 반복된다. 두 책 모두 전 세계에 번역·출간되었으며, 인류의 타락이라는 문제에 초점을 맞춘 페미니즘을 확립했다. 슈라이너의 표현대로라면 다음과 같다.

> 여성의 기생 상태는 국가나 계급의 부패를 예고한다. 이는 피부에 생긴 천연두 농포가 화농성 바이러스의 존재를 뜻하는 것만큼이나 분명하게 체제 내에 병폐가 있음을 드러낸다.[9]

그러나 가부장제에 대한 엥겔스의 해석은 사회주의운동 내부에서 가장 크게 주목받으며 여성 억압이라는 죄에 대한 남성들의 면죄부로 쓰였다. 엥겔스는 가부장제사회로의 이행을 가져온 건 여성이라고 주장했다. 여성들이 "정조권에 대한 갈망"으로 인해 집단혼을 거부하고 일부일처제를 택함으로써 경제조건이 농업으로 변화했고, 그것이 가부장제로의 이행을 이끌었다는 것이다. 또한 엥겔스는 가부장제를 사회주의 해방으로 가는 길에 존재하는 진화의 중간 기착지로 보았으므로, 남성과 여성이 합동 전선을 이루어 자본주의에 맞서는 과정에서 타파할 수 있는 것으로 보았다. 다시 말해, 19세기의 선도적 사회주의자들은 대체로 여성 억압의 속성을 제대로 인식하지도, 철저히 분석하지도 않았다. 피에르 조제프 프루동Pierre Joseph Proudhon을 비롯한 몇몇은 여성이 "타고난 특성과 혼인법에 의해" "순수한 가사기능만을" 담당하도록 운명지어진 존재라는 반페미니즘적 관점을 견지하기도 했다.

가부장제라는 용어를 대중화한 건 독일의 사회주의자 아우구스트 베벨August Bebel, 1840~1913이다. 그는 남성에 의한 여성 억압이 사유재산의 증대 및 노동착취와 어떻게 연관되는지 설명할 수 있는 가장 강력한 수단으로 가부장제를 보았으나, 이러한 구조적 문제의 원인을 남성 개개인에게서 찾지는 않았다. 실제로 가부장제는 사회구조의 여러 특징적 형태 중 하나에 불과했다. 베벨은 1885년 《여성과 사회주의Woman and Socialism》에서 당대의 여성운동이 그러한 큰 그림을 이해하지 못한다고 비판했다. 현 상태에 얽매인 페미니스트 개혁가들은 여성의 교육권과 정치권을 확대하자는 식의 사소한 개혁밖에 상상하지 못한다는 것이었다. 반면 베벨에 따르면 사회주의는 결혼을 그 자체로 성노예제로 보았으므로, 모든 여성은 성노예제 폐지에 공통의 이해관계를 가진다고 인식했다. 베벨에게 결혼제도의 폐지는 '임금노예' 및 사유재산의 폐지와 함께 가는 것이었다. 비록 '부르주아' 여성들이 이러한 관심사를 공유하지 않는다 해도, 즉 "별개의 군단을 이루어 행동한다고 하더라도 연합하여 포격을 날릴 수는 있다"며 노동계급 여성들과 함께 행동할 수 있다 믿었다. 베벨은 사회주의 혁명을 통해서만 여성에 대한 모든 종류의 종속을 폐지할 수 있으며 "완전한 경제적·지적 독립" 또한 이룰 수 있을 것이라 예측했다.[10]

베벨의 책은 베스트셀러가 되어 유럽, 그리고 훗날 소비에트의 영향을 받은 국가들이 사회주의와 페미니즘의 공동전선을 설계하는 데 지대한 영향을 미쳤다. 특히 이 책은 자본주의하에서 노동계급 여성들이 맞닥뜨리는 특수한 착취에 고도로 초점을 맞추는 페미니즘의 사상적 전통의 시작을 알렸다. 프랑스, 영국, 소비에트 러시아와 독일을 넘나들며 활발한 활동을 펼친 클라라 체트킨^{Clara Zetkin, 1857~1933}은 바로 이런 전통을 계승한 사회주의 페미니스트다. 사회주의, 그리고 훗날 공산주의 혁명에 전적으로 헌신했던 체트킨은 반군국주의와 반파시즘에 관한 운동역시 활발하게 펼쳤다. 1892년부터는 사회주의 여성 잡지 《평등-Die Gleichheit》을 편집하면서 조직화에도 관여했다. 체트킨은 그자신이 부르주아 페미니즘이라 일컬었던 경향에 극도의 적개심을 품었으며, 엥겔스와 마찬가지로 노동계급 남성과 연합해 자본주의에 맞설 수 있는 여성의 결집력을 강조했다. 그러나 엥겔스와 베벨이 여성에게 계급을 넘어선 연대의 잠재력이 있다고 보았던 것과 달리 체트킨은 이를 가차 없이 부정했다. 체트킨은 여성이 "인간의 새 생명을 품고 먹이고 기르는 역할"이라는 공통점을 가지고 있지만 계급적 특권으로 인해 공동의 운동은 불가능하다고 보았고, 이에 따라 사회주의 페미니즘을 여타의 페미니즘 분파와 구분하는 데 심혈을 기울였다.[11]

페미니즘을 지지하던 혁명가들조차 페미니즘의 요구는 사회주의 혁명의 부산물로서 달성될 것이라 보았다. 러시아의 혁명주의자 알렉산드라 콜론타이의 초기 저작에서도 '부르주아' 여성과의 연대 가능성을 단호히 거부한 체트킨의 입장이 되풀이된다. 여성해방의 필연성을 단언하는 콜론타이는 여성해방을 "자연의 그 무엇도 멈출 수 없는 도도한 흐름을 지닌 거대한 강"이라 일컬은 독일 사회민주당 아우구스트 베벨의 말을 빌려오며 낙관주의를 계승했다.[12]

이러한 지점에서 드러나는 것처럼 엥겔스가 확립한 가부장제 개념에는 활동가들에게 필요한 비판적 잠재력이 부재했다. 이에 따라 사회주의를 비롯한 다양한 신념을 지닌 수많은 여성은 여성해방이 혁명의 부산물에 불과하다는 안일한 시각에 이의를 제기했다. 가부장제가 그 자체로 역동을 지니고 있으며 단순히 사회주의 혁명으로 해소할 수 있는 문제가 아님을 인식했던 것이다. 가부장제는 시대에 따라 그 형상이 달라지며, 일부 여성들에게는 이익이 되기도 한다. 가부장제는 남성에게 이득을 주었으며 대부분의 남성은 여성의 노동 및 정치적 배제에서 너무나 직접적인 혜택을 받았다. 이는 다시 말해 사회주의자 남성 대다수가 엥겔스와 베벨의 저작을 섭렵하고도 여성에 대한 자신의 억압적인 행위를 알아차리지 못했다는 의미다.

'튀르크 콤플렉스'

초기 사회주의 이론가들은 가부장제를 재산의 분배체계, 즉 근본적으로 경제구조의 한 형태로 이해했다. 가부장제는 법과 정치의 영역에서 드러나기도 했는데, 수많은 라틴아메리카 국가들의 특징인 **파트리아 포테스타드**Patria Potestad, 즉 여성을 아버지나 남편의 권위에 종속된 영구적 미성년자의 지위로 보는 민법이 한 예다. 그러나 페미니스트들은 가부장제를 일련의 가치로서 사고하고 바라보는 방식으로 활용했다. 법과 정치뿐 아니라 문화와 사회규범을 형성하는 일련의 가치들을 의미하는 용어로서 가부장제를 사용한 것이다.

영국의 활동가 엘리너 래스본Eleanor Rathbone, 1872~1946은 가부장제가 어떻게 남성과 여성의 심리 깊은 곳까지 속속들이 스며들어 있는지 설명하기 위해 인종차별을 내포한 '튀르크 콤플렉스Turk complex'라는 개념을 제시하며 여성에 대한 남성의 심리를 설명하고자 했다. 튀르크 콤플렉스란 임금격차를 통해 발현되는 실제적·물질적 남성 지배와 이에 수반되는 이기주의 및 자기애를 의미했다. 래스본은 분노를 표현하고자 오리엔탈리즘의 언어를 차용했는데, 당대에는 남성이 여성을 종속하고 구속하는 장소로 흔히 '동양'을 상상했기 때문이다. 무슬림문화와 비무슬림문화에서 여성에 대한 인식이 상반된다는 사실은 18세기 호세파 아마르 같은 인물들이 제기한 여성의 종속에 대한 논의의 핵심이었다. 하렘, 힌두의 조혼, 사티, 여성 할례, 신부 매매 같은 것들은 모두 지리적으로도 종교적으로도 모호한 용어인 '동양'과 '서양'의 강력한 대조에 바탕을 두고 세계를 상상하는 데 영향을 미쳤다. 이런 지적 틀 때문에 제국주의 국가의 페미니스트 대다수는 중동, 남아시아, 동아시아의 여성들에게 페미니즘의 주체가 될 잠재력이 있다고 상상하지 못했다. 미국의 선도적 페미니스트 엘리자베스 캐디 스탠턴Elizabeth Cady Stanton은 다음과 같은 말을 남겼다.

> 여성이 들판의 짐승과 엇비슷한 대접을 받는, 불사의 정신과 영혼이 지워지다시피 짓이겨지는 튀르키예의 하렘이든 …… 여성이 열등하다는 생각이 만들어낸 선정주의와 야만주의 아래 지성과 영혼이 묻혀버린 처첩의 궁이든 그 어디서든 여성은 자신의 처지에 만족할 뿐만 아니라 그 안에서도 영광을 찾는다.[13]

래스본은 '튀르크 콤플렉스'라는 개념으로써 가족, 교육체계, 친구 집단이라는 내밀한 세계를 통해 구축되는 가부장제의 심리적 측면을 드러내고자 했다. 래스본은 영국 리버풀의 부유한 선주船主 집안에서 태어났으며 사회공헌사업에 활발히 참여했고 두루 인맥을 형성한 성공한 인물이었다. 1차 세계대전 중 영국 군인의 아내 및 어머니들을 위해 일한 그는 어머니의 역할을 수행하는 여성의 노동에 대한 대가로서 '가족수당family endowment'을 제안하며 이를 국가가 여성들에게 직접 지급하라고 주장했다. 그러나 노동조합 지도자들은 가족수당이 남성 노동자들의 임금을 삭감하는 핑곗거리가 될 것을 우려해 반기를 들었다. 가족수당은 여성의 재생산 욕구를 중시하는 페미니스트들에게 중요한 목표가 되었다.

활발하게 가족수당운동을 이어가던 1920년대에서 1930년대에 래스본은 가족수당을 유토피아적인 정책으로 설명했다. 가족수당이 겉보기에는 별것 아닌 복지급여일지 몰라도 실제로는 남성이 가정에서 가지는 권력에 대한 강력한 공격이 될 것이라 보았기 때문이다. 래스본은 남성이 더는 생계부양자가 아니게 될 때 여성 역시 스스로를 자율적인 개인으로 상상할 수 있으리라 희망했다. 임금이 평등해지면 여성들은 새로운 종류의 직업을 꿈꿀 수 있을 테고, 이는 빈곤이라는 근본적인 문제 또한 해결할 것이라 보았다. 또한 래스본 자신이 다른 여성과 장기적 관계를 맺은 것과 마찬가지로, 여성들은 원하기만 한다면 남성 없이도 살아갈 수 있다고 여겼다. 다른 페미니스트들처럼 래스본도 변화를 제안함으로써 지금의 사회구조가 뿌리 깊은 곳에서부터 남성의 이익을 위해 구성된 것이라는 사실을 알리고자 했다.

> 인간 본성에 자리한 가장 강력한 본능에는 권력, 지배, 우러러 보이고 찬양받고자 하는 욕망이 있다. 나이와 국가를 가리지 않고 …… 제아무리 천대당하고 억압받는 남성이라도 자기 아내와 자식들에게 권력을 행사하며 이런 욕망을 충족할 기회가 있다. 심지어 노예조차도 자기 오두막에서는 왕이다.[14]

'튀르크 콤플렉스'는 남성의 압제와 이기심을 포착하는 개념이었다.

이러한 사고는 '서구' 여성들로 하여금 제국주의적 점령이 지닌 폭력성과 잔혹성과 결코 무관할 수 없는 자신을 남성의 침략에 희생당한 여성 피해자의 구원자로 상상하게 만들었다. 래스본은 영국 의회 의원 자격으로 1931년 인도를 순방했는데, 이후 영국이 인도의 조혼을 법적으로 금지해야 한다고 주장했다. 래스본은 이전에도 왕령식민지유색인여성보호위원회Committee for the Protection of Coloured Women in the Crown Colonies를 설립해 영국 의회 내에서 페미니즘적 목표를 이루고자 노력한 바 있었으나 그 과정에서 유색인 여성들의 자문은 거의 구하지 않았다. 래스본은 보호를 받는 데 강한 거부감을 드러내는 인도 여성들을 직접 만난 뒤에야 제국주의적 온정주의paternalism가 잘못된 방식이었음을 깨달았다. 그는 인도 여성의 참정권을 위한 운동을 시작했는데, 이때 그는 1928년 영국 여성들이 얻은 성인의 완전한 참정권이 아닌, 기혼 여성에게만 주어지는 '특별 선거권'을 주장하는 입장에 섰다.[15] 우리는 래스본을 수많은 '제국주의 페미니스트' 중 하나로 보아야 할 것이다. 그는 소녀와 여성들에게 가해지는 잘못을 바로잡기 위한 최선의 수단이 민주적 자기결정권이라고 보고 이에 꾸준히 헌신했으나, 다른 국가에 대한 영국의 지배가 페미니즘의 대의를 저해하는 것이 아닌 증대하는 타협안이라 보았다.[16]

래스본이 말한 '튀르크 콤플렉스'를 다른 페미니스트들이 채택하지는 않았으나, 래스본이 몰두한 가부장제의 심리구조와 편재성만큼은 널리 공유되었다. 미국의 샬럿 퍼킨스 길먼 역시 남성 억압의 심리적 구조에 주목하며 남성에게 유리한 젠더 위계를 바탕으로 구성된 사회를 일컫는 새로운 용어를 만들었다. 그것은 바로 그가 인간에게 지대한 영향을 미친다고 여겼던 '성경제sexuo-economic구조', 즉 '남성중심주의androcentrism'였다. '남성이 만든 세상'에 대한 길먼의 생각은 엥겔스와 마찬가지로 루이스 모건의 민족지학 연구에 의지한 것이었다. 길먼은 인간사회가 성차에 과도하게 집착한다고 비판했다. "우리는 남성성과 여성성이라는 문제에 지나치게 골몰한 나머지 공통된 인간성을 간과했다." 길먼의 페미니즘은 휴머니즘에서 출발했으나 래스본의 경우와 마찬가지로 처음부터 '문명'이라는 인종적 위계를 내포하고 있었다. 그는 휴머니즘을 주장하면서도 "백까지 셀 줄 아는 야만인은 열까지만 셀 줄 아는 야만인보다 더 인간적이다"라는 태도를 견지했다.[17]

길먼은 남성중심주의가 여성을 '성노동'에 가둠으로써 인류의 진화를 왜곡된 방향으로 이끈다고 보았다. 이런 사회에서 "모성이란 여성이 옷과 음식을 얻는 대가로 제공하는 교환 가능한 상품"이었다. 길먼은 유자녀 여성을 지원하고자 했으나 재생산 기간의 앞뒤에 존재하는 "쓸모 있는 노동생활"에도 주목했다. 자유주의에서 이야기하는 개인의 권리에 더 집중한 다른 페미니스트들과 달리, 길먼의 남성중심주의 비판은 '인류' 및 보편의 인간성에 대한 비전을 가지고 전개되었다. "우리의 인간다움은 우리 개개인에게 존재한다기보다 서로와 맺는 관계에 존재하는 것으로 보인다."[18]

길먼은 남성중심주의 대신 협력에 바탕을 둔 경제체제를 제시했다. 그는 '유토피아적' 사회주의자들과 마찬가지로 또 다른 사회경제 질서를 상상했으나, 그렇다고 고립된 코뮌으로 은둔하기를 제시하지는 않았다. 오히려 그는 사생활로부터의 대규모 탈피를 통해 부엌이 없는 각자의 집을 가지고 식량 생산과 식사 장소, 전문 청소 서비스를 공유하는 사회적 변화를 기대했다. 그러나 이런 접근법과 연결될 수 있는 사회주의나 공산주의와는 거리를 두었으며, 어디까지나 "상당한 성공을 입증할 수 있는 사업적 근거에 따라" 수행되어야 한다고 주장했다.[19] 래스본이 국가의 개입이 필요하다 여긴 지점에서 길먼은 의견을 달리했다. 길먼은 과학적이고 효율적인 가사노동에 대한 여성들의 충족되지 않은 욕구를 채워주고 나아가 페미니즘의, 또는 '성경제' 혁명의 불꽃을 붙여줄 수 있는 것은 시장이라고 보았다.

'남녀'라는 말

길먼이 보다 폭넓게 소환해낸 '인류'는 인류의 발전이라는 사회적 다윈주의에 뿌리내린 작업을 했던 19세기 후반의 젠더 활동가들이 흔히 쓴 수사학적 전술이었다. 전족이라는 풍습을 중심으로 중국을 바라본 유럽인들은 중국을 매혹의 원천인 동시에 여성들이 빈번하게 수모를 겪는 장소로 상상했다. 남아프리카의 페미니스트이자 소설가 올리브 슈라이너는 친구이던 영국의 우생학자 칼 피어슨Karl Pearson에게 '여성 문제'와 관련해 "중국인의 어떤 면을 이해하는 건 무척 중요합니다. 이들을 연구함으로써 우리의 주제 전체에 엄청난 빛을 드리울 수 있을지 모릅니다"라고 이야기하는 편지를 썼다. 언뜻 그럴싸하게 들리지만 이어지는 글은 인종적 대상화로 가득 차 있었다. "그들과 우리는 고릴라와 오랑우탄만큼이나 동떨어져 있어요."[20] 인종과학은 다른 문화권의 사상과 사회조직을 선정주의적으로 바라보게 하는 동시에 아무렇지도 않게 인종차별을 일삼도록 선동했다. 19세기에 힘을 얻은 인종과학은 일부 페미니즘에 인종적 낙인이라는 폭력성을 불어넣었다.

그러나 1912년 중국 일부 지역에서 여성들이 투표권을 쟁취했다는 소식이 전 세계에 전해지자 제아무리 슈라이너라도 더는 중국을 무시할 수 없게 되었다. 수많은 유럽과 미국 여성에게 선거권이 주어지기 수년에서 수십 년 전 이런 일이 일어났다는 건 당혹감을 불러일으켰다.[21] 슈라이너는 전형적인 오리엔탈리즘의 언어로 이렇게 말했다. "중국이 긴 잠에서 깨어나고 있다. 여성들도 전족을 그만두고 있다."[22] 그러나 그는 중국에서 청나라의 장기 집권(1633~1912)에 반대하는 애국주의적 국가 건설 운동과 함께 고무된 페미니즘운동에 대해서 까맣게 몰랐다. 20세기 초반 활동한 여성참정권운동가 대부분은 쑨원孫文의 중국혁명동맹회中國革命同盟會와 연합하여 1911년 건국된 새로운 중화민국 치하의 국가적 발전과 '여성 권리'를 동시에 성취하고자 했다. 20세기 들어 민족자결권이 더욱 중요한 과제로 여겨지면서 페미니즘 역시 인종과 국가 건설 프로젝트의 측면으로 결합되기 시작한 것이다. 예를 들면, 당대 정치철학자 량치차오梁啓超

는 전족 관습에 대해 "이 맹독의 쓴맛으로 고통받는 존재가 여성들만으로 보일지 모르나 사실 가장 큰 아픔을 겪는 건 우리 민족 전체다"라고 주장했다.[23]

가부장제 개념에 관해 중국 지식인들은 '서구의 자유'라는 상상적 원천으로부터 깊은 영향을 받았다. 20세기 초반 활발하게 여성 권리를 주장하는 저작을 남긴 여러 남성들도 마찬가지였다. 그중에서도 진텐허가 1903년 발표한 기념비적인 공화주의 페미니즘 에세이 〈여성의 종The Women's Bell〉은 가장 두드러지는 예일 것이다. 진텐허는 루소와 존 스튜어트 밀 같은 계몽주의 사상가들은 물론 일본의 교육자들을 호명하며 "유럽 문명의 신선한 공기"가 중국이라는 "잠에 빠진 어둠의 세계"를 깨워주기를 고대했다. 여성의 사치와 부도덕을 비판한 루소와 마찬가지로, 그는 자녀교육에 헌신하고 애국자이며 검소하게 옷을 입고 미신을 믿지 않는 여성을 해방된 여성의 이상형으로 그려냈다. 진텐허는 여성들이 강의, 대중연설, 그리고 신체 운동을 통해 "서구에서 온 자유의 씨앗을 퍼뜨려야 한다"고 촉구했다.[24]

아나키즘의 영향을 받은 페미니스트 허인젠何殷震, 1884?~1920?은 진텐허가 이야기하는 "모든 여성이 지닌 꽃과 같은 정신"을 도무지 참아줄 수 없었다. 허인젠은 20세기 초반 일본으로 망명한 중국 급진주의자들의 정치 모임에서 활동했다. 그는 도쿄 여성권리회복협회에서 발간하는 학술지 《자연 정의Natural Justice》를 공동 편집했으며, 망명 중국인들이 파리에서 발간한 학술지 《뉴 센츄리New Century》에도 글을 실었다. 허인젠은 여성의 경험을 특징짓는 구조적 불평등을 이론화하는 데 야심차게 접근했다. 그는 유학사상을 품은 중국어 단어인 '난뉘[남녀]男女'를 사회 질서의 성별화된 체계를 의미하는 말로 새로이 읽어냈다. 난뉘를 '성-젠더'나 '가부장제'라고 옮길 수도 있겠지만 '가부장제'와 달리 난뉘라는 단어 안에는 과거와 현재, 중국과 세계처럼 다양하고 광범위한 대립관계의 의미가 내포되어 있어 번역하기 어렵다. '남자' 뒤에 '여자'를 붙인 난뉘는 "모든 가부장적 관념과 차별의 근원적 표식"이라 볼 수 있다.[25]

20세기 초반의 중국어는 상대적으로 성문화가 덜 이루어진 유동적인 언어였기에 새로운 단어를 만들거나 해외의 영향을 받는 데도 개방적이었다. 이 대격변의 시기, 지식인들이 여성의 다양한 자질을 내세우면서 중국에서는 '여성'을 의미하는 수많은 단어가 등장했다. 진화론적 사고에 몰두한 작가들은 여성을 성별화된 용어이자 서구 근대성을 내포한 단어로서 뉘씽[여성]女性이라 불렀다. 중국의 사회주의자들은 마르크스와 엥겔스가 말한 '여성 문제'에서 영향을 받아 여성을 사회적 생산과 관련해 '대중 주체'로서 정의하는 의미로 푸뉘[부녀]婦女라는 표현을 선호하기도 했다.[26]

일본에서 경험한 지적 논쟁에 뿌리를 둔 허인젠의 글은 언어적 개방성과 세계시민주의cosmopolitanism라는 추동력을 바탕으로 혁신적 사고가 가능함을 강조했는데, 특히 젠더가 생물학적 성별 개념과 긴밀하게 연결된 것이 아니라는 맥락에서 그러했다. 난뉘라는 말은 젠더의 구분이 문화적·경제적 삶을 통한 신체,

노동, 권력의 구성에 연결되는 방식을 보여주었다. 이는 허인젠이 "난씽nanxing(남성)과 뉘씽nüxing(여성)이라는 명사가 더는 필요치 않은 세계"를 상상하도록 만들었다.[27] 그에게 인종적·성적 차이의 종식은 자본주의·국가·사유재산의 종식과 같이 가는 것이었다.

허인젠은 서유럽의 영향력을 거부했으며, 근대화 사상의 자유주의적이고 자본주의적인 토대를 비판했다. 그는 러시아의 표트르 크로포트킨Peter Kropotkin과 일본의 게무야마 센타로煙山專太郎 같은 아나키스트들의 글에서 영감을 얻었다. 허인젠은 1907년 발표한 〈여성의 복수에 관하여On the Revenge of Women〉라는 에세이에서 세계적이고 보편적인 난뉘의 성격을 설명한다.

나는 조국의 여성들을 향해 말을 걸고자 한다. 남성이 우리의 최대 적이라는 생각을 해본 적 있는가? …… 이런 상황은 결코 고대 세계에만 국한된 것이 아니라 과거와 마찬가지로 오늘날에도 똑같이 만연한 것이다. 오로지 중국에서만 일어나는 현상도 아니며 외국에서도 같은 일이 일어나고 있다.[28]

그는 이러한 체계를 결혼 같은 사회제도는 물론이고 유학이라는 지적 전통에서도 찾아낸다. 허인젠은 훗날 20세기 후반의 페미니스트들이 강조하게 되는 가부장제가 경제적, 성적, 그리고 심리적 구조와 더불어 언어구조에도 내포되어 있음을 포착했다. 그가 보기에 가부장제는 중국의 언어를 이루는 문자 자체에 뿌리내리고 있는 것이었다. 예컨대 여성을 가리키는 또 다른 용어인 '푸렌[부인]婦人'은 '빗자루'라는 의미의 '푸帚, fu'에서 유래한 것으로 여성을 가사노동에 묶어놓는 말이었다.

허인젠은 여성이 남성의 소유물로서 폭압과 대상화를 마주한다고 주장했다. 그의 〈페미니스트 선언〉(1907)은 여성이 자신의 성 앞에 남편의 성을 붙이는 가부장적 관행을 그만두자고 제안했다. 허인젠은 결혼 뒤에도 정치적 입장을 드러내는 이름을 썼고(젠霹은 '천둥소리'라는 뜻이다) 어머니의 결혼 전 성인 인殷 또한 함께 썼다. 그는 광범위한 사회혁명의 일부로서 양성 모두의 동등한 대우와 교육을 주장했다. 성적인 측면에서는 일부일처제의 종식, 자유로운 이혼, 그리고 성매매 근절을 외쳤다. 그가 사용한 아나키스트 특유의 언어를 빌리자면 이 모든 건 "개혁이나 보이콧이 아니라, 남성들에게 평등을 강제하는 무력을 사용함으로써" 달성해야 하는 것이었다.[29]

1911년, 청나라의 몰락이라는 혁명적 상황에도 불구하고 허인젠은 여성 지식인이자 활동가라는 위치를 고수하는 데 어려움을 겪었다. 1919년 남편이 사망하자 그는 자취를 감췄고 이후의 삶도 전혀 알려져 있지 않다. 그가 활동가로서 보낸 짧으면서도 눈부신 세월은 페미니즘운동의 가능성을 보여주는 동시에 바로 그 때문에 개인이 치르게 되는 대가 모두를 보여준다.

여성해방과 가부장제

이렇듯 19세기 후반부터 20세기 초반의 여러 사상가들은 젠더가 어떻게 사회구조에 영향을 미치는지에 대해 과감하게 숙고했고 남성 지배를 호명하는 다양한 방식을 제시했다. 여러 대안에도 불구하고, 결국 1960년대 이후 가장 적합한 개념은 가부장제(때로는 [관사를 붙여] 'the patriarchy'로 불리기도 했다)인 것으로 판명되었으나, 가부장제 개념 역시 발전하며 애초 마르크스주의에서보다 더 큰 의미를 담게 되었다.

훗날 가부장제 이론을 다듬은 이들 중 눈에 띄는 인물은 미국의 작가 케이트 밀렛Kate Millett, 1934~2017이다. 미네소타에서 성장한 그는 14세 때 알코올중독자인 아버지가 가족을 등지면서 세 아이를 홀로 키우게 된 어머니 밑에서 자랐다. 1960년대에 영국 옥스퍼드대학교에서 공부한 밀렛은 반문화 히피운동과 평화운동, 여성 예술에 깊이 몸담았다. 또한 1960년대 초반에는 일본에 거주하면서 초현실주의의 영향을 받은 아방가르드운동에 참여했고, 주일 미군에 대한 일본인들의 거센 반발을 피부로 체감하기도 했다. 그러나 무엇보다 밀렛의 가장 큰 관심사는 미국과 일본의 폭력적인 성 정치였다. 그는 "(외국인 예술가로서) 남성들과 함께 앉아 대화를 나누었던 만찬에서 무릎을 꿇고 시중을 들던" 일본 여성들의 모습에 충격을 받았다.[30] 밀렛은 1965년 인디애나폴리스에서 16세 소녀 실비아 라이킨스Sylvia Likens가 성적 학대를 당한 끝에 살해당한 사건으로 인해 급진주의 노선으로 접어들게 된다. 라이킨스를 살해한 범인은 한 여성과 그의 자녀들이었고, 밀렛은 도대체 사회적 가치관이 어떻게 왜곡되어 있기에 이런 범죄가 가능한지를 이해하고자 했다.

밀렛은 성 정치가 '성 역할 고정관념'이라는 심리적 힘에 의존하며, 이 고정관념은 종교, 가족, 결혼제도를 통해 구체화되어 여성에 대한 남성의 착취뿐 아니라 전반적 가치를 왜곡해 라이킨스 살인사건과 같은 가학행위를 유발하는 "남성우월성이라는 만연한 신념"을 생산한다고 보았다. 밀렛은 성 혁명 이후 모든 것이 새로운 질서를 찾으리라는 희망을 견지했다. 그는 1968년 〈혁명을 위한 선언manifesto for revolution〉을 통해 다음과 같이 말했다.

한 집단이 다른 집단을 지배할 때 두 집단 사이의 관계는 정치적이다. 이런 관계가 장기간 이어지면 이데올로기(봉건제도, 인종주의 등)로 발전한다. 모든 역사적 문명은 가부장제다. 그 이데올로기는 남성우월주의다.[31]

밀렛은 가부장제라는 개념에 접근하는 방법으로써 문학가들을 살피면서 지크문트 프로이트Sigmund Freud는 물론 D. H. 로런스D.H. Lawrence와 헨리 밀러Henry Miller처럼 노골적으로 성애를 담은 소설을 남긴 유명 문인들의 폭력성과 여성혐오를 지적했다. 훗날 에이드리언 리치가 '강제된 이성애주의compulsory heterosexuality'라는 용어로 정립한 밀렛의 '강요된 이성애주의enforced heterosexuality' 개념은 레즈비언 사상에 큰 영향을 미치게 된다. 그리고 바로 여기에서 현대 유럽-미국사회에서 이분법적 성별과 이성 간 관계가 자연스러운 '정상'으로 강요된다는 것을 의미하는 '이성애규범성heteronormativity'이라는 개념이 탄생했다. 이렇듯 가부장제를 둘러싼 생각들은 훗날 성적 유동성과 가능성을 품은 퀴어 이론의 발전을 촉발하게 될 풍부한 문헌들 또한 탄생시키게 된다. 성차를 넘어서고자 했던 허인젠의 꿈을 되풀이하듯, 밀렛은 인간이 '혼성unisex'이 될 것이라 예상했다. "모든 사람은 부분적이거나 제한적이거나 순응적이지 않은 총체적인 개인으로서의 성격을 발전시키게 될 것이다." 이를 성적 욕망의 측면에서본다면 "양성bisex, 즉 만연하게 강요되는 이성애주의의 종식"이 일어날 것이었다.[32]

훗날 밀렛은 이런 생각을 담아 《성 정치학》(1970)을 출간했고, 이 책은 미국과 영국의 여성해방운동가들에게 지대한 영향을 주었다. 이 책의 성공과 함께 밀렛은 1970년 "여성해방의 마오쩌둥"이라는 설명과 함께 《타임》 표지를 장식하기도 했다. 그가 여성운동의 '지도자'로 불리기를 거부하고 사진 촬영 역시 거절했기에 표지에는 사진이 아닌 초상화가 실렸지만 말이다. 어쨌든 밀렛은 여성해방운동 초기에 가장 유명한 페미니스트 작가 중 하나였다.

밀렛은 프랑스의 페미니즘철학자 시몬 드 보부아르Simone de Beauvoir의 사상을 빌려, 가부장제란 남성이 여성을, 백인이 인종적 소수자를, 젊은이가 늙은이를, 여성이 다른 여성을 지배하는 것이 당연하게 여겨지도록 하는 뿌리 깊은 "정신의 습관"이라 명명했다. 가부장제에 대한 이러한 밀렛의 설명을 보강한 것은 유대교와 기독교 전통을 가부장제의 핵심 기제로 본 페미니즘 신학자 메리 데일리였다. 데일리는 다음과 같이 주장했다.

> 예를 들면, 어머니가 아니라 오로지 아버지인 하느님의 이미지는 가부장제사회라는 조건 속에 살아가는 인간의 상상력에서 탄생했으며 가부장제로 인해 그럴싸한 것으로 유지된다.[33]

미국의 여러 대학에서 교수생활을 한 데일리는 강의실 내에 여성 전용 자리를 만들면서 논란을 일으키기도 했다. 여성 전용 공간 조성은 이후 여러 여성센터, 서점, 디스코클럽, 쉼터, 여성해방 토론 모임으로 이어졌다.

데일리는 여성해방운동 안에서도 '여성 문화'와 분리주의를 강조한 급진주의 페미니즘의 중요한 인물이었다. 그는 《여성/생태학Gyn/Ecology》(1978)에서 여성해방이 이루어낼 수 있는 대안적 세계관을 탐구하고 이를 '지구상의 가부장제'에 따른 환경 파괴의 감각과 연결 짓는다. 21세기에 만연하게 된 멸종의 긴박성을 예견한 데일리는 《여성/생태학》을 "극단의 조건, 자기 스스로는 물론 지각을 가진 모든 생명을 죽이는 문화의 첨단에서 쓰인 극단적인 책"이라 불렀다. 그는 대부분의 다른 페미니스트와는 달리 남성 개개인을 탓했으며 자신을 부끄러움 없는 '반남성주의자'라 선언했다. 그는 여성에게 다음과 같은 용기가 필요하다고 주장했다.

남성이, 그리고 오로지 남성만이 가부장제의 원천이자 기획자이자 통제자이며 입법자라는 사실을 스스로 인정할 용기가 필요하다. 가부장제는 남성의 고향이다. 이곳은 그들의 조국이고 남성은 그 행위자다.[34]

데일리는 남성을 직접적으로 겨냥하며 분노하는 한편, 허인젠과 마찬가지로 가부장제가 어떻게 언어에 스며들었는지 탐구하고자 했다. 그는 글쓰기를 통해 가부장적 범주들로 이루어진 세계 질서를 넘어서는 새로운 표현 방식을 시도했다. 그는 마귀할멈hag, 마녀witch, 드센 여자harpie, 노처녀spinster 같은 낙인찍힌 이름들을 재전유하고 '불 붙이기', '실잣기', '긍정적 편집증'이라 이름 붙인 전략을 활용하며 여성중심의 삶과 창작의 방식들을 찬미했다. 데일리에게 페미니즘이란 다음과 같은 것이었다.

여성 자신만의 시간/공간인 이 세계Otherworld를 향해 …… 노처녀Spinster들이 우리의 전개unfolding/되기becoming라는 미궁을 열어 젖히는dis-covering 황홀한 과정이자 미로처럼 놀라운a-mazing 투쟁, 즉 엑소시즘.[35]

데일리의 책은 독해하기 어려웠으며, 한편에서는 그가 원주민 여성운동 문화의 상징과 개념을 전유하면서도 여전히 유색인 여성을 백인 여성보다 "덜 여성적이고, 덜 인간적이며, 덜 영적인" 존재로 본다는 비판도 제기되었다.[36] 물론 데일리 덕분에 인생이 바뀌었다는 여성들도 있었다. 1980년 밀워키의 어느 서평가는 《여성/생태학》이 "페미니즘운동에서 나온 가장 유려하고도 위험한 책들" 중 하나라며 여성들에게 "우리 스스로를 말하고 정의하는 내재적인 힘"을 준다고 말했다. 언어를 다시 만드는 작업은 특히 미국과 프랑스의 여성해방운동에서 매우 중요한 과제였다. 어떤 이들에게 이 작업은 언어에 내포된 젠더 고정관념에 정면으로 도전하는 일이었다. 영국의 여성출판인단체Women in Publishing Industry Group가 발행한 〈도서 출판에서의 성차별 금지 실천 강령〉은 다음과 같이 간결하게 설명한다.

> 언어와 이미지는 여성이 남성보다 열등한 존재라는 편견을 강화할 수 있다. 예를 들어 '여성 안내원ushurette' 같은 단어에 쓰이는 접미사 '-ette'는 그저 여성이라는 젠더만을 의미하는 것이 아니라 작은 부엌small kitchen을 키치넷kichenette이라고 일컬을 때처럼 여성을 열등함과 귀여움을 연상시키는 상태와 연결 짓는다.

그들은 또한 다음과 같은 말로 디자이너, 교열자, 출판인, 삽화가들에게 성차별적인 소재에 적극적으로 반기를 들라고 요청했다. "미디어는 특히 효과적이면서도 은밀하게 성차별주의를 퍼뜨리는 수단이다. 하지만 동시에 변화의 강력한 도구가 될 수 있는 잠재력 또한 품고 있다."[37]

반면 어떤 이들은 언어가 그만한 직접적 개혁의 수단이 되기는 어렵다고 보았다. 언어의 심리적 측면을 살펴본 불가리아계 프랑스인 페미니즘철학자 쥘리아 크리스테바^{Julia Kristeva}는 아이가 말을 배우기 전 어머니와 여성적이고 시적이며 리드미컬하고 음악적인 관계를 맺는 영역을 이론화했다. 정신분석학의 영향을 강하게 받은 크리스테바는 이 영역에 '세미오틱^{semiotic}' 또는 '코라^{chora}'라는 이름을 붙였는데, 이는 '생볼릭^{symbolic}' 언어의 세계 이전에 존재하는 풍요로움과 연결의 장소를 의미하는 것이었다. 이러한 통찰은 프랑스 페미니스트들의 '에크리튀르 페미닌^{écriture féminine}'(여성적 글쓰기) 실험에 영향을 주었다. 엘렌 식수^{Hélène Cixous}를 비롯한 페미니스트 문예비평가들은 여성들에게 자기 자신과 성적 쾌락에 대해 쓸 때 '남근중심적' 형식을 넘어 비선형적이고 전복적으로 쓰라고 촉구했다.

> 순진성에 잠식된 채 홀로 어둠 속에 갇혀, 부모-부부의 남근중심주의의 거대한 팔에 이끌려 자신에 대한 경멸을 향해 끌려가느라 스스로의 힘을 수치스러워해본 적 없는 패기만만하고 무한한 여성들이 존재하겠는가? 욕망들의 환상적인 소란에 놀라고 겁에 질려 …… 스스로를 괴물이라 비난해보지 않은 여성이 있겠는가?[38]

식수는 여성들이 자신의 신체와 욕망에 대해 열정, 정확성, 그리고 창조성을 가지고 글을 씀으로써 "침묵이라는 덫을 탈출해야" 한다고 말했다. '남근중심주의^{Phallocentrism}'는 남성 지배의 또 다른 이름이었지만 여기서는 '남근'(발기된 페니스)이라는 상징적 영역에 강조점을 두었다. 일부 철학자들은 '남근phallus'에 '이성logos'을 결합한 '남근이성중심주의phallogocentrism'라는 용어를 사용함으로써 언어의 상징적 영역에 깊이 침투한 남성 지배를 드러내고자 하기도 했다. 알제리의 소설가 아시아 제바르Assia Djebar, 1936~2015 같은 작가들은 프랑스의 식민 지배와 이슬람에 의해 형성된, "내밀한 가족 공간과 대비되는 남성적 공공 공간, 중얼거림과 속삭임 같은 여성적 다성성polyphony과는 다른 남성의 공간"인 사회에서 도전적인 글쓰기를 이어갔다.[39]

언어를 다시 만들고 페미니스트/여성 괴물을 상상한다는 짜릿함에도 불구하고, 급진주의 페미니스트조차도 이런 글쓰기를 꾸준히 이어가지는 못했다. 아시아 제바르는 페미니즘과 복잡한 관계를 맺으며 페미니즘이 주장하는 여성들 사이의 공통성을 경계했다. 에크리튀르 페미닌을 표현하는 작가는 드물었으며, 이런 글쓰기는 과도하게 지적이라거나, 여성에 대해 본질주의적 시각을 취한다고 비판받기 일쑤였다. 미국 밀워키의 한 서평가는 당대에 널리 읽힌 메리 데일리에 대해서 다음과 같은 의문을 제기했다.

우리에게 행동할 준비가 되었다는 기분을 느끼게 하지만 어떻게 나아갈지, 어느 방향으로 가야 할지는 말하지 않는다. ……
남성 권력구조에 정면으로 대항하지 않으면서 어떻게 평등한 권리와 재생산의 자유를 얻는단 말인가?[40]
문제는 가부장제나 남근중심주의가 뚜렷이 보이지 않을 수 있다는 것이었다. 케이트 밀렛의 영향력 있는 작품은 하나의 용어 아래 다양한 지적·문학적 전통들을 잡다하게 합쳐놓았고, 그 결과 상이한 경제적 또는 정치적 질서 사이의 의미 있는 변화를 설명하는 데 실패했다.[41] 그러나 여성의 억압 앞에서 역사적·문화적 차이는 무의미하다 보았던 어떤 이들에게 이러한 정확성의 부족은 강점이었다. 미국의 한 급진주의 페미니즘 단체는 1972년 〈제4세계 선언문Fourth World Manifesto〉이라는 글을 발표했는데, 이 선언문이 전제하는 전 세계적 공통성은 오늘날에 와서는 순진한 생각으로 읽힌다.

> 여성 억압은 정도의 차이만 존재할 뿐 전 세계 여성이 겪는 공통된 문제다. 문제의 배후는 근본적으로 동일하다. 여성의 자기결정권이 부정된다는 것이다. 외국을 여행하는 여성은 그 나라의 여성을 곧장 이해하고 소통할 수 있는데, 세계 어디에서든 여성의 일과 역할(문화)은 기본적으로 같기 때문이다.[42]

이 단체는 남성 헤게모니를 표현하고자 '식민주의'리는 용어를 택했으나, 선언문에서 드러나듯 인종, 제국, 국적의 교차적 억압에 대해서는 완전히 무감하다. '가부장제'라는 개념을 사용할 때 다양한 여성이 지닌 상이한 경험들을 염두에 두기가 쉽지 않다는 건 입증된 사실이며, 여성해방과 연관된 다양한 운동은 노예제도, 계급적 배척, 식민주의 폭력과 인종주의의 피해자이기도 했던 여성들을 종종 소외했다.

이중의 위험

1960년대 후반 반식민주의, 평화운동, 시민권운동에 이어 페미니스트운동이 강력한 결집을 이루기 시작한 순간부터 여성운동 내부의 많은 이는 다양한 억압의 축이 교차하는 상황을 목격했다. 1969년 프랜시스 빌Frances Beal은 〈이중의 위험: 흑인인 동시에 여성이라는 것Double Jeopardy: To Be Black and Female〉이라는 글을 발표하며 흑인 여성과 흑인 남성의 억압에 뒤얽힌 복잡한 본질에 대한 생각을 밝혔다.

> 흑인 여성은 흑인 남성의 힘이 강해진다고 해서 분노하지 않는다. 우리는 이를 반긴다. 우리는 거기에서 우리에게 고통을 주는 부패한 구조로부터 마침내 해방되는 모든 흑인을 본다. 이는 우리가 하나를 위해 다른 하나를 부정해야 한다는 의미가 아니다. X가 아니면 Y라는 식의 사고방식, 흑인 남성이 강해지면 흑인 여성이 약해질 수밖에 없다는 논리는 잘못된 교육에 기인한 잘못된 추론이다.[43]

젠더, 인종, 계급과 관련한 경험으로 인해 아프리카계 미국인 여성들은 빌의 표현대로라면 "반드시 언급해야 하는 무척 특수한 문제들"을 안고 있었다. 소저너 트루스Sojourner Truth와 애나 줄리아 쿠퍼Anna Julia Cooper, 1858~1964를 비롯한 19세기 아프리카계 미국인 여성 활동가들은 이미 '이중 노예'나 '삼중 착취'에 관한 글을 쓴 바 있었다. 이런 생각들은 트리니다드 출신의 클로디아 존스 Claudia Jones, 1915~1964의 작업을 통해 공산주의와 사회주의 좌파 사상 계에서도 전개되었다. 미국의 공산주의운동과 흑인 민족주의운 동에 활발하게 참여한 존스는 1955년 영국으로 망명했으나 이 후 그곳에서도 꾸준히 공산주의, 반식민주의, 여성 인권을 위한 운동을 조직했다. 그는 '삼중 착취'를 이야기하며 미국의 흑인 여성과 백인 여성 사이에는 '안주인-하녀' 구도가 깊숙이 스며 들어 있다고 강조했다. 존스는 이러한 분열을 해소하고자 하는 선의의 노력마저도 고용주들의 다음과 같은 추정으로 인해 약 화된다고 말했다.

> 진보적인 백인 고용주는 흑인 여성이 겪는 착취와 억압을 '알 려주는 것'이 자신의 의무라 추정하지만 흑인 여성은 자신이 겪는 그것을 이미 너무나 잘 알고 있다.[44]

프랜시스 빌에게 흑인 페미니즘은 인종해방을 위한 투쟁에 서 더는 미룰 수 없는 긴급한 사안이었다.

> 다른 이들과 함께 우리 역시 해방되어야 한다. 먼 훗날 기적적 으로 혁명이 이루어지는 위대한 그날이 올 때까지 이 문제를 미뤄둔 채 기다리기만 할 수는 없다.

흑인 여성들은 백인 여성들이 자신들의 요구를 지지해줄

것이라 믿지 않았다. 클로디아 존스와 마찬가지로, 빌은 백인 여성을 흑인 여성의 "경제적 적"이라고 이름하며 이렇게 말했다. "당신의 어머니가 백인 여성의 부엌에서 일한다면 내 말이 무슨 의미인지 알 것이다."[45]

빌은 학생비폭력조정위원회Student Nonviolent Coordinating Committee* 소속으로 시민권운동에 참여했으나 갈수록 마초적으로 변해가는 블랙파워운동**의 정치학에 좌절했다. 그가 1970년 공동설립한 흑인여성해방동맹Black Women's Liberation Alliance은 제3세계여성연맹의 전신으로, 혼성으로 이루어지는 인권운동의 핵심에 사회정의, 반인종주의, 여성해방을 두고자 했다. 뉴욕에서 활동한 제3세계 여성연맹은 훗날《삼중의 위험: 인종주의, 성차별주의, 제국주의Triple Jeopardy: Racism, Sexism and Imperialism》라는 정기간행물을 발행했다.

억압의 근원이 단일하지 않다는 생각은 이론적으로는 유용했으나, 실제 그 결과로 등장한 정치는 마치 여러 가지 주변성marginality을 경쟁적으로 합쳐놓은 것처럼 보였다. 멕시코계 미국인 페미니스트 엘리자베스 마르티네스Elizabeth Martínez는 이런 현상을 "억압 올림픽"이라는 풍자적인 말로 일컫기도 했다. 1988년 사회학자 데버라 킹Deborah King은 "동시다발적인 여러 가지 억압" 그리고 "이러한 억압들 사이의 증식관계"를 가리키기 위해 '다중 위험multiple jeopardy'이라는 용어를 정립했다. 킹은 흑인 여성

---

*　1960년대 흑인 학생들이 주도해 만든 민권운동 단체.
**　1960년대서 1970년대 사이 민족해방 및 자결권을 쟁취하기 위해 아프리카계 흑인들이 주축을 이루어 전개한 운동.

이 받는 억압은 가산되는 게 아니라 상호작용적이라는 점을 강조하고자 했다.[46] 이후 사회학자 퍼트리샤 힐 콜린스Patricia Hill Collins가 '억압의 매트릭스matrix of domination', 사회학자이며 법학자인 킴벌리 크렌쇼Kimberlé Crenshaw가 '교차성intersectionality'이라고 이름 붙인 이 상호작용적인 억압의 개념은 흑인 페미니즘 이론의 가장 중요한 기여 중 하나다.[47] 교차성 개념은 주변성 또는 억압을 양적으로 비교하거나 측량하기를 거부하며 인종, 계급, 젠더, 능력 등의 배제를 동시에 다루는 운동을 요구할 수 있게 해주었다.

인종분리 교육을 시행하던 시기의 미국 학교를 경험한 저명한 페미니스트 이론가 벨 훅스는 백인 여성이 인종과 계급적 착취를 대하는 다음과 같은 태도를 경계했다.

그저 그 부모뻘 되는 체계인 가부장제의 자식일 뿐이라고 ……이러한 인식은 서구의 페미니즘운동 내에서 가부장적 지배에 저항하는 것이 인종주의를 비롯한 다른 형태의 억압에 저항하는 것보다 더 합당하다는 태도로 이어졌다.

훅스는 이렇게 생각해보자고 제안한다.

가부장적 지배의 종식이 전 세계 여성과 남성의 최우선 목표인 이유는 그것이 다른 모든 억압체계의 토대이기 때문이 아니라 우리가 일상생활에서 지속적으로 가장 마주치기 쉬운 지배의 형태이기 때문이다.

이러한 벨 훅스의 관점은 인종이나 계급에 관련된 억압보다 아버지의 권위에서 기인한 억압이 더욱 직접적이고 일상적인 위협으로 다가왔던 훅스 자신의 경험을 바탕으로 한 것이었다. 그러나 훅스는 그것이 역사적으로 특수한 판단일 뿐 '페미니즘운동이 전 세계 여성들의 가장 핵심적인 정치적 의제가 되어야 한다'는 추정으로 확장할 수는 없다고 보았다.[48]

가부장제와 남성운동

'여성 문제'를 이야기하기 시작한 초기부터 훗날 여성해방으로 확장되기까지 페미니즘에 응답해야 한다고, 또는 나아가 페미니즘이 약속하는 해방을 공유할 수 있으리라고 생각한 남성들이 존재했다. '가부장제'라는 개념은 남성 개개인이 비록 권력의 수혜자일지라도 맞서 싸우고 거부할 수 있는 체계가 무엇인지를 명확하게 식별할 수 있도록 해주었다. 1970년대에서 1980년대 사이, 대체로 시민권운동이나 좌파 정치운동에 참여하던 남성들로 이루어진 남성운동이 등장했다. 페미니즘 정치에 동조하는 남성들이 의식 고양 단체와 여성 행진에 참여했던 남성운동은 특히 오스트레일리아, 벨기에, 영국, 스칸디나비아와 미국에서 두드러졌다. 그러나 페미니즘 활동가들이 늘 그들의 존재를 반긴 건 아니었으며, 1970년대 대부분의 페미니스트 여성들은 여성만으로 이루어진 환경에서 여성해방을 모색하는 편을 선호했다.[49] 그럼에도 불구하고, 일부 남성들은 '성차별에 반대하는 남성들의 모임'을 조직하며 남성들이 페미니즘의 동지가 될 수 있는 방법에 대해 토론했다. 이들 중 다수는 남성을 정서적 소외, 폭력, 성적 불안이라는 해로운 형태에 구속하는 이분법적 젠더구조와 위계가 남성에게도 고통을 준다고 생각했다. 특히 동성애자 남성들은 가부장적 편견으로 인해 입은 상처를 여성과 공유하고자 촉각을 곤두세웠다. 성차별에 반대하는 이성애자 남성들은 자신의 감정과 신체에 보다 많은 관심을 기울이고 내면의 동성애혐오를 물리치는 법을 배웠다. 남성들은 양육자로서 좀더 책임감을 갖고, 페미니스트의 말에 귀를 기울이고 해명할 책임을 짐으로써 특권을 내려놓고자 했다.

성차별에 반대하는 남성운동은 여성해방과 동성애자 남성들의 정치 양쪽 모두를 옹호하는 입장으로 스스로를 위치시켰다. 예를 들어 [남성과 남성성을 다룬] 오스트레일리아의 잡지 《XY》의 기조는 "남성 긍정, 페미니즘 지지, 동성애자 긍정"이었다. 남성운동 단체들은 나름으로 가부장제의 대안을 제시했다. 영국의 성차별 반대 잡지 《아킬레스건Achilles Heel》은 심리학자 존 로언John Rowan이 주창한 '패트리사이크patripsych'라는 개념을 토론하기도 했는데, '패트리사이크'란 외부적 사회형태에 조응하는 내적, 무의식적 구조로서의 여성 억압을 일컫는 개념이었다. 엘리너 래스본이 다소 조야한 '튀르크 콤플렉스'라는 개념으로 남성 억압의 심리를 설명하고자 했듯이, 성차별에 반대하는 남성들 역시 억압자로서의 내적 경험을 숙고했다. 로언은 남성이 무의식적으로 공격성 패턴을 지님으로써 자신들의 여성 억압을 깨닫지 못하게 스스로를 방어한다고 주장했다. 로언이 '패트리샤 이크'를 주장한 것은 남성들이 자기억압에 대해 이야기할 수 있도록 대화의 장을 열고, 이를 통해 한층 더 긍정적이며 정서적으로 성숙한 형태의 남성성을 지향하기 위해서였다. 페미니스트들은 남성들이 여성에게 정서적 부담을 떠넘기는 일을 그만두려 노력한다는 점은 반겼으나, 여성에 대한 폭력, 지배, 공격의 문화를 통해 모든 남성이 이득을 얻는 상황에서 '긍정적 남성성'의 지향은 여전히 문제적인 것으로 남아 있었다.

오스트레일리아의 남성성 이론가 래윈 코넬Raewyn Connell은 현대 남성성과 관련된 폭력성과 불평등을 공론화하고 지적함으로써 남성 페미니스트들에게 한층 더 쓸모 있는 자원을 제공했다. 코넬은 여성으로 트랜지션하기 이전이던 1970년대에 활동가로서 초기 오스트레일리아 남성운동의 행진과 의식 고양 단체에 몸담았다. 남성운동 초창기, 이들은 주로 '성 역할'과 '남성의 역할'을 중심으로 젠더 문제를 생각했고, 남성운동은 '남성 역할'의 위기가 가부장제의 종식을 가져오리라는 잠정적인 희망을 품었다. 그러나 그들은 여성이 마주하는 억압과 트라우마보다는 남성들이 맞이한 위기를 중점에 두었던 것 같다. 1980년대에서 1990년대에 코넬은 젠더관계의 구조와 제국주의라는 역사적 유산 속에서 구성된 일련의 규범으로서의 남성성에 더욱 초점을 맞추는 유익한 연구를 이어갔다. 코넬은 그러한 유산이 남성들에게 부여하는 어마어마한 힘과 특권을 강조하며 남성들에게 자발적인 자기희생을 바라는 건 순진하기 짝이 없는 생각이라고 인식하는 입장을 드러냈다.

> 젠더 질서에서 남성의 지배적인 위치에는 물질적인 이득이 따르는데, 여태까지의 남성성 논의는 그것의 규모를 지속적으로 과소평가해왔다. 부유한 자본주의 국가에서 남성의 평균소득은 여성의 약 두 배에 이른다. 전 세계적으로 남성의 정치 참여 기회는 여성의 열 배에 이른다. …… 남성은 무기와 무력의 형태로 폭력의 수단을 통제한다. 나는 그런 이득을 남성의 '가부장적 배당'이라고 부르는데, 이 배당금은 영영 메마르지 않는다.[50]

코넬은 이러한 환경에서 남성운동은 현 상태를 거의 위협하지 않는다고 주장했다. 제아무리 좋은 의도를 품고 있다 할지라도, '억압자'의 그 어떤 운동이건 (기껏해야) 남성들이 자기 자신과 자신의 행동에 대해 더 나은 기분을 느끼게 만드는 긍정적이며 치료적인 형태의 남성 정치학으로 후퇴하는 게 고작이라는 것이었다. 대부분의 페미니스트 여성들은 남성이 품은 변화의 신념이 얼마나 깊은지 확신하지 못했다. 여성들은 페미니즘에 대한 남성들의 동참이 매우 제한적이며 어설픈 신념이라거나, 심지어 여성 활동가들과 가까워지거나 수작을 걸기 위한 수단일지 모른다는 의혹을 거두지 않았다.

이런 회의적인 시각에도 불구하고 성차별에 반대하는 남성운동은 새롭고 유용한 아이디어를 만들어내기도 했다. 코넬의 중요한 통찰은 다양한 젠더의 관점에서 생각하는 것과 함께 헤게모니적이거나 지배적인 남성성뿐 아니라 종속적인 남성성 또한 식별하는 것이었다. 예를 들면, 돈을 벌거나 특정 스포츠를 할 수 있는 남성은 실업 상태이거나 스포츠를 하지 못하는 남성이 누리지 못하는 특권을 누려왔다. 남성 헤게모니는 결코 고정된 것이 아니라 언제나 접전을 벌이는 것이다. 코넬은 1990년대에 벌어지고 있던, 역동적인 동시에 역사의식에 기반한 젠더화된 권력투쟁의 초상을 그려냄으로써 가부장제 이론에 새로운 차원의 정교함을 더했다. 계급, 인종, 신체 능력 등의 자원 및 제약과 관련해 나타날 수 있는 다양한 종류의 남성성에 대한 코넬의 연구는 교차성 페미니즘이라는 강력한 지적 자원과 강하게 공명한다.

남성의 권력 남용으로 스캔들이 난무하는 요즘 시대에 가부장제에 대한 담론은 '유해한 남성성'이나 '래드 컬처lad culture'* 같은 새로운 용어만큼 자주 쓰이지 않는다. 최근 논의에서 가부장제 담론이 잦아든 이유는 가부장제의 지적 근원을 이해함으로써 설명할 수 있다. 민족지학과 마르크스주의 이론에 기반한 가부장제는 인간사회를 연속성 모델로 보는 관점과 연관을 맺고 있고, 따라서 '일시적 현상'으로 이해될 여지를 가진다. 이러

---

* 젊은 이성애자 남성들의 집단적 여성혐오 행동을 가리키는 신조어.

한 목적론은 시간이 경과하면 필연적으로 보다 자유주의적이고 평등주의적인 젠더 정치가 탄생할 것이라 보는 여러 사상을 낳았다. 그렇기에 도널드 트럼프, 자이르 보우소나루Jair Bolsonaro, 로드리고 두테르테Rodrigo Duterte 같은 21세기의 정치 지도자들이 대놓고 반페미니즘적인 수사와 정책을 펼쳤을 때 많은 이는 경악을 금치 못했다. 페미니스트들은 임신중단권을 박탈하겠다는 위협 또는 실제 이에 대한 범죄화, 성소수자에 대한 핍박의 가중, 성폭력과 젠더폭력 가해자들에 대한 법원의 불처벌을 지켜보며 어째서 이토록 변화가 느린지, 또는 역행하는지에 주목했다. 이러한 상황에서 남성 개개인의 책임을 면책하며 구조적 요인에만 집중해 '가부장제'에 대해 이야기하는 건 적절치 못한 방식으로 보인다. 비즈니스, 정치, 연예, 종교, 교육, 양육을 가리지 않고 점점 늘어나기만 하는 사건들 속에서 여성과 소녀에 대한 교묘한 학대, 그리고 가해자에 대한 불처벌의 수많은 증거가 백일하에 드러났다. '유해한 남성성'이라는 개념을 구조적인 것으로 이해할 수도 **있겠지만**, 이는 남성 개개인의 특징으로서도 유용하게 적용할 수 있다.

한편, 가부장제는 그닥 페미니즘적이지 않은 방향에서 오늘날의 지정학에 동원되고 있다. 특히 미국의 2001년 아프가니스탄 침공과 2003년 이라크 침공 이후 정책 입안자들 사이에서는 이슬람 급진주의를 악마화하는 경향이 지속되었다. 당시 '테러와의 전쟁'을 선언한 서구 강대국은 테러와 여성의 지위 사이에 강력한 연관이 있는 것처럼 말했다. 미국의 전 대통령 조지

W. 부시George W. Bush의 아내 로라 부시Laura Bush는 2001년 "테러와의 전쟁은 여성의 권리와 존엄을 위한 싸움이기도 하다"라고 말했다. 조지 W. 부시 역시 비슷한 관점으로 이렇게 주장했다. "테러리스트들의 핵심 목표는 여성에 대한 잔혹한 억압이며, 이 억압은 비단 아프가니스탄 여성에만 국한되지 않는다." 미국의 여성단체 페미니스트다수재단Feminist Majority Foundation은 아프가니스탄 침공에 대해 아프가니스탄 여성과 소녀들의 해방을 위한 조치라며 지지했으나, [페미니스트 평화운동 단체] 코드핑크Code Pink를 비롯한 다른 페미니스트 단체들은 이러한 관점을 거부했다. 이후 이어진 미국의 중동 개입은 계속해서 가부장적 종교를 그 근거로 내세웠다.

이슬람과 가부장제 사이의 연결고리에 대한 인식은 무슬림의 성적 전통과 특유의 관행에 대한 광범위한 논쟁을 촉발했으며, 이는 전면적인 일반화로도 이어졌다. 2016년에는 당시 영국 총리 데이비드 캐머런David Cameron이 영국에 거주하는 무슬림 여성에게 영어 수업을 의무화하는 정책을 발표하며 '가부장적 사회'를 언급했다. 캐머런은 무슬림 여성이 "남성 식구들menfolks" 때문에 사회에 통합되지 못하고 있다며, 극단주의에 맞서는 방법으로서 자유주의와 관용이라는 "영국적 가치"의 필요성을 외쳤다. 아이러니하게도 이러한 정책의 결과로 영어를 할 수 없는 이들이 강제 추방이라는 위협을 받게 되었지만 말이다. 이처럼 가부장제가 광범위한 사회구조가 아닌 특정 종교의 문화를 비판하는 데 이용되면서 오래전부터 굳건히 존재해온 이슬람 페미니즘의 존재를 감지하기는 극히 어려운 일이 되고 말았다(이슬람 페미니즘에 대해서는 5장에서 자세히 알아볼 것이다).

'가부장제'를 '난뉘'처럼 논쟁적 용어로 바라보고 그것이 여성과 남성 사이, 여러 역사적 시기들 사이의 중요한 차이를 하나로 뭉뚱그려버리는 경향을 인식하는 건 중요하다. 하지만 그렇다고 해서 가부장제를 너무 쉽게 폐기할 수는 없다. 사회가 어떻게 여성을 냉대하고 박탈하는 방식으로 구성되었는지에 대한 전반적 얼개를 이해하는 일은 페미니스트들에게 중요한 지적 활동이었다. 이러한 작업은 남성과 여성 사이의 '성 전쟁'이라는 생각에 반기를 들고, 논쟁의 초점을 언어, 노동시장, 종교, 사법 체계, 심리, 가족 전반을 가로지르는 젠더 불평등에 대한 구조적인 질문으로 옮길 수 있게 해주었다. 모든 맥락에서 쓸모 있는 한 가지 개념 같은 건 없다. 그럼에도 이 장에서 우리는 남성 지배를 가리키는 엇비슷한 개념들이 수백 년에 걸쳐 어떻게 작용해왔는지 살펴보았다. 그러한 개념은 사회주의, 아나키즘, 국가주의, 공화주의, 블랙파워운동에 페미니즘의 문제의식을 도입하고 나름의 형태로 다양한 행동이 발전하는 데 영향을 미쳤다. 이어지는 3장에서 우리는 그러한 행동이 일어난 공간, 그리고 페미니스트들이 새로운 영역을 주장하고자 사용한 침입과 점거의 전술들을 살펴볼 것이다.

3

공간

메리 울스턴크래프트는 《여성의 권리 옹호》(1792)를 집필할 당시 런던 블룸즈버리에서 혼자 살고 있었다. 다른 작가들처럼 적잖이 열악한 환경이었다. 그는 프랑스혁명 직후 대중교육을 담당했던 프랑스 외교관 샤를 탈레랑Charles Talleyrand에게 《여성의 권리 옹호》를 헌정했다. 탈레랑이 울스턴크래프트를 만나러 런던에 왔을 때, 울스턴크래프트는 와인을 찻잔에 담아 대접했다. 그럼에도 불구하고 자기만의 공간은 그에게 무척이나 중요한 것이었다. 울스턴크래프트는 영국과 프랑스, 스칸디나비아를 오가며 이동하는 삶을 살았다. 불행하게 끝난 연애, 깊은 정신적 고뇌를 경험했으며 혼외 출산으로 딸을 낳았다. 1797년에는 상대적으로 행복한 시기에 진입하며 급진주의 철학자 윌리엄 고드윈William Godwin과 결혼했다. 울스턴크래프트는 고드윈과의 사이에서 이미 딸을 임신하고 있는 상태였지만 계속 혼자 살기를 고수했다. 이런 '두 지붕 아래 결혼생활'은 당대는 물론이고 한 세기가 지나서까지도 논란을 불러일으키는 일이었다. 성적 방종과 인습에 얽매이지 않는 인물로 악명을 얻은 덕에 울스턴크래프트의 지적인 작업은 19세기 전반에 걸쳐 거의 빛을 보지 못했고, 당대의 비평가들로부터 '여자옷을 입은 하이에나'라는 딱지가 붙기도 했다. 그럼에도 그가 생전에 가장 우선시한 것은 자기만의 공간에 대한 욕구였다. 이는 공간의 정치에 대한 페미니스트들의 깊고도 끈질긴 관심을 연상시킨다.

자기만의 공간에서 지적, 정치적 동료들을 맞이하고자 했던 울스턴크래프트의 노력처럼 플로라 트리스탕Flora Tristan, 1803~1844 또한 파리 살롱에서 같은 노력을 기울였다. 페루인 귀족 아버지와 프랑스인 어머니 사이에서 태어난 트리스탕은 울스턴크래프트와 마찬가지로 급진주의 문학계와 정치계의 변두리에 존재했던 작가로, 1830년대부터 1840년대까지 혁명기의 파리에서 여성과 노동자의 권리에 대한 글을 썼다. 바크 거리에 자리한 그의 작은 아파트를 찾은 손님들은 계단을 끝도 없이 올라야 했다. 울스턴크래프트와 달리 그는 자기 이름으로 아파트를 빌릴 수 없었는데, 1821년 결혼한 남편 앙드레 샤잘André Chazal이 그를 끊임없이 스토킹했기 때문이다. 무척이나 불행했던 트리스탕은 4년 만에 결혼생활을 저버렸다. 샤잘은 딸의 양육권을 되찾고자 했고, 1838년 바크 거리에 있는 아파트를 찾아내 트리스탕에게 총을 쏘았다. 트리스탕은 살아남았고, 이후로도 《파리아의 여정

Peregrinations of a Pariah》《런던 산책Promenades in London》과 같이 프랑스, 페루, 영국의 젠더와 계급 불평등을 예리하게 고찰하는 여행기를 출판했다. 그러나 경제적 결핍 때문이든 남성의 폭력 때문이든 그가 가정에서 취약한 존재였다는 사실은 페미니스트가 공간을 확보하는 일이 쉽지 않았음을 알려준다.

페미니스트들은 꾸준히, 창의적으로, 또 끈질기게 정치적 운동과 위안의 공간을 점유해왔다. 이들의 개입 중 일부는 남성이 지배하는 공간을 전복하고 여성의 부재를 분명히 보여주고자 기획된 것이었다. 예를 들어 미국의 여성참정권운동가 수전 B. 앤서니는 투표소나 정치집회 현장 같은 공공장소들을 차지하려 시도했다. 1872년 그는 다른 16명의 여성들과 함께 뉴욕주 로체스터의 투표소에 침입해 대통령 선거에 투표하고자 했고, 이 때문에 체포당했다. 1876년 앤서니는 미국 독립선언 100주년을 맞아 열린 대규모 기념식에서 연단에 올라 의장을 향해 〈여성 권리 선언〉을 선포함으로써 행사를 방해하기도 했다.[1]

훗날의 운동가들은 평화캠프, 연좌농성, 행진, 파업의 형태로 점거 전술을 이용했다. 새로운 공간, 특히 집이라는 친밀한 공간을 정치의 장으로 바꾸기도 했다. 급진주의 정치의 군중 역학과 이에 수반되는 영웅적 남성성에 질릴 대로 질려버린 이탈리아의 소규모 페미니스트 의식 고양 단체들은 "광장을 떠나라!Lasciate la piazze!"라는 슬로건을 내세웠다. 이들은 광장 대신 각자의 집에서 여성들을 만나며 여태 개인적 영역으로 여겨졌던 일들을 정치적인 것으로 만들었다.[2]

공간을 놓고 벌이는 경합은 페미니즘의 핵심에 위치했으나, 적대적이고 공격적인 반격에 마주할 때면 공간에 대한 권리를 지키기가 쉽지 않았다. 여성들이 차지한 공간은 극히 못 미더운 곳이거나 애초에 원치도 않은 공간이기도 했다. 전 세계에서 항의시위를 벌인 여성참정권운동가들이 수감된 감옥의 독방처럼 말이다. 때로는 상업 공간이 페미니즘의 잠재력을 고취하기도 했다. 예컨대 20세기 초의 찻집은 여성들이 여성 친구들을 만날 수 있는 안전한 공간으로서 페미니즘운동의 거점 역할을 했다.[3] 여성참정권운동 신문을 판매하는 이들은 행상 금지로 인해 도로에서 쫓겨나 배수로로 내몰리곤 했다. 그러면서도 이들은 도로 위에 분필로 구호와 집회 시간을 적었다. 마찬가지로 급조된 정치 모임이 열리는 마을 광장, 여성 상인들이 자신의 이익과 권리를 수호하고자 하는 시장 등 모든 곳에서 여성들은 연대와 저항을 위한 기회, 그리고 생계를 꾸릴 방법을 찾아냈다.

여성은 대개 자원이 부족했고, 이 때문에 접근할 수 있는 공간은 한정되고 제약되어 있었다. '두 지붕 아래 결혼생활'이나 독립생활은 상대적으로 특권층에게만 가능한 일이었다. 그런 특권을 가진 여성 중 하나가 1929년 여성이 '자기만의 방'을 가져야 한다고 말한 모더니즘 작가 버지니아 울프Virginia Woolf, 1882~1941였다. 그러나 그는 그러한 공간적 자주권을 결코 획득할 수 없는 빈곤 여성들의 삶에 대해서는 그 어떤 상상도 하지 못했다.《자기만의 방》출간으로부터 3년 뒤 그는 노동계급 여성들의 글을 모은 책에 서문을 쓰면서 자신이 가진 경제적 특권을 되돌아보았다. 울프는 자신이 만난 노동계급 여성들의 근육질 팔과 커다란 체구에 반쯤은 매혹되고 반쯤은 경악하며 그들과 자신 사이에 존재하는 계급 격차를 예리하게 인식했다.[4]

히라쓰카 라이초平塚らいてう, 1886~1971에게도 자기만의 방을 가질 수 있는 자원이 있었다. 그는 결혼자금으로 주려고 어머니가 따로 모아둔 돈을 훔쳐서 일본의 여성 페미니즘 단체 세이토샤青鞜社(푸른 스타킹)*를 만들고 잡지《세이토》를 발간했다. 공개적으로 애인과 동거했으며, 1941년 57세의 나이로 그와 결혼하기 전에 이미 두 명의 자식을 낳은 히라쓰카는 당대 인습에 큰 충격을 주었다.《세이토》를 발행하던 히라쓰카는 자기만의 공간을 확보해 일본 아케보노초의 집에 사무실을 두었다. 이 공간은 당시 대체로 '서양'에서 수입한 일련의 개념들로 받아들여졌던 페미니즘과 일본 여성들이 맺고 있었던 관계를 보여준다. 히라쓰카의 공간은 책상과 책이 놓인 '서양식' 주 공간, 그리고 명상을 위해 향과 깔개를 둔 '일본식' 공간으로 나뉘어 있었다.[5] 공간은 단순한 자원이 아니며, 언제나 민족과 종교 같은 요소들로 특징지어진다. 히라쓰카는 자신이 각각의 두 문화에서 최고라 여기는 것들을 자유롭게 활용했다. 그러나 대부분의 여성들은 종교, 계급, 민족, 인종이 그들이 거할 수 있는 공간을 결정했다.

---

* 푸른 스타킹이라는 이름은 18세기 영국에서 살롱문화를 주도하던 여성 지식인들의 모임인 블루스타킹협회The Blue Stocking Society에서 따온 것으로, 이후 블루스타킹이라는 명칭은 그 의미가 확장되어 여성 지식인 또는 여성참정권 지지자들을 가리키게 되었다.

히라쓰카 라이초가 만든 일본의 여성
페미니즘 단체 세이토샤의 도쿄 구성원들,
1911년. 서 있는 여성 중 왼쪽에서 두 번째
인물이 히라쓰카 라이초다.

여성이 공간에서 **어떻게** 존재하느냐 역시 페미니스트의 관심사였다. 1974년 리타 메이 브라운Rita Mae Brown은 페미니즘 정기간행물 《퀘스트Quest》에 "여성과 남성은 공간을 사용하는 법을 상당히 다르게 배운다"고 썼다.[6] 저명한 레즈비언 페미니스트 소설가인 브라운은 여성들이 공간을 점유할 때 남성의 시선을 예상하며 또한 공간을 차지하길 꺼린다고 말했다.

남성 동행인이 있을 때 페미니스트가 아닌 사람의 기본 자세는 골반을 살짝 앞으로 내민 형태다. 남성을 유혹하려 할 때조차도 페미니스트가 아닌 여성들은 남성의 권위를 건드리지 않으려 조심한다. …… 페미니스트가 아닌 사람들 대부분은 눈을 내리깔거나 옆을 보면서 슬그머니 상대의 시선을 마주하고, 그 상대가 남성일 때는 더욱더 슬며시 바라본다.

브라운은 여성의 몸짓, 표정, 자세에 성차별이 뿌리박혀 있음을 더 깊이 이해해야 한다고 주장했다.

이처럼 자세와 개인 공간의 정치화는 여성해방운동의 주요 주제가 되며 페미니즘 예술비평, 여성 자기방어 수업, 페미니즘 무용운동, 그리고 대중교통에서의 여성 전용 공간 캠페인 등에 힘을 불어넣었다. 미국의 시민권운동가이자 여성해방운동가인 추드 패멀라 앨런Chude Pamela Allen이 주장한 '자유로운 공간free space'이라는 개념을 바탕으로, 여성해방운동계에서는 '여성의 문화'를 육성하는 것과 함께 이성애자, 레즈비언, 퀴어가 안전하게 교류할 수 있는 분리된 공간의 확보가 시급하다고 주장하는 목소리가 높아졌다.

이 장에서 우리는 일터, 종교적 공간, 여성 쉼터를 비롯해 페미니스트들이 요구한 다양한 공간을 살펴본다. 여기서는 페미니스트들이 힘 기르기를 위해 시장을 '공간'으로 이용하고자 했던 노력 역시 논의한다. 여러 페미니즘적 자본주의 비판이 존재하기에, 생계를 꾸리는 것 역시 페미니즘의 중요한 관심사였다는 사실은 흐려지기 쉽다. 하지만 역사적으로 페미니즘 사업은 불안정한 생계를 꾸리던 시장 상인들에서부터 서점이나 출판사처럼 보다 정교하고 긴 수명을 지닌 페미니즘 사업체에 이르기까지 다양한 형태를 아울렀다.

노동의 공간

1859년, 영국 링컨셔주의 부유한 젊은 여성 제시 부셰렛 Jessie Boucherett, 1825~1905은 여성들이 '명예로운' 직업을 얻고 사업도 할 수 있도록 노동시장을 급진적으로 재고해야 한다고 촉구했다. 물론, 여성이 '남성의 일'에 진입하는 데 남성들이 반대한다는 사실도 잘 알고 있었다. 그러나 부셰렛은 여성들의 자신감 부족과 '업계'에 대한 무지함에 주목했다. 많은 여성이 실질적 생존을 위해 일해야 한다는 사실을 알고 있었음에도 여성이 일을 통해 얻을 수 있는 자존감과 더 높은 지위를 목표로 강조했다.

부셰렛은 작가이자 예술사학자인 애나 제임슨Anna Jameson, 1794~1860이 1850년대 중반 여성의 지위를 논한 '미술실 강의'에서 영감을 얻었다. 제임슨은 1820년대부터 글을 써서 독립적인 수입을 마련했고 이로써 불행한 결혼생활을 끝냈다. 나아가 세상 곳곳을 여행하며 대중에게 널리 알려진 지식인이라는 지위를 확립했다. 제임슨은 강의를 통해 감옥, 병원, 노역장의 여성들을 위한 '사회사업의 영역 확대'를 촉구했다. 그러면서도 빈곤한 여성들의 자발적 노동 역시 강조했다.[7] 이러한 제임슨의 동료들 중에는 생계를 위해 노동해야 하는 경제적 어려움에 더욱 초점을 맞추는 이들도 있었다. 한 예로, 제임슨처럼 경제적으로 자립한 유명 작가 해리엇 마티노Harriet Martineau, 1802~1876는 "영국의 성인 여성 600만 명 중 300만 명이 생계를 유지하기 위해 일한다"고 말했다.[8] 여성들의 일할 자유를 주장하기 시작한 초기에는 여성들이 왜 일해야 하는지, 왜 일하고 싶어 하는지에 대한 이야기가 침묵되곤 했다. 부유한 여성의 노동은 자기계발의 한 형태였던 반면, 빈곤한 여성의 노동은 생존수단이었다. 노동에 대한 이처럼 상반된 관점은 여러 국가에서 여성운동의 분열을 일으켰고, 페미니즘이 노동계급 여성들의 요구를 대변할 수 있다는 설득 또한 끈질기게 이어졌다.

1858년 창간되어 '교육받은' 여성들이 직업을 가질 수 있어야 한다는 주장을 펼친 런던의 정기간행물 《잉글리시 우먼스 저널English Woman's Journal》은 여성 노동 논쟁의 중심에 있었다. 편집자들은 논쟁에 그치지 않고 자신들만의 물리적인 공간도 만들었다. 처음에는 프린스 스트리트에, 나중에는 근처 랭엄 플레이스 근처의 더 큰 공간에 사무실을 차려 간행물 관련 실무를 보았고, 독자들에게 독서실을 제공했다. 1859년 제시 부셰렛이 여성고용촉진협회Society for the Promotion of the Employment of Women, SPEW를 만든 곳도 편집자 바버라 보디숑Barbara Bodichon의 그림으로 장식된 이 사무실이었다. 여성고용촉진협회는 여성 고용을 위한 에이전시로 기능하는 한편 여성들에게 부기簿記, 전신, 법무보조 같은 기술교육을 제공했다. 《잉글리시 우먼스 저널》을 발행한 것도 이곳에서 여성들이 설립하여 운영한 출판사 빅토리아프레스Victoria Press를 통해서였다. 부셰렛은 훗날 "이 작은 사무실과 소박한 독서실에서 오늘날의 거의 모든 위대한 여성운동이 자라났다"고 회고했다. 여성고용촉진협회 활동가들은 19세기에 등장한 학교나 대학을 둘러싼 강력한 요구, 즉 이러한 공공 공간에 여성의 자리를 마련하라는 또 하나의 강력한 주장에 보조를 맞추었다.

영국에서는 에밀리 데이비스Emily Davies, 1830~1920의 노력으로 1869년 거튼칼리지가 문을 열었다. 함께 《잉글리시 우먼스 저널》을 만든 편집자 바버라 보디숑과 힘을 합쳐 케임브리지대학교에 영국 최초의 여성 기숙형 고등교육기관을 만든 것이다. 그러나 학교 측의 반응은 미지근했고, 여성들은 거튼칼리지가 생기고 79년이 지난 1948년에 이르러서야 케임브리지대학교 학위를 취득할 수 있게 되었다.

대영제국의 다른 지역에서도 엇비슷한 진전이 이루어졌다. 영국령 버마[오늘날 미얀마]의 미아메이흘라옹Mya May Hla Oung은 성인 및 청소년 여성들을 위한 학교와 대학을 설립하는 데 중요한 역할을 한 인물이다. 그는 영국이라는 "외래 문명"이 버마에 미친 영향을 비판적 시각으로 바라보며 그것이 불교 국가인 버마를 특징짓는, 재산권과 혼인권에 있어서의 평등을 훼손하는 "파괴적인 영향력"을 미칠 수 있다고 우려했다. 그는 1903년 한 잡지 기고문을 통해 "나는 서양에서 가장 부강한 국가 ⋯⋯ 중 하나의 여성이 되기 전에 버마인 여성이 될 것이다"라고 선언했다.[9] 1908년 흘라웅은 영국의 기독교 패권주의에 도전하고자 영국 최초의 불교 선교활동에 자금을 지원하고 직접 참여했다. 그가 런던 교외지역인 펜지에 선교 거점을 마련했을 무렵, 영국 여성들은 이미 미용, 제약, 사무, 인쇄, 장식미술 등 새로운 업계에 대거 진출하고 있었다. 여성고용촉진협회는 1920년까지 여성운동 단체들에 사무실을 빌려주며 여성의 지위를 향상하고자 하는 이들에게 필수적인 자원과 물리적 공간을 제공했다.[10] 이 공간이 위치한 지역이 상징적 장소가 되면서 이곳에 모인 페미니스트들은 이 지역의 이름을 따 오늘날 '랭엄 플레이스 페미니스트'로 기억된다.

여성에게 일터를 제공하라는 여성고용촉진협회의 핵심 요구는 이후 수년간 분열과 논란을 일으켰다. 이미 농업이나 식모살이처럼 고된 저임금 노동을 하고 있던 대다수 여성이 원한 건 일자리가 아니라 더 높은 임금과 보다 존중받는 대우였다. 성노동을 하는 여성들 또한 일자리가 아니라 공권력의 폭력이 계속된다는 게 문제였다. 19세기에서 20세기 초반, 중산층 여성과 달리 취업률이 높았던 영국의 노동계급 여성들은 노동시장에 대한 자유로운 접근을 요구하는 순진함 앞에 뼈저리게 낙담했다. 일자리에 대한 권리가 없고 극도로 불안정한 조건에서 일하던 빈곤한 여성 노동자들은 직업을 자기실현과 힘 불어넣기의 공간으로 바라보지 않았다. 새로운 직업과 자격을 얻고자 하지도 않았다. 이에 따라 이들 대부분은 노동시간을 제한하고 여성들에게 소위 '위험한' 노동을 금지하고자 하는 영국 정부와 노동조합운동의 시도를 반겼다.

제시 부셰렛 같은 페미니스트들은 여성이 아동과 마찬가지로 보호가 필요한 취약 노동자로 분류되는 것을 경계했다. 부셰렛은 여성의 야간노동을 금지하거나 쉬는 시간을 보장하는 '보호적' 법 제정이 고용주들의 남성 고용을 유도할 것이라 추정했다. 그러나 많은 노동계급 여성에게 국가적 가부장주의는 힘들고 위험한 노동을 덜어주는 생명줄이기도 했다. 이에 따라 영국의 여성운동은 일터 논쟁을 놓고 매섭게 분열했다. 일부 페미니스트는 광업, 주류 판매, 그리고 아마도 가장 논쟁적일 성매매 같은 '위험한 업종'에 종사하는 여성들에 대한 국가의 괴롭힘을 막고자 하는 캠페인을 벌였다. 다른 한편에는 보호에 찬성하는 이들이 있었고, 이들 대부분은 노동조합운동에, 이후에는 영국 노동당에 소속된 이들이었다. 여성참정권운동가이자 노동당 활동가였던 에셀 스노든은 1913년 그의 표현대로라면 "극단적인 페미니스트"인 한 인물에게 반박하는 주장을 펼쳤다. 스노든은 여성의 야간노동은 물론이고 출산 후 노동 또한 금지해야 한다고 주장했다. 이러한 그의 주장은 당시의 법적 보호조치가 어떤 의미를 가지는지, 그것이 여성의 선택에 어떠한 강압으로 작용할 수 있는지에 대해서는 위험할 만큼 무지한 것이기도 했다. 스노든은 여성에게는 모성이 있으므로 재생산이라는 "특별한 일을 위해 여성의 몸이 징발될 수 있다"고 말했다. 나아가 "어머니가 될 여성이라면 …… 아이들이 일을 해서 돈을 벌 수 있게 될 때까지 계속 집에 있는 편이 더 낫다"고도 말했다.[11] 그의 주장에 등장하는 일종의 출산휴가는 자녀가 성인이 되기까지의 전 기간에 걸친 노동시장에서의 **전적인** 배제로 빠르게 변이되었다. 여성의 몸에 대한 '징발'이라는 논의는 과거 성노동을 규제하기 위해 경찰이 성판매 여성으로 의심되는 그 어떤 여성이건 구금하고, 조사하고, 강압적으로 연행할 수 있도록 허용했던 영국 감염법을 연상시킨다. 스노든의 말은 훗날 등장하는 높은 출생률에 대한 파시즘적 집념과도 공명한다.

1918년 일정 연령 이상의 영국 여성들이 참정권을 얻은 뒤, 영국 최대 페미니즘 단체인 평등시민권을위한전국연합National Union of Societies for Equal Citizenship, NUSEC은 '보호받는' 노동이라는 문제를 두고 거대한 분열을 마주했다. 투표권을 위한 운동이 여성 고용을 둘러싼 깊은 의견 대립을 가려왔던 것이다. 1919년 출범한 NUSEC은 "공업 및 전문직에 대한 개방을 포함한 동일노동 동일임금"을 요구했다. 그러나 1927년 NUSEC 대표 엘리너 래스본은 "공동체의 안녕"에 필요하거나 노동자 당사자가 요구하는 경우 페미니스트들도 보호조치를 승인해야 한다고 주장했다.

그러자 '인종' 또는 '공동체'라는 모호한 실체에 호소하는 일이 특정 직업군에서 여성을 지울 것이라 여긴 NUSEC의 집행위원들이 대규모 사퇴하는 상황이 발생했다. 영국의 페미니스트 저널 《타임 앤드 타이드Time and Tide》는 NUSEC은 "더 이상 페미니즘 단체가 아니다"라고 선언했다. 그러나 공장 노동자들을 포함한 다른 여성들은 국가가 제공하는 그 어떤 보호조치든 반가이 받아들였다.[12]

이러한 긴장은 미국의 평등권수정헌법Equal Rights Amendment, ERA을 추진하는 투쟁에서도 비슷하게 조성되었다. 1966년부터 전국여성당National Women's Party과 전미여성기구National Organization for Women, NOW가 주도한 ERA는 참정권운동 이후 미국 페미니즘 대의의 상징으로서 페미니즘운동을 지배했다. ERA는 영국의 상황과 마찬가지로 출산휴가와 여성의 최저임금 같은 '보호적' 법안에 미칠 영향을 둘러싼 거센 논쟁을 촉발했다. ERA를 반대하는 이들은 여성 노동자들이 저임금에서 장시간 노동에 이르기까지 노동시장에서 빈번히 겪고 있는 심각한 착취로부터 특별한 보호를 받아야 한다고 주장했다. 1980년대까지 ERA를 추진하는 운동이 이어졌음에도 불구하고(그리고 최근 2017년 네바다, 2018년 일리노이에서 비준되기도 했으나), 아직까지도 ERA는 헌법에 반영될 수 있을 만큼 충분히 많은 주에서 비준되지 못했다.

역사학자 도러시 코블Dorothy Cobble은 ERA 투쟁이 많은 여성의 삶과 무관하게 이루어졌다고 본다. 그는 20세기 중반 미국 페미니즘운동의 동력이 ERA와 헌법에서 벗어나 노동운동으로 이동했다고 주장한다.[13] 노동조합과 피켓라인이 페미니즘의 주요 공간이 되었다는 것이다. 코블은 범아프리카주의자인 메이다 스프링어 켐프Maida Springer Kemp, 1910~2005와 유대계 리투아니아인 폴린 뉴먼Pauline Newman, 1887~1986 같은 활동가들의 조직화에 주목한다. 스프링어 켐프와 뉴먼은 둘 다 뉴욕의 여성 의류 노동자들을 결집하는 데 헌신한 인물이다. 스프링어 켐프는 국제여성의류노동조합International Ladies' Garment Workers' Union의 핵심 인물이었고, 1950년대 라이베리아, 탄자니아, 케냐, 가나에서 노동조합권을 확대하려 힘썼다. 스프링어 켐프의 정치는 페미니즘뿐 아니라 범아프리카주의의 영향을 받은 것으로, 그는 여성 노동자의 동등한 임금과 함께 자녀양육 문제에도 깊은 관심을 가졌다.[14] 뉴먼은 여성노동조합연맹Women's Trade Union League, WTUL에서 활동했으며 또 다른 페미니스트 노동조합 활동가이자 1944년 미국 노동부 산하 여성국 국장이 된 프리다 밀러Frieda Miller와 친밀한 관계를 맺으며 살았다. 코블은 이들에게 '사회정의 페미니스트'라는 이름을 붙였다.

　20세기 중반은 노동조합운동이 여성의 요구를 더욱더 대변하는 쪽으로 방향을 전환하는 중요한 시기였다. 사무직, 경공업, 교육, 소매업에 종사하는 여성 노동자가 크게 늘면서 이들은 노동조합의 유망한 구성원으로 새로이 부상했다. 메이다 스프링어 켐프는 국제여성의류노동조합이 "여성의 지위를 향상하는 데 눈에 띄는 기록을 남기고 있다"고 했는데, 사실 있는 그대로를 보자면 그는 단체 내 극소수에 불과한 여성 지도자 중 하나였

1936년 영국 브리스틀의 한 의류공장을 방문한
메이다 스프링어 켐프(가운데 서서 재봉틀을
바라보고 있는 인물). 메이다 스프링어 켐프는
여성 노동자들을 조직하는 데 헌신했다.
출처: Kheel Center, Cornell University.

페미니즘들

다. 국제여성의류노동조합원은 대부분이 여성이었음에도 지도자 역할은 주로 남성들이 맡았으며, 적극적으로 성차별을 분석하기보다 성별에 관계없는 '비차별non-discrimination' 정책을 추구했다. 노동조합에 헌신하던 스프링어 켐프와 뉴먼 둘 다, 여성 노동자가 동일임금으로 가는 최선의 길은 노동조합의 교섭을 통해서라고 강조하며 ERA에 반대했다. 이들은 또한 1940년대에서 1950년대 베이비붐과 함께 출산, 모유 수유, 육아를 동시에 해야 하는 여성들이 늘어남에 따라 어머니와 자녀의 필요 역시도 고용주 제공사항에 반영되어야 한다고 주장했다. 이들의 사례별, 점진적 접근은 더 폭넓은 젠더 질서에 도전하지 못한다고 비판받기도 했으며, 불평등하기 그지없는 현 상태에 노동조합의 여성 활동가들이 타협한 데 낙심한 여성해방운동가들의 항의를 받기도 했다. 그렇다 하더라도, 페미니즘운동 내부에 노동계급 여성, 이주 여성, 흑인 여성이 주축을 이루어 활동한 '사회정의' 전통이 존재한다는 사실을 인식하는 건 중요하다.

1947년 처음 의회에 제출된 여성지위법안Women's Status Bill은 ERA의 대안으로서, 노동운동 활동가들이 반복해서 여러 버전으로 제안한 것이었다. ERA가 엄격한 법적 평등을 제시했다면, 노동운동계의 사회정의 페미니스트들은 여성 노동자들이 각자의 상황에 맞게 대우받을 수 있도록 하는 데 초점을 맞췄다. 폴린 뉴먼은 ERA 지지자들을 "이기적인 출세주의자"라고 불렀고, ERA 지지자들은 반대자들을 남성중심적인 노동조합에 속아 넘어간 얼간이들이라 여겼다. 1963년 미국의 동일임금법Equal Pay Act

을 놓고 벌어진 격렬한 논쟁은 이런 갈등관계를 삭막하리만치 뚜렷이 보여주었다. 사회정의 페미니스트들이 유사comparable 노동에 대한 동일임금을 요구하자, 공화당 여성 의원이자 ERA 지지자인 캐서린 세인트 존Katharine St John은 '평등주의 페미니즘'을 말하며 법은 동일노동에 대한 동일임금을 보장해야 한다고 주장했다. 이는 다시 말해, 성차별이 심각한 미국 노동시장에서 여성과 남성이 완전히 똑같은 직무로 고용된 소수의 직종에만 동일임금이 적용될 수 있다는 의미였다.

여성에게 유급노동이 가지는 의미에 대한 상충하는 해석은 페미니즘의 다양한 분파가 벌인 논쟁의 핵심이었다. 노동조합과 함께 가기로 선택한 이들은 여성의 주장과 욕구에 자원을 제공하는 한편 때로 반박하기도 했다. 더 나은 임금과 노동조건에 대한 여성들의 요구는 남성 노동자들의 요구와 다르지 않았으나, 여성과 관련된 대부분의 논쟁에는 출산 문제나 일터에서의 성추행 등 여성 노동자들만이 맞닥뜨리는 특정한 주변화에 대한 질문들이 포함되었다. 남성 위주의 노동조합이 이런 의제들을 파악하고 여성에게 지도자 역할을 맡기기까지는 시간이 걸렸다. 그럼에도 불구하고 노동운동은 일터를 여성의 힘 기르기의 공간으로 만들고자 시도하는 이들에게 중요한 협력자이자 자원이 되어주었다.

시장

노동운동에서 활약하던 페미니스트들은 '고용주들'과 대립하는 입장을 취했고 자본주의 체제 전반과 자본주의가 노동자를 대우하는 방식에 비판적이었다. 하지만 그렇다고 해서 여성 운동이 언제 어디서나 기업과 상업의 세계와 대립한 건 아니다. 우리는 19세기 다양한 경제 분야에서 불안정한 삶을 살아가던 여성들이 소규모 상업활동을 중심으로 일상적으로 결집했음을 확인할 수 있다. 달리 대안이 없었던 빈곤한 여성들은 세탁부, 시장 상인, 성노동자 같은 시간제·임시직 노동에 종사했다. 여성들은 암거래와 상행위로 근근이 생계를 꾸려가는 동시에 이러한 활동을 단속하고 규제하려는 당국의 시도를 피하기 위한 끝없는 싸움을 이어갔다. 마리아 오딜라 디아스Maria Odila Silva Dias가 수행한 19세기 브라질 상파울루의 자유인·노예 여성 노동자 연구에는 여성들의 불안정한 삶과 상거래를 통한 힘 기르기가 잘 기록되어 있다. 1888년 노예제가 폐지되기 전까지 브라질은 문화적으로 육체노동을 경시하는 나라였다. 자유인·노예 여성 노동자들은 다른 여성 상인들과의 관계 속에서 연대감을 찾고, 자신들의 경제활동을 규제하고 세금을 부과하려는 정부에 저항하는 "전투적 여성들"이었다.[15] 이들은 이른바 '약자들의 무기'라고 불리는 소문, 시간 끌기, 조작, 회피를 무기로 사용했다.

때때로 회피나 시간 끌기 전략이 불충분할 때면 이들은 결집과 저항이라는 공공연한 형태로 돌아섰다. 예를 들면, 영국령 나이지리아의 시골 여성들은 팜유의 주요 생산자이자 상인이었다. 나이저 델타 지역의 이그보족Igbo 사회에서 여성은 **오무**omu처럼 상당한 힘을 가지는 지위를 도맡아 이에 대응하는 지위인 남성을 칭하는 **오비**obi와 함께 여성의 시장활동을 관리했다. 영국의 식민정권은 이런 권력 분배에 개입하며 남성 오비의 역할을 강화하고 여성 오무의 역할을 열외로 만들었다. 1920년대에는 식민정권이 임명하는 '임명 족장warrant chief'을 통해 높은 '오두막세'를 부과하며 기존의 족장체계가 가진 권위와 납세에 대한 권한을 침범했다. 이그보족 여성들에게는 남성을 '깔아뭉개는' 행위로 집단적 모욕을 줄 수 있는 관습이 있었고, 1929년 여성들은 이러한 관습을 과도한 과세와 정치적 주변화에 항의하는 데 활용했다. 1만 명 이상의 여성이 한자리에 모여 항의시위를 벌였다. 여성들은 나체를 보이는 행위 등의 전통적 형식을 활용하며 토착민·영국인 엘리트 집단의 통치에 저항했다.[16] 이때의 항의시위는 춤과 빙의라는 지역 고유의 전통과 상거래를 둘러싼 이그보족의 분업에서 유래한 도덕적 권위를 바탕으로 이루어졌다. 어떤 자료에 따르면 여성 상인들은 "풀을 엮어 머리, 허리, 무릎에 두른 것 말고는 거의 벌거벗은 채였고, 풀로 엮은 꼬리를 달고 있는 이들도 있었다".[17] 여성들은 '통치자'를 향해 불모의 땅을 상징하는 모래를 뿌리며 임명 족장의 권위를 조롱했으며, 권위를 상징하는 모자를 여성에게 양도하라고 요구했다. 이들의 항의시위는 쏟아붓는 욕설로 끝을 맺었다. 마체테를 소지하고 영국인과 토착민 군인들을 제압한 여성들의 반란에는 '여성들의 전쟁'이라는 이름이 붙기도 했다.

여성들의 이런 전투성에 군대는 1929년 12월 시위자들에게 발포하는 무력 사용으로 대응했고, 21명의 여성이 사망했다. 남성에게 더 큰 힘을 실어주게 되는 농업의 기계화, 상거래 통제, 그리고 역시 남성 권력자에게 특권을 주는 식민 통치라는 맥락 속에서 볼 때, 여성들의 의례화된 무질서는 여성운동의 장으로서 시장이 가지는 중요성을 보여주는 한편으로 때로 시장 그 자체에 접근하기 위해 치러야 했던 크나큰 대가를 보여준다.

1929년의 기념비적인 이 시위는 1960년 결국 영국 식민 권력을 몰아낸 반식민주의운동에 기여한 것으로도 읽을 수 있다. 그러나 이 시위는 줄곧 이그보족 여성들이 자신들의 경제적 지위를 결정할 수 있는 자유의 공간이자 여성 연대와 행위주체성에 기반한 공간인 시장을 수호하고자 했던 행동으로만 여겨졌다. 당대 페미니즘의 이름으로 이루어진 행동들이 대부분 직업 선택, 투표권, 동일임금에 대한 접근에 중점을 두었기에 이그보족의 항의시위는 페미니즘 행동이라 불리지 못했던 것이다. 실제로 이그보족 여성들의 시위는 페미니즘의 레퍼토리보다 이그보족의 전통적 도덕경제와 모욕의 전통에 뿌리를 둔 것이기도 했다. 하지만 그럼에도 불구하고, 이 여성들의 지도력과 연대는 페미니즘적 접근 방식과 공명하는 것으로, 훗날의 나이지리아 활동가들에게 중요한 의의를 지니게 되었다.

'여성들의 전쟁'은 카리스마를 지닌 지도자 푼밀라요 랜섬쿠티가 앞장서서 이끈 나이지리아 아베오쿠타 마을 여성들의 시장에서의 권한에 관한 대담한 요구에도 영향을 미쳤다. 나이지리아와 영국에서 공부한 랜섬쿠티는 1940년대 '여성들의 지위를 드높이는' 것을 목표로 하는 온정주의 복지 단체 아베오쿠타레이디스클럽Abeokuta Ladies Club의 일원으로 활동했다. 랜섬쿠티는 레이디스클럽의 활동을 시장 여성 상인들의 문해교육으로 확장했고, 그 과정에서 여성들의 불안정한 생계를 더욱 잘 이해하게 되었다. 여성 상인들은 부당하게 부과되는 세금 및 검사관이 과세 여부를 판단하고자 나이를 확인하겠다는 이유로 강제로 옷을 벗기는 상황에 대해 하소연했다. 레이디스클럽은 1946년 아베오쿠타여성연합Abeokuta Women's Union으로 이름을 바꾸었고 랜섬쿠티는 여성 상인들이 주로 입는, 날염한 천으로 만들어 몸을 감싸는 의상을 착용하기 시작했다. 그는 여성 상인들을 모아 과세에 대한 저항을 조직하기 시작했는데, 이 시위를 '소풍picnic'이라 불렀다. 때로 48시간 동안 지속되기도 한 이 시위에서 여성들은 파업과 함께 노래를 불렀다. 1946년 말에 이르자 '소풍'을 비롯한 시위 기간 동안 작곡된 노래가 200곡이 넘었다. 시위자들은 식민 권력과 오그보니Ogboni*의 임명 족장 모두를 거부했고 남성만이 치를 수 있는 의식에 예를 바치지 않겠다고 반발했으며, 경찰의 최루가스 진압과 체포에 항의하기 위해 이러한 상황을 전 세계에 알리고자 했다. 역사학자 셰릴 존슨오딤Cheryl

---

* 나이지리아, 베냉, 토고 일부 지역 토착민들 사이에서 정치적·종교적 기능을 수행하던 남성 협회.

Johnson-Odim이 설명한 대로, 랜섬쿠티는 여성에 대한 불의와 식민주의에 저항하고자 중국, 모스크바, 가나, 시에라리온을 찾았던 중요한 범아프리카주의자이자 민주사회주의자였다. 그는 공산주의를 경계하면서도 공산주의의 영향력 내에서 여성운동을 지원하던 상부 단체인 국제민주여성연맹을 공개적으로 지지했다. 1966년 이후에는 나이지리아 군사정권을 비판해 경찰의 탄압에 시달렸다. 1978년 랜섬쿠티는 아들이자 뮤지션인 펠라 쿠티Fela Kuti의 집에서 피습당해 부상을 입고 결국 사망했다.[18]

랜섬쿠티는 나이지리아는 물론 아프리카의 여러 국가에 노동계급 여성과 농촌 여성들의 의식 고양이라는 유산을 남겼다. 일부 아프리카 비평가들은 페미니즘을 서구의 제국주의적 근원으로부터 구별할 수 있는가를 놓고 회의적인 입장을 보였으나, 랜섬쿠티는 여성이 식민 지배의 고통스러운 대가를 불균형할 정도로 과도하게 부담한다고 보았다. 그는 여성해방이 "나이지리아에서 대다수를 차지하는 억압되고 빈곤한 국민의 해방"과 밀접히 엮여 있다 주장했다.[19] 이러한 주장은 1983년 석유 경제, 인플레이션, 그리고 외압에 의한 구조조정이 나이지리아 여성들에게 미치는 부정적 영향을 드러내고자 출범한 단체 나이지리아의여성들Women in Nigeria, WIN의 강령이 되기도 했다. 경제적 곤란이 가중되자 여성들은 또 한번 그 대가를 불균형할 정도로 크게 부담했다. 당시 나이지리아를 통치하던 군사정권은 반대나 저항을 억압했다.[20] WIN은 공론의 장을 확대하고자 식수 접근, 강제 결혼, 성노동자 보호, 여성 청소년의 교육권을 비롯한 여성

나이지리아의 여성 권리·사회주의·범아프리카주의
활동가 푼밀라요 랜섬쿠티. 랜섬쿠티는 여성
시장 상인들과 문제의식을 같이하는 의미에서
의식적으로 이들의 복장을 착용했다. 출처: Alamy.

의제를 제기했다.

이런 문제 제기에는 여성 상인, 대학생, 성노동자, 여성 농업인들의 연합이 필요했고, 연합은 나이지리아의 다양한 민족과 종교를 민감하게 다뤘다. WIN은 남성들을 구성원으로, 그리고 때로는 단체 행동의 수혜자로도 포함하는 접근을 고수했다. 페미니즘에 남성을 연관시킨 선례가 몇몇 있기는 했으나, 남성을 페미니즘운동에 기꺼이 수용하고 통합하려 했던 WIN의 행보는 흔치 않은 것이다. 젠더관계의 변화에 따른 부담을 함께 짊어지겠다는 약속이 이러한 행보를 뒷받침했다. 가사노동과 경제적 주변화에 얽매인 여성들은 시간과 자원이 한정되어 있었고, 이에 따라 WIN은 남성의 기여를 환영하는 데서 나아가 남성의 참여를 독려하고 촉구했다. WIN의 주장에 따르면 남성들의 참여는 실용적인 에너지와 자원의 원천이 되는 것은 물론이고 남성 의식의 근본적인 방향 전환을 가져올 것이었다. 남성들은 성별을 가리지 않고 이루어지는 사회정의활동이라는 점에서 WIN에 이끌렸으며, WIN은 남성이 페미니즘의 목표에 한층 더 전념하기를 바랐다.[21]

남성에 대한 포용은 그 시대와 장소가 가진 특수한 어려움에 대응한 방식이기도 하다. WIN의 남성 포용은 1980년대에서 1990년대 나이지리아의 이슬람교와 기독교의 특징이던, 갈수록 심화되는 종교적 근본주의에 대한 저항이 반영된 것이었다. 종교 지도자들이 예배와 연합을 단일한 성별 전용으로 꾸리기 시작하는 상황에서 세속 단체인 WIN이 양성 간의 협력, 그리고 혼성 공간의 모델을 제공하는 건 중요한 일이었다. 단체 가입에 그 어떤 제한도 두지 않고 모두에게 문을 열어두었던 WIN의 개방성은 목표와 우선순위를 둘러싼 긴장을 자아내기도 했지만 단체는 분열을 가로지르는 연합을 구축하는 데 박차를 가했다. WIN은 완전한 개방이라는 실험을 전개함으로써 누가 페미니스트가 될 수 있는가를 묻는 꾸준한 질문에 응답했다.

페미니즘 사업

불안정한 삶을 살아가는 여성 상인들은 경제적인 면에서 간신히 생계를 잇는 경우가 많았다. 이들은 서로에 대한 연대감에 의지했고, 자신의 권리 또한 강하게 의식하고 있었지만 장기간에 걸쳐 캠페인을 벌이거나 공간과 기관을 설립할 자원은 거의 없었다. 그럼에도 페미니즘을 분명하게 표방하는 새로운 기획들이 자원을 확보해 여성의 힘 기르기를 위한 공간에 자금을 지원한 역사적 시기들이 존재했다. 예컨대 1976년 디트로이트의 여성운동가들은 과거 위민스시티클럽Women's City Club*이었던 디트로이트 중심부의 유서 깊은 건물을 사들이고 개조해 페미니스트들의 교류, 창업, 캠페인의 허브로 문을 개방했다.

디트로이트의 여성들은 1970년대 여성해방운동이라는 촉

---

*　20세기 초반 여성참정권운동의 중요한 거점이었다.

매제로 인해 일어난 소규모 페미니즘 사업의 물결에 가세했다. 기업가문화가 단단히 자리 잡은 미국에서 페미니즘운동이 말하는 자율성과 주체성에 영감을 받은 많은 여성이 직접 사업에 뛰어들기 시작했다는 건 그리 놀라운 일이 아닐 것이다. 이들은 자본주의적 대기업을 비판하며 보다 윤리적인 대안을 추구했다. 많은 여성은 서점, 법률사무소, 여성건강센터, 출판사 같은 사업이 페미니즘의 메시지를 퍼뜨리는 데 중요한 역할을 할 수 있다고 보았다. 이들이 만든 페미니즘 상품은 논란을 불러일으키기도 했다. 뉴욕의 리버레이션 엔터프라이즈Liberation Enterprises가 만든 앞치마에는 "가사노동을 집어치워라Fuck housework"라는 문구가 새겨져 있었는데, 당대 반문화에 관대했던 신문인 《빌리지 보이스 Village Voice》에서조차 이 제품의 광고를 거부했다. 그럼에도 불구하고 페미니스트 사업가들은 기존의 상거래를 정치화할 수 있는 지점들을 찾아냈다.

페미니스트 사업가들은 성소수자들이 안전하고 편안하게 이용할 수 있는 술집이나 카페를 차리는 레즈비언 여성들의 이미 정착된 문화에도 의지했다. 외양과 성적 지향 때문에 차별을 직면해온 레즈비언들은 여성들만의 독립적인 공간의 필요성을 깊이 체감하고 있었다.[22] 이들이 벌인 '여성 공간' 캠페인은 때로 페미니스트와 레즈비언 중 어느 쪽에 강조점을 두는지 애매했지만 때로 두 집단 모두에 호소할 수 있었고, 그 한 예가 역사학자 알렉산드라 케첨Alexandra Ketchum이 언급한 온타리오의 카페와 식당이다. 금주법의 역사가 있는 캐나다에서는 여성들이 남성을 동반해야만 주류를 판매하는 장소에 출입할 수 있었으므로, 여성에게 술집은 낙인찍히는 공간 또는 적대적인 공간이었다. 1975년 여성이 춤출 수 있는 공간을 만든 토론토의 카페 쓰리 컵스Three Cups를 비롯해 회원제로 운영하는 '여성 클럽'의 등장은 여성 전용 공간을 보장했다. 그러나 이런 기획들은 재정 부족으로 독립적인 공간을 마련할 수 없었기에 임시적으로 운영되는 데 그쳤다. '여성 공간'을 만드는 시도는 도시를 가로지르며 기존의 사회적 공간들을 일시적으로 점유하는 상징적 투쟁이었다.[23]

여성이 운영하는 사업체들은 섹슈얼리티나 정치 성향과 무관하게 대체로 상품 매입, 건물 임대, 직원 고용에 필요한 자본을 마련하는 데 어려움을 겪었다. 은행은 여성, 특히 결혼한 여성에게 선뜻 대출을 승인하지 않았다. 여성들은 담보대출이든 신용카드 사용이든 툭하면 거절당하거나 남편의 보증을 요구받았고, 특히 유색인 여성은 금융권 접근 자체를 거의 차단당하다시피 했다. 역사학자 조슈아 클라크 데이비스Joshua Clark Davis의 주장대로 여성의 금융거래에 존재한 어려움이 1973년 디트로이트의 페미니스트신용협동조합Feminist Federal Credit Union, FFCU 같은 신용협동조합이나 은행의 설립으로 이어졌다.[24] 애초 [진행 중이던] 여성 건강 워크숍을 확장하고자 한 FFCU 설립자들은 곧 전국의 페미니스트들 사이 대출 수요가 존재함을 알아차렸다. FFCU가 초기에 발행한 안내 책자에는 "남성이 소유하고 통제하며 성차별적인 대출정책과 고용관행을 가진 은행 말고 우리의 자매들에게 우리의 저축금을 빌려주자"고 썼다. 여성이 운영하는

FFCU는 "여성센터처럼 ······ 페미니즘 소식과 활동을 담은 게시판과 포스터가 있는 곳"이라 홍보했다.[25] 미시간주 전역에 지점이 생겼고, 이는 하나의 사업 모델로서 다른 주로도 퍼져나갔다. 1975년 전국의 페미니스트 신용조합들이 보유한 자산은 총 150만 달러에 이르렀다. 그간 거의 언제나 자금 부족에 시달렸던 여성운동은 유례없는 양의 자금을 확보하며 더 많은 기회를 얻게 되었다.

여러 논쟁 끝에 신용조합들은 페미니스트경제네트워크 Feminist Economic Network, FEN를 만들고 조직적 활동을 펼쳤다. FFCU 설립자들은 디트로이트에 자리한 위민스시티클럽 건물을 FEN이 매입해 개조한다는 야심 찬 제안을 내놓았다. 일부 페미니스트들은 부유한 조직이 위계 없는 풀뿌리 여성운동을 좌지우지하게 되는 게 아닌지 회의적인 시각으로 바라보았다. FFCU는 기본적으로 비영리 단체였으나, 이러한 움직임을 비판적으로 바라보는 이들은 페미니즘 사업이 "오로지 이윤에만 몰두하는 거대한 경제체제에 속수무책으로 얽매여 있다"고 지적했다.[26]

이러한 비판 속에서 FEN은 건물을 매입했고, 지역 페미니스트들을 고용해 청소하고 수리하며 사업을 강행했다. 그 과정에서 발생한 장시간 노동, 저임금, 형편없는 노동환경 문제는 머지않아 논란을 불러일으켰고, 여성 노동자들이 항의하고자 파업에 돌입할 것이라는 불길한 소문이 돌았다. 1976년 4월, 여성 전용 호텔, 수영장, 바, 나이트클럽을 갖춘 페미니스트시티클럽이 문을 열었다. 개장식에는 전국적으로 유명한 활동가 글로리아 스타이넘Gloria Steinem이 참석해 여성을 부유하게 만든다는 페미니스트들의 의지를 상징하는 것으로서 달러 지폐를 이어 만든 리본을 잘랐다. 그러나 화려한 시작에도 불구하고 페미니스트 시티클럽의 운영은 얼마 가지 못했다. 연간 100달러짜리 클럽 회원권은 디트로이트에 사는 웬만한 여성들에게는 꿈도 꾸기 어려운 것이었다. 운영비는 허리가 휠 정도였고, 여성운동계는 FEN의 기획 자체에 대해 양가적인 감정을 표했다. 결국 클럽은 5개월 만에 문을 닫았다.

이 사건은 자본주의 시장 내에 페미니스트의 공간을 만들고자 하는 전망에 큰 타격을 주었다. 그럼에도 FEN의 혜성 같은 등장과 몰락이 모든 페미니즘 사업을 대표한다고 보아서는 곤란하다. 각 지역에서는 레즈비언-페미니스트 바와 카페가 꾸준히 번성했고, 보석 세공점이나 페미니스트 미용실도 마찬가지였다. 미용산업과 이 산업이 여성을 압박하는 불가능한 요구에 대한 비판에도 불구하고, 여성 전용 미용실은 페미니스트와 반인종주의자들이 연대하고 네트워킹할 수 있는 중요한 공간이 되어주었다. 예를 들면, 영국에서는 1975년 창립 이후 1980년 아바신디Abasindi로 이름을 바꾼 맨체스터흑인여성협동조합Manchester Black Women's Cooperative이 흑인 여성들을 위한 머리 손질 공간을 제공했다. 백인 중심의 미용문화에서 흑인 여성의 머리카락이 무시되고 있음을 인식했기 때문이다.[27]

페미니즘 출판사 역시 여성들이 시장에 자리 잡고 출판이라는 '문화적 공간'을 점유하는 한 가지 수단이었다. 인도의 칼

리포위민Kali for Women, 영국의 비라고프레스Virago Press, 네팔의 아스
미타위민스퍼블리싱하우스Asmita Women's Publishing House는 디트로이
트의 위민스시티클럽보다 오래 살아남았다. 4장에서 살펴보
게 되겠지만 그중 어떤 출판사들은 21세기인 지금까지도 번창
하고 있다. 이 출판사들은 가장 특징적이면서도 뚜렷이 알아볼
수 있는 형태의 페미니즘 공간, 바로 여성 서점을 위한 책들을
만들었다. 여성 서점은 캠페인, 고요한 성찰, 지적 영감과 토론,
식사, 교류의 장이었다. 성공한 정도는 각기 다르지만 서점들
은 사업과 정치를 아우르려 시도해왔다. 런던의 위민스프레스
Women's Press(1907), 시카고의 위민앤드칠드런퍼스트Women and Children
First(1967), 일본 교토의 쇼카도여성서점松香堂書店(1975), 이탈리아
의 밀라노여성서점Libreria delle Donne di Milano(1975), 인도의 스트리레
카Streelekha(1984), 케냐 나이로비의 빈티레거시Binti Legacy(1996)는
페미니즘 사상을 유통할 수 있는 강력한 네트워크를 형성했다.
무엇보다 이런 상업 공간은 모든 계급의 여성에게 열려 있었으
며, 대부분은 적어도 일부에나마 남성을 환영하는 공간을 마련
했다. 서점들은 번화가라는 일상적인 환경에서 페미니즘을 말
할 수 있게 했고, 변화라는 페미니즘의 약속을 가시화하는 역할
을 했다.

인도 방갈로르[오늘날 벵갈루루]의 페미니스트 서점 스트리
레카는 1984년 "무엇보다도, 여성들이 서로를 만날 수 있는 공
간"을 목적으로 출발했다. 이 서점은 문학 낭독회, 상담, 법률 자
문을 비롯해 페미니즘 책을 인도 내 더 많은 여성에게 전달하

기 위해 우편서비스를 제공했다. 스트리레카 설립자들은 "제3세계 여성운동이 사회 변화를 위한 다른 운동들과 동떨어진 것이 아니"라는 데 주목했기에, "평화, 성장, 생태학, 노동운동, 달리트[가장 낮은 카스트에 해당하는 '불가촉천민'], 농민"에 관한 책들도 판매했다.[28] "페미니즘 행동의 이론적 토대"를 제공하고자 헌신한 스트리레카는 적정가격에도 주의를 기울였다. 대부분의 인도 여성은 값비싼 페미니즘 도서를 살 여유가 없고 따라서 자신들의 사업적 전망도 위태롭다는 사실을 잘 알았기 때문이다. 스트리레카는 자생력을 구축하고자 캐나다의 토론토여성서점Toronto Women's Bookstore, 미국 매사추세츠주의 뉴워즈서점New Words Bookstore과 자매결연을 맺고 이곳에서만 살 수 있는 도서와 정기간행물을 판매하거나 서점 운영에 대한 노하우를 서로 교환했다. 예를 들어 자매결연을 맺은 북아메리카의 서점들은 스트리레카가 발행한 《페미니스트 데이북Feminist Daybook》을 함께 판매했고, 스트리레카의 또 다른 사업인 대출 도서관 카브야포위민Kavya for Women을 위한 모금 행사를 열어 이동도서관용 차량 구입 등을 지원했다.[29] 스트리레카는 페미니즘과 교차하는 다른 급진적 저항운동들은 물론 기존에 확립된 페미니즘 도서 거래의 국제적 네트워크와도 동맹관계를 쌓는 장이었다. 스트리레카 구성원들은 사업으로써 자신과 단체, 물리적 공간, 페미니즘 출판물과 저자들을 뒷받침하겠다는 확고한 결심을 지니고 있었다. 물론 이들은 가난한 국가의 서점들이 지불할 수 없는 가격을 형성하는 자본주의적 출판시장과 자본력을 갖춘 출판사들의 가격 담합을 거세게 비판하기도 했다. 그러나 다소 불편한 동맹관계에도 불구하고, 상업적 공간은 공동체를 위한 공간이 되기도 했으며, 페미니스트 사업가들은 시장 내에서 가능한 힘 기르기의 한계 또한 기민하게 알아차렸다.

예배의 공간

페미니즘 역사학자들은 페미니즘운동을 종교에 대한 반란으로 그려내곤 했다. 신앙은 여성의 예배와 의복을 통제하는 근본주의적인 움직임들과 전반적으로 연관을 맺어왔다. 유대인 무신론자인 어니스틴 로즈는 오랫동안 종교를 사회적·성적 불평등의 근원으로 보고 거부했다. 여성참정권운동가 엘리자베스 캐디 스탠턴 역시도 관습적인 종교를 문제삼고 기독교 성경을 비판적으로 다시 읽으며 '완전한 혁명'을 강력히 호소했다. 그는 다음과 같이 말했다.

성경은 여성이 세상에 죄와 죽음을 가져왔다고, 여성이 인류의 타락을 촉발했으며, 천국의 법정 앞에 소환되어 재판, 선고, 형벌을 받았다고 가르친다.

기독교인 여성에게 이런 교리는 다음과 같은 의미가 된다. 여성에게 결혼은 속박의 조건이며, 출산은 고통과 고뇌의 기간이고, 여성은 침묵과 복종 속에서 남성의 너그러움에 모든 물질적 필요를 의존하는 역할을 수행해야 한다.[30]

스탠턴은 여성의 종속에 대한 이러한 강조를 제외한 채로 기독교 신앙을 유지하고자 했다. 그는 페미니즘 관점에서 성경을 다시 읽는다는 논쟁적인 프로젝트를 위한 국제적인 여성위원회를 조직했다. 그가 참여를 제안한 여성들 중 다수가 거절했지만 마침내 26명의 여성이 모였다. 그중에는 핀란드 활동가 알렉산드라 그리펜베르그Alexandra Gripenberg, 1857~1913, 오스트리아의 이르마 폰 트롤보로스튀아니Irma von Troll-Borostyáni, 프랑스의 사회 개혁가 이자벨 보겔로Isabelle Bogelot도 있었다. 스탠턴은 이들과 함께 구약과 신약에 나타난 여성의 위치에 대한 공동 주석서로 1895년과 1898년 《여성의 성경The Woman's Bible》을 출판했다. 기도를 바치는 대상이 하느님 어머니와 아버지 둘 모두여야 한다고 주장한 이 책은 곧장 베스트셀러가 되었지만, 동시에 다른 여성참정권 운동가들과 대중에게 엄청난 악명을 떨쳤다.

이런 작업은 페미니즘이 결코 세속의 운동이 아니었음을 일깨운다. 스탠턴은 1860년대 정신주의운동에 관심을 가졌으며 다른 여러 페미니스트들도 정통적, 비정통적 신앙에서 영감을 얻었다. 또, 종교는 비록 임시적일지라도 뉴저지 교외지역에서 활동한 아프리카계 미국인 하인이자 침례교 평신도 지도자였던 바이얼릿 존슨Violet Johnson, 1870~1939 같은 여성들에게 중요한 공간이었다. 스탠턴의 직설적인 페미니즘과 달리, 존슨의 동기는 도덕과 정의에 대한 영적인 헌신이었다. 그러나 이런 원칙들에는 사회정의라는 정치적 함의가 담겨 있었고, 이를 위해 필요한 공간은 극도로 젠더화된 것이었다. 제시 부셰렛 같은 페미니스트들이 공공의 권리와 공간을 주장할 때 활용했던 자원이 없었음에도 존슨은 물리적 공간을 만들어냈다. 무척이나 소박했던 그의 공간은 여성운동이 풀뿌리 단위에서 어떻게 추진될 수 있는지 보여준다.

식모살이를 하는 하인이던 바이얼릿 존슨은 자기만의 공간을 누릴 기회가 거의 없었다. 하인들은 자신이 잠을 자고 일하는 침실, 부엌, 부엌방이 다른 사람의 소유임을 잘 알았다. 고용주에게는 하인의 방에 들락거리며 소지품과 신체를 검사하고 하인의 출입을 통제할 수 있는 법적 권리가 있었다. 하인들은 사소한 잘못 또는 실제로 저지르지 않은 잘못으로도 해고되었으나, 가진 것이 거의 없기에 맞설 방법이 없었다. 일자리가 없는 기간에는 하숙집에서 지내거나 친척 집에 잠시 얹혀살아야 했다. 그렇기에 이들에게 공간의 경계와 통제는 무척 중요한 문제였다. 하인들이 사생활을 존중받을 수 있는 공간이라고는 개인 짐을 넣는 트렁크나 상자가 전부나 마찬가지였다. 아마 바이얼릿 존슨에게 성경 공부를 위한 모임 공간을 만드는 일이 그토록 중요했던 것 역시 고용주가 자신만의 사적인 장소에 침범할 수 있다는 감각 때문이었을 것이다. 역사학자 베티 리빙스턴 애덤스Betty Livingston Adams의 기록대로라면, 존슨은 1898년 뉴저지주 서밋의 한 세탁소를 임차해 예배 공간으로 탈바꿈시켰고 이후 이곳은 파운틴 침례교회가 되었다. 이곳의 창립부터 함께한 여덟 명의 신자는 모두 아프리카계 미국인 여성 하인이었다.[31]

19세기 침례교는 아프리카계 미국인 지도자가 있는 교회의 설립을 반겼지만, 이들에 대한 온정주의적 태도만큼은 오랫동안 사라지지 않았다. 이에 불만을 가진 아프리카계 미국인 남성 목사들이 1870년대에서 1880년대에 자체적인 협의회와 모임을 꾸려 존중과 자율을 꾀했는데, 그 과정에서 영적 지도자로서 독보적 역할을 담당해온 여성 신자들이 배제되는 상황이 나타났다. 아프리카계 미국인 침례교회는 여성이 성직을 맡고 설교하는 것을 경계하며, 여성들이 교회 운영과 재정적 뒷받침에 크게 기여함에도 불구하고 지도자 역할을 맡기려 하지 않았다. 여성들은 아프리카계 미국인 교회가 불안정하게나마 얻은 사회적 존경을 위협하는 존재로 여겨졌다. 바이얼릿 존슨의 파운틴 침례교회 또한 여성들이 주축을 이루었음에도 불구하고 공식적인 지도자 권위는 남성 목사인 에드워드 맥대니얼스Edward McDaniels에게 있었다.

파운틴 침례교회의 규모는 금세 확장되어 애초의 세탁소 공간으로는 모자랄 정도로 신자가 늘어났고, 곧 새로운 건물을 짓기로 했다. 교회 구성원들에게는 자원이 없었으므로 외부 기부자들의 도움을 구했는데, 이때 기부자들의 동기는 단지 자선적인 것만은 아니었다. 맥대니얼스 목사는 뉴저지의 가사노동에 유입되는 '남부 검둥이Southern Negroes' 여성의 수가 점점 늘어나면서 일어날 수 있는 문제들을 강조했다.[32] 백인과 흑인 중산층으로 이루어진 기부자들은 아프리카계 여성들을 성적 방종 및 다산과 연관되는 존재로 보았기에, 맥대니얼스는 교회가 이들의 행동을 통제하겠다는 메시지를 넌지시 전했다. 바이얼릿 존슨이 추구한 성스러운 장소는 실제로 늘 해방의 장소는 아니었다. 이곳은 여성의 목소리와 주체성을 옹호하는 동시에 부정하는, 양가적 메시지로 이루어진 장이었다.

이유가 무엇이건 간에 아프리카계 미국인 신자들이 얻은 자원은 빈약하기 짝이 없었다. 모금된 돈은 신자들이 구상한 교회의 지하실을 만들 수 있는 정도에 그쳤다. 1908년, 임시 지붕을 얹은 채로 완성된 새 교회는 곧바로 예배 공간으로 쓰였다. 그러다 1912년, 반복되는 침수 피해에 신자들은 더 이상 이곳에서 예배를 볼 수 없다는 결정을 내린다. 보다 튼튼하고 사람이 거주할 수도 있는 공간이 필요했던 신자들은 비어 있는 서밋 시청 건물을 매입하겠다는 야심 찬 계획을 세웠다. 그러나 명망 높은 시민 공간을 점유하려는 시도는 여성 중심의 아프리카계 미국인 교회에 허용된 선을 넘어서는 일이었다. 백인 주민들은 시청 건물의 매각이 사업체들에 부정적인 영향을 미치고 부동산 가치를 떨어뜨릴 것이라고 주장하며 반대시위를 펼쳤다. 교외 지역이 "검둥이"들의 "식민지"가 될 거라는 원색적인 발언은 '백인 공간'을 유지하는 게 그들에게 얼마나 중요한 사안이었는지를 분명하게 보여준다.[33]

20세기 초반 뉴저지에서 점점 심화되던 흑인에 대한 차별은 흑인 공동체에 허용되는, 나아가 인종 사이의 간극을 뛰어넘는 성스러운 공간의 약속을 실현 불가능한 것으로 만들었다. 결국 파운틴 침례교회는 백인 기부자들이 마련한 소박한 건물에 자리 잡게 되었다. 흑인들이 이목을 끄는 장소에 접근하지 못하게 하고자 했던 백인 주민들의 의도가 반영된 곳이었다. 건물등 기부상 소유주도, 목사 채용 결정권자도 백인 이사들이었다.[34] 그나마 쓸모 있는 공간을 얻는 데도 공간 사용에 대한 통제권을 상실하는 큰 대가가 따랐다.

바이얼릿 존슨은 이용할 수 있는 공간의 열악한 수준, 그리고 그 공간이 어떻게, 누구에 의해 점유되는가를 놓고 벌어지는 갈등에도 굴하지 않고 꾸준히 여성을 위한 공간을 만드는 일을 최우선으로 삼았다. 1918년 전시노동의 혼란기 와중에 존슨은 개인적으로 아파트를 얻어 여성 노동자를 위한 집Home for Working Girls 이라는 이름을 붙였고, 이곳은 "집 밖의 집"이라 불리기도 했다. 그는 전시 중 공업에서 생산 노동을 하는 "유색인 여자들"을 위한 "안락하고 기분 좋은" 공간을 만들고자 했다.[35] 기독교여자청년회Young Women's Christian Association, YWCA의 백인 여성들은 훨씬 더 큰 규모로 비슷한 지원을 제공했다. 존슨의 작은 집은 1차 세계대전과 그 이후 800명 이상의 젊은 여성에게 공간과 지지를 내주었다. 자신들의 공간에서 흑인 여성들의 전문성과 지도력을 일구어야 한다는 까다로운 문제를 피할 수 있었던 기독교여자청년회는 흔쾌히 존슨의 기획을 지원했다. 기독교여자청년회는 존슨의 집에 머무는 여성들에게 자신들의 시설 이용을 허락했지만, 인종적으로 분리된 시설에 한해서였다.

미국 북부에서 인종주의와 폭력이 점점 심화되던 20세기 초반 수십 년간, 아프리카계 미국인 공동체는 점점 더 사면초가에 몰렸다. 특히 1930년대 대공황을 맞으며 찾아온 경제적 고통이 노동계급과 소수민족 여성들의 삶을 물질적으로 열악하게 만들면서 다인종 공간의 형성은 더욱 어려운 일이 되었다. 그럼에도 불구하고 존슨의 '집'은 1920년대에서 1930년대 젊은 여성들이 아프리카계 미국인의 문학과 역사를 탐구하는 동아리들을 운영할 수 있도록 계속해서 공간을 제공했다.

여성과 남성의 복잡한 힘겨루기 및 서밋의 백인 주민들과 지역 기독교여자청년회가 보인 인종주의적인 반응에도 불구하고, 파운틴 침례교회를 비롯한 여성 공간들은 바이얼릿 존슨과 여성 동료들이 개혁에 참여하는 기회의 공간이었다. 이들은 여성기독교절제연합이 주도한 절제운동과 여성참정권운동에서도 활약했다. 또 존슨은 노동조합 활동가 메이다 스프링어 켐프와 마찬가지로 린치 반대운동에도 참여했다. 존슨에게 린치 반대운동은 아프리카계 미국인 남성의 보호를 외치는 일일 뿐만 아니라 백인 남성에 의한 강간과 임신 때문에 취약해지는 아프리카계 미국인 여성들의 현실을 분명히 지적하는 것이기도 했다. 그는 1919년 우드로 윌슨Woodrow Wilson 대통령에게 다음과 같은 내용의 편지를 썼다. "백인 남성들이 유색인 여성의 명예에 가한 폭력에 대한 이야기는 우리 인종의 얼굴에 새겨져 있습니다."[36]

바이얼릿 존슨은 인종과 젠더의 교차점에서 정의를 추구했

고, 국가권력의 현장과는 거리가 먼 뉴저지주 교외에 살았음에
도 대통령을 향해 발언하기를 망설이지 않았다. 전국유색인여
성협회, 전국유색인여성공화주의클럽State Colored Women's Republican Club
같은 단체에 참여하면서 존슨의 활약은 풀뿌리 이상으로 확대
되었다. 그러나 국가 차원의 입법에 대한 로비를 시도하면서 존
슨은 어려운 선택들을 직면하게 된다. 흑인 여성들은 알코올 규
제 같은 대의에 백인 여성들과 연대할 것인지, 알코올 판매 규제
를 반대하고 인종정의를 우선시하는 전미유색인지위향상협회
National Association for the Advancement of Colored People, NAACP 같은 인종정의 단체
에 충실하게 남아 있을 것인지 둘 중 하나를 선택해야 하는 상황
을 마주했다. 1922년 바이얼릿 존슨은 금주법을 주장하는 후보
를 지지하며 백인 여성들과 함께했다. 1924년에는 린치 반대를
주장하는 후보를 지지하기 위해 백인 여성들과 결별했다. 여성
권리에 대한 존슨의 지지는 페미니즘의 이름으로 이루어지지
않았으나, 그는 여러 분야에서 여성의 권리와 이익을 증진하고
자 꾸준히 노력했다. 다만 존슨이 활동한 역사적 시기에 페미니
즘이란 용어는 그의 활동을 구성하는 인종, 계급, 젠더의 교차하
는 억압을 담아내기에 불충분한 용어였다. 그가 자신의 활동을
설명한 대안적 방식인 "여성의 기독교적 사명"을 우리는 존중해
야 하리라. 사회정의를 위한 존슨의 활동은 페미니즘의 문제의
식 및 전술과 공통점을 가지고 있지만, 그가 살았던 시기 노동계
급과 흑인 여성의 문제는 페미니즘운동 내에서 대체로 중시되
지 않았다.

존슨은 1939년 자신이 만든 '집 밖의 집'에서 사망했다. 썩 어울리게도, 그의 장례식 역시 그가 설립한 파운틴 침례교회에서 거행되었다. 그러나 죽음에서조차 아프리카계 미국인 노동계급 여성에게 허용된 공간의 제약은 뚜렷했다. 존슨은 이전에 하인으로 일했던 백인 고용주의 땅에 묘비도 없이 잠들었다.[37]

자치의 공간

자신의 집을 아프리카계 미국인 여성 노동자들이 안전할 수 있는 공간으로 내준 바이얼릿 존슨의 행동은 다음 세대에게는 익숙한 전략이 된다. 1970년대에서 1980년대 사이 페미니스트 쉼터, 안식처, 안전 공간이 폭발적으로 생겨났고, 이런 공간들은 대부분 그 시기 서서히 '가정폭력'이라는 이름을 얻은 폭력, 그리고 강간과 성폭력으로부터의 안전에 초점을 맞췄다. 기존의 논의가 아내를 때리는 행위만을 다루었다면, 가정폭력이라는 새로운 용어는 그 폭력의 심각성과 만연함, 그리고 아내를 넘어 자녀, 여자친구, 다른 친족에게까지 뻗어나가는 영향력을 강조했다.

오스트레일리아의 여성 쉼터운동은 대개 바이얼릿 존슨의 전략과 유사하게, 여성들이 만든 교회가 운영하는 쉼터를 통해 이루어졌다. 그러나 1970년대, 가부장제라는 강력한 개념(2장을 참고하라)이 페미니즘적 접근에 영향을 미치면서 여성들은 완전히 다른 공간들을 창출하게 된다. 이전까지의 폭력에 대한 논의가 주로 **개인적** 경험에 초점을 맞추어 폭력을 유발한 여성에게도 책임을 물었던 것과 달리, 페미니스트들은 대안적인 분석을 내놓기 시작했다. 이들은 여성을 향한 남성의 폭력이 특정인의 개인적이거나 병리적인 문제가 아니라 현 상태를 공고하게 유지하는 가부장제가 지닌 구조적인 특성이라고 설명했다.

여성에 대한 남성 폭력의 규모와 심각성을 인식하게 되자 폭력에 저항할 수 있는 새로운 공간을 찾는 일이 긴급한 과제로 부상했다. 1970년대 초반 오스트레일리아에서는 빅토리아주의 하프웨이하우스Halfway House 같은 쉼터들이 문을 열었다. 이런 쉼터의 목표는 여성이 자신의 삶을 재정비하고, 휴식을 취하고, 자신의 상황을 통제하는 감각을 찾을 수 있도록 안전한 공간을 제공하는 것이었다. 많은 이가 쉼터를 이용했으며 때로 너무 많은 여성이 찾아와 다 수용할 수 없을 때도 있었다. 주방 공간은 최소화되었고, 매트리스가 들어갈 만한 자리는 전부 빼곡하게 채워졌다. 쉼터의 운영진은 유급노동자, 입소자, 자원봉사자로 다양하게 구성되었다. 의사 결정과 일상적인 노동에는 특히 입소자들의 참여가 중요했는데, 이는 그러한 참여가 입소자들을 페미니즘 토론에 함께하도록 하는 것과 동시에 하향식으로 이루어지는 '구제rescue'라는 접근 방식을 지양하는 방법이었기 때문이다. 초기의 쉼터들은 페미니스트 활동가가 사는 집의 방을 내주거나 빈 건물을 무단점거하는 식으로 임시적으로 운영되었다. 열악한 환경에도 불구하고 쉼터들은 경찰과 복지 당국이 폭력적 파트너와 살고 있는 여성을 지원하는 데 무관심하던 시기에 반드시 필요한 지원을 제공했다.

[이러한 활동 덕분인지] 오스트레일리아에서는 쉼터에 대한 정부 지원이 눈에 띄게 일찍 시작되어, 1975년부터는 전국 여성 쉼터 프로그램을 위한 예산이 책정되었다. 오스트레일리아 여성운동은 다른 국가에 비해 정부를 쓸모 있는 협력자로 바라보는 데 적극적이었다. 이에 따라 여성들이 이용할 수 있는 공간을 확대하고 마련하는 다양한 기회를 창출했다. 그러나 페미니스트 관료feminist bureaucrat를 뜻하는 '페모크라트femocrat'이라는 용어가 보여주듯, 정부의 지원은 이해관계가 있는 집단과의 동화同化라는 문제를 발생시킨다는 비판도 제기되었다. 오스트레일리아의 페미니즘 단체들은 자신들의 활동에 적대적인 정부가 선출되면 끊길 수 있는 자금에 의존하게 된 것이다. 또한 정부 관료들과 협상할 수 있을 만큼 그들의 신임을 받고 지식을 갖춘, 교육받은 백인 여성 지도자가 특권을 가지게 되는 경향도 있었다.[38]

정부와의 협력은 오스트레일리아 원주민 여성들에게 특히 심각한 긴장을 불러일으켰고, 결국 이들은 페미니스트를 위한 공간이 자신들에게도 열려 있고 안전한 공간인지에 큰 의문을 품게 되었다. 원주민의 투표권 박탈, 강제 입양과 아동 탈취 프로그램, 불임수술, 복지 감시라는 유산은 오스트레일리아 공공기관이 원주민에게는 극히 문제적인 것이었음을 뜻한다. 오스트레일리아여성연합Union of Australian Women을 비롯한 일부 여성 단체는 1950년대에서 1960년대에 이루어진 캠페인에 원주민 여성과 이들의 관심사를 포함하려 시도했다. 좌파 페미니즘 단체 국제민주여성연맹 소속 단체였던 오스트레일리아여성연합은 국가의 수탈에 대한 원주민들의 투쟁을 정기적으로 보고했다. 그러나 1970년대에 이르러 여성해방운동은 노동계급 여성과 인종적으로 주변화된 여성들의 투쟁에 깊이 개입하지 않았다. 쉼터에서 활동했던 티카 얀 윌슨Tikka Jan Wilson은 1996년 오스트레일리아의 한 페미니스트 쉼터가 어떻게 백인 여성과 쿠리족 원주민 여성으로 양극화되었는지에 대해 글을 썼다. 쉼터는 인종차별 반대정책을 가지고 있었음에도 쉼터의 백인 노동자들은 쿠리족 노동자들을 '게으르다'고 평가하는 경향이 있었다. 그들에게는 이런 생각이 문화적 고정관념에 불과하다는 사실도, 쉼터가 인종적 관례와 문화적 가치 면에서 '백인'의 공간으로 경험될 수 있다는 인식도 거의 없었다. 백인 페미니스트들은 쉼터 이용자를 '여성'으로만 바라봄으로써 원주민 여성이 쉼터에서 경험하는 특정한 차별을 지워버렸다. 자매애라는 내러티브는 백인 인종주의자가 행해온 차별과 성폭력의 유구한 역사에 순진하거나 무지했다. 백인 여성들은 19세기와 20세기에 원주민 공동체를 통제하려 했던 복지기관에 깊이 관여해왔고, 그러한 통제는 때로 페미니스트 쉼터에서도 그대로 나타났다.[39]

이와 비슷하게, 오스트레일리아에 자리 잡은 이주 여성들 역시 자신들의 특수한 요구에 대한 이해가 부족하며 통역서비스 자원도 거의 없는 시스템 속에서 배제되었다. 때로 쉼터 노동자들이 이주 여성들은 폭력적인 파트너를 떠날 가능성이 희박하다고 생각해 쉼터 공간을 내주지 않으려 할 때도 있었다. 한 쉼터 노동자는 동료들이 "이주 여성들을 까다롭다고 여겼으며, 이주 여성들은 학대를 일삼는 파트너에게 다시 돌아가는 경향이 있으므로 이들을 지원하고 힘을 불어넣으려는 노력은 헛된 일이라고 여겼다"고 회고했다.[40] 특정 집단이 고립과 빈곤으로 인해 높은 확률로 학대를 경험하게 되고 이에 저항하기 어렵게 만드는 광범위한 구조적 요소에도 불구하고 이민자라는 사실이 폭력의 원인으로 버젓이 비난받았다. 또, 오스트레일리아의 백인 여성들이 운영하는 쉼터들은 이주 여성은 지저분하다거나 식생활과 종교에 따른 특수한 지원이 필요하다는 인종주의적인 가정에 쉽게 의문을 제기하지 않았다. 즉, 일부 쉼터는 비공식적으로 이주 여성의 출입을 금지했다. 한 노동자가 회상한 대로라면, "매주 최소 두세 군데 쉼터가 베트남 여성 금지, 튀르키예 여성 금지, 원주민 여성 금지, 아랍인 여성 금지를 이야기했다".[41] 그 결과 1975년 이탈리아 이민자 지원 단체인 코애즈잇Co As It이 멜버른 칼턴에 설립한 쉼터를 비롯해 이주 여성이나 원주민 여성을 수용하는 전문 쉼터들이 생겼다. 정부 지원금을 받기는 했지만, '주류' 여성 쉼터에 비하면 적은 비율이었다. 오스트레일리아의 쉼터운동을 지배한 '백인' 또는 '앵글로' 중심성은 이주 여성과 원주민 여성을 위한 페미니즘 공간을 일부분에만 그치도록 하는 데 영향을 미쳤다.

공간을 점유하고 창출하는 일은 페미니즘의 핵심적인 활동이었으나, 그 결과로 탄생한 공간들이라고 해서 경계 작업boundary work과 통제로부터 자유로운 건 아니었다. 계급이나 인종적 특권이 없는 이들은 여성센터, 쉼터, 서점을 비롯한 명백한 페미니즘의 공간들에 접근하는 것조차 어렵기도 했다. 정부의 지원금을 받거나 사회사업가나 경찰과의 협력을 통한 공간 창출은 페미니스트들에게 딜레마를 가져왔다. 빈곤, 장애, 퀴어, 이주민, 유색인을 통제하고, 투옥하고, 추방하는 데 앞장서는 폭력적인 정부는 때로 페미니스트들에게 이러한 의제들과 거리를 둘 것을 강요했다.

어떤 페미니즘 공간은 극히 임시적인 곳, 또는 여성이 통제할 수 없는 공간이었다. 때로 페미니즘 공간은 남성이 이끄는 교회나 소규모 창업 같은 예기치 못한 곳에서 번창하기도 했다. 페미니스트들이 언제나 오래 지속되거나 정교한 공간을 만들고자 열을 올린 건 아니었다. 20세기 후반의 소식지와 잡지는 때로 의도적으로 아마추어적이거나 일시적인 형태를 띠었다. 페미니스트의 야망은 때로 여성의 몸이라는 미시 공간, 그리고 그 몸이 공간 안에서 어떻게 위치하는가를 통제하고자 했다. 그러나 작고 친밀한 공간들과 일시적인 매체 또한 더 크고 더 오래 지속되는 공간과 장소, 즉 헌법 속에 만들어진 자리, 성추행 없는 일터, 또는 현대 페미니즘의 구체적인 인프라를 구성하는 여성센터와 아카이브, 도서관, 서점 같은 공간만큼이나 페미니즘의 꿈을 실현하는 중요한 수단이었다.

다음 장에서는 1840년대 혁명기에 최초로 탄생한 여성 인권 우편물 인지印紙처럼 페미니즘을 대중화한 역사적 '사물들'을 살펴보자.

4

사물

앤 나이트는 1820년대 노예제폐지운동에 적극적으로 투신한 영국의 퀘이커 교인이었다. 에식스주 첼름스퍼드의 평범한 가정에서 태어난 그는 퀘이커 교인들이 으레 그랬듯 교육받은 여성이었으며 급진적인 정치 논쟁에도 익숙했다. 그는 1925년 첼름스퍼드노예제반대여성협회Chelmsford Ladies' Anti-Slavery Society 소속으로 유럽을 돌아다니며 유럽의 여러 노예제폐지론자들과 교류했다. 하지만 이 운동에 참여했던 다른 급진적 여성들과 마찬가지로 그는 1840년 런던에서 열린 세계노예제반대대회World Anti-Slavery Convention에서 경험한 푸대접에 충격을 받았다.

당대 누군가 여성들은 "노예제폐지운동이라는 건물의 시멘트"[1]라고 표현했을 정도로 노예제폐지운동에서 여성들의 역할은 핵심적이었다. 그러나 세계노예제반대대회 주최 측의 남성들은 여성들에게 연단은 물론 대강당조차 내주지 않겠다는 결정을 내린다. 이에 특히 미국 대표단은 크게 분노했고, 대회 첫날 이 사안은 온종일 논쟁의 중심이 되었다. 결국 여성들은 방청석에만 앉을 수 있는 것으로 결정되었다. 일부 남성들은 항의의 뜻으로 방청석에서 여성들과 함께하기도 했다. 이 사건을 계기로 미국 대표단의 루크리셔 모트Lucretia Mott와 엘리자베스 캐디 스탠턴은 1848년 뉴욕주 세니커폴스에서 자체적인 여성 권리 대회를 열게 된다.

영국의 앤 나이트는 여성 권리운동에 확고한 뜻을 품고 있었다. 1840년 그는 친구에게 이런 편지를 썼다. "우린 50년 전과는 다른 존재야. 더 이상 '화롯가에 앉아 실을 잣거나' 가난한 이웃을 위해 로즈마리와 라벤더를 달이는 존재가 아니야."[2] 그는 영국 차티스트운동* 내부에서 여성 인권에 대한 문제를 제기했으며 프랑스 여성운동에도 깊이 관여했다. 나이트는 왕정이 전복된 이후 노동자들이 급진적 정부를 구성하고자 했던 1848년 파리 혁명[프랑스 2월 혁명]에 가담했다. 프랑스에 간 그는 재봉사이자 샤를 푸리에의 추종자이며 혁명기에 《여성의 목소리Voix des Femme》《여성의 정치학Politique des Femme》《여성의 의견Opinion des Femmes》 등의 정기간행물 발행으로 참정권을 비롯한 여성 권리를 주장한 사회주의 페미니스트 잔 드루앵과 협력했다. 영국으로 돌아온 나이트는 1851년 영국 최초의 여성참정권 연맹인 셰

---

* 1830년대에서 1840년대에 일어난 영국 노동자의 참정권 확대 운동.

필드여성정치연합을 결성한다. 나날이 압제를 더해가던 프랑스 정부가 드루앵을 투옥한 시기였기에 이는 대단히 논쟁적인 행보였다. 그럼에도 셰필드여성정치연합은 모든 성인이 동등하게 투표권을 가져야 한다는 청원을 의회에 제출했다.

나이트는 지구적인 네트워크를 바탕으로 활동하며 논리 정연한 언어로 "인간 특권의 평등"을 주장한 여성이었다. 1847년 영국에서 유통되었던, "양성이 모든 정당과 마찬가지로 완전하게 목소리를 내고 법 제정과 실행에서 영향력을 행사하기 전까지 지구상 그 어떤 나라도 제대로 통치되지 못하리라"고 주장한 팸플릿의 익명의 저자 역시 나이트로 추정된다. 전 세계 여성 권리 지지자들과 편지를 주고받았던 나이트는 참신하게도 편지 쓰기를 새로운 정치도구로 삼았다. 메시지의 의미를 드러내는 특유의 '표식brand'를 붙였던 것이다. 나이트는 여성참정권의 비전을 담아 "밝은 노란색, 초록색, 분홍색이 어우러진 인지"를 디자인했다. 이 인지를 편지에 붙임으로써 그는 아마도 페미니즘 역사상 최초로 페미니즘을 상징하는 색조합을 만들어냈다. 역사학자 보니 앤더슨Bonnie Anderson의 말대로라면 "2×3인치 크기 직사각형 안에 깨알 같은 활자들을 가득 채워 집어넣은 이 작은 인쇄물로 수많은 이들을 설득했다".[3] 그러나 그의 방식에 모두가 동의하는 건 아니었다. 앤 나이트의 사촌은 편지에 붙은 인지들에 거부감을 표하는 퉁명스러운 답장을 보냈다.

모든 편지에 이런 걸 붙이는 게 적절하다 느껴지진 않아요. 이

"고통에 시달리는 무수한 자들의 이름으로, 신성한
구원자의 이름으로, 인류에게 투표권을 부여하라.
성난 세상에게 고하라, 자유로워져라"라고 쓰인
팻말을 들고 있는 앤 나이트. 그는 1851년 영국 최초의
여성참정권 연맹인 셰필드여성정치연합을 결성했다.

출처: ©Religious Society of Friends (Quakers) in Britain, Library of
the Religious Society of Friends in Britain, Friends House, Euston
Rd, London 제공.

런 식이라면 진실이 극히 물질적인 방식으로 정신에 전해질 수 있다는 이야기가 되는데, 우린 돼지 앞에 진주를 던져서는 안 된다는 걸 알잖아요.[4]

근대사에서 여성은 소비와 밀접하게 연관되곤 했다. 18세기에 여성과 유행, 장신구 등의 사치를 연결하던 것에서부터 19세기 가정주부라는 전형적인 여성상의 탄생과 함께 보다 일상적인 가정에서의 소비와 연결하는 데 이르기까지 그 양상은 다양했다. 20세기 들어 대중자본주의mass capitalism가 확산되면서 상업적 소비는 남녀 모두에게서 급증했지만 여성이 패션과 생필품, 식료품에 돈을 쓰는 소비자로서 갖는 특수한 지위는 공고하게 유지되었다. 페미니스트들은 소비와 여성성의 결합에 좌절했다. 활동가들은 소비의 영역보다 아이디어와 꿈의 영역을 선호했으며, 소비자나 가정주부라는 여성에 대한 고정관념을 떨쳐내려 노력했다. 한편에서는 쇼핑이라는 행위를 비판하며 이것이 여성들을 탐욕스러운 쾌락의 세계에 붙박이게 한다고 주장하기도 했다. 그러나 페미니스트들이 언제나 물질문화와 거리를 두고자 했던 건 아니다. 사물들은 정치적 주장을 하는 데, 페미니즘적 사고를 전달하는 데, 다른 페미니스트를 식별하는 데, 페미니즘의 꿈을 널리 알리는 데 유용하게 쓰이기도 했다. 페미니스트들이 전유하고 생산한 어떤 사물들은 페미니즘운동 속에서 국경을 넘어 유통되었다. 상거래와 소비는 특정 상황에서 페미니즘 행동이 될 수 있었다.

페미니즘 사상을 전달하고 표현하는 데 쓰인 **물질적** 수단은 역사학자들의 중요한 관심사가 되었다. 페미니즘이 모자이크라면 그 무늬를 이루는 재료들은 과연 무엇일까? 새로운 연구자들은 활동가들이 사용한 사물의 쓰임새를 살펴보며 우리와 세계의 감각적 관계가 어떻게 정치와 사상에도 영향을 미치는지 보다 깊이 이해하고자 했다. 페미니즘의 사물들을 만지고 맛보고 입는 우리의 능력은 페미니즘운동을 지지하거나 세상에 이의를 제기하는 강력한 수단이었다. 앤 나이트의 사촌은 그것이 "돼지 앞에 진주"를 던지는 일이라 느꼈을지 모르나, 여러 세대의 여성들은 여성참정권운동의 상징 색조합을 몸에 걸치거나 어깨띠를 두르고 여성해방 배지를 다는 데서도 어떤 힘을 느꼈다. 많은 이가 '사물들'을 페미니즘적이고 창의적인 방식으로 활용했다. 영국의 그리넘커먼평화캠프Greenham Common Peace Camp*는 전국의 여성들에게 1982년 봉쇄시위 기간 동안 철조망을 뒤덮는 데 사용할 수 있도록 옷과 사진 등 개인 물품을 보내달라는 행운의 편지chain letter를 보냈다. 그렇게 모인 양초, 기저귀, 생리대, 그림, 색색의 털실 들로 뒤덮인 공군기지의 철조망은 삶과 죽음이 대립하는 상징물이 되었다. 군인들은 이를 순식간에 파괴했지만 어떤 이가 회상한 대로 그리넘의 여성들은 철조망 '깁기'를 멈추지 않았다.

---

* 영국 그리넘커먼 공군기지에 여성들이 세운 평화캠프로 핵무기 반대운동을 벌였다.

그렇게 아름답고 정교한 깁기는 난생처음 보았다. …… 흉물
스럽기 그지없는 철조망의 큼지막한 틈들이 금세 아름다운 태
피스트리 같은 모습을 띠기 시작했다. …… 기발하고 세심하
게 기워낸 철조망은 하나의 아름답고 부드러운 표면으로 바뀌
었다.[5]

상황에 따라서는 가장 페미니즘과 동떨어져 보이는 사물
도 페미니즘의 사물이 될 수 있었다. 1980년 영국 카디프의 어
느 펍에서 맥주 1파인트[약 568밀리리터]를 주문했다가 거부당
한 한 여성이 펍 주인을 상대로 민사소송을 걸면서 1파인트 맥
주잔은 공간과 술을 즐길 여성의 권리를 상징하는 사물이 되었
다. 펍 주인은 1972년 두 명의 레즈비언 여성이 맥주를 1파인트
씩 주문하고서 "그들이 대놓고 애정표현을 하는 바람에 여성들
에게는 파인트 판매를 하지 않겠다고 마음먹었다"며 여성에게
는 반 파인트만 판매하는 원칙을 가지고 있었다. 8년 뒤, 법정은
그의 동성애혐오적인 행위를 불법으로 판결했다. 그러나 판결
문은 "젊은 여성에게 파인트 맥주 판매를 거부하면 동행한 남성
이 난폭한 행위를 벌일 가능성이 높아진다"라고 밝힘으로써 이
판결이 여성의 평등을 위해서가 아니라 남성의 폭력에 대한 우
려에 기반해 내려진 것이라는 사실을 명시했다.[6] 페미니스트들
이 축배를 든 1파인트 맥주잔의 의미를 무색하게 만든 것이다.

연구자 앨리슨 바틀릿Alison Bartlett과 마거릿 헨더슨Margaret
Henderson은 최근 오스트레일리아 여성운동의 "페미니즘 사물"을

다룬 글을 썼다. 그들은 이런 '물건'들을 세 가지 범주로 나누었는데, 옷이나 몸에 걸치는 액세서리 같은 신체적 사물, 영화나 책 같은 '세계 짓기world-making'의 사물, 그리고 현수막을 비롯한 저항적 사물이었다. 이들의 연구는 어떤 사물은 일상이라는 맥락에서 떨어졌을 때에만 '페미니즘적'이라는 사실을 상기시켜준다. 예를 들어 그리넘평화캠프의 시위자들이 DIY 상점에서 구입한 볼트커터*는 어느 시위자의 회상대로라면 "우리가 가장 좋아하는 도구였다. 철조망의 크고 작은 조각들이 자동차와 귀, 옷, 집의 벽을 장식하기 시작했다". 이런 사물들은 그 상징성 때문에 기념품이 되기도 했다. 예를 들어 오스트레일리아의 파인갭여성평화캠프Pine Gap Women's Peace Camp에서는 영국의 그리넘평화캠프에서 만든 볼트커터가 그려진 현수막을 "(그리넘의) 철조망으로 만든 벽 장식"[7]과 나란히 자랑스럽게 전시했다. 헨더슨과 바틀릿은 "활동가들의 사물이 …… 페미니즘 행동을 현실로 구현한다"고 결론지었다.[8] 사물들은 물질 속에 페미니즘문화가 스며들고 응결될 수 있도록 함으로써 그것이 더 오래 보존될 수 있게 하고, 다음 세대가 물려받거나 변형할 수 있는 유산이 된다. 이 장에서 우리는 지난 2세기에 걸쳐 사물들이 어떻게 페미니즘적 사건이 되었는지 살펴볼 것이다.

---

* 자물쇠, 철조망 등을 절단할 수 있는 도구.

페미니즘 표식

앤 나이트가 분홍색, 초록색, 노란색을 택한 건 그저 독자들의 주의를 사로잡기 위해서였는지도 모른다. 그러나 20세기 초, 영국 여성참정권운동도 단번에 알아볼 수 있도록 하는 색조합을 도입했다. 1897년 창립된 전국여성참정권연맹National Union of Women's Suffrage Societies, NUWSS은 빨간색과 흰색을 택했고 이후 이탈리아의 리소르지멘토Risorgimento(이탈리아 통일운동)의 색을 반영하여 초록색을 추가했다. 주세페 마치니Giuseppe Mazzini와 주세페 가리발디Giuseppe Garibaldi가 이끈 이탈리아 통일운동이 추구한 낭만적이고 공화주의적인 민족주의는 샬럿 데스파드Charlotte Despard와 에멀라인 팽크허스트Emmeline Pankhurst, 1858~1928 같은 영국의 급진주의 페미니스트들에게 강력한 영향을 주었다. 팽크허스트는 이렇게 주장했다. "이탈리아가 강력한 손에 억압받았던 것처럼 여성들 역시 강력한 손에 억압받고 있다."[9] 팽크허스트는 이탈리아 통일운동의 영향을 받았지만 자신이 1903년 만든 여성사회정치연맹Women's Social and Political Union, WSPU이 전국여성참정권연맹과는 차별화되기를 바랐다. 여성사회정치연맹은 각각 존엄, 순수, 희망을 의미하는 색으로서 보라색, 흰색, 초록색을 상징으로 채택했다.

이러한 상징 색은 보통 순백의 드레스 위에 두르던 어깨띠나 모자, 액세서리, 또는 옷 자체의 색으로도 활용되었다. 상징색을 착용하면 다른 활동가들을 쉽게 알아볼 수 있다는 장점이 있었지만 그보다 더 핵심은 런던의 하이드파크나 트라팔가광장, 또는 에든버러의 프린스 스트리트에서 여성참정권을 지지하는 수천 명의 여성이 모여 행진한다는 집단적 스펙터클을 만들어낸다는 것이었다. 1913년 전국여성참정권연맹의 런던 행진에 참가한 여성들은 모자에 라피아 야자 섬유로 만든 모표[모자 장식]를 붙이고, 빨간색과 흰색, 초록색의 어깨띠와 배낭을 착용한 채 영국 전역을 행진했다.[10] 다른 여성참정권 단체들도 저마다의 상징 색을 정했다. 여성참정권을지지하는남성연맹Men's League for Women's Suffrage은 과감하게 검은색과 금색을 택했다. 국제여성참정권연맹은 흰색과 금색을, 조세저항연맹Tax Resistance League은 검은색, 흰색, 회색이라는 수수한 색조합을 택했다.[11]

여성사회정치연맹의 에멀라인 페틱로런스Emmeline Pethick-Lawrence는 지지자들에게 각자가 일상에서 무엇을 입을지를 선택함으로써 "여러분 모두가 이 색조합[이 의미하는 바]의 지지자가 될 수 있다"고 말했다.[12] 백화점은 여성참정권운동 저널에 광고를 실었고, 형편이 되는 여성참정권운동가들은 맵시 있는 드레스와 모자를 기쁜 마음으로 사고 착용했다. 역사학자들은 패션 소매업과 여성참정권운동이 맺었던 밀접하면서도 상업적으로 요령 있는 관계를 기록했다. 셀프리지스Selfridges 백화점은 1910년 《보츠 포 위민Votes for Women》에 "부드러운 염소가죽 소재의 참정권 도로시 백Suffrage Dorothy Bag"이라는 말로 흰색, 초록색, 보라색 가죽끈으로 조이는 형태의 가방을 광고했다. 이뿐만 아니라 1야드[약 0.9미터]당 1실링에 판매하는 여성사회정치연맹 색조합의 리본을 주문할 수도 있었으며, "초록색 화환에 보라색 다이아몬

드가 둘러싸여 있고 한가운데 '여성에게 투표권을'이라는 문구가 쓰인 디자인"의 "매끈하고 튼튼한 종이"라고 광고하는 여성참정권 문구류도 구입할 수 있었다. 여성사회정치연맹은 세탁소, 미용실, 포목점, 식당을 '인증'했다. 그럼에도 불구하고 영국 여성참정권운동가들이 투표권을 요구하며 유리창을 부수기 시작했을 때, 이들은 정부와 의회 사무실 유리창과 함께 그러한 상품들을 판매하고 있던 런던 중심부의 대형 백화점 유리창 또한 깨뜨렸다. 1912년 3월의 어느 기념비적인 날, 여성들은 15분마다 교대하듯 나타나 헤이마켓, 피카딜리, 옥스퍼드 서커스의 고급 상점 유리창에 돌을 던져 400여 개의 유리창을 깨고 총 5000파운드가 넘는 손실을 입혔다. 이 행동으로 100명 이상의 여성이 체포되었다.

백화점 창문을 기꺼이 겨냥한 건 그 어떤 기관도 페미니즘 행동에서 제외하지 않는다는 정치적 주장이었다. 그러면서도 여성사회정치연맹은 유명 회원들의 사진을 담은 버튼 배지, 유명한 여성들의 명언을 담은 달력, 또는 주요 행진이나 저명한 인물의 투옥을 기념하는 맞춤 생산 냅킨 따위의 물품들을 디자인해 판매하는 자체 상점을 운영했다. 투옥을 기념하는 배지를 디자인하고 생산한 덕에 여성참정권운동은 수공예와 은공예문화에 뿌리내릴 수 있었다. 남성 지지자들을 위한 담배 주머니도 있었다. 그 밖에도 이 단체의 유명 인물들을 주제로 한 여러 가지 물품을 판매했는데, 이를테면 '에멀라인' 가방, 카드, 사진, 포스터 등이었다. 1910년 여성사회정치연맹 상점은 전국 곳곳에 30

개 이상의 지점을 보유할 정도로 활발하게 운영되었다. 상점 진열창은 24시간 내내 캠페인을 홍보할 수 있는 전광판과 같았다. 번화가에 위치한 이 상점들은 다른 여성들의 자발적인 참여를 촉구하고, 여성사회정치연맹을 위한 기금을 모금하고, 상업적이고 공식적인 공간에서 단호하게 페미니즘 정치를 주장했다.

여성참정권운동 상점과 사무실은 헌신적인 여성참정권운동 지지자인 소상공인 여성들이 공예품이나 패션 소품의 디자인에 자신의 생각을 담을 수 있도록 지원하기도 했다. 클라라 스트롱Clara Strong도 그러한 소상공인 중 하나였다. 여성참정권을 지지하는 모자 디자이너이자 여성사회정치연맹 클래펌 지부의 명예 간사이기도 했던 스트롱은 《보츠 포 위민》을 읽는 독자들에게 "베일 달린 운전용 모자"를 비롯한 패셔너블한 모자를 제안했다. [가죽 세공인] 로버타 밀스Roberta Mills는 "여성참정권운동가들의 의상으로 가죽만 한 것이 없다"라는 문구와 함께 여성참정권 단체들 각각의 색상으로 제작한 벨트 등의 가죽 제품을 광고했다. 밀스는 런던 중심부의 여성사회정치연맹 본부에서 가죽 제품들을 팔았고, 이곳에서 물건을 판매하는 이들 중에는 행진할 때 입는 넉넉한 로브 형태 옷의 옷깃과 끝단을 여성참정권 색상을 띤 꽃과 나뭇잎 자수로 장식한 "예술적인 의복"을 만드는 의상 제작자들도 있었다.[13] 또 다른 지지자는 페미니즘의 시각문화를 영국의 정원에 옮길 수 있게 하는 흰색, 초록색, 보라색의 스위트피 씨앗을 광고했다.

미국에서도 이와 비슷하게 상업과 여성참정권운동이 밀

접한 관계를 맺으며 다양한 페미니즘의 사물들이 등장했다. 예를 들면 캘리포니아주여성참정권연합California State Suffrage Association은 1867년 최초로 여성참정권 캠페인이 이루어진 '해바라기의 주'인 캔자스주의 선례와 1910년 워싱턴주의 성공에 뒤이어 노란색으로 상징 색을 정했다. 캘리포니아의 여성참정권운동 사무실은 노란 국화와 현수막, 포스터로 넘쳐났다. 1911년 여성 투표권을 성취해낸 샌프란시스코에서 진행된 캠페인 기간 동안 활동가들은 상인들에게 진열창을 노란색으로 장식해달라고 호소했다. 역사학자 제니 슈얼Jenny Sewell에 따르면 캠페인 기간 동안 50곳 이상의 상점이 그 호소에 응답했고, "도시는 머지않아 승리의 색이 될 색상으로 뒤덮였다". 캘리포니아의 여성참정권운동가들은 또한 운동의 대의를 상징하는 특별한 상품을 만들었는데, 사무실, 박람회, 백화점에서 내주거나 판매한 '평등의 차Equality Tea'가 그것이었다. 상쾌하게 블렌딩된 잉글리시 브렉퍼스트 티를 별도의 포장으로 담아낸 이 상품은 영국 여성참정권운동이 불러일으키는 영감을 꽤나 직접적으로 표현한 것이었다. 평등의 차는 당대 절제운동과 밀접한 연관을 맺고 있던 페미니즘운동이 품었던, 알코올이라는 악마를 몰아내겠다는 결의를 상징하는 것이기도 했다. 논쟁의 여지가 있었던 절주에 대한 강조는 바와 술집 주인들의 반감을 불러일으키며 1911년 샌프란시스코에서의 여성참정권 캠페인을 실패로 이끌었으나 시골 지역 유권자들의 지지를 끌어내며 결과적으로 캘리포니아주 전역에서는 성공했다.[14]

1917년 캘리포니아 여성참정권 캠페인을 위해
생산된 평등의 차. 상쾌하게 블렌딩된 잉글리시
브렉퍼스트 티를 별도의 포장으로 담아낸
이 상품은 영국 여성참정권운동이 불러일으키는
영감을 꽤나 직접적으로 표현한 것이었다.

출처: Secretary of State Records, California State Archives 제공.

역사학자 마거릿 피니건Margaret Finnegan은 대형 포스터와 전차 내 광고물, 샌드위치 보드, 전광판을 활용한 대중 광고로 캠페인을 벌인 미국 여성참정권운동가들의 시도를 기록했다. 여성참정권에 반대하는 기업 때문에 뉴욕 지하철 광고를 거부당한 여성참정권운동가들은 자신들의 몸을 광고판으로 이용하기도 했다. 여성들은 팀을 꾸려 "100만 명의 뉴욕 여성이 투표권을 원한다"라는 메시지를 쓴 '작은 판자'를 들고 지하철에 탔다. 모자 베일에 다는 핀, 커프스단추, 삼각기, 트럼프 카드, 파리채, 종이 성냥, 노란색 장식 띠, 식탁용 작은 깔개, 나팔, 풍선 등 페미니즘 사물들을 제작해서 판매하거나 나누어 주기도 했다. 1915년 뉴욕주 캠페인에서는 100만 개의 여성참정권 배지, 아기 딸랑이, 그리고 "진정해! 여성참정권을 얻고 나면 걱정할 건 아무것도 없으니까"라고 쓰인 부채 3만 5000개를 배포했다.[15]

여성참정권운동은 페미니즘 사물의 세계를 일구어나가는 한편으로 때로는 기금 마련의 전술로써 소비의 절제를 촉구했다. 예컨대 영국 여성참정권운동가들은 아마도 구세군에 착안한 '자제' 기금 마련 행사를 정기적으로 열었는데, 이는 회원들에게 꽃, 코코아, 버터, 버스 타기 같은 자잘한 소비를 포기하도록 호소하는 것이었다. 회원들은 이렇게 아낀 돈을 여성참정권운동 단체로 보냈고, 매년 '자제'의 주간이면 상당한 기금이 모였다. 단체는 1908년 10월 런던 앨버트 홀에서 열린 대규모 참정권 회의에서도 같은 방식으로 이타적인 기부를 호소했다. 여성사회정치연맹 지도자인 크리스타벨 팽크허스트Christabel Pankhurst

와 에멀라인 팽크허스트가 투옥 중이었던 이때, 애멀린 페틱로 런스는 여성 청중들에게 세속적인 안락을 포기하자고 말했다. 이에 지지자들은 후원금뿐만 아니라 시계와 장신구까지 내놓았고, 흰 드레스에 보라색과 녹색의 벨트를 두른 젊은 여성들이 그 물건들을 받아 무대 위로 가져가서는 물건들의 값어치를 헤아리며 칠판에 적었다.[16]

때로는 일부 가난한 여성들도 자제의 요구에 응답해 푼돈을 보내왔지만, 꽃이며 버터, 여성참정권을 상징하는 색의 옷을 포기하라는 호소는 분명 부유한 여성들을 겨냥한 것이었다. 미국의 여성참정권운동가들은 노동계급 여성들에게 다가가는 것에 대해 "우리 활동가들에게는 절망과도 같은 일이다. 그들의 마음을 사로잡기는 너무나 힘들기 때문이다"라고 기록했다. 1910년 미국 브루클린의 여성참정권운동가들은 "더 낮은 세금, 더 낮은 집세, 깨끗하고 행복한 도시, 그리고 모든 아이들을 위한 전일제 학교"라는 여성참정권 슬로건을 인쇄한 3만 개의 종이봉투를 제작해 가난한 여성들의 손에 그들의 메시지를 선전하고자 했다. 이 종이봉투는 "부엌에서 일하는 충실한 어머니, 자매, 이모"에게 전달되는 것을 목적으로 이러한 취지에 공감하는 식료품점들에 무료로 배포되었다.[17] 부엌에서 일하던 이들이 이 캠페인 및 수많은 걸 약속한 종이봉투에 대해 어떻게 생각했는지는 거의 기록되어 있지 않지만, 종이봉투라는 일상적이며 일시적인 사물 또한 여성참정권 캠페인 속에 자리했다.

하지만 때로 여성참정권운동가들은 자신들의 정치적 메시

지가 값싼 일회용 소비재의 형태로 널리 퍼지면서 사소하게 치부되고 그로 인해 더 깊은 수준의 헌신을 가로막지는 않을까 걱정했다. 이는 특히 각종 제조업체들이 여성참정권운동의 잠재력을 홍보용 '미끼'로 취급할 때 문제가 되었다. 존슨에듀케이터푸드컴퍼니Johnson Educator Food Company가 만든 '서프러제트 크래커'처럼 여성운동과 아무런 연관이 없으면서도 여성참정권을 내세우는 제품들이 대대적으로 등장했다. 1911년 '모든 여성의 투표권'을 말하는 또 다른 상품을 본 여성참정권운동가 메리 데닛Mary Ware Dennett은 냉소적인 태도로 이렇게 말했다. "그게 뭐더라? 기억나지 않는다. 시리얼이었는지, 치약이었는지, 카펫 청소기였는지, 아니면 또 다른 무엇이었는지."[18] 자본주의적 소비가 여성운동에 미치는 폐해에 대한 데닛의 불만은 소비에 대한 자본주의적 강박에서 벗어나고자 전념한 다음 세대 여성해방운동가들에의해 공유되고 확장되었다.

페미니즘과 몸

반자본주의, 펑크, 풀뿌리 행동의 맥락에서 볼 때 1970년대 영국의 여성해방운동이 소비를 정치화한 앞선 세대의 여성참정권운동을 쉽게 받아들이지 못한 건 그리 놀랍지 않은 일이다. 이들이 선호한 건 웨일스 트레가론에 자리하며 "여성을 위한 신발을 만드는 여성 집단"이라는 말로 자사를 소개한 마지드슈즈

Marged Shoes 같은 페미니즘 수공예 업체들로 이루어진 수수한 소자
본의 세계였다. 20세기 초반 폭발적으로 넘쳐나던, 색조합을 활
용한 대량 생산품 대신 이들은 '세계 짓기'와 저항의 사물로 돌
아섰다. 런던의 페미니즘 서점 시스터라이트Sisterwrite는 책과 함
께 포스터, 배지, 레코드 같은 다양한 물건을 판매했다. 이곳에
서 판매한 더욱 논쟁적인 물건은 뜻밖에도 페미니즘의 사물로
전유된 질경膣鏡이었다.

　　1970년대 여성 단체들은 여성의 몸을 감시하고 통제하는
의료기술이 주로 남성의 기획과 주도하에 이뤄져왔다는 사실
을 매섭게 비판했다. 여성의학과 의사들은 차가운 금속 질경을
적극적으로 사용했으나 이러한 진료에 대해 여성 환자와 상의
하거나 그들의 의견을 경청하지 않았다. 질경을 고안한 사람은
앨라배마의 노예 소유주이자 의사였던 제임스 매리언 심스James
Marion Sims로, 그는 1840년대에 노예 여성들을 대상으로 동의 없
이 질경을 사용하면서 이를 개발했다. 질경은 곧 프랑스와 그 식
민지의 경찰들이 성병에 대한 강제 검사 과정에서 여성 성노동
자들을 대상으로 쓰였고, 이런 쓰임은 20세기 후반까지도 경찰
이 성노동자를 괴롭히는 수단으로서 널리 쓰였다. 조세핀 버틀
러Josephine Butler를 비롯한 빅토리아시대[1837~1901]의 페미니스트
들은 질경을 이용한 여성 성노동자들에 대한 강제 검사를 '도구
를 사용한 강간'이라고 주장했다. 급진주의 페미니스트 앤드리
아 드워킨Andrea Dworkin, 1946~2005은 1960년대 중반 베트남전쟁 반대
시위 중에 체포되었을 때 의사들이 강제로 질경을 사용했던 일

을 이렇게 묘사했다. "그들은 금속 질경으로 내 몸속을 거의 찢어놓다시피 했으며 동시에 언어로도 고문하면서 상당히 즐거운 시간을 보냈다."[19] 이러한 이야기들을 보면 질경은 전혀 페미니즘의 사물로 보이지 않지만 그럼에도 불구하고 페미니스트들은 질경을 전유해 사용했다. 페미니스트경제네트워크가 1977년 만든 디트로이트 페미니스트시티클럽은 건물 내에 질경공장을 만들 계획이 있었다. 런던의 페미니즘서점 시스터라이트는 의사들이 선호했던 금속 질경과 달리 차갑지 않고 그 용도 역시 무척이나 다른 값싼 플라스틱 소재의 질경을 판매했다.

페미니스트들은 질경을 전유하고 이를 여성들이 자기 자신의 몸을 들여다보는 데 사용하도록 권유함으로써 이전에는 숨기거나 '불결한' 것으로 바라봤던 자신의 질에 대해 느끼는 혐오감이나 수치심을 극복하도록 초대했다. 에이드리언 셀레이 Adrienne Sallay는 오스트레일리아 시드니에서 참석한 여성 단체 회의를 다음과 같이 회상했다.

우리는 속옷을 벗고는 손에 거울을 하나씩 쥔 채 발을 안쪽으로 향하게 두고 둥글게 누웠어요. 아직도 새 카펫의 냄새, 등에 닿은 쿠션의 감촉, 우리가 우리 자신이라는 생물학에 다가가던 진지한 태도와 오랫동안 봐온 익숙한 거울들의 행렬이 떠올라요. 길고 우아한 손잡이가 달린 손거울도 있었고, 굴곡진 확대경(!)도 있었고, 테두리 없는 휴대용 거울, 립스틱 용기에 달린 조그만 거울, 그리고 내 금색 콤팩트에 붙은 거울도 있었죠. 처

1973년 로스앤젤레스여성센터가 발행한 저널
《시스터》 표지에는 원더우먼이 질경을 휘두르고
있는 그림이 실렸다. 1970년대 페미니스트들은
과거 폭력적 의미로만 여겨졌던 질경을
페미니즘의 사물로 전유했다.
출처: Feminist Library, London.

음에 우리는 엄청나게 심각한 표정을 지은 채로 거울을 든 팔
을 쭉 뻗어 아무것도 모르는 우리의 질을 향해 기울이고는 자
기 몸을 슬쩍 보고 또 보았어요.

그러나 시간이 지나자,

그날의 엄숙함은 깨지고 말았죠. 누군가 거울을 통해 허공으로
불쑥 내민 우리의 두 다리, 붉어진 얼굴들, 벗어 던진 속옷들을
보고 말았고, 우리는 금세 우리가 취한 자세 때문에, 우리가 발
견한 것들 때문에, 우리가 느낀 즐거움 때문에 웃음을 터뜨렸
어요.[20]

자기발견에 대한 강조는 여성이 자신의 신체를 다시금 바
라보고 사랑하는 법을 배우도록 힘을 불어넣었다. 또한 남성이
지배하는 위계적 의료를 마냥 받아들이지 않도록 하는 데도 도
움을 주었다. 그렇게 질경은 여성의 의료적 힘 기르기를 주장하
는 상징이 되었다. 1973년 로스앤젤레스여성센터가 발행하던
저널 《시스터Sister》 표지에 등장한 원더우먼 만화는 이러한 맥락
을 잘 보여준다. 표지 속 원더우먼은 겁에 질린 의사에게서 질경
을 낚아채며 선언한다. "내 **질경**만 있다면 **나는** 강하다! 나는 싸
울 수 **있다!**" 그러나 페미니스트 철학자 도나 해러웨이Donna Haraway
는 원더우먼이라는 선택이 백인중심주의와 함께 더 폭넓은 의
료 문제에 대한 감수성 결여를 드러낸다고 보았다. 해러웨이는

질경이 식민주의적 응시와 침략적인 기술을 되풀이할 위험을
가진 시각기술이라 주장했다. 여성의 몸에 대한 전유가 여성 자
신의 손에 쥔 질경으로 이루어진다 해도 이는 지난 수백 년간 침
략자들이 토지와 원주민의 신체를 전유한 것과 맞닿아 있다는
것이다. 헤러웨이는 사물 그 자체가 아니라 큰 그림을 보는 수단
으로 이해해야만 질경이 페미니즘의 도구일 수 있다고 보았다.
그가 말하는 큰 그림이란 상대적 특권을 지닌 지구 북부*의 자
조 모임에 있는 여성들뿐 아니라 재생산의 자유를 포함한 기초
의료를 필요로 하는 지구상의 빈곤 여성들을 포함하는 것이었
다. 그렇기에 질경은 단순히 사물에 불과한 것이 아니라 "자유
와 정의를 추구하는 정책형성"이 될 수 있었다. 이는 '시민권'이
페미니즘운동의 새로운 초점으로 등장했음을 의미한다고 해러
웨이는 주장했다.[21]

해러웨이는 지구 북부와 남부 전역에서 대개 비백인 여성
들이 감내하는 해로운 노동환경과 의료권의 부재, 그리고 그 결

---

* 지구 북부Global South와 지구 남부Global North라는 용어는 적도 기준의 지리
적 위치로 국가를 나누는 기존의 '남반구'와 '북반구'라는 용어, 그리고 이분화된
문명으로서 '동양'과 '서양'이라는 구분에 대항해 2000년대 이후 널리 쓰이는 표현
으로, 사회경제적·정치적 특성에 따라 국가들을 묶는 개념이다. 또한 저소득, 높은
인구 밀집도, 인프라 부족, 정치적·문화적 주변화라는 특징을 공유하는 국가들을
'제3세계'나 '개발도상국' 같은 위계적 언어로 호명하지 않고자 고안된 용어이기도
하다. 지구 남부에는 아프리카, 라틴아메리카, 카리브해, (이스라엘, 일본, 한국을
제외한) 아시아, (오스트레일리아와 뉴질랜드를 제외한) 오세아니아 지역 국가들
이 포함된다. 지구 북부에는 북아케리카, 유럽, 이스라엘, 일본, 한국, 오스트레일
리아, 뉴질랜드가 포함된다.

과로 생겨난 건강 불평등을 설득력 있게 설명했다. 그러나 여성
건강운동에 대한 그의 시각은 지나치게 비관적이었는지도 모르
겠다. 여성건강운동의 많은 활동은 대부분 그가 주목한 바로 그
가난한 여성들, 보험이 없는 여성들, 체류자격이 없는 여성들,
이주 여성들로부터 출발한 것이었기 때문이다. 여성 단체들은
몸과 건강에 대한 구체적인 문제들을 활발하게 논의했고, 사회
구조가 의료의 분배에 어떤 영향을 미치는지에 대해서도 분명
한 문제의식을 가지고 있었다. 미국 보스턴에서 출간되어 전 세
계로 퍼져나간 1970년대의 여성건강서 《우리 몸 우리 자신》은
여성건강운동의 핵심 지침서가 되었다. 사회학자 캐시 데이비
스Kathy Davis가 밝힌 것처럼, 여러 언어로 번역된 이 책은 페미니즘
이 등장한 다양한 환경에 맞추어 여성건강운동이 전개될 수 있
도록 해주었다.[22] 각 지역 상황에 따라 이 책에 담긴 건강운동의
정치학은 조금씩 다르게 변주되었다. 데이비스는 이 책의 최초
기획이 미국의 한 단체에서 출발했다고 밝히면서, 이 책이 다른
지역의 여성들에게 전해질 때는 "문화적 제국주의" 없이 각 지
역의 여성들이 경험으로 쌓은 구체적인 지식을 반영해 재작업
하는 과정이 있었다고 말했다.

가령, 불가리아 번역가들은 2001년 불가리아어판에서 자신
의 몸과의 관계를 통한 여성 개인의 힘 기르기가 가지는 중요성
을 전면에 내세웠다. 1989년 사회주의 정부가 몰락하면서 체제
전환기를 맞이한 불가리아는 단체와 공동체에 대한 강조를 경
계했다. 불가리아어판에서는 직설적으로 임신중단을 다루고 있

는데, 이는 불가리아에서 임신중단은 합법이었으며 논란의 여지가 없었기 때문이다. 앞서 개인주의적 접근은 제목에도 영향을 미쳐 원제[Our Bodies, Ourselves]의 Bodies가 Body로 수정되어 출간되었다.

반면, 라틴아메리카의 번역가들은 가족, 건강운동, 전통적 치유법과 공동체 내에서 여성 건강의 역할이 어떻게 이해되는가를 강조했다. 완전히 다른 판본들, 다른 삽화들, 증언들과 강조점들은《우리 몸 우리 자신》을 각기 다른 지역들을 이어주는 동시에 지역적 우려에 응답하는 '페미니즘의' 사물로 만들었다. 불가리아에서는 '페미니즘'이라는 이름표가 마르크스주의와 레닌주의의 집단주의 프로파간다의 함의를 띤다는 점에서 여성들에게 반갑지 않게 받아들여졌고, 이러한 상황은 불가리아의 특수한 우려이기도 했다. 한편, 라틴아메리카 판본에는 '아우토아유다autoayuda(자조)'라는 단어가 쓰이지 않았다. 쿠바의 한 번역가는 다음과 같이 설명했다.

자신을 오로지 혼자 돌보는 사람은 없다. …… 건강을 지켜주는 건 우리가 맺는 관계들이고, 단체활동을 위한 에너지를 포함해 우리를 건강하게 하는 모든 건 관계 속에서 얻을 수 있다.[23]

여성의 신체 경험에서 강압적이거나 상업적인 요소에 대항하고자 한 투지는 몇 가지 혁신적 '페미니즘 사물들'의 탄생으로 이어졌다. 활동가 수잰 개넌Susanne Gannon은 1970년대 오스트레일리아 멜버른에서 보낸 대학 시절 해면과 솜으로 탐폰을 만드는 법을 발견하고 "너무나 짜릿했던" 경험을 회상했다. 여성이 월경으로 인해 치르는 대가, 특히 월경용품에 매겨진 세금에 대한 페미니즘 행동은 유구하게 이어져온 것이었다. 오스트레일리아의 페미니스트 행진에서는 붉은 망토를 두른 '월경 어벤저스'가 등장했고, 시위자들은 "나는 피 흘리는 유권자다I bleed and I vote"라는 경고 문구가 쓰인 붉은 티셔츠 차림으로 [오스트레일리아 수도] 캔버라에 자리한 의사당을 찾아가 항의했다.[24] 탐폰은 거추장스러운 패드나 천으로부터의 해방을 상징하기도 했다. 탐폰은 더 큰 신체적 자유, 결석 없는 학교생활, 월경주기를 드러내지 않을 결정권을 가져왔다. 1980년 영국 잡지 《스페어 립Spare Rib》은 "거친 갈색 종이"를 사용하는 중국 여성들의 고통을 호소했고, 같은 해 영국 대표단으로 중국 난징을 방문한 페미니스트들은 주최 측인 중국 여성연합 구성원들의 찻잔에 탐폰을 담가 시연하며 이를 해방의 사물로 제시했다.[25] 탐폰을 둘러싸고 일부는 상업적 제품을 사서 쓸 게 아니라 직접 만들어 써야만 진정한 해방이라고 주장하기도 했다. 브리스틀무료위생보호단체 Bristol Free Sanitary Protection Group는 1977년 길거리 공연의 일환으로 탐폰을 직접 제작해 관객들에게 나누어주었다. 1986년 미시간주에서 발행되던 잡지 《레즈비언 커넥션Lesbian Connection》에는 오리건주 세일럼에 사는 한 여성이 탐폰을 만드는 법을 싣기도 했다. 천연 소재 사용을 중시하는 그의 탐폰에는 "작게 자른 해면, 가공하지 않은 양모, 가늘게 찢은 솜 4분의 1컵, 말린 해초(라미나리아)

또는 (흡수력을 향상하기 위한) 말린 가죽 가루 1작은술"이 필요했다. 그가 알려준 대로 탐폰을 만들려면 솜을 다림질하고 제거용 실을 엮어야 했지만 결과물은 "편안하고 훌륭할" 것이었다. "비싸고(가게에서 사는 것의 두 배 정도) 시간이 들지만 그만한 가치가 있다!"고 그는 단언했다.[26]

여성이 자신의 성기를 만지는 걸 문제로 보는 곳, 성 경험이 없음을 증명하기 위해 질 입구 주름을 보존해야 한다는 사회적 요구가 존재하는 곳, 또는 그저 탐폰을 구할 수 없는 세계 여러 곳에서 탐폰은 금기시되는 사물이었다. 심지어 많은 여성이 일상적으로 탐폰을 사용하는 곳에서조차 이는 극비에 부쳐야 하는 사항이었다. 펑크족이 탐폰을 패션 아이템으로서 몸에 걸치거나 페미니스트들이 충격을 주기 위해 의상에 사용하는 것 역시 탐폰에 담긴 금기의 속성을 입증한다. 한편에서는 일회용 어플리케이터, 독성 쇼크를 일으킬 수 있다는 점, 부담스러운 가격 등 탐폰의 단점을 부각하려는 페미니스트들의 공격도 계속됐다. 탈취 성분이 있는 탐폰을 출시하고자 했던 플레이텍스Playtex 같은 대기업의 시도는 여성의 성기에서 불쾌한 냄새가 난다고 암시한다는 이유로 반대에 부딪쳤다. 탐폰에 쓰이는 합성물질이 독성 쇼크 증후군을 일으킬 수 있다는 점은 많은 여성이 사망하는 사태가 발생했을 때 투명성과 책임감을 보이지 않은 탐폰 제조사들에 우려를 표하는 페미니스트들 사이에서 대대적인 논란을 불러일으켰다.

지구 북부의 페미니스트들이 탐폰을 보는 입장은 일종의

애증과도 같았고, 이에 대안을 찾고자 하는 시도도 일어났다. 해면은 "친환경적이고 저렴하고 재사용할 수 있으며, 월경을 감춰야 할 것으로 전제하고 기획된 다른 제품들처럼 은밀함과 수치심의 이미지를 연상시키지 않는다"는 장점이 있었다.[27] '자연'과의 연관성과 함께, 이익을 우선하는 기업과 결별할 수 있다는 점에서 많은 페미니스트가 해면을 좋아했다. 영국 페미니즘 언론은 천연 해면을 광고했고, 셰필드의 한 여성해방 단체는 해면이 "더 효과적이고, 더 자연스럽고, 더 편안하고, 훨씬 더 저렴하다"고 홍보했다.[28] 미국 위스콘신주 매디슨의 한 약국은 페미니즘 저널 《브레드 앤드 로지스Bread and Roses》 독자들에게 다음과 같은 문구로 "천연 갈색 해면"을 광고했다. "우리는 해면을 판매하고 여성들이 각자의 의견을 나눌 수 있기를 응원합니다. 무엇보다 당신이 당신의 몸과 화해하기를 응원합니다."[29] 오스트레일리아 멜버른의 여성 쉼터 마틸다Matilda는 소식지 이름을 《월간 해면》이라고 붙이며, 이를 대안적 월경문화에 대한 유쾌한 언급이자 "여성womyn들이 정보를 흡수하고 새로운 삶을 고민하는 방식"에 대한 은유라고 설명했다.[30] 몸은 페미니즘의 창조적 에너지, 영적 연결, 그리고 페미니즘의 '사물들'을 고안하거나 이미 존재하는 사물의 새로운 목적을 발견하게 되는 번뜩이는 아이디어의 장이었다.

아프리카의 대안들

지구 북부의 페미니스트들 사이에서 탐폰을 두고 벌어진 발랄하고 급진적인 재작업은 대부분의 지역에서 위생용품이 부족한 지구 남부의 상황과 대조된다. 지구 남부에서는 2010년대에 월경으로 인해 어쩔 수 없이 학교나 일터에 나가지 못하는 여성들에게 더 많은 월경용품을 지급해야 한다고 촉구하는 '생리 빈곤' 캠페인이 벌어졌다. 한편, 40년 전까지도 유럽과 미국의 페미니스트 대다수는 자신들과 마찬가지로 아프리카 여성들 역시 월경 기간의 존엄성과 안전한 대비를 필요로 한다는 사실을 인지하지 못했다. 아프리카 여성의 성기에 대한 시각은 '여성 할례'라고 불리는 관습을 통해 남성의 종교적·문화적 폭력이 자행되는 장으로만 국한되었던 것이다. 여러 아프리카 여성이 여성 할례에 반대하는 캠페인을 이끌었으나, 이러한 캠페인이 '미개'라는 틀 속에 놓였을 때는 긴장의 장이 되기도 했다. 따라서 사하라 이남 아프리카에서 페미니즘과 여성해방은 복잡한 방식으로 수용되었다. 많은 아프리카 여성은 백인 여성과 식민주의적 사고가 지배한다고 여겨지는 정치운동에 동조할 수 없었다. 그럼에도 민족해방운동에 참여한 여성들은 국가 내에서의 여성의 자리를 고찰하고 에메 세제르Aimé Césaire와 프란츠 파농Frantz Fanon 같은 연구자들이 전개한 '네그리튀드negritude'[흑인성] 개념의 젠더화를 탐구하는 데 관심을 가졌다.

급진적인 학자들은 제국이 폭력을 촉발했을 뿐 아니라 식민화된 민족에게 열등감 콤플렉스를 비롯한 정신적 트라우마를 주입했다고 주장했다. 아와 티암Awa Thiam은 이러한 개념을 탐구한 학자로, 세네갈에서 태어나 프랑스에서 교육받은 인물이었다. 그가 기록한 서아프리카 여성들의 1인칭 구술은 1978년 프랑스에서 《흑인 여성들의 발화Parole aux Négresses》라는 제목으로 출간되었고, 이는 1986년 《흑인 자매들, 입을 열다Black Sisters, Speak Out》라는 제목의 영어판으로 번역되었다. 티암은 세네갈이나 코트디부아르 같은 신생 독립국가의 여성들이 민족해방을 위한 투쟁의 결과로 거의 아무것도 얻지 못했다는 사실에 낙담했다. 또한 여성들 역시 가부장제에 공모하는 것으로 보인다는 사실에 좌절했다. 그가 채록한 남성 집단과 여성 집단 사이의 대화에는 격렬한 논쟁을 기대한 티암의 바람과 달리 여성들의 침묵이 이어지는 부분이 종종 등장한다. 그는 여러 아프리카 여성들을 "수동적인 피해자에 사로잡힌" 모습으로 묘사했다. 티암이 보기에 아프리카 여성들이 피부 미백제를 쓰고 곱슬머리를 펴는 행위는 식민주의적이고 가부장적인 문화에 공모하는 일이었다.

그러나 티암이 수집한 구술들에서는 피해자성과 가부장제의 공모라는 생각과는 상충되는 모습들이 드러난다. 그와 대화를 나눈 서아프리카 여성들은 결혼생활이 불행해졌을 때 전통 이슬람 종교를 이용해 이혼했다고 말했다. 자신을 '메디나'라고 밝힌 한 세네갈 여성은 자신이 동의한 적도 없고 얼굴도 한번 본 적 없는 사촌과 결혼하게 되었을 때 단식과 섹스 파업에 들어갔다고 이야기했다. 메디나는 세네갈이 식민지였던 시절 수도였던 생루이에서 자랐다. 학교에서 만난 한 젊은 남자와 사랑에 빠졌다는 그의 이야기에는 가족이 가하는 제약에 대한 거부감과 자유의 감각이 생생하게 담겨 있다. 또 다른 구술에서 나이지리아의 한 여성 교사는 다섯 자녀의 육아를 남편과 분담했던 이야기를 전하며, "제가 다른 일로 바쁘면 남편은 흔쾌히 기저귀를 갈거나 목욕을 시켜주었어요."라고 설명했다. 그와 남편은 유학 경험이 있어 당연하게 여길 수 있는 분담이었지만 양가 가족은 부부를 비난했다.

"천국에 가려면 아내는 남편을 위해 뼈 빠지게 일해야 하는 법이야." 그러면서 그들은 덧붙였어요. "코란에 그렇게 적혀 있다고." 저는 종종 이렇게 맞받아치고 싶었죠. "헛소리! 우리 일에 끼어들지 마세요!"

이러한 구술들은 자기주장이 강하고, 교육받았으며, 때로는 국제적 인맥을 갖추고 있기도 했던, 남성과의 관계를 재구성하는 데 매우 적극적이었던 서아프리카 여성들의 목소리였다.

아와 티암은 아프리카 맥락에서 '페미니스트'라는 용어를 쓰는 것의 문제점을 인식하고 있었고, 자신의 삶을 구술하고 출판하도록 허락한 강인한 여성들을 간과했던 것 같기도 하나, 아프리카 흑인 페미니스트운동이라는 개념만은 수용했다. 티암은 케이트 밀렛 같은 백인 페미니스트들이 흑인 여성의 존재를 지우고 페미니즘을 은연중에 백인 여성의 요구에 맞춘다며 비판했다. 그에게 대안적 페미니즘의 영감을 준 이들은 알제리, 베트남, 짐바브웨에서 반식민주의 투쟁에 투신한 상징적인 여성들이었다. 아프리카의 여성 문화를 기리고, 아프리카 남성들과도 연대할 수 있는 페미니즘을 상상한 그는 1976년 인종주의와 성차별에 맞서고자 만들어진 프랑스의 단체 흑인여성조직 Coordination des Femmes Noires의 일원으로 상상을 현실로 구현하는 실험을 이어갔다. 그의 문제의식이 기존 여성운동에 접목되기는 쉽지 않았다. 《흑인 자매들, 입을 열다》에는 페미니즘의 정전으로 여겨지는 책들과 어색한 조화를 이루는 책들이 한데 어우러진 도서목록이 수록되어 있다. 브누아트 그루Benoîte Groult, 1920~2016의 《그녀 뜻대로 이루게 하소서Ainsi Soit-Elle》, 시몬 드 보부아르의 《제2의 성》, 슐라미스 파이어스톤Shulamith Firestone의 《성의 변증법》 같은 페미니즘 텍스트와 함께 파농과 빌헬름 라이히Wilhelm Reich 같은 반식민주의·대항문화 저자들과 아프리카 인류학 연구자의 저서들이 나란히 수록된 도서목록이다. 여기에 아프리카 페미니즘을 요구하는 티암의 주장을 뒷받침하고 용기를 불어넣어 줄 만한 흑인 페미니즘 문학이나 아프리카 여성 문학 도서는 거의 언급되어 있지 않았다. 《그녀 뜻대로 이루게 하소서》 같은 텍스트도 딱히 도움이 될 만한 건 아니었다. 프랑스의 백인 상류층 여성인 브누아트 그루가 쓴 이 책은 논란의 여지가 있는 음핵 절제술과 음부 봉쇄술(음순과 음핵을 절제하고 외음부를 꿰매는 것) 관습에 초점을 맞추면서 아프리카문화가 여성에게 극도로 폭력적이라고 주장했다. 티암의 책은 이러한 주장을 고스란히 받아들였고, 이는 프랑스에서 아프리카 여성들이 특정한 방식으로 억압당하는 존재라는 인식을 또 한번 강화하는 데 널리 인용되었다. 티암은 일부다처제, 음핵 절제술, 강제 결혼을 설명했지만 이는 저항이나 대안적이고 세계적인 젠더 질서에 대한 담론과는 분리된 채로 서술되었다.[31] [여성 잡지] 《아미나Amina》 편집자 아이사투 디알로Aissatou Diallo 같은 여성들은 아프리카 여성의 삶을 농촌과 종교의 억압에 근거한 것으로 납작하게 서술했다며 아와 티암의 책을 비판했다. 프랑스어권 아프리카와 아프리카 디아스포라 여성들을 주요 독자로 프랑스 파리와 세네갈 다카르에서 발행하던 잡지 《아미나》는 티암의 책과는 대조적으로 도시지역의 교육받은 아프리카 여성들의 관심사를 반영했고, 아프리카 여성들의 피해자성에 대한 가부장적 담론을 해체하고자 했다.

아프리카 맥락에서 페미니즘이 적절한가를 놓고 열띤 논의가 이어졌다. 일부 국가에서는 1972년 [사회주의 정당] 모잠비크해방전선Frente de Libertação de Moçambique, FRELIMO이 설립한 모잠비크여성기구Organization of Mozambican Women처럼 정부 지원을 받는 여성운동이 등장했다. 모잠비크해방전선은 1968년 제2회 전당대회에서 이미 일부다처제와 '신부 구매'를 맹렬히 비난한 바 있었다. 1975년 모잠비크 정권을 잡은 모잠비크해방전선은 사모라 마셸Samora Machel 대통령의 말처럼 여성해방을 "혁명을 위한 근본적이며 불가피한 것"으로 위치시켰다. 하지만 현실에서는 모잠비크해방전선의 교조적 마르크스주의와 중앙집권적 성격으로 인해 '국가 페미니즘' 정책에 여성이 자율성을 가지고 목소리를 낼 수 있는 공간은 없다시피 했다. 모잠비크해방전선의 여성 문맹 퇴치와 생산운동 역시 트랙터나 펜 같은 물품을 배급하는 물질적 지원에 바탕을 둔 것이었다. 실제로는 여성들이 그러한 사물에 제대로 접근할 수 없었는데도 말이다. 모잠비크해방전선의 정책들은 대체로 여성 당사자와의 협의를 거치지 않은 것이었고, 여성들에게 요구되는 재생산과 가사노동에 대해서도 무관심했다. 결국 트랙터는 대부분 남성의 전유물로 남아 있으며, 모잠비크 여성들의 문맹률도 여전히 높다(2005년 기준 모잠비크 여성의 문맹률은 약 70퍼센트, 남성의 문맹률은 40퍼센트다).[32]

인종화된 유럽 페미니즘도, 정부가 지원하는 대안도 아프리카 페미니즘에 그리 큰 창의성이나 정치적 추진력을 불어넣지 못했다. 그러나 1980년대에서 1990년대에 이르러 이피 애머디움과 오예론케 오예우미Oyèrónké Oyěwùmí 같은 학자들이 등장하며 상황이 달라졌다. 오예우미는 여러 아프리카사회에서 나타나는 젠더 다양성에 주목했다. 그들은 식민통치 이전, 그리고 식민지 시대 아프리카에서 연령과 이분법을 탈피한 젠더 형태가 결합해 여성과 논바이너리가 힘을 행사할 수 있는 복잡한 기회들이 생성되었음을 강조했다.[33] 이러한 작업은 같은 시기의 다른 페미니즘 학자들이 전개하기 시작했던 유동적이며 이분법을 넘어선 이론과 공명하며 아프리카의 관점이 혁신적이고 강력할 수 있음을 시사했다. 페미니즘운동에 아프리카문화와 세계관을 반영하고자 정기총회 아프리카페미니스트포럼African Feminist Forum이 열리기 시작했다. 2006년 가나에서 시작되어 라이베리아페미니스트포럼Liberian Feminist Forum 같은 단체들이 각 국가별 대표로 참여한 아프리카페미니스트포럼은 창립 헌장에서 다음과 같이 선언했다.

> 우리는 그 어떤 역사책에서도 거의 이름을 찾아볼 수 없는 여성들의 기억을 일깨우며, 페미니즘이 서구에서 아프리카로 수입된 것이라는 주장이 극도로 모욕적이라 주장한다. 우리는 아프리카 가부장제에 대항한 아프리카 여성들의 저항이라는 길고도 풍부한 전통을 되찾아 언명하고자 한다. 우리는 앞으로 아프리카 페미니스트로서 우리 자신을 이론화하고, 우리 자신을 위해 글을 쓰고, 우리 자신을 위해 전략을 짜고, 우리 자신을 위해 말할 권리를 주장하고자 한다.[34]

이 책의 서두에서 인용했던, 120년 전 편지에서 백인 남성을 "그저 멍청이"라고 조롱한 익명의 가나 여성 역시 이 선언에 동의하리라.

저항과 '세계 짓기'의 사물들

아프리카페미니스트포럼의 힘찬 선언문은 종이에 잉크로 인쇄되었을 때 그 자체로 물성을 지닌 '사물'이 되었다. 책, 소책자, 잡지는 페미니즘의 가장 매력적이고 가시적이면서도 휴대할 수 있는 사물들이었다. 이런 사물들은 6장에서 이야기할 감정을 전달해온 사물들이기도 하다. 오스트레일리아의 한 페미니스트는 1970년대 "페미니즘의 짜릿한 초창기"에 생산된 글들에 대해 "흥분, 희열, 유대, 자매애 같은 감정이 페이지마다 김처럼 모락모락 피어올랐다"고 회상했다.[35] 읽고 쓰기는 페미니즘의 중심을 이루어왔으며, 어떤 연구자들의 말대로라면 "여성운동은 글로써 현실에 도래한 듯하다".[36]

글쓰기의 힘에 관한 감각은 페미니즘 상표를 가진 펜을 만드는 실험으로 이어졌다. 예를 들면, 뉴욕의 여성참정권정당 Women's Suffrage Party은 "여성에게 투표권을"이라는 문구를 새긴 검은색과 노란색 펜을 제작했다. 영국의 여성사회정치연맹 역시 페미니즘운동에 필요한 기금을 모으고자 문구를 각인한 펜을 제작했다. 물론 이 펜은 반페미니즘적 글쓰기 등 다른 목적으로도 쓰일 수 있었다. 그러나 페미니즘과 글쓰기가 맺는 특별한 관계 덕분에 펜은 강력한 페미니즘의 사물이 되었다.

지난 2세기 동안 인쇄술과 제본술이 발달하며 전 세계로 출판물의 유통이 가능해지면서 펜의 힘은 더욱 커졌다. 인쇄된 글은 양장본 형태로도, 일회용 소책자로도, 신문 또는 DIY 진zine*형태로도 유통되며 페미니즘의 꿈과 생각을 퍼뜨리는 데 중요

---

* 펑크문화의 일부분으로 직접 쓰고 출판해 무료로 배포하는 소규모의 잡지를 뜻한다. 오늘날까지도 다양한 서브컬처에서 쓰이고 있다.

한 역할을 했다. 이런 인쇄물의 제작은 대체로 정식 출판사보다 한정된 자원을 가진 작은 단체들의 주도로 이뤄졌다. 1970년대 일본 여성해방운동이 '미니코미'라 불린 약식 형태로 발행한 소식지나 1990년대 라이엇걸운동이 만든 진들은 특별한 기술이나 유통망 없이 극히 적은 예산으로 제작된 것들이었다. 페미니즘의 인쇄문화는 때로 직접적으로 페미니즘 출판사를 자청하지는 않았더라도 여성을 중요한 저자나 협력자로 여겼던 짐바브웨의 바오밥북스Baobab Books나 모로코의 르페넥Le Fennec 같은 출판사들의 지원을 받기도 했다. 인도의 칼리포위민 같은 출판사처럼 적극적으로 여성의 글쓰기를 독려하고 힘을 실어주는 경우도 있었다. 1984년 리투 메논Ritu Menon과 우르바시 부탈리아Urvashi Butalia가 창립한 칼리포위민은 1978년 인도의 영문 페미니즘 잡지 《마누시Manushi》를 발행한 경험을 바탕으로 이루어진 것이었다. 칼리포위민 창립자들은 인도 페미니스트들의 지식 생산을 확대해 지구 북부 출신 외국인이나 연구자들이 출판계를 지배하는 데 저항하고 인도 독자들에게 더욱 저렴한 가격으로 책을 공급하고자 했다. 이들이 만든 가장 유명한 책 중 하나는 《몸에 관하여Sharir Ki Jaankari》로, 수천 권이 제작된 이 책은 서점을 거치지 않고 시골 여성들에게 원가로 배포되었다. 애당초 라자스탄 시골 마을에서 이루어진 여성 건강 워크숍을 통해 쓰인 이 책의 초판에는 100명 이상의 여성들이 집필에 참여했으며 제작 또한 수작업으로 이뤄졌다. 《우리 몸 우리 자신》과 비슷한 느낌을 주는 이 책은 시골 여성들의 힘 기르기와 교육을 독려함으로써 부부 강간이나 태아의 성별 감별에 저항하고자 기획된 것이었다. 그러나 이후 이어진 워크숍에서 이 책에 들어간 나체 삽화들은 환영받지 못했고, 마을 주민들은 벌거벗은 몸은 자신들의 일상생활에 등장하는 모습이 아니라며 항의했다. 칼리포위민은 옷을 입은 몸을 그리되, 팝업북처럼 그림을 들어올려 몸을 더 내밀하게 살펴볼 수 있는 형태로 책을 다시 만들었다. 그러나 이번에는 인쇄소의 남성들이 작업을 거부해 칼리포위민은 여성들로 이루어진 델리의 인쇄소로 거래처를 옮겼다. 이후로도 칼리포위민은 구체적이고, 쓸모 있으며, 지역적 관심사에 응답하는 페미니즘 책을 제작하는 방법으로 수작업을 고집했다.[37]

또 다른 페미니즘 출판사들은 전문적인 시각적 양식을 확립함으로써 곧바로 알아볼 수 있는 페미니즘 도서의 미학을 창조했다. 대항문화 정기간행물 《잉크Ink》와 《오즈Oz》를 만들던 오스트레일리아 출신 카먼 칼릴Carmen Callil은 1973년 런던에서 비라고프레스를 창립했다. 칼릴과 그의 팀은 모던 클래식 시리즈를 만들어 절판된 여성 작가들의 책을 복간하는 데 전념했는데, 이 책들을 일관되게 장식한 녹색 책등은 눈에 띄는 페미니즘 미학을 창출했다. 런던에 자리한 비라고프레스 서점을 찾은 한 미국인은 이렇게 말했다. "비라고 서점의 가장 멋진 점은 지금까지 출판된 비라고의 모든 책들이 서점에 들어서는 순간 나를 마주하며 반겨준다는 것이다. 녹색 책들의 바다가."[38]

녹색은 작가 제임스 조이스James Joyce가 "흉측한 녹색의 송아지가죽 표지"로 책들을 만들어낸다고 묘사했던, 아일랜드의 초

던 에머 출력실에서 엘리자베스 예이츠가
수동인쇄기로 작업을 하고 있다(오른쪽),
1903년경. 엘리자베스 예이츠와 수전 예이츠
자매는 1902년 쿠알라프레스라는 출판사를
설립했다. 이들은 작문과 인쇄술에서 여성
인력을 키우는 데도 헌신했다.
출처: Trinity College Dublin Library, TCD MS 11535.

기 여성 출판사를 연상시키기도 한다. 엘리자베스 예이츠Elizabeth Yeats와 수전 예이츠Susan Yeats가 1902년부터 더블린 인근 처치타운에서 운영한 쿠알라프레스Cuala Press는 페미니즘 출판사를 자칭한 적은 없었다. 이 출판사에서 수작업으로 호화롭게 제작해 출간한 예술과 공예 서적의 저자는 여성보다 남성이 더 많았다. 아일랜드 시인 윌리엄 버틀러 예이츠William Butler Yeats의 두 여동생인 예이츠 자매의 업적은 훨씬 유명한 오빠의 영향력에 가려지곤 했다. [문학 연구자] 시몬 머리Simone Murray가 밝혔듯 예이츠 자매는 평생 결혼하지 않고 남성 친척들을 부양했으며, 아일랜드가 영국 지배에서 독립하고자 혁명과 내전을 벌이던 시기에 40년 이상 작문과 인쇄술 분야의 교육과 여성 인력 양성에 힘썼다. 두 자매는 1860년대 빅토리아프레스의 선배들이 주장한 바(3장을 참고하라)와 유사하게 여성의 경제적 자율성과 노동시장 접근권의 필요를 강조했다. 실제로 런던의 여성출판협회Women's Printing Society를 통해 엘리자베스 예이츠에게 출판교육을 제공한 것도 바로 빅토리아프레스였다.[39] 여성 고용을 지원하는 기획에 기반한 인프라는 시간과 장소를 초월하여 여성·페미니스트 출판산업이라는 구체적인 유산을 만들어냈다.

요컨대 책과 잡지의 제작은 글쓰기, 제본, 잉크 바르기, 인쇄기 조작에 이르는 제작 과정에 뿌리내린 고유의 물질문화 세계를 지니고 있다. 처음에는 방송매체, 그 다음에는 디지털매체가 나타나며 인쇄물이 힘을 잃은 것처럼 보였던 20세기 후반에도 페미니즘운동을 구체적으로 감각할 수 있는, 종이에 쓰인 기록은 여전히 큰 의미를 지녔다. 필리핀의 활동가 애나 리아 사라비아Anna Leah Sarabia가 말했듯, 수천 시간 분량의 라디오와 텔레비전 콘텐츠가 제작되었음에도 "복사한 전단지와 신문, 등사판으로 인쇄해 선명하지 않은 책, 이미 여러 번 출판된 작업들의 모음집 등 어떤 형태로든 종이로 남은 기록"이 가장 중요했다. 사라비아는 1992년 네덜란드 암스테르담에서 열린 국제 페미니스트 도서전에서 홍보한 필리핀 여성들의 경험을 담은 책《삶을 이야기하다Telling Lives》의 공동발행인이었고, 이후로도 계속해서 책을 출판했다.[40]

단순한 연필, 펜, 가위에서부터, 예이츠 자매가 사용한 앨비언 수동인쇄기Albion hand-press와 14포인트 가동활자, 20세기 후반 소식지와 소책자를 저렴하게 복제할 수 있도록 해 페미니즘 지식 생산에 변화를 가져온 게스테트너Gestetner 인쇄기와 로네오Roneo 인쇄기, IBM 골프볼golfball 타자기에서 훗날 워드프로세서와 디지털 출판에 이르는 더욱 정교해진 도구까지, 지난 200여 년간 발전해온 통신기술은 페미니즘의 아이디어와 창조적 에너지를 구현하는 데 핵심적인 역할을 했다.

바리케이드, 감정의 고조, 전투적 행동과 같은 극적이고 혁명적인 페미니즘의 경험도 주기적으로 존재했으나 일상의 노동과 자금 조달, 페미니즘 상품의 판매 역시 그에 못지않게 중요했다. 우리는 이 장에서 구매, 판매, 재구성, 전복을 거치며 페미니즘을 직접 만지고, 착용하고, 구매할 수 있도록 해준 다양한 사물들을 살펴보았다. 술 마시는 여성이 휘두른 파인트 맥주잔의 일시적인 상징성에서부터 해면이 (어쩌다 보니) 맡게 된 '페미니즘의 동반자' 역할에 이르기까지, 사물은 페미니즘운동과 연결되어 새로운 목적을 얻고, 잘려나가고, 색칠되고, 선물로 주어지고, 판매되고, 소중하게 간직되었다.

페미니즘을 상품화할 수 있다는 생각은 논란을 불러일으키기도 했다. 비평가들은 급진적인 정치운동을 이윤과 생산의 세계에 끌어들인 결과로 나타날 수 있는 영향을 우려했다. 때로 기회주의적인 기업들이 페미니즘의 독창성을 상품화하고자 시도하기도 했다. 그러나 3장에서 보았듯, 여성 활동가들에게 돈을 버는 것은 때로 유용한 목표였다. 20세기 초반 여성참정권운동가들이 잘 알고 있었던 것처럼 정치운동에는 자원이 필요하기 때문이다. 여성들은 서점, 편집, 디자인, 인쇄를 통해 스스로를 부양하는 동시에 다른 종류의 활동을 가능하게 만들었다. 역사학자 조앤 마리 존슨Joan Marie Johnson은 "돈은 고도의 가부장제사회에서 변화를 강제할 수 있는 효과적인 수단이었다"고 설명했다.[41] 시장 내에서 창출된 공간은 의식 고양 단체를 두려워한 모든 계층의 여성에게 입구가 되어주었다. 마찬가지로 페미니즘을 담은 잡지, 배지, 펜, 스카프, 포스터는 여성이 잠깐이나마 페미니즘과의 연관을 탐색하거나 자신의 정치적 성향을 명랑하게 드러낼 수 있게 해주었다.

다음 장에서는 페미니스트의 패션으로 이야기를 이어갈 것이다. 오스트레일리아의 페미니스트 데니 풀러Deni Fuller가 '여성'

1970년대부터 1980년대 사이 프랑스, 영국,
이탈리아에서 제작된 여성해방 배지에는 다양한
형태의 여성 기호(♀)들이 그려졌다. 페미니즘을
담은 사물은 여성이 잠깐이나마 페미니즘과의
연관을 탐색하거나 자신의 정치적 성향을
명랑하게 드러낼 수 있게 해주었다.

출처: Ville de Paris/Bibliothèque
Marguerite Durand (BMD) and Joelle Patient.

을 나타내는 기호에 대해 쓴, 페미니즘 물질문화에 대한 거침없
는 찬가로 이 장을 끝맺는다.

우리는 종이로, 양철로, 옥양목으로, 물감으로, 나무로, 인쇄물
로, 스팽글로, 은으로, 마분지로, 리넨으로, 털실로, 캔버스 천
으로, 데님으로, 분필로, 사인펜으로, 레터링 스티커로, 도자기
로, 밀랍 염색 천으로, 납유리로, 타투로, 실로, 점토로, 크리스
털로, 모래로, 구슬로, 글리터 장식으로, 유칼립투스 잎으로 기
호를 만들었다. 우리는 그것을 흔들고, 입고, 칠하고, 낙서하
고, 실크스크린으로 인쇄하고, 코팅하고, 자수로 놓고, 귀걸이
와 펜던트와 반지로 세공했다. 우리는 결의를 나타내고자 그
안에 주먹을 그려 넣었다. 성별을 드러내고 연대를 말하기 위
해 두 가지를 하나로 이었다. 우리는 부엌에서, 뒷베란다에서
그것을 대량 생산했고, 도시의 가로등과 상점 양옆을 그것으로
도배했고, 우편을 통해서 배포하고 길에서 직접 나누어주었다.
우리는 그것을 사랑했고 그것을 통해 사랑을 받았다.[42]

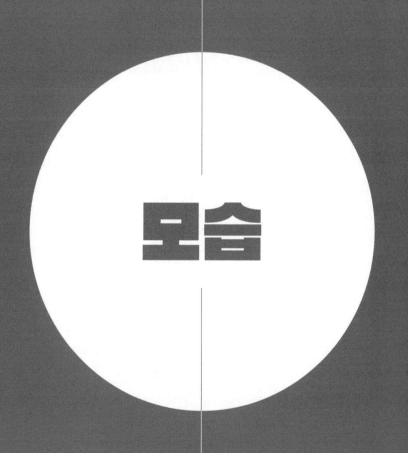

5

모습

2017년 지구 곳곳에서 이루어진 여성 행진에서 등장한 푸시햇은 보편적으로 식별되는 '페미니스트 룩'의 탄생을 의미했다. 대바늘이나 코바늘로 뜬, 양끝에 작은 귀를 닮은 '돌출부'가 달린 이 분홍색 모자는 여성의 외음부를 본뜬 모양으로도 볼 수 있었다. 여성 행진에서, 뒤이어 지구 곳곳에서 행진에 참여한 수많은 여성과 논바이너리non-binary들은 푸시햇 착용을 통해 대중의 항의를 시각적으로 선언하는 효과를 냈다. 푸시햇은 수작업으로 만든다는 점에서 오랜 역사를 가진 여성들의 수공예 기술과 연관되었고, 대선 캠페인 기간 동안 대대적으로 보도된 도널드 트럼프의 "[당신이 유명해진다면] 여성의 보지pussy를 움켜쥘 수 있다"는 과거 발언에 항의하는 동시에 '보지'라는 말에 담긴 낙인을 지운다는 의미 또한 담고 있었다. 하지만 패션은 페미니즘의 '사물' 중에서도 오랫동안 특히나 의미심장하고 논쟁적인 영역으로 존재해왔다. 움직임을 제약하고자, 남성의 눈요기로 기능하고 여성의 성적 특성을 대상화하고자, 또는 여성의 순수함과 정숙함을 보여주고자 디자인된 옷들은 여성의 몸을 신체적·상징적으로 훼손하고 구속했다. '실용복rational dress'에서 푸시햇에 이르기까지, 옷차림은 페미니스트의 도전과 전복이 이루어지는 현장이었다.

> 거칠고 숙녀답지 못하다는 말을 들으면서도 브라이언트파크에서 남자아이들과 어울려 놀았던 것, 그게 페미니즘입니다. 내가 어머니 당신의 눈을 피해 베일과 장갑을 벗었던 것, 스테이스stays(몸에 꼭 맞는 코르셋)를 입기 싫어 이틀이나 방 밖으로 나가지 않았던 것도 페미니즘입니다. 제가 남성의 방문을 거절하고 말이나 배를 타러 나갔던 것, 그게 페미니즘입니다. 당신의 반대에도 불구하고 대학에 진학한 것, 그게 페미니즘입니다. 내가 '이기적'이라는 지적을 들으면서도 정해진 노동시간 동안만 일했던 것, 그게 페미니즘입니다. 제가 충분히 이기적이지 못하다는 비판을 들으면서도 아이를 낳고 싶어 임신한 것, 그게 페미니즘입니다.[1]

미국의 민족지학자이자 인류학자인 엘시 클루스 파슨스Elsie Clews Parsons, 1875~1941는 "도대체 페미니즘이 무엇이냐?" 묻는 어머니의 언짢은 질문에 이렇게 답했다고 회상했다. 파슨스는 자신의 저항행위의 핵심을 차지하는 것으로 교육, 의미 있는 노동, 재생산의 자유와 더불어 청소년기에 스테이스, 장갑, 베일을 거부했던 경험을 꼽았다.

바지를 입고 모자나 브래지어를 착용하지 않는 여성이라는 이미지는 '페미니스트'를 상상할 때 흔히 떠올리는 이미지였다. 경제적이면서 실용적이라는 이유로 남성복을 입었던 프랑스 작가 조르주 상드George Sand, 1804~1876 같은 인물은 그러한 행동 때문에 널리 악명을 떨쳤다. 여성이 남성복을 입으려면 경찰의 허가를 얻어야 했던 1800년대 파리에서 상드의 선택은 전복적인 것으로 여겨졌다. 상드는 허가증이 없었지만 남성복을 입었고 조롱에 시달렸다. 동료 작가 빅토르 위고Victor Hugo는 이렇게 비아냥거렸다. "조르주 상드는 자기가 남자인지 여자인지 결정하지 못한다. 나는 모든 동료를 몹시 존경하지만, 상드가 나의 자매인지 형제인지를 결정하는 건 내 소관을 벗어난 일이다."[2]

엘시 파슨스는 관습적 의복에 대한 거부뿐만 아니라 가시적인 소비를 통해 페미니스트의 모습과 페미니스트로 살아가며 느끼는 감정을 강렬하게 보여주기도 했다. 조르주 상드는 (시가와 물담배를) 흡연하는 동시에 여성복을 거부해 논란을 불러일으켰는데, 20세기의 파슨스 역시 적대적인 환경을 마주했다. 1910년대에 썼지만 1994년에야 출간된 파슨스의 《한 페미니스트의 일기Journal of a Feminist》에는 그가 미국의 식당, 기차역, 객차 안에서 끝없이 흡연을 시도했던 경험이 담겨 있다. 그는 종종 금지당했으나, 그럼에도 대학교육을 받은 백인 여성으로서 적지 않은 자유를 누렸다. 파슨스는 담배를 피우고, 바지를 입고, 미국 남서부를 여행하며 아메리카 원주민의 민담을 채록할 수 있었다. 그는 인류학적 관찰을 통해 사회적 관습이 가변적이며 외부에서 강요되는 것임을 알았고, 이러한 깨달음을 자신의 젠더에도 적용했다. "오늘 아침은 내가 남자인 것 같은 기분이 들 수 있다. 그렇다면 그렇게 행동하게 해달라. 오후엔 내가 여자인 것 같은 것 같은 기분이 들 수 있다. 그렇다면 그렇게 행동하게 해달라. 정오나 자정에 나는 무성인 것 같은 기분이 들 수 있다. 그렇다면 내가 무성적으로 행동하게 해달라." 21세기에 이루어진 젠더 유동성의 '발견'은 분명 과거와 공명한다. 이를 '트랜스'로 명명하게 된 건 비교적 최근의 일이지만 말이다.

이 장에서는 페미니스트 행동이 패션 및 몸과 맺은 관계를 살펴볼 것이다. 21세기에 벌어진 베일과 '부르키니'*에 대한 논쟁, 그리고 힐러리 클린턴 같은 유명인들의 의상에 대한 언론의 집요한 보도는 사회에서 여성의 '위치'를 그려낼 때 여성의 옷차림이 차지하는 중요성을 상기시킨다. 다른 모습으로 보이기를 택한다는 것은 혁명의 잠재력을 품은 행위다. 페미니스트들은 복장규범을 전복하는 데 더해 '보기looking'를 수행하는 주체가 누구인가를 문제삼았다. 1970년대 활동가들은 예술, 문화, 사회생활에서 중대한 억압을 가하는 '남성적 응시male gaze'를 식별해냈

---

*   히잡을 쓰는 이슬람 여성을 위해 고안된 전신 수영복. 얼굴과 손발을 제외한 몸 전체를 가린다.

고, 전복적인 외양이라는 실천을 수행했다. 여성학자 찬드라 탈파드 모한티Chandra Talpade Mohanty는 1986년 남성적 응시의 개념을 한 단계 더 진척해 제3세계 여성들이 맞닥뜨린 권력 불평등을 이해하고 응답하는 데 실패한 '서구' 페미니즘을 강력하게 비판하는 〈서구의 시선 아래Under Western Eyes〉라는 글을 발표했다.[3] 이처럼 '룩look'이라는 개념은 다양한 형태를 취할 수 있고, 페미니즘 사상과 실천의 여러 중요한 요소와 맞닿아 있다.

우리는 먼저 19세기 후반, 가정을 넘어 일터, 거리, 입법의 영역에 이르기까지 자기를 확장하고 스스로를 부양한 당당한 여성상인 '신여성'의 부상을 살펴볼 것이다. 짧은 머리에 강인한 심성을 갖춘 것이 특징인 신여성은 영국, 일본, 중국, 뉴질랜드, 러시아를 비롯한 여러 국가의 여성들이 '현대적' 존재 방식을 탐구하기 시작하면서 전 세계적으로 대중화된 개념이다. '신여성'은 복장 개혁, 그리고 여성의 머리카락과 신체 관리 측면에서의 인습 타파와 밀접한 연관이 있었다. 앞으로 살펴보게 되겠지만, 1970년대에서 1980년대 여성해방운동가들은 자신 또는 다른 여성들의 즐거움을 위해 옷을 입는 방식으로서 '페미니스트 룩'을 채택했다.

이어서 우리는 또 다른 종류의 복장, 즉 여러 문화적·종교적 전통을 아우르며 뿌리 깊은 논쟁을 불러일으키는 베일 쓰기라는 행위를 살펴볼 것이다. 그 의미를 놓고 벌어진 분열에도 불구하고 나는 베일, 머리쓰개, 또는 **차도르** 같은 가리개가 여성에게 힘을 불어넣는 동시에 여성을 통제할 수 있다고 주장할 것이다. 마지막으로, 복장 개혁이 '남자 같은mannish' 또는 교조적 페미니스트라는 고정관념을 부채질하고 파벌과 내부자 집단을 만들어낸 문제 및 때때로 '페미니스트 룩'의 결과로서 나타난 계급과 인종의 배제에 관한 문제들을 살펴볼 것이다.

아름다움, 패션, 정치

권력을 행사하고자 하는 여성들은 종종 패션과 아름다움을 도구로 삼곤 했다. 페미니스트는 순응적 복장으로 사회적 이익을 얻느냐, 아니면 남들과 똑같은 모습이 되기를 거부하고 그에 따른 손해를 감수할 것이냐 사이에서 딜레마를 마주해왔다. 예를 들어, 필리핀 페미니스트들은 스페인의 식민 지배(1521~1898)와 미국의 식민 지배(1898~1946)를 거치며 빚어진 복잡한 환경 때문에 패션에 주목하게 됐다. 필리핀 여성들의 투표권 요구는 19세기 후반부터 시작되었지만, 공적 삶을 활발히 살아가는 여성 대부분은 보수적인 '클럽 운동club movement'을 통해 결집하기를 선호했고, 이곳에서 참정권은 그리 중요한 쟁점이 아니었다. '클럽 여성들'은 가정적인 여성성과 수수한 옷차림이라는 보수적 규범을 실천하고자 했다. 이들은 임신한 여성의 건강과 식생활을 증진하고 아동 사망률을 낮추기 위한 캠페인에서 자신들의 모습을 덕망 있고 여성스러운 전통적인 어머니의 상으로 표현하는 편이 유리하다고 여겼다. 같은 맥락에서, 스페인 식민정권이 여성성의 핵심으로 모성을 칭송한 것 또한 새로운 역할을 모색하는 교육받은 활동적인 여성들에게 강력한 영향을 미쳤다.

필리핀에서 여성의 공적 경력은 정치 경험이나 전문성보다 외모를 통해 결정되곤 했다. 미인대회는 필리핀 여성이 대중적 인지도를 얻는 중요한 수단이었다. 많은 여성참정권운동가, 클럽 여성, 기자가 카니발 퀸으로 선정되어 화려한 의상을 걸치고 포즈를 취했다.[4] 전통적 여성미를 답습하는 능력은 시민사회에서 여성이 명성을 얻는 강력한 수단이었다.

1898년 스페인이 물러나고 미국 식민정부가 들어서면서 필리핀은 여성의 교육 기회 확대, 나아가 참정권 획득을 통한 근대화를 요구하기 시작했다. 그러나 여느 식민권력과 마찬가지로 미국은 필리핀 여성이 미국 여성보다 먼저 투표권을 얻는 세계를 상상하지 못했다. 19세기 후반, 와이오밍, 콜로라도, 유타 같은 서부지역의 일부 백인 미국 여성들이 투표권을 얻었지만 성인 여성들이 완전한 투표권을 얻은 건 1920년이 되어서였고, 그이후로도 인종주의적인 짐크로법으로 인해 아프리카계 미국인 및 원주민의 투표권은 제한되었다. 이는 필리핀 여성들의 조직적 참정권운동이 어째서 미국 여성참정권운동이 여러 주에서 승리를 거두고 전반적인 성공을 확신한 1918년 이후에야 등장했는지를 설명해준다. 필리핀 여성들에게 투표권 요구라는 의제는 까다로운 것이었는데, 이러한 요구는 흔히 서구의 여성 권리와 연관되어 논의되었으므로 식민정권의 협력자로 낙인찍힐

마닐라의 카니발 퀸으로 선발된 필리핀의
여성참정권운동가이자 외교관, 자선가 트리니다드
페르난데스 레가르다, 1924년. 전통적 여성미를
답습하는 능력은 필리핀 시민사회에서 여성이
명성을 얻는 강력한 수단이었다.

페미니즘들

위험을 감수해야 했기 때문이다. 따라서 민족주의운동은 여성 참정권을 주요 의제로 내세우기를 망설였으며, 일부 주요 인물들은 여성을 모성과 가정에 묶어두는 편에 서며 여성참정권 자체를 반대하기도 했다. 페미니스트가 헤쳐나가기에 험난한 환경이었던 필리핀에서 개인의 외모는 확실한 핵심 자원이었다.

이러한 국가적 맥락에서 여성 활동가들은 복장 개혁에 대한 입장뿐만 아니라 자신의 옷차림에 대해서도 결단을 내려야 했다. 식민 지배 환경의 정치인들이 대개 그러했듯, 필리핀의 남성 정치인들은 '서양식' 복장이 편리하다 여겼던 반면, 공인으로서 활약하는 여성들은 '전통' 또는 민족의상을 착용해야 한다는 기대를 받았다. 필리핀 페미니스트들은 스페인 식민정부의 유산인, 풀 먹인 버터플라이 소매의 비실용적인 블라우스(카미사), 숄(파뉴엘로), 튜닉(테르노) 같은 번거로운 복장에 반발했다. 소위 '마리아 클라라Maria Clara' 드레스라고 불린 이런 옷은 일터나 학교에서 사고를 일으킬 가능성이 높고, 여성들이 스포츠에 참여할 수 없도록 만들었기 때문이다. 또, 이런 옷은 비가 오면 젖어 엉망이 되기 일쑤였다. 그럼에도 필라 히달고 림Pilar Hidalgo Lim, 1893~1973과 트리니다드 페르난데스 레가르다Trinidad Fernandez Legarda, 1899~1998 같은 페미니스트들은 페미니즘에 담긴 '서구적' 함의로부터 거리를 두기 위한 의도로 공식적인 행사에서 여전히 이 드레스를 입었다. 그들은 '마리아 클라라'가 표상하는 가정적 유순함과 속박을 강하게 비판하는 한편으로, '새로운 여성상'이 지나치게 미국적이거나 위반적으로 보이지 않도록 주의를 기울였다. 이러한 타협은 여성의 '자연스러운' 위치에 대한 보수적인 규범을 전복하는 데 한계를 지녔지만, 그럼에도 필리핀의 식민주의와 민족주의 사이에서 페미니즘이 불러일으키는 긴장을 해소하는 데는 효과가 있었다. 여성참정권은 필리핀 페미니즘의 핵심 목표가 되었고, 1937년 국민투표를 거쳐 압도적인 지지와 함께 성취되었다.

실용복과 패션의 이단성

신중하게 관습을 존중한다는 필리핀 페미니스트들의 전략은 다른 맥락에서도 반복되었다. 전 세계 여성들이 왕정체제에 맞서는 혁명시위에 열렬히 참여하고 미국 여성들이 세니커폴스에 모여 여성참정권을 논의한 1848년으로부터 1년 뒤인 1849년, 복장 개혁가이자 기자인 아멜리아 블루머Amelia Bloomer, 1818~1894는 무릎 길이 스커트 아래 헐렁한 바지를 입는 여성 복장 캠페인을 벌이며 논란을 불러일으켰다. 실용성과 건강을 이유로 들며 허리를 조이는 빅토리아식 드레스와 긴 페티코트, 코르셋을 벗어던져야 한다고 주장한 블루머의 이야기는 몇몇 여성을 설득하는 데 성공했다. 그가 출간한 저널 《릴리The Lily》에 실린 도안이 인기를 얻자 상점들 역시 '실용적인' 옷을 들여놓기 시작했다. 그러나 당대의 또 다른 활동가들은 패션계에서 이루어지는 블루머의 활동이 정치적 개혁이라는 진지한 신념과 결합될 수 없는 것이라 여겼다. 여성 권리 활동가 앤젤리나 그림케Angelina Grimké, 1805~1879는 노예제 폐지와 여성 권리에 있어서 블루머와 신념을 함께했으나 성경에 등장하는 의복 제재를 따라 프릴과 실크스타킹을 거부하고 '수수한' 옷을 입었다. 그는 일기에 "친구들은 내가 스스로를 우스운 꼴로 만들고 있다고들 한다"고 썼지만 자신의 "지고하고 성스러운 소명"을 믿어 의심치 않았다.[5] 블루머가 주장한 새로운 패션을 향한 사람들의 격렬한 반발 때문에 정치적 문제에 대한 주의가 분산되고 언론의 과도한 관심을 유발한다고 보는 이들도 있었다. 여성참정권운동가이자 노예제폐지론자 폴리나 라이트 데이비스Paulina Wright Davis, 1813~1876는 "여성 권리를 주장하는 여성들이 전부 턱수염과 콧수염을 기른 끔찍하고 기괴한 늙은이라는 편견을 타파하기 위해" 의식적으로 옷을 차려입었다. 데이비스는 1850년대 여성인권대회에 참여했을 때 괴물 같은 캐리커처로 희화화된 바 있었다. 그는 대중이 자신을 "상스럽고, 남성적이고, 고압적이고, 불쾌하며, 집을 내팽개치고, 가족을 방치하고, 공처가 남편을 둔 사람"으로 기대했으나 실제로는 "부드러운 매너와 나직한 목소리를 지닌 섬세한 미인"이라는 사실에 놀랐다고 말했다.[6]

그럼에도 블루머가 건강과 위생을 내세우며 주장한 변화는 전 지구적으로 페미니즘 사상이 전달되면서 일어난 전통 복장의 대안에 대한 움직임과 맞물리며 긴 세월 이어졌다. 1902년, 일본의 기자 하니 모토코羽仁もと子, 1873~1957는 여성기독교절제연합 일본 지부가 발행하는 정기간행물 《여성신보》에 두 편의 글을

'블루머 복장'을 표현한 석판화, 1851년.
복장 개혁가이자 기자인 아멜리아 블루머는
실용성과 위생을 근거로 여성들의 복장
개혁을 주장했다.
출처: Library of Congress 제공, LC-DIG-pga-06193.

기고했다. 모토코는 여성복과 위생에 초점을 맞추어, 일본 기모노에 서양복의 요소들을 결합해 신체적 활동성을 강화한 '개량복'을 제안했다.

여성기독교절제연합의 주축은 여성의 도덕적 순결과 도덕적 리더십을 고취하고자 유럽과 북미에서 파견된 여성 활동가들이었다. 이들은 금주와 함께 여성의 사회봉사를 특히 중시했고, 성매매를 통제하고 예방하려는 사업도 벌였다. 이런 사업들은 근대적이고 효율적인 모성에 주안점을 둔 메이지시대(1868~1912) 일본의 '근대화'라는 목표와도 잘 맞아떨어졌다. 여성기독교절제연합은 뻣뻣하고 거추장스러운 기모노와 오비(허리띠)를 대신할 수 있는 편안한 옷을 널리 홍보했다. 그러나 메이지유신에서 여성의 참여는 한계가 있었다. 모토코가 태어난 메이지시대 초기에는 여성이 머리를 짧게 자르지 못하도록 하는 규제가 있었으며, 여성들 사이에서도 새로운 옷을 받아들이고자 하는 욕구와 일본 전통을 체현하고자 하는 욕구 사이의 긴장이 언제나 존재했다.

새로운 의복 형식에 대한 모토코의 관심은 여성이 더 이상 길고 거추장스러운 스커트, 풀 먹인 칼라, 장갑과 모자를 착용하지 않아도 된다고 주장한 전 세계 복장 개혁가들의 쟁점을 그대로 반영하는 것이었다. 복장 개혁가들은 대안으로 니커보커스knickerbockers[품이 넓고 헐렁하며 무릎 근처에서 졸라매는 바지], 발가락 양말, 치마바지 또는 발목까지 오는 스커트를 입었다. 뉴질랜드에서는 1893년 전국 여성들이 의회 투표권을 얻었고, 이듬해

실용복을 입은 마오리족 복장 개혁가들,
1906년경. 복장 개혁은 공적 공간에서
자유로이 움직이고, 자전거를 타고, 스포츠를
즐길 수 있는 자유 등 여성들의 점점 더
광범위해지는 요구와 연결되어 있었다.
출처: Christchurch City Libraries. CCL-PhotoCD11-
IMG0096.

뉴질랜드실용복협회New Zealand Rational Dress Association가 출범하며 여성의 움직임과 호흡을 제약하는 코르셋을 벗어 던질 권리를 주장했다. 노동계급 여성들은 애초부터 중상류층 여성들처럼 코르셋 같은 옷을 입은 적이 거의 없었기에, 새로운 의복 형식을 가장 먼저 옹호한 이들은 주로 사회적 권력을 지닌 부유한 여성들, 즉 점잖아 보이지 않아도 되는 여유를 가진 여성들이었다. 뉴질랜드의 복장 개혁은 마오리족사회로도 확장되어 마오리족 엘리트 여성들 역시 때때로 실용복을 입었다. 이러한 움직임을 단순한 보건 개혁으로 보는 이들도 있었지만, 공적 공간에서 자유로이 움직이고, 자전거를 타고, 스포츠를 즐길 수 있는 자유를 향한 여성들의 점점 더 광범위해지는 요구와 연결해서 바라보는 이들도 있었다. 여성기독교절제연합 뉴질랜드 지부는 실용복을 지지했으나 누구보다 열렬히 해방을 누리고자 한 일부 여성들이 입었던 바지는 겸양과 순결이라는 연합의 신념과 충돌하며 논란의 대상이 되었다.

19세기 후반에서 20세기 초반, 사회 변화와 무너지는 젠더 질서의 강력한 상징이었던 '신여성'에 대한 전 지구적 상상 속에서 복장 개혁가들의 존재는 무척이나 눈에 띄는 것이었다. 언론은 계속해서 '신여성'을 블루머 차림으로 자전거를 타는 촌스러운 여성의 모습으로 희화화했다. 그러다 1920년대가 되자 '페미니스트 룩'은 주류문화에서 한층 두드러지게 등장하기 시작했다. 과거의 '신여성'이 트위드 소재의 니커보커스와 코르셋을 벗어 던진 가슴 때문에 우스갯거리가 되었던 것과 달리, 1920년대에는 더 많은 여성이 짧은 스커트, 간편한 속옷, 짧은 머리로 새로운 신체적 자유를 누린 것이다. 1차, 2차 세계대전 사이의 '신여성'은 정치 단체에 가입하는 것처럼 전통적인 방식뿐만 아니라, 과거에 비해 더욱 활발하게 국경을 넘어 유통되는 영화, 라디오, 춤, 잡지 따위의 대중문화를 소비함으로써 자신을 표현할 수 있었다. 예를 들어, 일본의 '신여성'과 '모던걸'은 확대된 교육 기회를 통한 야심 찬 자기계발과 클로슈 모자cloche hat[전체적으로 종 모양인 둥그렇게 챙이 있는 모자], 원피스, 페이스 파우더라는 서구의 새로운 소비주의적 개성의 액세서리를 결합했다.[7] 또 다른 환경에서는 패션을 통해 자유와 주체성을 주장하는 한층 더 혼종적인 '현대적 여성'이 출현하기도 했다. 역사학자 도러시 고Dorothy Ko는 목깃이 높이 올라오며 몸을 타이트하게 감싸는 치파오 드레스를 입고 서양식 하이힐을 신은 1920년대의 상하이 여성들을 묘사했다. 공화국 초기의 일부 중국 여성들은 전족에서 풀려난 발에 예쁘게 어울리는 신발들을 디자인했다.[8] 이들이 상상한 '신여성'은 유급노동을 통해 자립해 거리와 상점을 자유로이 돌아다니는 모습이었다.

'신여성'과 '모던걸'이라는 현상은 새로운 현상이 과연 어디까지 페미니즘과 연결될 수 있는지에 대한 중요한 질문을 던진다. 당연하게도 1차, 2차 세계대전 사이의 모든 단발머리 여성을 정치적 선언의 주체로 읽어서는 안 될 것이며, 새로운 패션에 연관되는 쾌락주의와 나르시시즘을 비판한 페미니스트들도 있었다. 하지만 그럼에도 불구하고, 페미니스트를 촌스러운 옷차림과 성적 욕구불만의 화신들인, '블루스타킹bluestocking'이라는 클리셰와 연결 짓는 건 전 세계적으로 여성들에게 힘을 불어넣기 위해 이뤄진 다양한 의복 실험과 자기표현을 무시하는 일이 될 것이다.

　옷은 보다 직접적인 정치적 쓸모를 발휘한 경우도 있었다. 여성참정권운동가들은 정치적 의미를 지닌 색상과 스타일의 옷을 입었고, 역사학자 캐럴 매팅글리Carol Mattingly는 이 전략에 '의복의 수사학'이라는 이름을 붙였다. 때로는 보호와 실용성을 위해 옷을 선택하기도 했는데, 가령 경찰과 구경꾼의 공격을 막을 수 있는 누비 드레스와 튼튼한 모자를 착용하고 모자 핀과 부채를 방어구로 쓰는 식이었다. 재빨리 도망치기 위해 낮은 굽의 구두를 신기도 했다. 영국의 여성참정권운동가들은 의복을 활용해 기소를 피했다. 체포된 여성들에 대한 경찰의 증언이 옷차림을 중심으로 이루어진다는 데 착안해 여성끼리 서로 옷을 바꾸어 입음으로써 그런 증언으로는 식별이 불가능하게 했던 것이다. 이뿐만 아니라 경찰은 관습적인 옷차림을 한 중상류층 여성과는 대치하려 들지 않았으므로, 전투적 활동가들은 계급적 특권을 드러내는 세련된 드레스를 입음으로써 체포를 피하고 시위 장소를 드나들었다. 여성참정권운동가들은 "단아하고 정숙한" 복장으로 품위를 유지하며 전통적 여성성의 특질을 정치적으로 이용했다.[9]

해방의 모습

20세기 초반 활동가들의 전략 중 어떤 것은 수십 년이 지나서도 이용되었다. 튀르키예의 페미니스트 궐 외지에인Gul Ozyegin은 1980년대 앙카라에서 다른 페미니스트들과 함께 큼직한 보라색 구슬 장식이 달린 옷깃 핀을 배포했던 일을 회상했다. 여성참정권운동가들의 모자 핀과 부채가 지녔던 전투성을 연상시키는 이 옷깃 핀은 공공장소에서 신체 접촉을 시도하는 남성에게 대항하기 위한 무기로 사용될 수 있도록 만들어진 것이었다. 여성의 자기방어 행동이라는 강력한 전통의 계승이기도 한 이 옷깃 핀은 튀르키예 여성들에게 의미와 쓸모 모두를 지닌 가시적인 저항의 표식이었다.[10] 또 여성운동의 일원임을 알리는 보라색을 띠고 있었기에 페미니스트들이 서로를 알아보고 공동체를 형성할 수 있도록 환기하는 역할도 했다.

그러나 20세기 후반의 많은 페미니즘 활동가는 과거 페미니스트들이 취한 전략과 선택에 회의를 품었다. 페미니즘의 복장 규정도 그러한 갈등의 영역 중 하나였다. 관습적 여성성을 따르며 부르주아적이거나 전통적인 복장을 착용하는 전략을 취했던 20세기 초반 여성참정권운동가들은 20세기 후반의 여성들이 보기에 불편한 의복과 신체적 구속을 가하는 남성 권력에 순응하는 것처럼 여겨졌다. 관습적인 여성성을 전적으로 폐기하고자 했던 여성해방운동의 투지에 더 가까운 것은 19세기 중반 복장 개혁운동이 시도한 일상적 전복이었다.

영국 북아일랜드 벨파스트에서 활동하는 페미니스트 마리 테레즈 맥기번Marie-Thérèse McGivern은 1970년대를 다음과 같이 회상했다.

우리는 화장을 하지 않았는데, 그건 말하자면 우리에게 화장을 하게 만드는 게 가부장제라고들 보았기 때문입니다. 우리는 하이힐을 신지 않았어요. 질 좋고 실용적인 신발, 언제나 양질의 플랫슈즈를 신었죠. …… 우리는 딱 붙는 옷이 아니라 편안한 옷을 입었고, 더 이상 남성들을 위해 옷을 입지 않았습니다.

맥기번은 곧 그것이 남성적인 모습을 한다는 의미는 아니라고 강조했다. "우리는 말하자면 여성이기 때문에 스타일리시했어요. 그러니까 왜, 점점 더 화려한 귀걸이를 했고, 머리 모양도 점점 더 펑크 스타일로 바꾸고 빨갛게 물들였죠."[11] 1970년대 펑크의 DIY 정신은 여성운동과도 잘 맞아떨어졌으며, 뜨개질이나 패치워크 같은 전통적인 여성 수공예의 부흥과도 결합될 수 있었다. 맥기번은 이렇게 회상했다. "꽤나 밝은 색 천으로 지은, 종종 패치워크를 덧붙인 누비 재킷 …… 예쁜 데다가 무척 넉넉했어요. 몸에 붙거나 그런 종류가 아니었지요." 이 재킷은 마오주의 중국의 시각적 미학을 참조한 것으로, 여성해방운동이 지닌 사회주의 전통의 중요성을 의도적으로 강조한 것이기도 했다. 마오쩌둥은 1961년 다음과 같이 썼다.

중국의 딸들은 깊은 야심의 정신을 지녔다.

그들은 실크나 새틴이 아닌 제복을 사랑한다.[12]

벨파스트 여성들은 중국의 면 재킷을 '페미니스트 룩'으로
재탄생시켰고, 이는 남성의 승인을 받기 위해 여성의 신체를 내
어주는 일을 거부하겠다는 선언이 되었다.

여성해방운동가들은 드레스에 작업용 부츠를 신는 식으로
다양한 스타일을 병치하며 전복적 룩을 연출했다. 옷에 슬로건
을 새기기도 했다. 1970년대 후반 미국 다트머스칼리지의 파이
로페미니스트그룹Pyrofeminist Group이 입은 티셔츠에는 "망할 놈들을
불태워버리자burn the motherfucker down"라는 슬로건의 약자인 BTMFD
가 새겨져 있었다.[13] 보스턴의 노동계급 레즈비언 단체인 스틱잇
인더월마더퍼커콜렉티브Stick It In The Wall Motherfucker Collective 구성원이
었던 수 캐츠Sue Katz는 가죽옷을 입으며 PVC 소재 미니스커트에
담긴 위반의 가능성을 간절히 욕망했다고 회상했다.[14] 여성해방
운동에 적극적으로 참여했던 이들 대다수는 새로운 복장이라는
선택지가 일상에서 저항을 표현하는 강력한 수단이라고 생각했
고, 어떤 이들의 경우에 크로스드레싱을 통한 젠더 비순응, 체모
기르기, 가슴 압박대도 포함되는 것이었다. 여성들은 관습적이
거나 남성의 시선으로 규정되는 패션을 따르는 대신 자신 또는
다른 여성들에게 기쁨을 주기 위한 방식으로 옷을 입는 데서 느
끼는 만족감을 이야기했다. 오스트레일리아의 [젠더 및 문화 연
구자] 앨리슨 바틀릿은 이렇게 말했다. "브래지어를 입지 않는

건 휴식 같았습니다. 감각적으로도, 기능적으로도 해방감을 느꼈죠. …… 돈도 아꼈고요." 오스트레일리아 브리즈번에서 열린 기념비적인 행진 '밤을 되찾자Reclaim the Night'의 한 참가자는 셔츠와 티셔츠를 자연스럽게 벗어 던지고 자랑스럽게 행진했던 경험을 다음과 같이 회상했다.

집단적 현상으로 퍼져나가면서 다른 이들도 상의를 다 벗고 시내의 거리를, (빅토리아)브리지 위를 자랑스럽게 행진했어요. 젊은이든 늙은이든, 뚱뚱하든 깡말랐든, 가슴이 이리저리 흔들리고, 떠다니고, 솟구치고, 불쑥 튀어나오고, 나른하게 늘어지거나 신나게 부대꼈지요. …… 보호복에 무장까지 한 경찰이 오히려 더 연약해 보이더군요. 마치 거리에 난무하는 벌거벗은 가슴으로부터 보호가 필요하기라도 한 것처럼 말이에요.

그에게 상의를 벗고 가슴을 드러내는 행위는 경찰의 진압복을 우스꽝스러워 보이게 만들 만큼 "호화롭고, 전복적이고, 어떤 면에서는 섹시한" 것이었다.[15] 이처럼 '페미니스트 룩'은 단지 새로운 의상뿐만 아니라 몸 자체의 움직임과 물리적 또는 공적인 장소에서 여성이 스스로를 위치시키는 방식으로까지 확장되었다.

1980년대 그리넘커먼평화캠프의 영국 여성들은 "색색의 리본으로 묶은 짧게 자른 머리, 다채로운 스카프, 부츠, 슬리커[기장이 길고 넉넉한 품의 레인코트]를 …… 비롯한 헐렁한 옷을 겹겹

이 껴입는 등 컬러풀하고, 실용적이며, 창의적인" 특유의 스타일을 만들어냈다. 때로는 보안조치를 뚫기 위해 이런 페미니즘의 미학을 버려야 할 때도 있었지만 말이다. 그린넘의 두 여성은 인습적 드레스와 스커트 차림으로 군사기지에 들어가 군인 가족들과 함께 휴게실에서 텔레비전을 보기도 했다. 리본을 달거나 긴 점퍼를 입지 않은 이들 두 여성은 정문을 통과해 공군기지를 나설 때까지 활동가라는 사실을 들키지 않았다.[16]

권력과 더 가까운 곳에 있었던 여성들 역시 전략적으로 의상을 선택했다. 1980년대 영국의 지방의회 의원으로 여성 단체에 수백만 파운드의 공적 자금을 지원한 밸러리 와이즈Valerie Wise는 던거리dungaree[데님 바지 또는 작업복]가 아닌 인습적인 스커트 정장을 입었다. 여성해방운동가들이 관습적 패션을 거부하며 브래지어를 벗어 던지고 제모를 거부하던 시기, 와이즈는 단지 머리를 짧게 자르는 것도 "엄청난 도박"이라 여겼다. 인습적 옷차림이 정치인으로서의 영향력을 더 굳건하게 만들어준다고 생각했던 와이즈는 이렇게 말했다. "나는 사람들이 내가 입은 옷을 놓고 이러쿵저러쿵 하는 것보다 내가 하는 말에 집중하기를 바란다. 옷차림으로 눈길을 끌고 싶지 않다. 나는 핀업 모델pin-up model*이 아니다."[17] 1970년대 오스트레일리아 여성국 국장이던 세라 다우즈Sara Dowse 역시 같은 이유로 "지나치게 화려하지도, 지나치게 유행을 따르지도" 않는 옷을 입는다고 말했다. 임명 당

---

* 대중매체 등에서 섹스 심벌의 이미지를 내세우는 모델.

시 그는 청바지를 벗고 긴 데님 스커트를 입었다. 그러다 1980년대에 들어 '페모크라트'들의 스타일이 어깨를 강조하는 파워수트로 변화했다는 사실을 알아차렸다. "붉은 재킷을 입는 경우가 많았는데, 여러 문화권에서 붉은색은 섹슈얼리티만큼이나 권력과 연관되는 것이었다. 또 한 가지 중요했던 것은 …… 권력과 섹슈얼리티의 복잡하고 모순적인 조화 속에서 재등장한 하이힐이었다."[18]

'페미니스트 룩'의 창조는 새로운 공동체를 이루는 가시적이면서도 접근하기 쉬운 방법이었다. 벨파스트의 페미니스트들에게 패션은 서로 알아볼 수 있는 모습을 취한다는 점에서 소속감을 안겨주었다. 맥기번은 1970년대 벨파스트의 물자 부족 문제를 강조하면서도 던거리의 중요성에 주목했다. 1970년대 뉴욕을 찾은 그는 단체로 함께 생활하는 여성들이 입을 똑같은 던거리를 여러 벌 주문해 이들의 자급자족 정신과 모든 자원을 공유한다는 가치관에 어울리는 통일된 복장을 만들었다.

복장 규제

'여성해방의 모습'에 담긴 정치학은 때로 자기만족보다 다른 여성을 재단하는 데 쓰였다. 성적 대상화에 저항하기로 뜻을 모은 여성해방운동 활동가들은 전 세계의 미인대회를 표적으로 삼았다. 필리핀 여성들이 정치에 입문하는 입구가 되어주었던 바로 그 행사 말이다. 활동가들이 미스아메리카 선발대회 같은 유명 대회에 난입해 진행을 방해하는 시위를 벌인 건 이미 유명한 이야기다. 1968년, 미국 페미니스트 단체 뉴욕래디컬위민New York Radical Women이 미인대회에서 벌인 피켓시위는 진풍경을 자아냈다. 이들은 모델들이 "시골 박람회의 가축들처럼 평가당하는" 데 항의하는 의미로 양떼 행진을 벌였다. 또한 이들은 남성 기자들의 인터뷰 요청을 거부했는데, 이는 신문사에서 게토처럼 여겨지던 여성 지면을 담당하는 여성 기자들을 불러들이기 위해서였다. 또 다른 유명한 시위로는 브래지어, 인조 속눈썹, 그리고 《플레이보이》나 《레이디스 홈 저널》 같은 잡지들을 가득 담은 '자유의 쓰레기통'을 설치했던 걸 꼽을 수 있다. 그러나 널리 알려진 바와 달리 시위자들이 이 물건들을 불태우지는 않았다.[19] 이런 시위들은 1970년 미스월드 선발대회에서 밀가루 폭탄을 던지고 풋볼 래틀football rattle*을 흔들며 진행을 방해한 영국,[20] 1971년 미스뉴질랜드 선발대회 도중에 전기를 끊은 뉴질랜드, 1973년 리마에서 열린 미스페루 선발대회에 반대하는 시위를 벌인 페루여성해방행동Action for the Liberation of Peruvian Women, ALIMUPER까지 세계 곳곳으로 확산되었다. 지역 단위로도 수많은 활동가가 소규모 미인대회에서 들고일어났다. 스코틀랜드 애버딘대학교 학생이었던 [페미니즘 활동가] 샌디 와일스Sandie Wyles는 1975년 여성 단체의 다른 구성원들과 함께 대학 내 미인대회에 출전하

---

* 주로 훌리건들이 사용한 축구 응원도구로 독특한 소음을 낸다.

는 것으로 첫 직접행동에 돌입했다.

> 우리는 서류를 제출했고, 그들은 우리가 뭘 하려는지 전혀 이
> 해하지 못하는 것 같았어요. 단체로 나타난 우리들 대부분이
> 던거리를 입고 화장을 하지 않은 사람들이었죠. …… 진행요원
> 들이 말했어요. "아, 안 돼요, 안 돼요. 들어오면 안 됩니다. 들
> 어올 수 없어요. 한 번에 한 사람씩 들어와야 해요." 우리는 말
> 했죠. "아뇨, 우리는 다 같이 한꺼번에 들어갈 거예요."[21]

와일스의 말에 따르면 "몹시 폭력적이었던" 이 대회에서,
페미니스트가 아닌 여성 참가자들의 거센 항의에도 불구하고
와일스가 소속된 여성 단체는 시위를 이어갔다. 이 시위는 지역
신문을 통해 보도되었으며 이후로도 이들은 애버딘에서 임신중
단권 시위와 '밤을 되찾자' 시위에 적극적으로 참여했다. 그러
나 여성 모델들을 직접 겨냥한 이런 상징적 시위는 자매애에 대
한 훼손으로 여겨지기도 했다. 여성 모델 대다수는 노동계급이
었고, 미인대회에서의 성공은 이들에게 자존감의 근원이자 상
금 또는 사회적 지위를 얻을 수 있는 수단이었기 때문이다. 영국
의 흑인 공동체 내에는 미인대회의 오랜 전통이 존재했는데, 이
는 서인도제도 출신 활동가 클로디아 존스가 런던 노팅힐 카니
발 초기에 주관한 것이었다. 여성해방운동이 벌인 미인대회 시
위는 이런 인종과 계급의 역학관계를 업신여기는 경향이 있었
다. 이들의 시위는 또한 페미니스트가 (이성애적) 성애와 쾌락에

반대하고, 다른 여성의 신체를 자신들이 설정한 허용 가능한 행동 기준에 맞추어 통제하고자 한다는 생각에 근거를 제공하는 것이기도 했다. 그 결과로 생겨난, 페미니즘이 재단하는 태도를 취하며 경직된 도덕주의를 추구한다는 평판은 더 많은 대중에게 다가가는 데 방해가 되었다. 또, 던거리나 마오쩌둥 스타일의 재킷을 필수로 입어야 하는 것 역시 서로 다른 복장을 입는 여성들 사이의 자매애와 연대를 상상하기 힘들게 만드는 또 다른 제약이 될 수 있었다.

전복적 자기연출과 계급 사이의 긴장

의복이 본질적으로 계급적이라는 특성은 여성운동 내부에서 오랫동안 긴장과 힘겨루기를 자아내는 근원이었다. 에드워드시대 여성참정권운동가들이 전략적으로 착용한 극도로 인습적인 복장은 고급 모자와 드레스를 살 수 없는 여성들에게는 곤란한 문제였다. 세련된 옷차림이 필요한 시위는 상대적으로 노동계급 여성들이 배제되는 결과로 이어졌고, 이는 곧 여성사회정치연맹이 벌인 가장 가시적인 행동 대다수가 중상류층 여성들의 주도로 이뤄졌다는 뜻이다. 그럼에도 불구하고 행진에 참여하는 노동계급 여성들도 있었다. 이들은 자신이 몸담고 있는 산업부문의 특징적 복장을 입었는데, 여성참정권운동 지도자 애니 케니Annie Kenney가 때때로 숄과 클로그clog슈즈*로 '여공mill girl'

복장을 했던 것이나, 조산사와 간호사들이 유니폼을 입고 행진했던 것이 그 예다. 위장 또는 재미를 위해 노동계급의 옷을 입는 경우도 있었다. 인맥이 두텁고 교육수준이 높았던 여성참정권운동가 바버라 아일턴 굴드Barbara Ayrton Gould, 1886~1950는 등대지기 아버지와 함께 [난파당한 선원들의] 목숨을 구해 영국의 국민적 영웅으로 추앙받는 그레이스 달링Grace Darling을 표현하고자 '어부 소녀' 복장을 했다. 중상류층 여성들이 종종 재미로 노동계급 여성의 복장을 했다는 인식도 있지만 귀족 여성 레이디 콘스턴스 리턴Lady Constance Lytton, 1869~1923처럼 보다 진지한 의도를 품은 경우도 있었다. 리턴은 가상의 노동계급 여성 '제인 와턴Jane Warton'으로 분장했다. 1909년 체포된 리턴은 자신의 석방에 분개했는데, 그 것이 자신의 사회적 지위 덕분일 거라고 생각했기 때문이다. 교도소 당국은 그에게 심장 질환이 있기 때문이라고 주장했지만 말이다. 1910년, 또다시 체포된 리턴은 이번엔 다음과 같이 허름한 제인 와턴의 복장이었다.

> 트위드 모자, 8실링 6펜스를 주고 산 긴 녹색 코트, 모직 스카프와 모직 장갑, 흰색 실크 목스카프, 코안경, 동전지갑, 신문을 담을 수 있는 망태기.[22]

이런 복장으로 체포된 그는 중노동형을 선고받고 건강검진

---

*   밑창이 나무나 코르크로 만들어진 신발.

여성참정권운동가 콘스턴스 리턴이 가상의
재봉사 '제인 와턴'으로 분장한 모습,
1914년경. 의복이 본질적으로 계급적이라는
특성은 여성운동 내부에서 오랫동안 긴장과
힘겨루기를 자아내는 근원이었다.
출처: ⓒMarch of the Women Collective/Mary Evans
Picture Library.

도 없이 여덟 번이나 강제로 음식을 먹어야 했다. 실제로 심장질환이 있었던 리턴은 결국 심장마비를 일으켰고, 이후로도 완전히 회복하지 못했다. 에드워드시대 영국에서 의복이 계급 불평등을 심화할 수 있다는 사실이 여성참정권운동가들에 의해 입증되었으나, 여성참정권운동은 이를 이해하면서도 여러 이유로 의복의 인습에 도전하기를 주저했다. 훗날의 세대는 훨씬 더 적극적으로 인습을 타파하고자 했지만, 페미니스트가 무엇을 입어야 하는가에 대한 질문에는 계속해서 계급이라는 문제가 구석구석 배어들었다.

20세기 후반, 여성해방운동과 레즈비언 단체가 특유의 외양을 추구하기 시작하면서 서로 다른 계급의 여성들은 서로 무척이나 다른 의미들을 의복문화에 부여했다. 오스트레일리아의 페미니스트 레키 홉킨스Lekkie Hopkins는 신체의 자율성이라는 의미를 강력하게 함축한 복장인 푸른색과 카키색 멜빵바지overall를 입었다. 홉킨스는 이렇게 말했다. "우리는 우리의 몸이 우리의 것이며, 팔 수도 약탈할 수도 없는, 오로지 우리 자신의 기쁨을 위한 것이라는 의미로 남성 노동자의 의복을 빼앗았다."[23] 그러나 이는 오래전 특권을 가진 여성참정권운동가들이 무분별하게 노동계급 여성들의 옷을 입었던 것과 그리 다르지 않은 것일지도 모른다. 여성들은 다양한 계급적 배경을 지녔으므로, 어떤 이들에게 '페미니스트 룩'에서 드러나는 계급정치는 고통스러운 것이었다. 북미 페미니스트 서점운동에 참여한 활동가 중 한 사람인 넷 하트Nett Hart는 "강압적으로 젠더화된 복장 규정을 마주했을 때 '싫다'고 말할 수 있는 경제적 선택지가 모두에게 있는 건 아니다"라고 지적했다. 하트는 페미니스트들이 다르게 보이고자 "청바지와 플란넬 셔츠"를 입는 게 "가난한 노동계급 여성들이 늘 입었던 옷을 중상류층 여성들이 입는 것"에 불과할 수도 있다고 주장했다.[24] 수 캐츠가 보스턴에서 시도했던 집단적 의복 공유에서도 문제가 드러났다. 빈곤한 환경에서 나고 자란 캐츠는 노동계급 및 흑인 여성이 옷과 맺는 관계가 [다른 계급이나 백인 여성과] 확연히 다를 수 있고, 이 때문에 집단적으로 의복을 공동소유하는 일이 어려울 수 있다는 데 주목했다.

> 백인이든 흑인이든 노동계급의 아이들은 비싸고 유행에 맞는 옷이 아니라, 청결하고 깔끔하며 다림질한 옷을 입어야 한다고 엄격하게 배우며 자란다. 우리 중 어떤 이들은 한 푼 한 푼 모아서 샀거나 큰맘 먹고 구입한 소중한 옷을 남과 공유하고 싶어 하지 않았다. ……
> 나는 옷을 공유하고 싶지 않았다. 어린 시절 내겐 물려받은 옷밖에 없다시피 했다. …… 어린 시절 내내 근사한 새 옷을 입었던 이들은 분명 다른 식으로 옷을 바라볼 것이다. 그들은 부모가 언제든 또 사줄 물건들에 무심했다. 그들에게 방 한가운데 쌓인 옷 무더기는 그저 재미있는 뽑기일 뿐이었다.[25]

이런 긴장은 프랜시스 빌의 소책자 〈이중의 위험〉(1969)에도 담겨 있다. 빌은 옷을 잘 차려입은 여성에 대한 페미니스트들의 반감은 유구한 것이라며, 그런 여성들에 대해 "몇 시간이나 한가로이 몸치장을 하고, 과시적 소비에 집착하며, 인생의 기능을 그저 성 역할로 제한한다"는 묘사를 남겼다. 빌은 흑인 여성들의 삶에서는 이런 모습을 발견하지 못했다.

흑인 여성이 중산층 백인 여성처럼 집과 아이들을 돌보기만 하리라는 건 헛된 꿈이다. 대부분의 흑인 여성은 가족을 부양하며 식구들을 먹이고 입히느라 노동을 해야 한다. 흑인 여성은 흑인 노동력에서 상당한 비율을 차지하고, 이는 가난한 가정이나 소위 '중산층' 가정이나 마찬가지다. 흑인 여성들에게는 단한 번도 그런 헛된 사치가 허용되지 않았다.

빌의 통찰은 과거의 인종 배제와도 공명하는 것이었다. 해방된 노예이자 노예제폐지론자인 소저너 트루스는 1870년 여성참정권대회에 참여한 이들의 옷차림이 지나치게 화려한 나머지 진지하게 보이지 않을 정도라고 불만을 토로했다. "머리에는 당장에 날아가기라도 할 심산인 듯 거위 날개를 달고 같지도 않은 옷을 입고서는 개혁이니 여성 권리니 논하는 당신들이 무슨 개혁가인가?"[26] 그러나 백인 여성참정권운동가들이 한때 노예였던 이로부터 외모를 지적받고 가만히 있을 리 없었다. 여성참정권운동 정기간행물 《우먼스 저널》은 수수한 퀘이커 드레스를 즐겨 입던 트루스의 외모를 공격했다.

요컨대 페미니스트들 사이에는 패션이 유해하며 가부장적

인 것이라는 의견과 즐거움을 표현하는 영역이라는 의견으로
입장이 갈렸고, 이런 논쟁은 수십 년 동안 이어졌다. 의복은 노
동계급 여성과 흑인 여성들은 정치화하기를 택하지 않은 문화
적 영역이었다. 넷 하트는 다음과 같이 결론 내린다.

> 여성은 자신의 몸에 대한 자기인식과 자기결정권을 (반드시)
> 가져야 한다. 그러나 우리는 그 특권을 누구보다 먼저 사용하
> 는 이들이 특권에 가장 익숙한 이들이라는 사실을 알아야 할
> 것이다.[27]

치마 입은 남성들

철저한 검열, 상업적 압박, 정치적 논쟁의 대상이 되어온 여
성의 옷만큼은 아니겠지만 남성의 복장 규정 역시 페미니즘 시
선의 대상이었다. 1848년 세니커폴스의 여성 권리 회의에서 연
설한 엘리자베스 캐디 스탠턴은 바지를 입은 여성에 대한 고정
관념이 자신의 말을 조롱하고 깎아내리는 데 동원되리라는 걸
알았다. 그는 코르셋 없이 편안한 복장을 하는 여성 의복 캠페
인을 지지했지만 그렇다고 남성복을 입고 싶어 하지는 않았다.
"신사분들은 행여나 우리가 옷을 따라 입을까봐 겁내실 필요가
없습니다. 우리 눈에 그런 옷은 아름답지도, 취향에 맞지도, 품
위 있어 보이지도 않으니까요." 스탠턴은 "헐렁하게 흘러내리는

옷"인 실용복을 선호했으며, 다음과 같은 말로 남성 권력자들을 비꼬고 조롱했다.

모든 주교, 사제, 판사, 변호사, 그리고 지구상 처음 생긴 국가의 시장 나리부터 로마의 교황에 이르기까지 최고 직책에서 공무를 수행하는 이들은 모두 헐렁하게 흘러내리는 의복을 입는다. 이는 보통의 남성복에 위엄도 위용도 없다는 것에 대한 암묵적 인정이다.[28]

버지니아 울프 역시 영국의 남성 기득권층이 지닌 거만한 성미를 우스워한 나머지 1938년 발표한 논설집 《3기니Three Guineas》에 가발을 쓰고 로브와 모피를 두른 판사와 성직자들의 사진을 실으며 비슷한 비판을 했다.

우선 당신들이 입은 옷은 우리가 입을 딱 벌리고 경악하게 만듭니다. 교육받은 남성이 공적인 자격으로 입는 옷이 어찌나 많고, 얼마나 화려하며, 어찌나 극도로 치장된 것들인지! 지금 당신은 자줏빛 옷을 입고 있지요. 가슴팍에서는 보석 박힌 십자가가 흔들거립니다. 양어깨는 레이스로 덮여 있습니다. 이제는 흰담비족제비 모피까지 걸치고……[29]

울프는 남성복의 정교함을 전쟁을 향한 욕망과 연결 지으며, 남성복이 사회적 지위, 폭력, 위계를 담은 위험한 도구라는 궁극적인 예시로 군복을 든다. 울프는 당대의 지배적인 관점이었던 문명과 야만이라는 인종주의적 시선으로 다음과 같은 주장을 펼쳤다.

> 금속이나 리본, 색색의 모자나 가운을 착용함으로써 지성이든 도덕이든 그 어떤 종류의 가치를 표현한다는 건 야만인의 관습만큼이나 조롱받아 마땅한 미개한 행위입니다.[30]

하지만 모든 남성이 관습대로 남성성의 복장규범을 고수한 건 아니었다. 남성용 구두를 "가죽으로 만든 관"이라 부른 시인이자 급진주의자 에드워드 카펜터Edward Carpenter, 1844~1929처럼 남성이 입을 수 있는 옷을 다양화하거나 규범을 전복하고자 시도한 이들도 있었다. 자신을 '제3의 성'을 지닌 사람으로 정체화했던 카펜터는 인도산 샌들을 본떠 직접 만든 샌들을 신었다.

급진주의자 동료들에게도 샌들을 만들어주었던 카펜터는 인습을 벗어난 옷차림 때문에 20세기 초반 괴짜로 널리 알려졌다. 남성 복장에 대한 전복이 주류문화에서 두드러지기 시작한 때는 히피, 비트닉, 펑크, 글램패션, 여성해방 등의 운동이 관습적인 복장규범에 도전하기 시작한 20세기 후반에 이르러서였다. 어떤 남성들에게는 "그저 또 다른 남성일 뿐just another man", "금욕은 전복적이다celibacy is subversive" 같은 슬로건이 적힌 페미니즘 배지나 반성차별 배지를 착용하는 작은 반란이 그 시작이었다. 전면적인 변화를 꾀한 남성들도 있었다. 영국 웨일스의 반성차별 활동가 피트 식스Pete Six는 1980년대 검은 망토, 붉은 클로그 슈즈, 그리고 그의 표현대로라면 '페인트칠 바지' 차림으로 남성 단체 모임에 참석했다. 그는 펑크의 영향을 받아 분홍색과 붉은 색의 스웨터를 직접 떴고, 머리 양옆을 삭발한 채 뒷머리를 단단히 땋아 묶어 반성차별적이고 대안적인 남성 패션문화를 만들어가고자 했다.[31] 하지만 모두가 그의 방식에 우호적인 건 아니었다. 《가디언》의 한 기자는 이렇게 빈정거렸다.

신남성은 기존의 고정관념을 벗어나자마자 또 다른 고정관념을 찾았다. 주름 잡힌 바지, 볼륨감 있는 셔츠, 중국식 슬리퍼와 자기비하적인 태도를 겸비한 이 신남성은 그 무엇보다 견디기 어려운 부담에 시달린다. 그 누구도 자신을 진지하게 받아들이지 않는다는 부담 말이다.[32]

그럼에도 불구하고 《가디언》은 남성복 회사 아라미스맨즈 웨어Aramis Menswear와 함께 '1985년의 신남성'이라는 사진 공모전을 공동후원했다. 수상작은 1980년대 브리스틀의 반성차별 남성 단체에서 활동한 존 콜빈John Colvin이 직접 디자인한 의상을 입고 찍은 사진이었다.[33]

패션을 개혁하고자 했던 페미니스트들의 시도가 계급과 인종 위계로 복잡해졌던 것과 마찬가지로, 반성차별운동을 하는 남성들에게도 인종과 민족성은 매우 어려운 문제였다. 무용수였던 콜빈에게 영감을 준 것은 그가 아프리카계 카리브인 남성들과 아프리카 남성들 사이에서 인식했던 온전한 신체라는 감각이었다. 훗날 한 인터뷰에서 그는 다음과 같이 회상했다.

> 저는 우리 중 많은 이가 서인도제도나 아프리카 흑인이라는 문화적 배경을 지닌 남성이 서구문화권에서 태어난 남성 대부분보다 신체의 움직임에 대한 인식과 유연성이 더 클 거라는 고정관념을 가지고 있을 거라 봅니다. 하지만 이런 신체 움직임이 패션산업에서 노출되거나 이용되는 모습은 아직까지 보지 못했어요.

존이 무신경하게 사용한 "우리"라는 표현과 자신의 몸이 비백인 남성들과 보다 가까운 관계를 맺고 있다는 생각에서 그가 얻은 영감은 유감스럽다. 그의 말은 영국 성차별반대 남성운동에서 흑인·아시아인 남성들이 배제되어 있었음을 알려준다.

남성복 개혁은 쉽지 않았다. 존 콜빈은 남성들이 자신이 입은 치마 속으로 손을 집어넣었던 경험과 남성들의 심각한 성추행에 경악했던 일을 회상한다. 그의 회상에 따르면 치마를 입은 남성은 다음과 같은 일을 겪었다.

> 그런 옷을 입고 길거리를 돌아다니는 건 위험천만한 일입니다. 매 순간이 정치적 행동이 되니까 말이죠. 자신감이 필요해요. 기지도 있어야 하고요. 희롱당하고 학대당하죠, 보통은요. 저를 추행한 여성은 없었어요, 하나같이 남성들이었습니다.[34]

성차별에 반대하는 남성들 중 일부가 택한 중성적 옷차림 또는 크로스드레싱 실험의 동기는 여성운동과의 연대와 친밀감이었다. 어떤 이들은 퀴어나 게이로서의 섹슈얼리티를 표현하고자 치마, 드레스, 브래지어를 착용하기도 했다. 자신에게 맞지 않는 젠더로 산다고 느끼는 이들도 있었다. 이 모든 다양한 집단이 남성 복장을 전복하고자 했던 시도들은 젠더규범을 거스르는 방식의 자기표현이 얼마나 어려운 일인지를 뚜렷이 보여주었다. 여성복을 입거나 '대안적' 복장을 착용한 남성들은 종종 자신이 안전하지 못하다고 느꼈다. 그럼에도 그와 유사한 형태의 희롱을 여성과 논바이너리가 일상적으로 겪고 있으며, 나아가 강간이나 성폭행을 당한 여성이 '도발적인' 짧은 치마를 입고 있었다면 기소하지 않는 법제도 등으로 인해 상황이 악화되고 있음을 인식한 경우는 거의 없었다.

히자비스타[*]

여성의 옷은 몸을 가리고 숨기는 장치로써 거리나 일터에서의 폭력으로부터 자신을 지키는 은신처가 되기도 했다. 이런 자기보호 전략은 억압의 한 형태로 읽히는 경우도 많았지만 페

---

[*]   Hijabista. 히잡과 같은 이슬람의 복장규범을 준수하면서도 멋스러운 옷차림을 하는 이슬람 여성을 뜻한다.

사야와 만토를 입은 페루 리마의 한 여성,
1860~1880년경. 여성의 옷은 몸을 가리고 숨기는
장치로써 거리나 일터에서의 폭력으로부터 자신을
지키는 은신처가 되기도 했다. 이런 자기보호
전략은 억압의 한 형태로 읽히는 경우도 많았지만
페미니즘적 잠재력 역시 지니고 있었다.

미니즘적 잠재력 역시 지니고 있었다. 1833년에서 1834년에 걸쳐 페루를 여행한 프랑스계 페루인 작가 플로라 트리스탕은 페루 리마에서 상반신과 머리를 가리는 의복인 사야saya와 만토manto를 두른 여성들을 마주쳤다. 소매 없는 검은 망토인 만토는 상반신을 가렸고 사야는 여성의 머리와 입, 한쪽 눈을 가렸는데, 트리스탕은 이를 "경제적인 동시에 무척 단정하고 편리하며 최소한의 관리도 필요 없이 언제나 준비된" 차림새라고 묘사했다.

트리스탕은 이런 복장이 여성에게 위장의 권력과 자유를 준다고 단호히 주장했다.

리마의 여성은 지위의 고하에 상관없이 언제나 **자기 자신**이다. 그는 결코 제약에 구속되지 않는다. 어린 소녀일 때, 그는 이러한 차림이 가져다주는 자유를 통해 부모의 지배로부터 탈출한다. 결혼을 해도 남편의 이름을 따르는 대신 자신의 이름을 지키며 언제나 자기 자신으로 존재한다.

트리스탕은 페루 여성들이 리마의 거리를 자유로이 누비며 남성과 대화하고 추파를 주고받았다고 기록했다.

이 여성들은 혼자 극장에, 투우 경기에, 공개 모임에, 무도회에, 산책로에, 교회에, 타인의 집에 가고, 따라서 어디에서든 이들을 마주칠 수 있다. 대화하고 싶은 상대를 만나면 말을 걸고, 아니면 그 자리를 떠나는 이들은 얼굴을 가리지 않은 남성

보다도 더욱 자유롭고 독립적으로 군중 한가운데 존재한다.

트리스탕은 페루 여성들에게 이토록 열광했음에도 유럽을 세계의 나머지 지역보다 우월한 곳으로 전제함으로써 문명에 위계를 두는 익숙한 관점은 버리지 않았다. 그는 페루 여성들이 "유럽 여성들보다 도덕적으로 열등하다"고 생각했다. 그는 이렇게도 썼다. "이곳 사람들이 다다른 문명의 단계는 아직 유럽의 우리 문명에 비하면 크게 뒤떨어져 있다. 페루에는 남녀 모두를 위한 교육기관이 존재하지 않는다." 트리스탕은 리마 여성들의 자유가 일종의 도덕적 유아라고 말했다. 그러나 그저 베일 한 장으로 자유를 얻을 수 있다 여긴 그는 순진했다. 페루는 법적으로 여성을 시민으로 보지 않았으며, 보수적인 제도와 대지주가 지배하는 사회였으니 말이다. 20세기 초반 페루 페미니스트들의 요구에서 알 수 있듯 여성들에게 페루는 해방과는 거리가 먼 곳이었다. 1924년 페루의 페미니스트 활동가 마리아 헤수스 알바라도 리베라María Jesus Alvarado Rivera, 1878~1971는 여성 권리를 주장하는 시위를 벌였다가 투옥되었고 이내 강제 추방되었다. 그럼에도 불구하고 트리스탕의 관찰이 흥미로운 것은 흔히 가부장제의 도구라 이해되는 베일 착용을 둘러싸고 오랫동안 이어져온 격렬한 논쟁 때문이다. 이런 논쟁은 특히 이슬람의 관습과 관련해 두드러지게 벌어졌는데, 실제로 트리스탕 또한 페루의 복식과 여러 이슬람 국가에서 착용하는 베일의 유사성을 곧장 알아차렸다. 그는 이렇게 결론짓는다. 페루에서는 "모든 여성이 지위 고하와 무관하게 이 의상을 착용한다. 동양의 무슬림 여성들이 쓰는 베일과 마찬가지로 이 의상은 사회적으로 존중받는 페루 관습의 일부다".[35]

트리스탕의 견해는 그보다 일찍이 세계를 여행한 영국의 귀족 출신 서간문 작가 레이디 메리 워틀리 몬터규Lady Mary Wortley Montagu, 1689~1762를 연상시킨다. 튀르키예 주재 영국 대사의 아내였던 레이디 메리는 오스만제국 여성들의 삶을 관찰했다. 그는 당대 유럽인들 사이에 퍼져 있던, 무슬림 여성에게는 영혼이 없다는 식의 생각과 같이 무슬림 여성들의 지위가 낮다고 여기는 근거 없는 통념에 반박하고자 했다. 한편으로 그는 직접 무슬림 여성들을 관찰하고 직접 베일을 쓰기도 하며 베일 착용을 옹호했다. 트리스탕이 말했던 것과 마찬가지로, 베일이 여성의 익명성을 보장하는 유용한 수단이라 보았던 것이다.[36] 훗날의 캠페인들도 중동 패션이 주는 자유를 유용한 것으로 여겼다. 아멜리아 블루머는 자신이 디자인한 바지에 대해 "무슬림"에서 영감을 받았다고 말했고, 1851년 샌프란시스코의 한 신문은 블루머를 입은 한 미국인을 "몹시 짧은 새틴 스커트와 흐르는 듯한 붉은색 새틴 바지, 눈부신 노란색의 크레이프 숄, 그리고 실크 터번을 두른 화려한 **튀르키예풍** 옷차림"이라며 [긍정적으로] 묘사하기도 했다.[37]

이처럼 이슬람 복식에 대한 호의적 입장이 있었던 한편으로, 무슬림 여성의 삶은 종종 비무슬림 관찰자들에 의해 억압받는 삶으로 특징지어졌다. 19세기에서 20세기에 걸쳐 대다수의 서구 평론가들은 세속의 페미니스트가 '구제'할 필요성을 나타내는 상징으로서 하렘과 머리쓰개를 논했다. 무슬림 여성들 역시 때로 복장규범을 비판했지만, 이를 힘 기르기의 원천으로 보는 이들도 적지 않았다. 이집트를 비롯한 여러 이슬람 국가에서 베일 쓰기의 정치를 둘러싸고 벌어진 논쟁들을 살펴보면 여성이 머리를 가리는 행위가 어째서 수십 년간 딜레마를 유발해왔는지 알 수 있을 것이다.

베일 쓰기를 바라보는 두 가지 시선, 민족주의와 식민주의

1799년 라시드여성회의에서 벌어진 '여성 문제'를 둘러싼 논의는 이집트에서 이루어진 젠더 질의interrogating gender의 긴 역사를 시사한다. 이러한 논의는 주로 부유한 상류층 여성들의 것이었다. 19세기에서 20세기 초반, 이집트에서는 나즐리 파질Nazli Fazil, 1853~1913 공주나 레바논 출신 메이 지야다Mayy Ziyadah, 1886~1941 같은 이들이 이끌던 여성 문학 및 문화 살롱이 번성했다. 살롱에서는 여성과 남성이 대면하며 사회, 정치, 문화, 젠더 이슈에 관해 지적 교류를 나눌 수 있었고, 이런 활동은 살롱 바깥으로까지 나아가기도 했다. 1908년 설립된 이집트대학교가 여학생 입학을 거부하자 1914년 카이로에서는 여성교육연합Women's Educational Association이 결성되어 여성들에게 여성 관련 주제를 다루는 대중

강의를 제공했다. 또한 여성들은 이집트 귀족 여성들의 자금으로 중상류층 여성들이 설립하고 운영하는 자선단체 활동을 통해 공적 영역으로 진출하기 시작했다. 이런 자선단체들은 빈곤여성과 아동들에게 의료봉사, 쉼터, 고아원을 제공했다. 자선단체 활동은 뚜렷하게 페미니즘과 관련된다기보다는 박애주의에 더 가까운 것이었지만 공적 삶에 대한 여성들의 참여를 확대하는 데 중요한 역할을 했다. 일부 여성들은 이 단체에서의 활동을 통해 표면적으로나마 사적 영역인 가정과 시민적·상업적 활동의 영역을 가르는 젠더 제약의 경계를 어느 정도 넘나들 수 있었다. 비록 여성들 대부분이 타인을 양육하고 돌보는 가정에서의 역할과 관련한 일을 도맡았던 것으로 보이나, 이들에게 단체 활동은 집이라는 한정된 공간을 벗어나 조금이나마 사회문제에 참여할 수 있는 통로였다. 1919년 혁명으로 이집트가 독립선언을 한 뒤, 1923년 헌법에 여성 권리를 포함하고자 했던 노력은 이집트의 엘리트 여성들이 사회 및 정치 의제와 관련해 적극적으로 활동했음을 알 수 있는 대목이다. 그러나 성평등이 헌법으로 보장된 건 1952년 왕정이 무너지고 나서였다.

이집트의 활동가 후다 샤아라위 Huda Sha'arawi, 1879~1947는 여성을 격리하고 베일을 씌우는 관례를 따르는 상류층 가정에서 태어나 열세 살에 사촌과 결혼했다. 그러나 억눌린 삶을 살지는 않았다. 그는 혼자 힘으로 정규교육을 받았고, 프랑스어와 아랍어로 글을 쓰고 출판했으며, 여성교육을 조직했고, 주기적으로 남편과 별거했다. 그는 민족주의에 기반해 정치활동을 펼쳤으며

1919년 이집트 왕국의 준독립 계기가 된 반영국 시위에서 여성들을 조직하는 데 주도적 역할을 했다. 1922년 남편의 사망 이후 샤아라위는 히잡을 거부하기 시작했다. 1923년 로마에서 열린 국제여성참정권연맹 회의에 참석하고 돌아오는 길에 동료인 사이자 나바라위와 함께 카이로 기차역에서 일부러 베일을 걷고 얼굴을 드러내며 논란의 중심에 섰다.

당대 유럽의 페미니스트들은 베일을 벗은 샤아라위의 행동을 이집트 여성을 위한 의미 있는 일보 전진이라며 찬사를 보냈지만, 실제 20세기 초반 이집트 시골 여성이나 노동계급 여성들 대부분은 베일을 쓰지 않고 생활했다. 샤아라위에게도 베일을 벗는 건 별다른 사안이 아니었으므로 얼마 뒤《국제 여성참정권 뉴스International Woman Suffrage News》와의 인터뷰에서도 이 행동을 언급조차 하지 않았다. 그에게 더 중요한 사안은 그가 1923년 설립한 이집트페미니스트연합Egyptian Feminist Union이었다.[38] 샤아라위는 페미니즘 잡지 《레집티엔느L'Egyptienne》,《엘마스리야el-Masreyyah》를 창간했으며 가족법 개혁과 여성의 교육 기회 확대에 매진했다. 또, 전 지구적 여성참정권 쟁취를 목표로 1904년 베를린에서 설립된 강력한 네트워크인 국제여성참정권연맹과 긴밀하게 협력했다. 1929년을 기준으로 국제여성참정권연맹에는 51개국의 대표단이 함께했다. 이들은 정기회의를 열어 여성의 경제적, 교육적, 도덕적, 정치적 권리를 논했고, 참정권과 여성해방의 연관성을 보여주고자 했다. 국제여성참정권연맹은 월간지 《투표권 Jus Suffragii》을 영어와 프랑스어로 발행하며 전 세계 여성운동을 기록했다. 후다 샤아라위는 이러한 국제네트워크 및 국내 활동을 통해 이집트를 대표하는 페미니스트로 이름을 날렸다. 여성의 자유와 권리를 쟁취하기 위한 그의 기나긴 노력은《나의 회고록Mudhakkirātī》으로 출간되기도 했다. 그런데 이 책은 영어로 번역되면서《하렘의 나날들: 어느 이집트 페미니스트의 회고록Harem Years: The Memoirs of an Egyptian Feminist》이라는 오리엔탈리즘적인 제목을 얻었다. 샤아라위가 오랫동안 펼친 폭넓고 대중적인 활동에도 불구하고, 영어권 독자들은 여전히 격리와 베일이라는 이미지 없이는 이슬람 국가의 여성들을 상상하지 못했던 것이다. 샤아라위는 베일을 향한 서구의 집착을 비웃으며 이 때문에 서구 여성들이 이집트 여성을 제대로 바라보지 못한다는 의미에서 "무지의 베일"이라는 표현을 썼다.

베일 착용 문제가 샤아라위 개인의 주된 관심사는 아니었을지 몰라도, 많은 무슬림 여성에게 베일은 여전히 주요 쟁점이었다. 레바논의 지식인 가문에서 태어난 나지라 자인 알딘Nazira Zain al-Din, 1908~1976은 무슬림과 가톨릭 교육을 모두 받은 여성이었다. 그는 십 대이던 1920년대부터 일부 이슬람 당국이 강요한 베일 착용에 반대하는 주장을 펼쳤다. 1928년 자인 알딘은《베일 쓰기와 베일 벗기Veiling and Unveiling》를 출간하며 "온몸을 감싸는 검은 천과 얼굴을 가리는 베일"을 강제하는 시리아 성직자들에 항의했다. 그는 이러한 복장 규정을 무슬림 여성들이 마주하는 다른 신체적 제약과 연결하며, 이슬람 성직자들은 "베일을 무덤에 묻힐 때에야 벗을 수 있는 내실內室의 벽으로 만들려 한다"고 지적했다. 그의 해석에 따르면 이슬람교 경전과 여성의 자유는 완벽하게 양립 가능했다. 쿠란은 여성과 남성 모두 천부적으로 의지와 사고를 지닌 존재로 전제했으며, 어디에도 여성이 얼굴을 가려야 한다는 언급은 없었기 때문이다. 자인 알딘은 쿠란이 여성의 재산권과 이혼권을 옹호하고 여성의 영아 살해를 금지한다는 점을 강조하며 이슬람에서 어머니의 역할이 더욱 중요해져야 한다고 했다. 《베일 쓰기와 베일 벗기》는 당대는 물론 그 이전에 있었던 많은 페미니스트의 주장과 마찬가지로, 여성은 이성을 타고난 존재이며 여성이 실패하는 것은 교육 기회가 부족하기 때문이라는 주장을 펼쳤다. 또, 당대 여러 민족주의자들이 그러했듯 자인 알딘 역시도 여성을 구속하는 국가는 다른 국가와 경쟁 및 독립을 쟁취하는 과정에서 필연적으로 굴복하게 될 것이라고 보았다.

자인 알딘과 샤아라위 같은 여성들이 활동한 식민지 환경에서는 식민주의의 언어로 식민지의 '원시적 후진성'에 대한 문제를 제기하지 않고서는 여성의 자유를 옹호할 방법을 찾기가 어려웠다. 이러한 맥락에서 페미니즘은 마치 국가 근대화를 이루고자 하는 서구의 표현처럼 받아들여지기도 했다. 자인 알딘에게 반대하는 이들은 그가 선교사들의 말을 받아쓴다고 비난했다. 이에 그는 1929년 《소녀와 샤이크The Girl and the Shaikhs》라는 저서로 반박에 나섰지만 이후로는 더 이상 책을 출간하지 않았다.

오늘날까지도 베일은 복잡한 상징이다. 어떤 여성들에게 베일은 여성 대중의 조직화와 양립할 수 있는 문화적·종교적 관습이었으며, 실제로 그러한 조직화를 가능하게 하는 관습으로 널리 받아들여지기도 했다. 자이납 알가잘리Zainab al-Ghazali, 1917~2005 같은 교육받은 이집트 여성들은 급진주의 이슬람과 사회정의라는 대의로 이집트 여성들을 조직했다. 샤아라위가 만든 이집트 페미니스트연합의 일원이었던 알가잘리는 이슬람 신앙이 여성에게 강한 가족 내 권리를 부여한다는 샤아라위의 생각에 영향을 받아 1930년 훗날 무슬림시스터즈Muslim Sisters로 이름을 바꾸게 되는 무슬림여성협회Muslim Women's Society를 만들었다.[39] 이 단체는 이슬람에서 여성과 남성이 영적으로 평등하다는 캠페인을 벌였으나, 동시에 여성이 남성에게 순응해야 한다는 교리를 따랐다. 그러면서도 알가잘리는 꾸준히 대중강연과 저술활동을 이어갔다. 이러한 행보는 세속적인 페미니즘과 민족주의적인 이슬람 신앙 양쪽 모두를 불안하게 했고, 알가잘리는 오랜 기간 수감생활을 하게 되었다.

1956년 [이집트 대통령] 가말 압델 나세르Gamal Abdel Nasser가 헌법을 제정하며 이집트 여성들의 참정권과 평등권이 보장되었다. 여성의 지위 향상은 나세르가 펼친 범아랍주의·세속주의 근대화 프로젝트의 일부였고, 페미니즘은 '국가적 고양'을 위한 '국가 페미니즘'으로 전환되기에 이른다. 국가주의적 근대화에서 베일 착용은 권장되지 않았으며, 국가 건설의 핵심 과제로서 여성의 임금노동 참여가 중요한 과제로 떠올랐다.[40] 그러나 사회적으로는 여성의 삶에 신앙이 어떤 역할을 할 것인지에 대한 합의가 전혀 이루어지지 않았고, 1970년대가 되자 '서구화된'

이슬람이 아닌 '진정한' 이슬람을 주창하는 이슬람운동이 부흥하기 시작했다. 이러한 흐름 속에서 1970년대에서 1980년대 대학교에 다니는 젊은 여성들을 중심으로 히잡을 받아들이는 이집트 여성들이 늘어났다. 인도네시아의 상황도 비슷하게 흘러갔다. 1966년에서 1998년까지 인도네시아를 지배한 수하르토 Suharto 대통령의 세속주의·군국주의 '신질서' 정권에 대항하는 이슬람 학생운동의 부상에 힘입어, 여성들이 머리를 단단히 감싸는 머리쓰개인 질바브jilbab를 착용하기 시작했다.[41] 이러한 흐름은 과거 독실함을 드러내는 금욕적 옷차림을 대체하며 '부사나 무슬리마busana Muslimah'라 일컬어진 '수수한' 이슬람 패션의 유행으로 자리 잡았다. 이집트의 카이로나 사우디아라비아의 제다에서 시작되는 최신 유행에 따라 각 지역의 유행도 달라졌다. 흐르는 듯한 바지, 튜닉, 새로운 모양의 머리쓰개로 이루어진 부사나 무슬리마는 국가주의와 종교적 의미 모두를 표현하는 것이었다.[42]

이란 여성들은 서구의 지원을 받는 잔학한 독재자 레자 샤 팔라비Reza Shah Pahlavi가 1936년 머리쓰개를 금지했을 때 반발했다. 이란 여성들에게 머리쓰개 착용은 '이슬람 근대성'의 새로운 표현으로서 자신의 '모습'을 선택할 권리의 표명이었으며, 이후에는 1979년 혁명에 대한 지지의 표명이 되기도 했다. 그러나 머지않아 이슬람 혁명세력이 여성의 공적 생활에 반대하며 베일 착용을 강제하자, 베일이 젠더 분리를 강제하고 여성을 공적 영역에서 몰아내고자 하는 수단이라는 사실이 분명해졌다. 파키스탄에서도 1977년 이후 지아 장군의 군국주의 정권하에서 강압적인 이슬람화 조치가 시행되며, 일하고 공적 삶을 살아갈 여성의 법적 권리가 억압당했다. 1987년 파키스탄여성행동포럼Pakistani Women's Action Forum 소속 여성 단체는 정부가 차도르(스카프)와 두파타(숄)를 배포한 데 격노했다. 이들은 1981년부터 가족법에 따른 여성의 권리를 옹호하고, 특히 친족이 여성의 행동을 통제하기 위해 악용하는 수단인 지나zina(불륜) 혐의로 이루어지는 체포와 구금에 반대하기 위해 적극적으로 활동하고 있었다. 파키스탄여성행동포럼 창립자 랄라 루흐Lala Rukh는 "아름다운" 차도르를 좋아했다고 말하면서도 강제 착용은 거부했다. 파키스탄여성행동포럼은 여성에게 적대적인 법적·문화적 환경을 잔혹하게 강제하는 정권에 대한 반대시위의 일환으로 머리쓰개를 불태웠다.[43] 1987년에는 아프가니스탄여성혁명협회Revolutionary Association of the Women of Afghanistan, RAWA 창립자 미나 케시와르 카말Meena Keshwar Kamal, 1956~1987이 암살당하는 사건이 발생했다. 아프가니스탄여성혁명협회 회원들은 1977년부터 아프가니스탄 카불에서 여성 문맹 퇴치와 취업 프로젝트, 그리고 가정폭력 반대캠페인을 펼쳤다. 이들은 전신을 가리는 부르카를 활용해 위험하고 불안정한 아프간에서 등사기로 찍어내는 신문《여성의 메시지Payam-e-Zan》와 카메라를 밀반입했다. 근본주의에 반대하고 민주주의를 지지했던 아프가니스탄여성혁명협회의 페미니즘 정치는 소련 점령군과 지하디 저항군 모두에 목숨을 걸고 맞서는 일이었다. 미나는 파키스탄으로 망명했으나 국가가 개입한 암살을 피할 수 없었다.[44]

미나 케시와르 카말의 연설 모습, 1982년.
1977년 아프가니스탄여성혁명협회를 창립한
그는 근본주의에 반대하고 민주주의를
지지하는 페미니즘 정치를 주창했다.

일부 이슬람주의자들은 페미니즘이 '서구'의 타락을 상징하는 것이라 보고 적극적으로 반대했으나, 알가잘리가 그러했듯 이슬람 제도를 통해 실질적 권한을 확보한 경험을 바탕으로 쿠란에 근거한 페미니즘을 지지하는 이들도 있었다.[45] 세계의 다른 주요 종교들처럼 이슬람교 역시도 지역 및 역사적 시기에 따라 다양하게 해석되었다. 이란에서는 1979년 혁명 이후 여성을 통제하고 베일을 씌우기 위한 수사학과 법적 강제에도 불구하고 공적·문화적 영역에서 여성의 존재감이 점점 더 커졌다. [인류학자] 지바 미르호세이니Ziba Mir-Hosseini는 이란 여성들이 베일 착용을 통해 공적 삶의 더 많은 영역에 진입할 수 있게 되었다고 주장했다. 그는 혁명 초기 여성의 법관 임용이나 공학 등의 공부를 금지했던 조치가 순차적으로 해제되었음을 강조했다. 1990년대 이란에서는 샤리아법sharia law[쿠란을 바탕으로 만들어진 이슬람 율법]을 여성의 자율성, 폭력으로부터의 보호, 공적 영역 진입이라는 페미니즘 원칙에 기반한 것으로 재구성하려는 움직임이 나타났다.[46] 1980년대부터 디자이너와 의류업체들은 세련된 여성 이슬람 복식을 내놓기 시작했고, 일부 여성들은 이를 매력적인 '룩'으로 수용하며 보다 강력한 정치적·문화적 세력으로서 이슬람의 부상을 보여주었다.

지난 10년간 프랑스, 네덜란드, 벨기에, 오스트리아, 덴마크, 뉴질랜드에서 발생한 공공장소에서의 베일 착용 금지 및 베일 쓴 여성들을 희롱하는 행위 같은 이슬람혐오의 행태는 여전히 '여성해방'을 그 동기로 내세우곤 했다. 2015년 프랑스의 한

해변에서 몇몇 무슬림 여성이 온몸을 가리는 수영복인 부르키니를 입고 있자 이를 금지하는 지역 당국의 정책을 집행하기 위해 무장경찰이 출동했을 때 베일 착용 금지령에 내포된 상징적·실질적 폭력성은 가감 없이 드러났다. 해변의 무슬림 여성들이 옷을 벗도록 강제한 경찰의 강압적인 개입은 베일 착용 금지를 주장하는 페미니즘적 동기에 전혀 부합하지 않았다. 2020년 코로나19 위기로 마스크 착용이 필수가 된 와중에도 안면 가리개 착용을 금지하는 프랑스의 법률이 유지되어 논란이 된 사례는 무슬림 여성들이 마주하는 징벌적 차별을 그대로 보여주는 것이기도 했다.

벨 훅스가 "제국주의적 응시—지배, 종속, 식민화하고자 하는 시선"이라 이름한 바로 그 원천에서 힘을 얻어 이슬람혐오와 페미니즘을 일치시키려는 이들에게 베일은 앞으로도 결집점이 될 것이다.[47] 종교는 필연적으로 가부장적이라는 장구한 주장에도 불구하고, 지구적 관점으로 볼 때 페미니즘이 오로지 세속의 운동이었던 적은 없다. 종교적 동기에서 촉발된 페미니즘 행동의 긴 역사가 존재한다.

이슬람 페미니즘은 19세기 후반부터 중동, 남아시아, 동남아시아 이슬람교인 사이에서 여성 권리와 교육을 확고하게 지지해온 오랜 전통이 있다. 수많은 비평가가 그러했던 것처럼 머리쓰개와 베일을 착용한 무슬림 여성들의 행동을 남성에 대한 복종으로 이해한다면 이는 무슬림 여성들의 선택과 머리를 가리는 복잡한 이유들을 무시하는 처사다. 과거의 비평가로서는 알 수 없었겠으나, 이러한 시각은 이슬람을 획일적인 가부장적 입장으로만 바라보는 것이기도 하다. 실제 19세기와 20세기의 여러 운동가들에게 여성을 학대하는 종교는 이슬람이 아니라 다른 종교적 전통이었으며, 운동가들은 특히 힌두교, 시크교, 로마가톨릭교의 관습에 강하게 저항했다. 종교가 문제가 아니라 반페미니즘적인 국가가 문제라고 일반화된 시기도 있었다. 1917년, 미국이 1차 세계대전에 참전하면서 독일과 맞섰을 때 《뉴욕타임스》 헤드라인은 "독일은 페미니즘을 혐오한다"라고 썼다. 사설에서는 독일과 대조적인 곳으로서 미국을 "페미니즘의 땅, 특권을 누리는 여성들의 땅"으로 제시했다.[48] 종교나 국가가 페미니스트 또는 반페미니스트로 그려지는 것은 시대적인 맥락에 따른 가변적 현상으로, 그런 주장을 결코 곧이곧대로 받아들여서는 안 될 것이다. 그런데도 1970년대 후반부터 서구에서는 이슬람을 근본주의적이고 반페미니즘적인 종교로만 그려내는 움직임이 점점 더 커지고 있다. 우리는 역사적으로 존재해온 이슬람 페미니즘, 그리고 무슬림 여성들이 머리쓰개와 베일을 요구하거나 거부해온 다양한 이유를 제대로 살펴보아야 할 것이다.

지구상의 여성들은 자신의 모습을 선택하고 이에 도전하는 데 신중을 기했다. 여성참정권운동가들은 1840년대 미국의 복장 개혁가들이 주창한 '자유복freedom suit'을 즐기는 것과 목소리를 높이기 위해 관습적 자기표현에 머무는 것 사이에서 아슬아슬하게 줄타기를 했다. 여성참정권운동가이자 연설가 수전 B. 앤서니는 자신이 짧은 치마를 입었을 때 "청중은 내 말이 아닌 옷에 집중했다"고 말했다.[49] 이 때문에 그는 치맛자락이 움직임을 제약하는데도 불구하고 긴치마를 입었다. 복장 개혁은 급진적인 여성들 사이에서 꾸준히 지지받았지만, 전통적 권력과 가까운 위치에 있는 이들에게는 주의를 분산하는 위험을 가진 일이었다.

2016년 미국 대선에서 힐러리 클린턴이 겪은 일을 보면 21세기에도 여전히 여성의 복장은 반갑지 않은 관심의 대상임을 알 수 있다. 클린턴은 "바지 정장"을 선호하는 이유에 대해 "전문적이며 준비되었다고 느끼게 한다"고 말했다. 그는 또한 기자들의 불필요한 질문과 '치마 속 촬영' 같은 추잡한 행위의 가능성을 사전에 차단하기 위해 '유니폼' 스타일을 고수했다. 그럼에도 불구하고 클린턴의 복장이 지나치게 남성적이라거나 지나치게 사치스럽다는 등의 비판적 보도가 끊임없이 이어졌다.

공적 영역에서 마주하는 적대적 환경에도 불구하고, 여성들은 때로 정말 불가능할 것 같은 상황에서도 자신의 목소리를 냈다. 여성해방운동가들은 미인대회 참가자들을 양이나 소로 묘사하며 이들을 가부장제의 희생양이라 말하곤 했다. 하지만 2017년 11월, 미스페루 선발대회에서 반짝이는 금빛 드레스를 입은 참가자들은 한 사람씩 마이크 앞으로 다가가 자신의 이름과 출신 지역, 그리고 자신들의 '수치'를 소개했다. 가슴과 허리 사이즈가 아닌, 자신이 사는 지역과 도시에서 일어난 여성 살해사건 건수, 아동 살해사건 건수, 가정폭력 비율 등 주요 통계수치를 발표했던 것이다. 미인대회 참가자들의 이러한 시위는 라틴아메리카 여성들이 겪는 가정폭력과 살해사건의 심각성을 강조하고 대규모 항의시위로도 이어진 해시태그운동 #NiUnaMenos (더는 한 명도 잃을 수 없다)의 자장 안에 있는 것이었다. 미인대회라는 배경을 두고 일어난, 남성의 응시에 맞추어진 듯한 젊은 여성들의 신체와 참담한 폭력의 목록을 병치한 이 사건은 논란을 불러일으켰다. 어떤 활동가들에게 페미니즘과 기업화된 미인대회의 결합은 용납할 수 없는 일이었다. 그러나 이 행동에 힘을 불어넣은 건 바로 그러한 병치, 그리고 종종 침묵당하거나 무시당한 모델들의 목소리였다. 이 시위는 페미니즘이 다양한 장에서 다양한 목소리를 택할 수 있음을, 그리고 '페미니스트 룩'이 미인대회 티아라에서 머리쓰개, 나아가 '자유복'에 이르기까지 다양한 모습을 아우를 수 있음을 놀라운 방식으로 알려주었다.

감정

감정은 오래전부터 젠더 질서를 새로이 생각하고 페미니즘의 긴박함을 전달하고자 하는 시도의 씨실과 날실 중 하나였다. 내가 눈에 띄는 초록색 책등을 가진 페미니즘 출판사 비라고의 책을 처음 읽은 건 아마도 열다섯 살쯤이었을 것이다. 내가 읽은 책은 관습과 고된 노동에도 굴하지 않고 글 쓸 권리를 주장한 오스트레일리아의 저항자 마일스 프랭클린Miles Franklin의 《나의 눈부신 경력My Brilliant Career》이었다. 1901년 남성처럼 보이는 필명으로 이 책을 출판했을 때 프랭클린의 나이는 고작 열여섯 살이었다. 이성애 로맨스의 길을 거부한 프랭클린의 목소리는 수천 마일, 수십 년의 거리와 시간을 가로질러 나에게까지 강렬한 울림을 전달했다. 그로부터 몇 년 뒤에는 시카고와 파리를 넘나들며 위험하고 아슬아슬하게 전개되는 연애를 다룬 시몬 드 보부아르의 1950년대 자전적 소설 《만다린Les Mandarins》에 또 한번 사로잡혔다. 남아프리카의 어느 도서관에서 우연히 발견한 이 책을 통해 내 마음은 남녀관계에 대한 치열하고 진지한 성찰의 세계로 이끌렸다. 이런 책들은 십 대 시절 내가 페미니즘과 정서적 유대를 형성하도록 도와주었다. 당시에는 어느 선생님이 내게 '브라버너'냐고 물었을 때 그게 무슨 뜻인지도 몰랐지만 말이다.

역사를 되돌아보면, 페미니스트의 요구는 단지 강렬한 감정을 이끌어내는 데 그치지 않고 감정의 정치 또한 포함한다는 특징이 있다. 여성이 이성적인 존재임을 주장했던 호세파 아마르는 거기서 더 나아가 1786년 저서 《담론Discurso》을 통해 여성에게는 행복할 권리가 있다는 대담한 주장을 했다. 아마르는 행복추구권을 인권으로 정의한 미국의 독립선언에 영향을 받았을지도 모른다. 감정은 18세기 후반 정치에서 중요한 위치를 점했고, 여성과 남성 모두 자신의 다양한 감정을 공적 영역에서 공공연하게 드러낼 수 있었다. 19세기에는 사회적으로 수용 가능한 범위가 줄어들긴 했지만 감정은 여전히 정치적으로 중요한 것이었다. 행복의 부재는 19세기 여성 억압을 상징하는 특징적 징후가 되었다. 노르웨이 극작가 헨리크 입센Henrik Ibsen의 희곡 《인형의 집》에 등장하는 여성 주인공 노라는 아버지의 집과 남편의 집에서 자신은 명랑할 뿐 행복하지 않다고 말한다. 1879년에 쓰인 이 희곡에 그려진, 자신을 어린아이 취급하는 '명랑한' 결혼생활로부터 벗어나고자 하는 여성의 모습은 19세기 후반 사상가들이 여성의 자유를 생각할 때 떠올리는 가장 일반적인 이미지 중 하나였으며 그 이미지는 20세기까지도 쭉 유지되었다. 입센의 이 희곡은 1911년 일본 잡지 《세이토》의 편집자들이 일본어로 처음 번역한 텍스트이기도 했다. 1892년에는 스페인어판이 출간되었고, 이후 1918년 중국어, 1923년 벵골어와 구자라트어, 1938년 힌디어로 번역되었다. 《인형의 집》과 노라의 반란은 행복추구와 자아실현으로서의 여성해방을 상징하는 전 지구적 토템이 되었다.

훗날의 페미니즘 역시도 감정을 정치적 지형으로 삼았다. 샌프란시스코의 [페미니스트 단체] 수드소플로펜Sudsofloppen에서 활동한 추드 패멀라 앨런은 1968년 다음과 같이 썼다.

> 사회는 우리를 우리의 감정으로부터 소외시킨다. …… 우리는 스스로를 이해하기 위해서, 정신적 건강을 위해서 반드시 감정과 맺는 관계를 유지하고 심화해야 한다. 우리가 가장 먼저 고려해야 할 것은 어떤 감정이 좋은 건지 나쁜 건지가 아니라, 감정이 무엇이냐에 대한 것이다. 감정은 현실이다. 감정을 부인한다고 감정이 사라지지 않는다. 감정의 존재를 인정해야만 우리는 감정을 다룰 수 있다.[1]

회원들을 곤경에 빠뜨리지 않기 위해 수드소플로펜이라는 아무런 의미도 없는 이름을 선택한 이 단체는 여성해방이 소규모 모임을 통해 가장 잘 이루어질 수 있다고 제안했다. 소규모 모임에서 여성들은 자신의 경험을 드러내고 "억압이 각자의 삶에서 어떤 형태로 드러나는지에 대한 이야기"를 나누었다. 이 '의식 고양' 또는 '자의식autocoscienza' 모델은 오랫동안 이탈리아와 미국에서 여성해방과 연관되어온 것이지만, 마오주의의 '쑤쿠诉苦'[고통 말하기]라는 또 다른 근원에서 영감을 얻은 것이기도 했다. 마오쩌둥이 남긴 유명한 말 "하늘의 절반은 여성이 떠받친다婦女頂半邊天"와 관련된 이러한 고통 말하기는 우선 자신이 받는 억압을 말로 표현하고, 이후에 집단적 행동이 따르는 것을 중요하게 여겼다. 마오주의자들은 쑤쿠를 "고통을 말함으로써 고통을 떠올리는" 과정이라고 일컬었다.

공산주의 중국과 베트남의 여성들이 이런 방법을 통해 해방되고 힘을 얻었다는 생각은 1960년대에서 1970년대 오스트레일리아, 쿠바, 프랑스, 서독의 페미니스트들에게 영향을 주었다. 여성 활동가들의 중국 방문은 1973년 프랑스에서 출간된 클로디 브루아옐Claudie Broyelle의 《하늘의 절반La Moitié du Ciel》과 같은 중요한 텍스트의 탄생으로 이어지기도 했다. 이 책은 베스트셀러가 되어 곧 독일어, 스페인어, 영어로 번역되었고, 유럽과 중앙아메리카 및 라틴아메리카 전역에 영향을 미쳤다. 브루아옐은 감정에 기반해 자신의 목소리를 내고 행동하는 공산주의자 여성의 자율성을 강조했고, 이러한 기술을 페미니즘의 지구적 실천으로 삼아야 한다고 공표했다.[2] 이에 깊은 영향을 받은 미국의 활동가 캐럴 해니시Carol Hanisch는 블랙파워운동에서 말하는 '있는 그대로 말하기' 기법과 연결 지었고, 1970년 "개인적인 것이 정치적인 것이다"라는 페미니즘 슬로건으로 이를 간결하고도 힘

있게 요약했다.[3]

그러나 이런 방법들이 보다 폭넓은 논의를 희생하면서까지 개인의 감정에 집중하자는 의미는 아니었다. 감정은 여성 억압의 구조적 특성과 여성해방의 시급성을 분명하게 밝히기 위한 열쇠였다. 수드소플로펜은 의식 고양을 통해 다음과 같은 일을 이룰 수 있다고 했다.

> 우리는 여태 입으로만 말했던 사실을 **우리의 직감으로** 이해할 수 있게 되었다. 이 사회에서 여성이 된다는 문제를 해결할 수 있는 개인적인 방법은 존재하지 않는다는 걸 말이다. 사회를 바꾸기 위해 노력하지 않으면 우리는 결국 사회 때문에 망가질 것임을 깨달았다.[4]

이번 장에서는 페미니스트가 되는 데 바탕을 이루는 직감과 새롭게 '느끼는 방식'에 대한 정치적 요구를 살펴본다. 페미니즘 역사학자들은 페미니즘 행동에서 감정이 가지는 중요성에 새로이 주목하고 있다. 페미니즘은 운동의 핵심을 이루는 강렬한 감정인 분노와 연관되어 '정열적 정치학passionate politics'으로 묘사되곤 했다. 분노는 활동가 여성에 대한 조악한 고정관념을 향하기도 했고, 때로는 극도로 파괴적이고 고통스러운 개인적 경험이 되기도 했다. 그러나 오로지 분노에만 주목하게 되면 분노만큼이나 중요한 페미니즘의 또 다른 감정을 놓칠 수 있다. 바로 사랑이다. 어떤 이들에게 사랑과 돌봄의 가장 중요한 장은 모성이었고, 이는 여성들이 감정을 헌신하는 독특한 현장을 만들어내며 페미니즘운동의 중심을 이루었다. 또 어떤 이들에게는 여성들 사이의 온기, 우정, 신뢰, 욕망이 페미니즘이었고, 이런 감정들이 페미니즘적 변화의 주요한 매개로 작동했다.

페미니즘의 분노

1883년 10월 12일, 스무 살의 한 여성이 일본 오츠의 공개 연단에 올라 여성의 속박에 대한 분노의 목소리를 냈다. 기시다 토시코岸田俊子, 1863~1901는 대중에게 목소리를 낼 수 있는 사회적 입지를 지닌 여성이었다. 교토의 명망 있는 가문 출신인 그는 메이지시대 일본 궁정에서 가정교사로 일하면서 황후와 가까이 지냈다. 기시다는 메이지시대라는 정치적 격변기에 여성 권리를 주장하는 연설을 하기 시작했다. 당시 여러 '근대화' 당파는 일본 정부가 기존의 고립주의와 경직된 사회적 위계구조에서 벗어나기 시작하면서 변화의 시대를 맞이하고 있다는 희망을 가졌다. 기시다는 여성이 부모에 대한 절대적 복종과 가정에의 속박이라는 요구 때문에 "상자" 속에서 살아간다는 연설로 많은 이에게 각인되었다. 그는 이런 환경에서 딸을 기른다는 것은 소금 속에서 꽃을 피워내려는 것과 마찬가지라고 말했다. 이 암울한 은유는 딸, 아내, 정부情婦로서의 여성의 종속에 대한 그의 분노가 얼마나 깊은지 보여주는 것이었다.

당국은 기시다의 연설을 그냥 지나치지 않았다. 사실 지금 우리가 그의 연설 내용을 알 수 있는 것도 당시 경찰 정보원의 채증 기록이 남아 있기 때문이다. 기시다는 허가 없이 연설한 죄목으로 체포되어 감옥에서 여드레를 보냈다. 메이지 정부는 정부에 대한 비판을 탄압했고, 변화에 대한 희망에도 불구하고 1890년 이후 새로이 만들어진 법에 따르면 여성은 그 어떤 정치적 참여도 할 수 없었다. 일본에서 여성이 정치 모임에 참여할 수 있게 된 건 1922년 이후의 일이다. 금지법이 폐지된 뒤에도 공적 활동을 하는 여성에 대한 분노는 심각했으며 이는 폭력적 형태로 표출되었다. 1911년부터 1916년까지 《세이토》를 편집하며 일본의 페미니즘 사상 출판에 깊이 관여한 이토 노에伊藤野枝, 1895~1923는 1923년 체포당한 뒤 경찰에게 목이 졸리기도 했다.

'소금 속에서 핀 꽃'은 강렬하고도 고통스러운 이미지였다. 훗날의 일본 페미니스트들도 분노를 표출하고자 줄곧 강렬한 은유를 사용했다. 일본의 여성해방운동인 우먼리브에 참여했던 저명한 활동가 다나카 미쓰田中美津는 1970년 8월 〈변소로부터의 해방〉이라는 제목의 초기 선언문을 배포했다. 수기로 작성한 이 선언문은 도쿄에서 열린, 차별에 반대하는 아시아 여성 회의에서 낭독되었다. 미쓰는 여성이 더 이상 남성의 성적 욕구를 위해 굴욕적인 취급을 받는 변기로 존재하지 않을 것이라고 강한 어조로 선언했다. 그는 앤절라 데이비스Angela Davis 같은 블랙파워 운동 작가들의 영향을 받아 '흑인은 아름답다Black is beautiful' 운동과 유사하게 '**온나**女*는 아름답다'고 선언함으로써 **온나**라는 비체를 전유했다. 미쓰의 글은 빌헬름 라이히가 말한 성적 해방에 바탕을 두었으며, 여성의 신체를 억압의 장소인 **동시에** 해방의 장소로 부각했다. 또한 그는 페미니즘이 "질이 말하는 진실"에 기반해야 한다고 주장하며 여성의 자궁은 "앙심을 품고 있다"고 말했다. 여성과 소녀들이 일상적으로 남성 욕망의 대상이 되는 데 분노한 그는 그러한 분노를 평화를 사랑하는 여성에 대한 이야기로 포장하지 않았다. 성폭력 생존자이기도 했던 미쓰는 여성이 "스스로 생각하고, 고함지르고, 자신의 아이의 피에 복수의 낙인을 찍는 자궁"이 자아내는 폭력과 분노를 표현할 수 있는 공간을 열어주었다.[5]

분노라는 본능적 감정은 여성해방운동가들이 전 세계적으로 소환해낸 강력한 동기였다. 그러자 분노를 표출하는 구체적 수단으로서의 폭력이 페미니즘운동의 적절한 형태일 수 있는지에 대한 논의에도 불이 붙었다. 1970년대 초반, 일본은 소규모 테러 집단인 연합적군의 행동을 둘러싼 스캔들로 크게 동요했다. 연합적군 지도자 나가타 히로코永田洋子는 1972년 2월 단원들에 대한 잔혹행위에 가담했고 그 결과 12명이 숙청당했다. 언론은 체포된 나가타를 악마화했고, 그는 살인죄로 유죄판결을 받았다. 그의 행동은 우먼리브운동이 정치적 폭력의 한계를 질문하게 만들었다. 다나카 미쓰는 나가타의 행동을 혐오했음에도

---

* 일본어에서 일반적으로 여성을 가리키는 말은 죠세이女性 또는 온나노히토女の人다. '온나'라는 말에는 성적으로 방종한 여성을 경멸하는 뉘앙스가 깃들어 있다.

불구하고 그를 지지했다. 미쓰는 언론이 나가타를 괴물로 묘사하는 반면, 같은 적군파 남성 지도자의 폭력은 이데올로기적 동기를 가진 것으로 이해하며 동정적으로 다룬다는 데 크게 분노했다. 나가타는 비체화된 여성, 즉 **온나**였고, 폭력을 행사할 수 있는 모든 여성은 그에게 연대해야 한다고 미쓰는 주장했다.

이런 주장은 우먼리브운동이 1970년대 일본에서 심각한 사회문제로 다뤄진, 여성이 자녀를 살해하는 논쟁적이고 비극적인 사건들에도 연대하게 만들었다. 이들은 자녀를 살해한 어머니는 자녀를 살해한 아버지보다 훨씬 더 부정적으로 묘사된다는 점을 지적하며, 어머니의 폭력은 여성을 의존적인 존재로 만드는 사회구조 때문이라고 설명했다.[6] 여성운동계 대부분이 그랬듯 일본의 우먼리브운동 역시 직접 폭력을 쓰고자 한 것은 아니었다. 7장에서 만나볼 페미니즘 테러리스트들과 대조적으로 이들의 행동은 상징으로서의 폭력에 초점을 맞췄다. 예를 들면, 1974년 모나리자를 전시한 도쿄 국립박물관이 장애인과 유아 동반 입장을 금지하자 페미니스트들은 항의의 의미로 모나리자를 덮은 방탄유리 위에 붉은 스프레이를 뿌렸다.

분노는 미쓰가 바라본 것처럼 남성과 가부장제에 도전하는 힘으로 경험된 한편으로, 페미니스트들 안에서 분출된 감정이기도 했다. 분노를 불러일으키는 원인은 여러 가지가 있었지만 20세기 후반에 가장 끈질기게 지속된 원인은 이성애주의적 운동에서 레즈비언 여성들이 주변화된다는 문제였다. 미국의 여성해방운동가들은 비교적 이른 시기에 여성들 내부의 분열과 갈등을 인지하고 이를 해소하고자 1969년 '여성 화합을 위한 회의Congress to Unite Women'를 열었다. 그러나 화합에 대한 희망은 어쩌면 순진한 것이었다. 전미여성기구 창립자 베티 프리단Betty Friedan, 1921~2006의 동성애혐오에 레즈비언 여성들은 격렬하게 분노했다. 프리단은 레즈비언 여성들을 "라벤더 위협"*이라 표현하며 여성운동의 통합과 대중적 수용 가능성을 위협하는 존재로 보았다. 그는 선동적인 수사를 동원해 레즈비언을 "분열과 극단주의를 조장하고, '남성, 임신, 모성을 타도하라!'고 외치며 성 정치의 분열을 부채질하는" **정부 공작원**agents provocateurs이라 규정했다. 프리단은 레즈비언이 "성적 기호를 정치적 이데올로기로 삼고자 시도함으로써" "정치적 주류의 에너지를" 분산한다고 보았다.[7]

레즈비언들은 그러한 고정관념을 결코 받아들이지 않았고, 주류매체에 노출되지 않기 위해 뒤로 빠지려 하지도 않았다. 1970년 제2회 '여성 화합을 위한 회의'가 레즈비언들의 항의시위 현장이 된 건 결코 우연이 아니다. 회의장은 "라벤더 위협"이 적긴 보라색 티셔츠를 입은 [레즈비언 페미니스트 단체] 급진적레즈비언들Radicalesbians 구성원들에게 점거되어 이내 모든 불이 꺼졌다. 시위자들은 극적으로 무대 위를 장악하고는 다시 불을 켜고 여성 대표들을 향해 자신들과 함께할 것을 촉구했다. 이들이 배포한 〈여성으로 정체화한 여성〉이라는 선언문에는 그들의 감정과 행동의 중심을 차지한 분노가 담겨 있었다.

---

* 라벤더색은 레즈비언, 게이, 비이성애를 상징하는 색이었다.

레즈비언이란 무엇인가? 레즈비언은 폭발할 정도로 응축된 모든 여성의 분노다. 레즈비언은 대개 아주 어린 시절부터 사회가 허락하는 것보다 더욱 완전하고 자유로운 인간이 되고자 하는 내적 욕구에 따라 행동해온 여성이다. 이러한 욕구와 행동은 오랜 세월에 걸쳐 사람과 상황은 물론이고 사고, 감정, 행동 방식에 대한 사회적 통념과도 고통스러운 갈등을 겪게 한다. 결국은 자신을 둘러싼 모든 것, 대개는 자기 자신과의 관계마저도 지속적인 전쟁 상태에 이르게 만든다.[8]

이들이 프리단과 그 추종자들 앞에서 공공연하게 분노를 표출하게 된 맥락에도 불구하고, 이 선언문의 골자는 **자기**혐오가 "의식의 가장자리에서 여성의 존재에 독을 풀고, 자기 자신과 자신의 욕구로부터 여성을 소외시키며, 다른 여성들에게 자신을 낯선 존재로 바꾸어놓는" 감정으로서 여성의 내면에서 교묘하게 작동한다는 것이었다.

사회화는 오래전부터 여성이 분노를 행사하기 어렵게 만드는 방식으로 작동했기 때문에, 분노를 도구로 삼기 어려워하는 여성들도 있었다. 1970년 '라벤더 장악' 참여자를 포함한 레즈비언들이 1971년 워싱턴 D.C.에서 '복수의 여신들'이라는 의미로 퓨어리즈The Furies라는 단체를 만들어 분노를 정상적인 감정으로 되돌려놓고자 시도했던 것도 그런 이유에서였다. 퓨어리즈는 1973년까지 정기간행물을 발간하며 남성 및 다른 여성과의 분쟁을 해소하는 수단으로서 분리주의를 탐구했고, 이를 통해 분

1970년 제2회 '여성 화합을 위한 회의'에서
라벤더 위협 행동에 참여한 세 여성. 20세기
후반의 페미니스트들이 계속해서 분노를 느낀
이유 중 주된 것은 이성애주의적 운동에서
레즈비언 여성들이 주변화되는 문제였다.

출처: Diana Davis, New York Public Library.

노가 야기하는 피해를 제한할 수 있다고 주장했다. 이들은 다음과 같이 선언했다.

> 남성에 대한 혐오는 개인적인 차원에서 해로운데, 남성을 미워하느라 에너지를 허투루 쓰게 되기 때문이다. …… 누가 인생을 분노, 불행, 복수로 낭비하고 싶겠는가?[9]

분리주의가 여성운동 내에서 더욱 널리 확산되기를 바랐던 일부 페미니스트들은 모든 여성에게 필수적인 자세로서 '정치적 레즈비어니즘political lesbianism'이라는 개념을 발전시켰다. 뉴욕의 여성 단체 국제레즈비언테러집단Collective Lesbian International Terrors, CLIT은 페미니즘 정기간행물 《오프 아워 백스off our backs》에 다음과 같은 글을 게재하며 '비동성애자' 여성들을 격렬하게 비판했다.

> 이성애자 여성들이 위험한 건 그들의 위장술 때문이다. 그들은 여성처럼 보이지만, 통제를 놓은 찰나의 순간에는 오래전 갓난아이의 모습이 언뜻 엿보인다. 그러나 이 순간이 지나가면 그들은 순식간에 혐오스러운 아버지가 계획한 모습으로 돌아가고 마는데, 지난 수천 년간 남성들은 하찮고 멍청한 특성들을 선택해왔으므로, 오늘날의 그들은 아마 유전적으로 남성의 거울일 것이다. …… 그들은 위장한 남성이다.[10]

일부 급진적·혁명적 페미니스트들은 이성애를 가부장제가

강제하는 "선택"이라고 보았다. 비록 모든 여성이 다른 여성에게 성적 욕망을 느끼리라 기대할 수는 없으나, 모든 여성이 "남성과의 섹스"를 거부하는 건 가능해 보였다.[11] 그 결과 페미니스트들 사이에 벌어진 논쟁은 그야말로 난감하기 이를 데 없는 것이었다. 많은 여성은 정서적으로든 성적으로든 남성을 떠날 수 없다고 느꼈다. 《오프 아워 백스》 편집위원들은 국제레즈비언테러집단의 글을 읽고 느낀 "내적 고뇌"를 이야기하며 "(국제레즈비언테러집단의 성명문) 안에 담긴 격렬한 분노가 독자들에게 장벽으로 작용할 것"을 우려했다.[12] 한편에서는 페미니스트 다이크문화의 해방적 진화를 발견하고 새로운 자신감에 기반해 자신의 섹슈얼리티를 탐구할 수 있는 기회라며 환영하는 이들도 있었다. 런던의 페미니즘 서점 시스터라이트 창립자 린 앨더슨Lynn Alderson은 다음과 같이 회상했다.

> 우리가 한평생 해온 모든 선택이 정치적인 선택이었다는 거잖아요. 지적인 문제가 아니라 감정적이고 성적인 문제였고, 인생 전체가 연관된 것 같은 문제였기 때문에 결국 모든 걸 다 바꿔야 한다는 얘기였죠.[13]

하지만 국제레즈비언테러집단의 선언문과 정치적 레즈비어니즘이라는 개념이 유럽과 북아메리카 너머로까지 반향을 불러일으키지는 못했다. 1975년 멕시코시티에서 열린 기념비적 세계여성대회에서는 레즈비어니즘이라는 주제를 놓고 의견 분열이 일어났는데 지구 남부에서 온 참여자 대부분에게 섹슈얼리티는 중요한 의제가 아니었다. 나이사르기 다베Naisargi Dave가 기록했듯, 인도는 1990년대 들어 보다 개방적인 동성애운동이 등장하기 전까지는 서구에서 수입된 것으로 여겨지는 레즈비어니즘이라는 용어를 쓰는 데 저항이 존재했다.[14] 동성애관계에 있는 인도 여성들은 침묵하거나 '에칼 아우라트ekal aurat(독신 여성)'라는 이름표를 선호했다. 1991년 델리에 레즈비언 지원 네트워크 사크히Sakhi가 설립되고 그 뒤를 이어 1995년 뭄바이에 위민투위민Women to Women이 생기고 나서야 '레즈비언'이라는 이름을 받아들이는 이들이 늘어나기 시작했다. 이러한 변화는 1985년 나이로비와 1995년 베이징에서 열린 유엔 세계여성대회에 참여한 인도 여성들이 레즈비어니즘에 대한 공감대를 형성함으로써 뒷받침되기도 했다. 그러나 1990년대에는 그리 극적인 전환이 이루어지지 않았다. 2018년까지 인도에서 동성애는 불법이었으며 여성들은 여전히 동성애관계에 대해 숨기거나 돌려 말하는 일이 흔하다. 이런 복잡한 환경을 감안해 위민투위민은 기존의 서구식 이름에서 스트리산감Stree Sangam(여성들의 모임)이라는 인도식 이름으로 그 명칭을 바꾸었다. '다이크'도 '레즈비언'도 쉽게 번역될 수 없었던 맥락은 이러했다.

오랫동안 (백인의) 적대감을 마주한 당사자로서 흑인 페미니스트들 역시 여성운동 내부에 만연한 인종주의에 분노를 표출했다. 흑인, 아시아계, 라틴계 여성들은 자신들의 문제의식을 중요한 것으로 관철하기 위해 끊임없이 투쟁해야 했다. 이들의 페미니즘적 분노가 향하는 곳은 백인 여성과 다를 때가 많았는데, 가령 이들은 임신중단권을 위한 투쟁보다는 원치 않는 임신중단수술, 불임수술, 아동 탈취를 강제하는 의료진과 복지 당국의 영향으로부터 보호받고자 투쟁했다. 유색인 여성들은 경찰의 폭력을 끝내기 위해, 일터에서의 부당함에 맞서기 위해 목소리를 냈다. 모든 여성을 대변하겠다는 일부 페미니스트들의 야심은 실제로는 오만하고도 유해한 것이었으며, 그 결과 여성들 사이의 경험과 만남에 분노가 스며들었다.

1981년 전미여성학회National Women's Studies Association 연설자로 초청된 오드리 로드는 분노를 주제로 택했다. 그의 분노는 백인 여성운동 내에서의 인종주의 인식 부재, 그리고 공통의 억압을 쉽게 입에 올리는 페미니스트들을 향한 것이었다. 로드는 청중을 향해 냉엄한 질문을 던졌다. "이곳에 모인 여성들은 자신이 겪는 억압에 사로잡힌 나머지 다른 여성의 얼굴에 찍힌 자신의 발자국이 보이지 않는 것입니까?" 분노는 파괴적인 감정일 수 있지만, 로드는 분노를 되찾아 힘의 원천으로 쓰고자 했다. 로드는 유색인 여성들이 "분노가 우리를 갈라놓지 않도록 그것을 세심하게 조율하는" 법을 알고 있다고 보았다. 로드에게 분노는 여성들이 두려워하는 감정이자 변화를 불러일으킬 수 있는 감정이었다. "세밀하게 집중했을 때, 분노는 진보와 변화를 추동하는 강력한 힘이 될 수 있습니다. …… 분노에는 지식과 힘이 가득 담겨 있습니다."[15] 그러나 로드가 주장한 분노 되찾기가 쉽게 받아들여지지는 않았다. 로드는 청중들에게 "파괴가 아닌 생존을 원하는 유색인 여성"의 입장에서 말한다고 강조했으나 백인 동료들이 자신의 분노에 귀 기울이지 않는 현실에 좌절했다. 한 여성은 그에게 이렇게 요구하기도 했다. "당신이 느끼는 감정을 이야기하는 건 괜찮지만 말하는 방식이 너무 가혹하면 듣기가 힘들어요." 그러나 로드는 분노가 명료화를 위한 생산적 과정이라 보았고, 그렇기에 가부장제, 전쟁, 인종주의에 내포된 감정이자 '죽음과 파괴'가 특징인 증오와는 다르다 여겼으며, "동료들 사이의 분노는 변화를 낳습니다"라는 말로 그 힘을 굳건히 확신했다.

로드의 분노 이론은 모든 이에게 행복을 느끼라고 강요하는 신자유주의적 명령이 더욱 만연해진 최근 수십 년 사이 새롭게 힘을 얻었다. 비평가들은 20세기 후반의 '지나쳐가는drive-by' 쾌활함의 윤리에 대해 이야기하며, 경쟁적 소비 지향과 여성적 순종에 깊이 뿌리내린 사회화의 형태로 이끄는 얄팍한 감정을 포착했다.[16] 슐라미스 파이어스톤은 1970년 《성의 변증법》에서 훈련을 통해 "모든 십 대 소녀가 가진 신경성 경련과도 같은" 가짜 미소를 버렸다고 말했다. "즉, 나는 거의 웃지 않았다는 뜻인데 실제로 진짜 미소를 지을 일은 거의 없었기 때문이다." 다른 페미니스트들이 젠더 평등이나 여성 연대의 새로운 세상을 꿈꾼 반면, 파이어스톤이 꾼 페미니즘의 꿈은 간단한 것이었다.

여성해방운동에서 내가 '꿈꾸는' 행동: 모든 여성이 즉시 타인의 '만족'을 위한 미소를 버리고 이제부터 자신이 기분 좋을 때

만 웃겠다고 선언하는 미소 보이콧.[17]

　오늘날 여성들이 '무심한 쌍년의 얼굴resting bitch face'*을 받아들이는 것 역시 파이어스톤의 꿈과 공명한다.

　사라 아메드Sara Ahmed와 바버라 에런라이크Barbara Ehrenreich는 전지구적 자본주의라는 맥락에서 개인과 제도의 핵심 열망이 되는 행복을 비판적으로 분석했다. 이들은 자본주의 경제체체에서 대다수 사람의 행복은 언제나 특권층의 이익에 희생될 수밖에 없다고 주장한다. 이에 아메드는 〈분위기 깨는 페미니스트feminist killjoy〉라는 선언으로 "불행의 한 형태로서의 페미니스트 의식"을 제안했다. 아메드는 감정의 신체화를 부각한다. "우리의 몸은 우리의 도구가 된다. 분노는 병이 된다. 우리는 구토한다. 우리는 삼키라 요구받은 것을 토해낸다." 분위기 깨는 페미니스트가 느끼는 거부감은 수드소플로펜의 '본능적 감정'을 떠오르게 한다. "우리가 구역질이 나면 날수록 우리의 내장은 우리의 페미니스트 친구가 된다." 이런 감정은 아메드의 '페미니스트 스냅feminist snap'** 개념, 즉 "불행을 유발하고, 불행을 유발하는 이들을 지지하고, 폭력과 해악이 여전히 시스템에 내재되어 있다면 화해와 치유를 거부하고자 하는" 의지를 뒷받침하는 것이었다.[18]

　아메드의 말은 페미니스트의 감정이 어떤 모습과 느낌을

---

* 　여성의 무표정한 얼굴을 가리키는 비하적 표현.

** 　'깨지다' 또는 '부러지다'를 뜻하는 스냅snap은 가부장제 환경이 가하는 압박에 항거하는 페미니스트가 침묵을, 또는 행복과 연대를 끊어내는 실천을 뜻한다.

지닐 수 있는지를 강력하게 표현한다. 그러나 21세기 초반 페미니즘의 감정 이론이 지닌 명료함 때문에, 오래전부터 이어져온 감정에 대한 정치적 검열, 그리고 페미니스트 행동들을 구축하고 이에 이의를 제기하는 데 감정이 가졌던 쓸모를 잊어서는 안 된다. 한 예로 19세기 스페인 작가 콘셉시온 아레날은 스페인에서 여성들은 "치명적인" 경멸의 대상이라고 썼다. 그는 1841년 마드리드대학교에서 법학을 공부한, 스페인 최초로 고등교육을 받은 여성이었다. 그는 입학 초기에 반발을 피하고자 남장을 했고, 평생 동안 가명으로만 작품을 출판할 수 있었다. 아레날은 이성적 방식으로 여성의 지위를 설명하고 향상하는 데 깊이 전념했다. 이성에 몰두했던 그조차도 스페인 여론은 "침을 뱉고 발로 짓이기는" 것이었고, 그는 그러한 사회에서 여성이 "불임을 강제당하고 절멸되었다"고 주장했다. 이러한 아레날의 주장은 '페미니스트 스냅', 즉 "불쾌하다 하더라도 진실인 그것을" 말하고자 하는 의지를 보여준다.[19] 감정은 그의 글에 영감과 추동력을 불어넣었고, 평생의 기획에 힘을 실어주었으며, 그가 맞닥뜨리는 사회적 경멸에 맞서 싸울 수 있게 해주었다.

사랑

페미니스트들은 분노의 비판적 힘을 강조한 만큼 사랑과 연대라는 감정도 중요하게 여겼다. 콘셉시온 아레날의 다음 세대인 애나 줄리아 쿠퍼는 페미니스트 윤리로서의 사랑에 깊이 헌신했다. 이는 그가 노예 출신 어머니에게서 태어나 자랐으며 1924년 파리의 명문 소르본대학교에서 박사학위를 받으며 아프리카계 미국인 여성 중 박사학위를 취득한 네 번째 여성이 된 경험에 기인한 것이었다. 쿠퍼는 이성애 결혼이 전제하는 관습적인 감정으로서의 사랑이 여성을 제약하는 속박이라 보았다. 여성의 교육 기회는 여성이 "오로지 **아모**amo, 즉 사랑이라는 한 가지 동사만 쓰면 된다"는 식의 편협한 기대 때문에 억눌려왔다는 것이다.[20] 결혼생활에서의 사랑은 여성을 노리개나 소유물로 만들었고, 특히 아프리카계 미국인 여성들에게는 더욱 가혹한 속박의 경험이 되었다. 이들이 겪는 빈곤은 사랑받는 여성이라는 통념마저 조롱했으며 이들은 "세상에서 가장 쓰라리고, 가장 극심하며, 가장 가차 없는" 편견을 경험했다. 쿠퍼에게 진정한 사랑은 교육에 대한 접근성을 확대하는 데 있었다. 그는 "교감과 사랑을 향한 영혼의 굶주림"을 채우고자 아프리카계 미국인 여성들의 교육 향상에 투신했다.

흑인 페미니즘 사상의 주요한 요소인 사랑이라는 주제는 [아프리카계 미국인 작가] 앨리스 워커 같은 인물 및 "우리 자신, 우리 자매, 우리 공동체를 향한 건강한 사랑에서" 비롯되는 정치를 주장한 컴바히리버컬렉티브Combahee River Collective 같은 [흑인 레즈비언 페미니스트 사회주의] 단체와 함께 미국에서 꾸준히 이어져왔다.[21] 자메이카의 시인이자 페미니스트 준 조던은 '사랑은 어디에 있는가?'를 정치적 행동의 '결정적 질문'으로 삼았다.

나는 페미니스트이며, 그 의미는 내가 흑인이라는 사실이 지닌 의미와 거의 비슷하다. 그것은 내게 내 삶이 자기사랑과 자기존중에 달려 있다는 듯이 스스로를 사랑하고 존중할 의무가 있다는 뜻이다. 우리가 사는 바로 이 세상에서 여성이자 흑인 인간이라는 내 정체성을 둘러싸고 침투하는 혐오와 경멸로부터 스스로를 해독하고자 영원히 노력해야 한다는 뜻이다.

1978년 하워드대학교에서 열린 전미흑인작가회의National Black Writers Conference의 팽팽한 긴장감 속에서 조던이 발표한 흑인 페미니즘의 사랑이라는 원칙은 자신과 다른 여성들은 물론 남성까지도 아우르고자 하는 것이었다. 그의 말에 따르면 모든 사람은 "한 사람 한 사람에 대한 꾸준하고 깊은 사랑과 존중"으로 타인을 포용할 수 있었다.[22]

그런 사랑이 창출되고 표현될 수 있는 방법은 무엇이었을까? 많은 여성은 국내 또는 국제적 조직으로 네트워크를 형성함으로써 사랑을 실현했다. 1888년 워싱턴 D.C.에서 열린 제1회 세계여성단체협의회 회의에 참석한 핀란드 대표 두 여성은 국제적인 여성 회의가 자아내는 감정들에 깊이 몰두했다. [핀란드 여성운동을 대표하는] 알리 트뤼그헬레니우스Alli Trygg-Helenius, 1852~1926는 이날의 회의에 대해 "공감의 금빛 케이블"이 대서양을 가로질렀다고 이야기했다. 그에게 1888년 회의는 "삶의 거대한 꿈"을 대변하는 것이었고, 그는 이 자리에서 "여성의 사랑, 여성의 역량, 여성의 재능, 결코 물러서지 않을 여성의 힘에 대한 깊은 믿음"을 이야기했다.[23] 트뤼그헬레니우스는 [약물, 흡연, 음주, 도박 등에 대한 절제와 관련하여 대중교육을 도모한 조직] 화이트리본협회White Ribbon Association와 기독교여자청년회를 통해 핀란드 절제운동에 그 힘을 쏟았다. 그의 동료이며 작가이자 핀란드여성협회Finnish Women's Association 창립자인 알렉산드라 그리펜베르그는 여성운동 내에서 번성할 수 있는 개인적 사랑의 원천에 더욱 집중했다. 영국과 미국에서의 긴 여행을 마치고 돌아온 그는 1888년 미국인 친구에게 여성참정권운동가들 사이의 강렬한 감정에 대해 이야기하는 편지를 부친다. "루시 스톤Lucy Stone을 좋아하니? 나는 그의 편지와 연설을 정말 좋아하고, 영국에서 만난 그의 딸은 참 사랑스러웠어." 1890년대 세계여성단체협의회 회계 담당자였던 그리펜베르그는 해외활동을 지원하느라 여러 나라를 여행했고, 1906년 여성참정권 쟁취와 함께 핀란드 국회의원으로 선출되었다. 그러나 그의 보수적인 정치는 조르주 상드나 마거릿 풀러Margaret Fuller 등 19세기의 문학·정치계 급진주의자들 사이에서 번성했던, 페미니스트 '자유연애'의 보다 급진적인 버전과는 거리가 멀었다. 그리펜베르그 같은 이들에게 혼외관계나 여성 간의 성적인 사랑은 해로운 열정이었다. 연대와 개인적 우정 같은 '활동가의 감정'을 즐긴 보수적 페미니스트들은 그것과 다른 감정이 야기할 수 있는 위험을 멀리하기 위해 부단히 애썼다.

하지만 무진 노력에도 불구하고, 사랑은 여성 간의 성적 욕망이 깃들게 만들 수 있는 감정이었다. 분노를 남다르게 통찰했던 오드리 로드는 성애의 감정에 대해서도 깊이 생각했다.

성애적인 것은 우리가 무엇을 하느냐에 관한 질문만은 아닙니다. 이는 우리가 성애의 행위를 하면서 얼마나 예리하고도 전폭적으로 느낄 수 있느냐에 관한 질문입니다. 우리가 성애에서 얼마만큼의 만족감과 충만감을 느낄 수 있는지 알고 나면, 삶의 다양한 노력 중 무엇이 우리를 그 충만감에 가장 가까이 데려가는지 살펴볼 수 있습니다.

1978년의 한 강의에서 로드는 성애적인 것과 포르노적인 것을 구분하고, 성애적인 것을 침실에서 끌고 나와 한층 더 폭넓은 삶의 작업이라는 의미로 확장하고자 했다. 로드에 따르면 자본주의와 가부장제사회에서 일이란 "우리 자신이 감정을 느낄 수 있음을 아는 기쁨"에서 오는 심오한 만족감이 아닌, 의무이자 망각의 원천이었다.[24] 로드는 어린 시절 무색의 지방으로 이루어진 "희고 부드러운 덩어리"[마가린]에 박힌 노란 알갱이들을 터뜨렸던 기억을 불러내며 충격적으로 촉각적인 은유를 사용한다. 그는 마가린을 노란색으로 물들인 것처럼 성애적인 것이 "내 온 존재를 고양하고 민감하게 만드는 에너지이자, 내 삶 전반에 흐르며 색을 입히는" 알갱이와 같다고 보았다.

오드리 로드는 자서전 《자미》를 통해 레즈비언 욕망을 회고하며, 몇 번의 실험과 좌절 끝에 정립한 자신의 정서적 세계를 이렇게 정의했다. "성애적인 것은 우리 모두의 내면, 심오하도록 여성적이며 영적인 영역에 있는 원천으로, 우리의 표현하지 않았거나 인정받지 못한 감정들이 지닌 힘에 굳건히 뿌리내리고 있다."[25] 급진주의 페미니스트 앤드리아 드워킨은 감정을 한층 더 구체적으로 서술했는데, 그에게 레즈비언이라는 섹슈얼리티는 어머니와의 깊고도 내재적인 연결을 회복하는 것과 관련된 것이었다.

내게 레즈비언으로 산다는 것은 나 자신의 몸이 기억하고, 추구하고, 욕망하고, 찾아내어, 진실로 기리는 어머니에 대한 기억을 의미한다. 이는 우리가 태어나 갈라지기 전에, 어머니의 몸속에서 그와 내가 하나였던 자궁의 기억이다. 이는 내 안, 어머니의 안, 우리의 안, 조직과 세포로의, 피와 땀으로의 귀환을 뜻한다.[26]

모성

어머니의 몸과의 연결이라는 드워킨의 본능적 묘사에서 우리는 모성이 페미니즘의 '본능적 느낌'의 장으로서 중심적 위상을 차지한다는 인상을 받는다. 실제로 모성은 역사적으로 18세기 후반 미국, 프랑스, 스위스 공화주의자에서부터 탈식민시대 지구 남부 동아시아의 공산주의자, 국가주의자에 이르기까지 실제로든 잠재적으로든 다양한 여성운동의 핵심에 있었다. 그러나 페미니스트들이 모성이라는 부담스럽고, 감정적으로 강렬하며, 때로는 억압적인 경험을 언제나 쉽게 수용한 건 아니었다.

모성은 계급과 인종 불평등의 장이자, 의료와 정치가 강제로 개입하는 장이기도 했기 때문이다. 마오주의 중국의 페미니스트들이 가족을 무너뜨리는 기획의 일부로서 모성을 사회화하고자 한 시도는 클로디 브루아옐에게 중국이 "사랑의 새로운 개념"을 주도하고 있다는 영감을 주기도 했다. 많은 페미니스트는 모성의 감정적 중요성에 공감하면서도 그것이 불러일으키는 제약과 폭력이라는 또 다른 감정을 마주했고, 그렇기에 모성은 쉽사리 결집점이 되지 못했다. 모성을 페미니스트 신념의 토대로서 삼은 이들도 있었던 반면, 일부 페미니스트들은 페미니즘에 모성을 접목하려는 그 어떤 시도도 본질주의적이며 배제적인 것이라고 배격했다. 아이를 싫어하고 모성을 경시하는 페미니스트라는 전형은 반페미니즘의 유구한 클리셰다. 그러나 여성들은 강렬한 공동체의식의 형성 및 자원과 시민권에 대한 확고한 주장을 모성에 기반하여 전개하기도 했다.

19세기 후반, 인구학적 불안이 가중되던 독일과 스웨덴에서는 매우 뚜렷한 형태의 '모성 페미니즘'이 등장했다. 당시 독일과 스웨덴에서는 성비 불균형이 어마어마하게 심각해 결혼할 수 없는 여성들의 수가 엄청나다는 근거 없는 믿음이 널리 퍼져 있었다. 독일에서는 이러한 여성들이 **잉여 여성**Frauenüberschuss이라 일컬어지며 '홀로 선 여성alleinstehende Frauen'이라는 개념이 부상했다. 아내와 어머니가 되는 게 대부분 여성의 법적 존재를 규정하던 사회적 맥락에서 독신 여성은 그 자체로 불안한 존재인 동시에 불안을 유발하는 존재였다. 페미니스트들은 남성의 지위에 기댈 수 없는 독신 여성의 존재를 여성의 고용권, 투표권, 그리고 개인으로서 존재할 수 있는 권리를 주장하는 기회로 삼았다.

'홀로 선 여성'은 언제나 계급적인 개념이었다. 노동계급 독신 여성들은 당연히 노동시장에 안전하게 흡수되리라 여겨졌고 이를 슬퍼하는 이는 아무도 없었다. 그러나 결혼하지 못하고 아이를 낳지 못한 중산층 여성들이 '기생충'이 되어 사회를 위협하게 될 것을 초조해하는 이들은 가득했다. '잉여' 여성이라는 개념이 독일에만 있었던 것도 아니다. 영국, 프랑스, 미국에서도 여성들이 더 이상 결혼을 통해 부양되고 제약되지 않을 때 등장할 '성적 무정부 상태'를 두려워하는 비슷한 논의가 있었다. 물론 결혼제도 바깥에 존재하는 여성은 전혀 새로운 게 아니었고, 19세기 후반 독신 여성에 대한 공포와 인구학적 사실 사이의 연결고리도 희박한 것에 지나지 않았다. 그럼에도 이러한 우려는 여러 대륙에서 불안을 자극하는 강력한 이데올로기적 지점이자 특정한 형태의 페미니즘이 발생하는 원천으로 작용하며 모성이 중심이 되는 역사적 시기를 만들었다.

스웨덴의 페미니스트 엘렌 케이Ellen Key, 1849~1926는 모성이라는 특성이 여성의 사회적·정치적 존재를 규정한다고 보았다. 정치적으로 왕성하게 활동했던 상류층 가정에서 태어난 케이는 스웨덴에서 교사로 일하다가 20세기 초반 '여성 문제' 및 여성운동과 유년기에 대한 글을 발표하며 세계적으로 유명해졌다. 여러 국가에서는 그를 페미니즘의 '새로운 여성 예언자'라는 다소 과장된 말로 소개했다. 다소 혼란스럽지만, 별도의 보상을 통해 출산을 장려할 것을 지지한 그의 후기 작업을 근거로 그를 반페미니스트라고 보는 이들도 있었다. 그래도 케이는 여성의 이혼권과 투표권, 혼외 출산으로 태어난 아이의 불법적 지위 종식, 여성의 법적 불능 상태 철폐 등 페미니즘의 핵심 요구들을 지지했다. 케이는 점점 더 사회주의로 기울어 결혼생활에서 부부 간 소득을 분리할 것과, (정부가) 여성에게 자녀양육에 대한 대가를, (남편이) 가사노동에 대한 대가를 지급하라고 주장했다. 1911년 케이는 모든 여성이 [양육과 가사노동이라는] "특정 노동에서 타인이 급여와 비용 지출에 대한 명목으로 지급받을 금액과 동일하게" 그 대가를 받아야 한다고 주장했다.[27]

엘렌 케이의 저작은 1913년 일본어로, 1923년 중국어로 번역되며 널리 영향을 미쳤다. 영국의 성 급진주의자이자 과학자인 해블록 엘리스Havelock Ellis는 1911년 영어로 번역된 케이의 책들을 소개하며 그가 특히 독일에서 명성을 떨치고 있음을 다음과 같은 말로 설명했다. "그는 기나긴 침묵에서 깨어난 여성들이 여성운동의 새로운 시기를 맞이하고 있는 독일에서 이름을 떨치고 있다." 영국과 미국에서 잉여 여성이라는 개념은 식민지 이주에서부터 교육과 고용 기회 확대에 이르기까지 여성을 대상으로 하는 다양한 정책적 개입을 주장하는 데 쓰였다. 엘리스는 이러한 주장들에 대해 "여성의 남성화"를 초래하고 "인종적 요구를 무시"하는 결과로 이어질지도 모른다고 우려했다.[28] 교사였던 케이는 "극단적" 페미니스트는 교조주의적인 광신도에 가까우며, 이들은 "여성이 개인적이고 자유롭게 자신의 능력을 개발할 권리"라는 실용적 목표를 위해 기꺼이 조화와 인종적 진보를 희생할 만반의 준비가 되어 있다고 묘사했다. 그러면서 그가 제안한 대안은 바로 '모성 보호mutterschutz'였다. 아이를 낳든 낳지 않든 자신의 선택에 따른 **모든** 여성의 재생산권이 존중되어야 한다는 이 주장은 페미니즘의 성격을 띠었다. 케이는 결혼하지 않은 여성이라 해도 자녀를 낳은 어머니라면 마땅히 사회적 낙인 없이 물질적 지원을 받아야 한다고 주장했다.

이러한 페미니즘을 지지한 이들은 케이가 주장한 여성의 영적·정신적 힘에서 영감을 받았다. 케이는 모성으로서 가장 잘 드러나는 여성의 다정함과 온화함을 높이 사야 하며 이를 최대한 많은 여성에게 독려해야 한다고 주장했다. 또한 그는 생물학적 자녀가 없는 여성들도 '집단적' 또는 '사회적' 어머니가 됨으로써 "위대하고도 근본적인 자연법"인 모성을 실현하는 자선적·사회적 정책 기획에 함께할 수 있다고 주장했다. 평생 결혼하지 않고 아이도 없었던 그는 교육을 모성의 한 형태로 여겼다. 케이의 페미니즘은 성적 '차이'를 존중하는 페미니즘이었다. "각 성에는 각자의 길이 있으며 …… 서로 다른 과업에서 동등하게 서로를 돕는다."[29]

독일에서 모성 보호를 주장한 가장 유명한 이는 헬레네 슈퇴커Helene Stöcker, 1869~1943였다. 케이가 강조한 모성이 향하고 있던 보수주의적인 방향을 반대쪽으로 전환한 그는 우리에게 페미니즘 사상의 유연성과 맥락 의존성을 다시금 상기시킨다. 슈퇴커는 모성보호와성개혁을위한연맹Bund für Mutterschutz und Sexualreform을 설립하고 이곳에서 발행하는 저널을 편집하며 합법적·비합법적 구분 없이 모든 아동의 평등과 이들에 대한 국가 지원을 옹호했다. 그는 또한 성교육의 확충을 지지했으며 평화운동에도 투신했다. 그의 신념은 바이마르공화국 독일에서 성소수자의 자유를 지지하는 것으로도 이어졌고, 이에 따라 1차 세계대전 이후 레즈비어니즘의 범죄화를 막고자 독일 정치인들에게 로비를 벌이기도 했다. 슈퇴커의 연맹은 비혼모 쉼터를 지원했고, 피임약을 처방하거나 때로 임신중단수술도 가능한 병원을 후원했다. 슈퇴커는 모성이 직업생활을 배제하는 것으로 이어져서는 안 된다고 주장했으며 〈교사들의 성생활The Sex Life of Teachers〉이라는 에세이를 통해 결혼한 여교사들이 해고당하는 당대 현실에 반기를 들었다. 1930년대 나치의 박해를 받았던 슈퇴커는 결국 강제추방당한 뒤 뉴욕에서 사망했다. [독일사 연구자] 앤 타일러 앨런Ann Taylor Allen이 주장한 대로, 모성주의 페미니즘은 그것에 잠재된 보수성에도 불구하고 강력한 전복의 힘을 발휘하기도 했다.[30]

케이와 슈퇴커는 서로 방식은 달랐으나 여성과 남성이 각각 다른 권리와 관계를 지니는 완전히 새로운 사회를 꿈꾸었던 인습 타파적 급진주의자였다. 그러나 이들의 페미니즘에 자리한 모성 우선주의와 정부 차원의 모성 보호에 대한 요구는 시공간을 넘어 적용되기에는 한계가 있었다. 예를 들면, 오스트레일리아와 캐나다에서 정부의 호의적인 개입을 기대할 수 있는 건 오로지 백인 여성들뿐이었다. 아메리카 원주민, 오스트레일리아 원주민, 캐나다 원주민 공동체의 어머니들은 자녀를 탈취하고 시설에서 양육하도록 강제하는 국가의 폭력과 강압에 시달렸다. 노예제도와 아동 탈취라는 유구한 유산을 지닌 미국에서는 아프리카계 미국인 여성과 아메리카 원주민 여성들이 어머니 이전에 노동자로 간주되었다.[31] 서아프리카에서는 '대안어머니othermothering' 전통에 따라 다양한 양육자가 아이를 돌보았고, 따라서 생모의 돌봄이 지니는 중요성도 크지 않았다. 이처럼 모성을 둘러싼 다양한 역동과 불의가 존재함에도 모성에 대한 접근이 이를 제대로 인식하지 않은 채 이루어졌을 때, 흑인과 원주민 여성들은 백인 여성들에게서 유래한 페미니즘 사상이 자신들의 요구를 대변하지 못한다고 느꼈다.

라틴아메리카 여성운동에서는 20세기 초반 아동복지와 모성이 강조되었다. 이 지역은 보수적 기독교와 급진적 기독교 전통이 양립하고, 원주민 페미니즘이 존재하며, 시민운동과 저항의 역사를 가지고 있으며, 북아메리카 페미니즘과 남아메리카 페미니즘의 충돌과 경합이 벌어지는 핵심지역이라는 점에서 중요하다. 라틴아메리카의 모성은 유토피아적이고 영적인 이상이라는 틀로 볼 수 있다. 1장에 등장한 로케야 사카와트 호사인의 《술타나의 꿈》, 샬럿 퍼킨스 길먼의 《허랜드》에서 마주했던 모계사회의 꿈은 페루와 볼리비아의 원주민사회에서 특유의 형태로 나타났다. 이러한 배경의 페미니스트들은 안데스의 어머니 여신인 파차마마pachamama라는 민족적 기억에 의지했다. 원주민들의 모계사회는 안데스지역의 전통이라기보다 역사적 이유로 형성된 혼종에 가깝다. 페루와 볼리비아는 여성이 남성 친족에게 의존하는 것을 전제로 과세 및 상속제도를 시행한 스페인 식민 침략자들에 의해 주입된 성모 마리아 신앙이 깊이 스며들었다. 하지만 이것이 어머니 여신에 대한 생각을 대체하지는 않았고, 어머니 여신은 여전히 잉카 우주론의 모성을 전하는 강력한 매개로서 역사적 상황과 균형을 이루며 그대로 존재했다.[32]

그러나 20세기 초반에 들어서며 라틴아메리카에서 모성은 의학적 또는 국가주의적 관점에서 이해되기 시작했다. 페미니즘 활동가와 사회복지사들은 자녀를 더욱 잘 돌보기 위해 여성의 권리가 향상되어야 한다고 강조했다. 의사인 훌리에타 란테리Julieta Lanteri, 1873~1932 박사는 1910년대 아르헨티나에서 일련의 페미니스트 회의를 조직하고, 1911년 여성과아동의권리를위한연맹Liga para los Derechos de la Mujer y del Niño을 설립했다. 권리에 대한 강조는 1935년 설립된 칠레여성해방운동Movimiento pro Emancipación de la Mujer Chilen에, 그리고 1920년대에서 1930년대에 여성 노동자의 모성 권리 운동을 위해 범미국적인 조직화에 헌신한 칠레의 페미니스트 마르타 베르가라Marta Vergara, 1898~1995의 활동에도 영향을 미쳤다.[33] 권리에 대한 강조는 칠레의 남성 전문가들이 취했던 접근법인, 페미니즘적 관점이 부재하다시피 하며 때로 생모로부터 아동을 탈취하는 가혹한 조치를 포함하는 권위주의적 '가족복지'와 뚜렷이 구분되는 것이었다.[34] 그러나 권리에 기반한 접근은 국가에 대한 헌신이라는 긴급한 수사학에 쉽게 밀려나곤 했다. 브라질의 저명한 여성참정권운동가 베르타 루츠Bertha Lutz, 1894~1976는 1918년, 어머니들이 회피했던 국가적 의무로서의 여성해방을 이야기했다.

> 여성은 성별을 근거로 남성의 동물적 본능에서 이익을 취하며 기생적으로 살아서는 안 되며, 쓸모를 가지고, (반드시) 자신과 자녀를 교육해야 한다. …… (여성은) 우리나라를 과거에 묶어 두는 무거운 사슬이 되기를 멈추고 브라질의 발전을 위한 가치 있는 자원이 되어야 한다.[35]

이러한 수사는 라틴아메리카 모성주의 페미니스트들이 원치 않는 어머니 되기에 대한 비판을 발전시키기 어렵게 만들었다. 라틴아메리카에서 가톨릭교회가 차지하는 확고한 지위와 산아 증가를 주창한 군사정권 때문에 20세기 내내 라틴아메리카의 임신중단권은 거의 발전하지 못했다.[36] 불법적인 임신중단 수술은 20세기 후반 라틴아메리카의 젊은 여성들이 사망하는 가장 큰 원인이었다. 쿠바를 제외한 어떤 급진주의 좌파정권도 임신중단 비범죄화에 적극적으로 나서지 않았다. 칠레는 2017년에 이르러서야 임신중단을 비범죄화했고, 니카라과와 엘살바도르에서는 여전히 그 어떤 이유로도 임신중단이 불법이다.

20세기 중반 라틴아메리카 페미니스트들은 비록 공개적으로 임신중단을 지지하기는 꺼렸으나 헬레네 슈퇴커의 모성 보호와 유사한 측면에서 성교육 확대를 주장했다. 이 시기 모성주의 페미니스트들은 빈곤 여성들이 자녀를 시설에 보내지 않고 직접 키울 수 있도록 지원했으며, 이를 점차 '아동 권리'의 관점에서 바라보기 시작했다. 모성주의 페미니즘이 모성에 접근하는 기존의 관점이 '수당'과 혜택 제공에 기반한 국가의 지원을 강조하는 것이었다면 '아동 권리' 관점에서의 접근은 보다 섬세하면서도 여성들을 덜 비판하는 방식으로 지원하는 것을 가능하게 했다. 1971년 칠레에서 살바도르 아옌데Salvador Allende 좌파정부에 대항해 [여성을 중심으로] 벌어진 카세롤라소cacerolaso 행진*에서 드러나듯 모성은 여전히 보수적으로 동원될 수 있었다. 그럼에도 1970년대 후반 아르헨티나의 오월광장어머니회Mothers of the Plaza de Mayo의 집회와 증언**은 더욱 폭넓은 의미를 지닐 수 있는 모성의 잠재력을 분명하게 보여주었다. 가족에 대한 사랑과 돌봄은 아르헨티나인들이 군사정권하에서 마주한 납치와 폭력에 대항할 수 있는 강력하고 전투적인 힘으로서의 모성을 만들어냈다.[37]

---

* 카세롤라소는 중앙·라틴아메리카 고유의 시위 방식으로, 냄비나 프라이팬 등 조리도구를 두드리며 큰 소리를 내는 게 특징이다. 주로 반정부시위에 활용되며 일상생활의 고달픔을 드러내는 동시에 정부의 무능에 대한 분노를 표출한다고 볼 수 있다.

** 아르헨티나 군사정권(1976~1983)은 국가 재편성을 구실로 학살을 자행했고, 집권 기간 내 발생한 '실종자'는 900명에서 3만 명에 이르는 것으로 추정된다. 오월광장어머니회는 '실종자'들의 어머니들이 만든 진실 규명 단체로 현재까지도 광장을 중심으로 관련 활동을 이어가고 있다.

지구 네트워크

모성주의 페미니즘은 미국의 활동가들과 중앙·라틴아메리카 활동과들을 연결하던 범아메리카 위원회 및 대회를 통해 국제적인 지지를 받았다. 예를 들면, 1927년 아바나범아메리카 아동회의Havana Pan-American Child Congress는 거의 여성들만으로 구성된 보건복지부 산하 아동복지기관인 미국 아동국의 캐서린 렌루트Katherine Lenroot, 1891~1982의 영향으로 모성주의 페미니즘을 전면에 내세웠다. 렌루트는 아동국에서 발행한 소책자들의 스페인어 번역본을 제공하며 라틴아메리카의 페미니즘 사회복지가 북아메리카에서의 발전과 긴밀히 연결될 수 있도록 했다. 국제적으로 활동했던 선대의 여성들은 국경을 가로질러 투쟁을 연결하는 '공감의 금빛 케이블'을 통해 자신이 활동하는 현지에서의 행동력을 얻을 수 있었다.

하지만 이런 초국가적 연결이 오로지 서로에 대한 지지로만 이뤄졌을 거라 여기는 건 순진한 생각이다. 초국가적 연결은 지정학적 긴장과 이데올로기적 차이가 복잡하게 뒤엉키며 적대감 또한 유발했다. 미국이 여성해방의 횃불을 들고 남쪽의 이웃들에게 온정적 도움의 손길을 내밀어준다는 식의 인식은 아메리카 대륙의 페미니스트들 사이에 오랫동안 긴장을 자아냈다. 1880년대 미국에서 수련한 브라질 최초의 여성 의사 마리아 이스트렐라Maria Estrela, 1860~1946는 미국을 "하느님이 편애하는 여성해방의 발상지"라고 말하기도 했다.[38] 이러한 발언은 라틴아메리카를 후진성과 연결하는 편협한 인식에 영향을 미쳤을 뿐만 아니라, 국제적으로 페미니스트들을 지휘하고 의제를 설정하려는 북아메리카 여성들의 움직임에 대한 상당한 저항에도 영향을 미쳤다.

북아메리카의 주도권에 대한 저항은 1975년 7월 유엔 주관으로 멕시코시티에서 개최된 제1회 세계여성대회에서 뚜렷하게 가시화되었다. 이 기념비적인 대회가 멕시코시티에서 개최된 배경에는 국제민주여성연맹의 로비가 있었으며 원래는 공산권인 동베를린에서 개최될 예정이었다. 미국의 압력으로 대회 장소가 멕시코로 변경되었으나, 그렇다고 해서 대회의 조직과 목표를 둘러싸고 불거진 긴장이 해소된 건 아니었다. 이 대회는 (엄청난 양의 구두를 수집한 것으로 유명했던) 필리핀의 이멜다 마르코스Imelda Marcos를 비롯한 각국 대통령 영부인들이 대거 참석한 엘리트들의 회의였기에 페미니즘적 변화를 도모할 만한 모임이라고 보기는 어려웠다. 하지만 다행히도, 멕시코시티에서는 비정부기구와 여성 단체가 모이는 풀뿌리 기반의 역동적인 행사인 '트리뷴Tribune'이 함께 열렸다. 트리뷴은 주 회의가 열리는 장소에서 5킬로미터 떨어진 곳에서 진행됐는데, 이곳에서 이루어진 논의는 각 국가 대표단이 모인 공식 행사에서의 논의보다 역사적으로 더욱 중요하게 남았다. 실제로 멕시코시티 세계여성대회의 유산에서 트리뷴의 중요성은 비정부기구와 유엔 및 국제노동기구International Labour Organization 같은 초국가적 단체의 활동이 두드러졌던 지난 50년간 페미니즘 캠페인의 변화를 시사한다.

1975년 멕시코시티 트리뷴의 모습.
제1회 세계여성대회가 열린 장소에서
5킬로미터 떨어진 곳에서 열린 트리뷴은
비정부기구와 여성 단체가 모이는
풀뿌리 기반의 역동적인 행사였다.

출처: Bettye Lane, Schlesinger Library,
Radcliffe Institute, Harvard University.

1975년 트리뷴 참가자들 중 다수는 아메리카 대륙 출신으로, 냉전의 정치적 긴장과 탈식민시대 국가주의가 지배하던 정치적 시기에 이곳에서 벌어진 극도로 다양하고도 도전적인 토론들은 여성운동 내의 합의점이 결여되어 있음을 드러냈다. 1945년 설립되어 좌파, 공산주의, 반파시즘 이데올로기를 지닌 활동가 여성들을 대표하던 국제민주여성연맹은 라틴아메리카여성대회Seminario Latinamericano de Mujeres를 개최해왔다. 페미니즘이 '부르주아적'이라고 여겼던 국제민주여성연맹은 페미니즘과 거리를 두었다. 그러나 이들이 벌인 평화, 아동복지, 동일임금에 대한 활동은 여성의 힘 기르기를 위한 요구에도 활기를 불어넣었고, 이는 최근 들어 '좌파 페미니즘'으로 다시금 읽히고 있다.[39] 국제민주여성연맹은 1974년 리마에서 열린 제3회 라틴아메리카여성대회에서 페루공산당과 긴밀하게 협력하며 멕시코시티에 대한 입장문을 준비했다. 역사학자 프란체스카 밀러Francesca Miller가 주장했듯, 당대 페루의 좌파 군부정권은 '제3세계'가 미국이라는 '제1세계'에 동조하지 않음을 보여주는 수단으로서 리마에서 열린 라틴아메리카여성대회를 반겼다. 그러나 페루의 페미니스트들이 단지 한 국가에 살고 있다는 이유만으로 같은 목표와 관심사를 공유하는 건 아니었다. 1974년 대회에서는 교육받은 백인 히스패닉계 페루 여성들과 토지권과 물질적 안정을 특정한 형태의 젠더 억압보다 우선시하는 빈곤한 원주민 페루 여성들 사이의 갈등이 드러났기 때문이다.[40]

이러한 긴장은 1975년 멕시코시티 트리뷴에서 볼리비아 주석 광부의 아내 도미틸라 바리오스 데 충가라Domitila Barrios de Chungara, 1937~2012와 미국의 페미니스트 베티 프리단 사이의 충돌에서도 그대로 재현되었다. 프리단은 여성들에게 롤모델을 제시하겠다는 의도적인 목표를 품고 전미여성기구의 다른 회원들과 동행했다. 대회 기간 동안 프리단의 '페미니스트 간부들'은 스스로 '트리뷴여성연합'이라는 새 이름을 붙이고는 어떠한 권한도 위임받지 않았음에도 불구하고 트리뷴을 대표하여 정부 회의에 영향을 미치고자 했다.[41] 일곱 자녀의 어머니인 원주민 혼혈 여성 바리오스 데 충가라는 볼리비아의 민간 광산 시글로XXSiglo XX의 아내위원회 대표였다. 그는 다른 여성들의 대표를 자임하여 그들의 요구를 북아메리카 버전의 '페미니즘'으로 대체하려는 프리단에게 반기를 들었다. 바리오스 데 충가라는 피임 요구에 반대하며 다국적 기업과 '1세계'의 지배에 대항하는 투쟁을 위해서는 인구 증가가 중요하다고 강조했다. 풍부한 경험을 지닌 노조 활동가로서 그는 트리뷴에서 미국 여성들이 벌이는 "마이크 장악"에 반대하고, 페미니즘을 남성 "동지들"과의 연합으로 제시하고자 했다. 그는 (백인) "미국 여성gringa"들의 페미니즘을 레즈비언이 주도하는 "남성과의 전쟁"으로 인식했다. 그에게 백인 페미니즘은 "남성에게 열 명의 정부가 있다면 여성에게도 열 명의 애인이 있어야 한다. 남성이 술집에서 놀아나느라 재산을 탕진한다면 여성도 똑같이 해야 한다"는 의미였다.[42] 이는 분명한 왜곡이었다. 예컨대 당대 백인 페미니즘에는 바리오스 데 충가라 자신의 반제국주의·반인종주의 정치학과도 일맥상통하는 성노동자 관점이 존재했지만 충가라는 이를 무시한 채 오해했던 것이다.[43] 그럼에도 불구하고, 그의 개입은 물, 토지권, 신식민주의, 인종차별 등 빈곤 여성들이 직면한 핵심적 의제들을 이 대회에서 수립된 유엔 세계행동계획의 중심에 올려놓았다. 프리단은 그의 접근을 "여성 문제를 무시하는" "전쟁이나 마찬가지인 활동"이라고 일컬었다. 바리오스 데 충가라는 "고상한 미용실에서 쓸 시간과 돈이 있는 사람처럼 온통 화장이며 머리 손질을 하고 나타난" 프리단 같은 여성들을 보고 "스스로도 놀랄 만큼 분노를 느꼈다"고 말했다. 이는 탄광촌 공동체로부터 분리된 자신을 발견한 데 기인한 수치심과 불편함이기도 했다.

> 나는 행복하기는커녕 사람들이 탄광 안을 걸어야 한다는 사실에 대해, 임신한 여성들조차 그토록 무거운 짐을 지고 멀고 먼 길을 걸어야 한다는 사실에 대해 생각했다. …… 그 모든 게 나를 불편하게 만들었다.[44]

아마도 여성해방운동가들에게 가장 놀라웠을 만한 사실은, 세계여성대회에서 이루어진 투표 결과 여성이 마주한 장벽들의 목록에서 '성차별'이 빠졌다는 것이리라. 세계행동계획에는 '여성'이 아닌 '인간people'의 존엄과 가치에 대한 이야기가 담겼다. 이러한 결과는 국제민주여성연맹과 관련된 소련, 동유럽, 라틴아메리카, 아프리카, 아시아 참가자들의 상대적 우세를 보여주는 것이었다. 반자본주의적이고 반제국주의적인 관점을 지닌

이들은 특권을 지닌 '1세계'에서 말하는 여성의 권리와 관련된 페미니즘의 형태에 맞서 갈등했다.[45]

세계여성대회와 세계행동계획은 비록 페미니즘의 일부 판본에는 적대감을 드러냈음에도 서서히 좌파·반식민주의 정치학과 페미니즘의 화협을 향해 나아갔으며, 반식민주의 좌파가 자원과 의사 결정에 대한 여성의 접근을 보장하리라 믿어서는 안 된다는 비판적 인식을 이끌어냈다. 예를 들면, 페루에서는 1978년 사회주의, 여성해방운동, 원주민의 관점을 아우르며 '페미니즘적 의도'를 지닌 단체들이 함께 모였다.[46] 유엔은 헌장에 젠더 평등을 포함하라는 공산주의 회원국들의 압박에 응답하여 1945년 이를 헌장에 포함했고, 1979년 총회에서는 여성차별철폐협약Convention on the Elimination of All Forms of Discrimination Against Women, CEDAW을 채택하며 이런 기조를 한층 강화했다. 여성의 정치적·경제적·사회적·법적 권리를 보장하는 이 협약은 1980년대에 널리 비준되며 정책 토론과 입법에서 페미니즘의 요구가 단단히 자리 잡도록 촉진했다.[47]

1981년 이후 조직되어 라틴아메리카와 카리브해 지역 페미니즘 단체들의 상호작용을 촉진한 일련의 '페미니스트들의 조우'는 이 지역 단체들이 여성 권리가 토지, 안전, 인권, 정의를 위한 더 큰 투쟁에 반대하는 것이 아니라 이에 포함되는 것이라는 주장을 확립할 수 있게 했다.[48] 이에 따라 단체들은 '페미니스트'라는 정체성을 공개적으로 드러냈지만 여전히 이 용어에는 낙인이 따랐다. 초기 '조우'에 참여한 한 참가자는 원주민 여성 단

페미니즘들

체들 사이에서는 여전히 페미니즘을 백인, 중산층, 또는 '수입된' 정치운동으로 보는 "엄청난 편견이 있다"고 말했다. 예를 들면, 키체족 원주민 활동가 마리아 이자벨María Isabe은 과테말라의 과부들이 연대 단체를 이루어 페미니즘과 어색한 관계를 이어가고 있는 상황을 다음과 같이 설명했다. "우리는 양성 간의 싸움을 좋아하지 않습니다. 여성과 남성은 함께 힘을 모아 새로운 사회를 만들어야 하고 그 새로운 사회 안에서 각자의 자리를 위해 투쟁해야 합니다." 하지만 한편으로 그는 과테말라의 긴 내전 속에서 다음과 같은 명백한 사실 또한 알고 있었다.

가장 직접적인 피해자는 여성과 아이들입니다. 시위에 한번 와보세요. 우리 대부분이 여성이라는 사실을 알 수 있을 겁니다. 우리는 투쟁과 저항의 힘을 발견한 여성들입니다. 우리는 네 명, 다섯 명, 여섯 명의 아이들과 함께 세상에 남겨졌지만 계속해서 앞으로 나아가야 합니다. 그것이 커다란 희망을 줍니다.[49]

희망, 분노, 사랑, 수치심이라는 모순적인 감정들은 다양한 역사적 시기와 국가주의, 국제주의, 섹슈얼리티, 인종, 모성 등 다양한 정치적 담론 속에서 페미니즘이 어떻게 발전해왔는지를 압축적으로 보여준다. 1장에서 이야기한 유토피아적 꿈의 기저에는 희망이 있다. 또, 여성이 마주하는 심각한 불평등과 폭력에 대한 분노는 페미니즘들을 촉발했으며, 이러한 분노는 여성 간의 분노와 쓰라림을 자아내기도 했다. 페미니스트들은 종종 모든 여성을 대변하고자 했으나 여성들 사이의 차이를 제대로 인식하지 못해 고통스러운 배제와 실망감을 불러일으키기도 했다. 페미니즘은 여성들에게, 때로 남성들에게까지도 다른 여성을 향한, 아이들을 향한, 국가를 향한 사랑의 감정을 표현하고 이를 정치적 활동의 자원으로 활용할 수 있는 가능성을 열어주었다. 그리고 무엇보다 획기적으로, 자기애를 표현할 수 있는 기회를 만들어주었다. 오드리 로드는 이를 다음과 같이 통찰력 있게 표현했다.

> 우리가 내면 깊숙이 지닌 감정을 자각하기 시작하면, 고통에, 자기부정에, 그리고 우리 사회에서 그것들의 유일한 대안처럼 보이곤 하는 무감각에 더는 만족할 수 없어진다. 이렇게, 억압에 맞서는 우리의 행동은 내면에서부터 동기와 힘을 얻은 자아와 하나가 된다.[50]

수백 년의 시차를 둔 우리가, 특히 전혀 다른 정서적 문화를 지닌 지역에 사는 우리가 역사 속 인물들의 감정을 쉽게 이해하기는 어려울 것이다. 우리는 감정을 상상하거나 개인의 증언을 들을 수는 있으나 그들이 사랑, 자부심 등의 이름을 붙인 감정이 지금 우리가 생각하는 그것과 꼭 같으리라 여기기는 어렵다. 감정은 그 감정이 표현되는 문화적 맥락에 의해 형성된다. 기시다 토시코의 분노는 다나카 미쓰 또는 슐라미스 파이어스톤의 분노와 다른 느낌이고 의미일 것이다. 어떤 감정은 역사적 기록에 흔적을 남기지 않으므로 우리로서는 그저 추측만 할 수 있을 뿐이다. 이는 특히 문화적·지성적 각본이 감정표현을 억제한 경우에 그렇다. 여성의 공적 삶을 주장하며 그 근거로 이성을 강조했던 호세파 아마르 같은 작가들은 아무리 강렬한 감정을 느꼈다고 해도 그것을 공개적으로 표현하지 않았을 가능성이 높다.

충분히 세밀한 경험적 형태로 전달될 수 없는 감정들도 있다. 사랑이 페미니즘운동의 일부였다고 말한다 해서 그 감정의 결과 깊이까지 포착할 수 있는 건 아니다. 또한 멕시코시티 세계여성대회에서 있었던 도미틸라 바리오스 데 충가라와 베티 프리단의 교류에서 드러나듯, 감정이 정치적 목적으로 활용될 수 있음을 무시하는 건 순진한 생각이다. 역사학자 조슬린 올컷 Jocelyn Olcott은 당시의 감정적 수사법이 냉전 시기 각 나라의 청중 앞에서 공연된 "저렴한 카바레"에 기반한다고 설명했다.[51] 중국 여성들이 수행한 '쑤쿠' 역시도, 1980년 클로디 브루아옐의 보다 비판적인 후속 작업에서는 회의론의 대상이 되었다. 브루아옐은 훗날 자신의 저서 《하늘의 절반》을 "백일몽"이라 칭했는데, 그 이유는 "중국을 모순 없는 곳, 더 정확히는 잠깐의 방문이었기에 볼 수 있었던 모순적인 감정이 없는 곳으로서의 중국"을 묘사했기 때문이라고 말했다.[52] 공산주의 정권하에서 들려왔던 중국 여성들의 '우리는 행복하게 살고 있다'는 대외적인 목소리는 문화대혁명[1966~1976] 시기에 강간, 강제 임신중단, 국가의 징용이 있었다는 증언들이 나오면서 진정성을 잃기 시작했다. 1982년 중국을 방문한 한 독일인은 "하늘의 절반이 어둠으로 뒤

덮였다"고 말했다.[53]

    페미니즘은 줄곧 "격정적인 정치"의 성격을 띠었지만 감정은 페미니스트의 분노를 촉발하는 구조와 일상적 경험을 **변화시키는** 데 한계가 있었다. 1970년대 초반 뉴욕의 급진주의 페미니스트 단체 페미니스트들The Feminists에서 활동한 바버라 메르호프Barbara Mehrhof는 강간에 관한 논쟁 중 가부장제사회에서 여성이 느끼는 지배적인 감정은 공포라고 주장했다. 그러면서 그는 공포가 여성에게 강제되는 감정인 동시에 남성이 이용하는 전술이기도 하다고 설명했다.[54] 메르호프는 의식 고양이라는 "정서적 작업"에 대해 "많은 여성을 결집할 수는 있겠지만, 그 결집은 아무 쓸모도 없다"고 일갈한다.[55] 그 대신 아메드의 '페미니스트 스냅'을 끌어오며 이러한 맥락에서의 단체행동, 즉 여성들만의 공포 전술로써 강간문화에 맞서 싸울 것을 촉구한다. 그러나 의식 고양의 언어와 감정이 우리를 어디로도 데려가지 못한다는 메르호프의 주장은 과소평가다. '페미니스트 스냅'은 다름 아닌 감정에 대한 탐구로써 가능했고, 또한 우리가 다음 장에서 살펴볼 페미니즘 행동의 토대를 이루었기 때문이다.

7

행동

우리가 지금까지 살펴본 페미니즘은 여성의 권리, 공간, 연대에 대한 격렬하고, 창조적이며, 강력한 주장이었다. 그러나 이런 목표를 이루기 위한 어떠한 로드맵도 제시하지 않은 채 여성의 권리나 힘 기르기에 대해 철학적이거나 유토피아적으로 주장하는 페미니즘들 또한 살펴보았다. 어떤 이들은 페미니즘적 개혁을 시간이 흐름에 따라 **필연적으로** 도래할 수동적인 과정으로 보았다. 한 예로 이집트의 초기 페미니스트 작가 카심 아민Qasim Amin, 1863~1908은 1899년 저서 《여성의 해방The Liberation of Women》에서 이집트의 젠더규범에 이미 눈에 띄는 변화가 일어나고 있다고 썼다.

우리는 남성의 권력이 약화되는 것을 목도했다. …… 많은 가정의 여성이 자신의 일을 하기 위해 집 밖으로 나가고, 다양한 관심사를 두고 남성과 협력하고, 공기가 쾌적한 적절한 환경에서 휴식을 즐기며, 남편과 함께 여행에 동행하고 있음이 명백하지 않은가?

그러나 아민의 상상은 여가와 여행에 쓸 자원을 가진 엘리트 가정에 국한된 것이었다. 비록 시야는 협소했으나, 이집트에서 가부장제가 종식되고 있다는 그의 전망만은 생생하게 표현된 글이다. 그는 남성 권력을 "기반이 허물어지고, 구성 요소들은 분해되고, 상태가 너무 악화된 나머지 매년 저절로 조금씩 무너져가는, 붕괴하고 쇠락할 게 분명한 건물"이라고 묘사했다. 또, 여성의 저항이 아니라 "남성들의 지적 발전과 통치자의 중재 결과"로써 남성 권력이 허물어질 것이라 생각했다.

프랑스에서 수학한 카심 아민은 이집트 국가주의의 가능성과 식민 지배에 대한 저항에 큰 기대를 품었다. 그는 여성의 지위를 국가 근대화의 핵심 영역이라 보았고, 이 때문에 변화 또한 필연적이라 확신했을 것이다. 계몽된 자치가 압제의 자리를 대신하는 "문명의 행진"은 쇠락해가는 남성 지배의 집을 반드시 무너뜨릴 거라고 그는 생각했다. 베일 착용 같은 관습 역시 "문명의 변화와 진보에 수반되는 사회적 변화의 결과로" 사라질 것이었다. 그는 변화에 대한 생각을 다음과 같이 정리한다.

국가의 상황이 개선되려면 반드시 여성의 상황이 개선되어야 한다. 이 중요한 주제를 모든 측면에서 생각하다 보면 비밀들

이 선명히 모습을 드러내며 독자는 진실을 마주할 것이다.[1]

하지만 이집트 여성운동에 참여한 많은 이는 그저 문제를 골똘히 생각하는 것만으로 이룰 수 있는 성취에 대해 카심만큼 낙관적이지 않았다. 카심 아민 역시 이후 1900년의 저서 《새로운 여성The New Woman》을 통해 하향식 변화의 한계를 인정했다. 그는 비판에 응답하면서 "어떠한 형태의 개혁이건 이를 이루기 위해서는 변화의 필요성을 인식하고, 정부 법령을 통한 시행을 명령하고, 개혁과 관련해 강의하는 것만으로는 충분하지 않다"고 수긍한 것이다. 나아가 "여성의 관여 없이는 사회에 그 어떤 변화도 가져올 수 없다"고 썼다.[2] 그러나 이렇게 수정된 입장에서도 긴박감은 찾아보기 어렵다. 아민은 여성 스스로의 행동보다 다른 방식으로 사고하는 아이들을 길러내는 "자연스러운 장기간의 과정"을 통한 변화를 상상했기 때문이다.

아민의 순응적 조언은 19세기 후반 널리 퍼진, 여성 권리와 평등이 어떠한 투쟁 없이도 20세기의 특징이 되리라는 막연한 확신의 단면이기도 하다. 이러한 확신은 20세기의 상징들이 19세기의 수염 난 남성 얼굴과 대비되는 여성의 얼굴을 했다는 데서도 드러난다. 1913년 캐나다전국여성협의회National Council of Women of Canada는 단체에서 발간하는 정기간행물에 자신 있게 《여성의 세기: 캐나다 여성을 위한 교육과 진보 저널Woman's Century: A Journal of Education and Progress for Canadian Women》이라는 이름을 붙였다. 이와 비슷하게, 1928년 흑인 페미니스트 우나 마슨Una Marson이 편집자로 있

던 자메이카의 정기간행물 《코즈모폴리턴The Cosmopolitan》은 당대
를 "여성의 시대"라 이름했다. 그럼에도 20세기 지구 전반의 여
성들이 직면한 것은 고통스러울 정도로 느린 개혁, 전쟁과 쿠데
타, 독재, 일상에 만연한 폭력, 페미니스트의 외침을 향한 조롱
및 범죄화 등으로 겪는 권리의 박탈이었다. 가부장제를 무너지
는 중인 집이라고 본 아민의 생각은 로케야 사카와트 호사인이
상상한 레이디랜드만큼이나 먼 꿈에 불과했다.

　이 장에서는 페미니즘 정치가 도래하기를 그저 기다리지
않고 행동으로 실현하고자 했던 이들의 전략과 경험들을 살펴
본다. 우리는 대중적 관심을 끌기 위해 여성참정권운동이 택한
영리한 전략에서부터, 씻는 일이나 남성의 정서적·성적 요구를
거부하는 내밀하고 사적인 영역에 이르기까지 폭넓은 페미니즘
직접행동의 사례를 살펴볼 것이다. 여기에는 기존의 의례를 전
유하고 새롭게 페미니즘의 의미를 부여한 행동들도 있다. 튀르
키예의 페미니스트 귈 외지에인은 어머니의 날에 꽃을 나누어
주는 전통적이면서도 무해한 여성의 행동이 1980년대 초반 군
사독재라는 상황에서 페미니즘적인 저항으로 재탄생했다고 주
장했다. 당대 튀르키예에서 공개적으로 항의할 수 있는 건 여성
들뿐이었기 때문이다.

　　군사독재하에서 우리는 다른 정치적 집단에게는 허용되지 않
　　는 행동을 할 수 있었다. 우리는 성별 때문에, 우리가 여성이기
　　때문에, 우리가 어머니의 날에 풍선을 들고 꽃을 나누어 주며

시위를 벌였기 때문에 체포되지 않았다.[3]

페미니스트들은 상징적인 저항행위에 능숙했다. 일부는 자기 몸을 희생할 정도의 위험을 감수하기도 했으나 대부분은 누구의 생명도 해치지 않을 방법을 택했다. 페미니즘의 특징은 휴머니즘, 그리고 변화에 대한 희망이었다. 급진 페미니스트 앤드리아 드워킨은 누구보다 맹렬히 남성 지배를 비난한 사람 중 하나였으나, 그럼에도 1983년 남성들을 향해 다음과 같은 질문을 던졌다.

어째서 우리가 당신들을 상대로 무장투쟁을 벌이지 않는지 궁금하지 않은가? 그건 이 나라에 부엌칼이 모자라서가 아니다. 우리가 수많은 반증에도 불구하고 당신들의 인간성을 믿기 때문이다.[4]

페미니스트들의 직접행동은 여성의 몸을 대상화하는 성차별적 광고에 낙서를 하는 행동에서부터 1909년 영국 다우닝스트리트에서 '인간 편지'를 자청하며 총리 앞으로 스스로를 우편으로 보낸 행동에 이르기까지 창의적이면서도 다양하기 그지없었다.

돌 던지기

가장 악명 높으면서도 상징적인 직접행동 중 일부는 여성 참정권운동 캠페인이 이루어진 시기에 등장했다. 참정권운동가들의 직접행동은 국가의 인구조사에 협조하지 않는 것에서부터 전신줄 끊기, 돌 던지기, 방화에 이르기까지 다양했다. 1903년 맨체스터에서 설립된 여성사회정치연맹은 영국의 여성참정권 투쟁을 언론, 법정, 거리의 스펙터클로 바꾼 혁신적이며 창의적인 정치 단체였다. 연맹 회원들은 끈질기게 회의를 방해하고, 우체통에 산을 붓고, 상점 진열장을 깨뜨리고, 미술품을 훼손했으며 극단적으로는 빈 건물에 폭탄을 설치하는 행동까지 아우르며 1860년대부터 영국의 여성참정권운동이 전개해온 기존의 로비와 집단청원에 긴박함을 더했다.

여성사회정치연맹과 아일랜드여성투표권연맹Irish Women's Franchise League은 1908년부터 상점, 차량, 관공서, 교회 유리창에 돌을 던져 깨뜨리는 기술을 선보였다. 해학을 담아 '돌 던지기를 통한 주장'을 실행한 이들도 있었다. 1909년, 맨체스터에 사는 작은 체구의 교사 도라 마스든은 묵직한 쇠공을 종이에 싸서 '폭탄'이라고 쓰고는 한 자유당 정치인이 회의 중인 건물 유리창을 향해 던졌다. 해학은 남성들의 공공 영역에 침입하고 항의하는 전복적인 시도들에 담긴 특징이기도 했는데, 이는 1909년 데이지 솔로몬Daisy Solomon과 엘스퍼스 매클렐런Elspeth McClellan이 3펜스짜리 우표를 사용해 스스로를 '인간 편지'로 만들고는 다우닝스트리트에 자리한 애스퀴스Herbert Henry Asquith 총리 관저로 보내려 시도했던 데서도 찾아볼 수 있다. 영국의 우편 규정은 '송달 가능한 물건들'에서 인간을 명시적으로 배제하지 않았고, 활동가들은 이런 허점을 이용해 자신들의 청원서와 대표단 면담을 거부하고 있던 총리에게 접근하려 했던 것이다. 당황한 우편배달부는 이들을 '규격 외' 우편물로 분류해 배달했다.

숙녀분들을 애스퀴스 씨의 댁으로 데려갔지만 경찰이 들여보내주지 않았습니다. 저라도 안으로 들어가 수령 서명을 받으려는데 집사는 받은 편지가 없다며 서명해주지 않았죠. 숙녀분들은 자신들이 바로 그 편지라고 말했습니다. 애스퀴스 씨는 그들을 만나지 않았어요.

여성사회정치연맹을 설립한 에멀라인 팽크허스트는 "혁명의 방법"으로서 "여성들이 벌이는 내전"에서 전사가 되기를 자처했다. 유리창 깨뜨리기는 "오로지 여성에게 투표권을 주어야만 해결될 수 있는 정치적 상황을 만들어내기 위해 투표권 없는 자들이 택할 수 있는 유일한 방법"이었다. 그는 기금과 지지를 모으기 위해 미국 청중들을 상대로 강연하며 여성사회정치연맹의 행동을 미국 독립전쟁 당시 대표 없는 과세를 거부했던 미국 국민들의 행동과 나란히 놓았다. 팽크허스트는 여성들이 "모자와 옷을 사느라 가진 돈 대부분을 쓴 상점들의 유리창을 깨뜨렸다"고 주장했다. 당대 페미니즘 수사학이 빈번히 그러했듯, 모

1909년 2월, 영국 여성참정권운동가 데이지
솔로몬과 엘스퍼스 매클렐런이 경찰, 우편배달부,
다우닝스트리트 관리들 사이에서 우편물을 전달하기
위해 논쟁을 벌이고 있다. 솔로몬과 매클렐런은 영국의
우편 규정상 허점을 이용해, 자신들의 청원서와 대표단
면담을 거부하고 있던 총리에게 접근하고자 했다.
이들은 자기 자신을 우편물로 부쳤다. 출처: LSE Library.

자를 구입하는 여성들에 대한 그의 말은 계급적 특권으로 분석되기보다 당연한 것으로 전제되었다.[5]

　여성사회정치연맹을 비롯한 전투적 단체들이 자신들의 정치적 호소를 노동계급 공동체에 뿌리내리게 하기는 어려웠다. 그럼에도 불구하고 직접행동에 나선 것이 오로지 중산층 여성들만은 아니었다. 한 예로, 아일랜드 더블린의 포목상에서 조수로 일하던 시시 캐핼런Cissie Cahalan, 1876~1948은 아일랜드여성투표권연맹의 유리창 깨뜨리기에 적극 참여했을 뿐 아니라 노동조합운동에서도 활발한 활동을 펼쳤다. 에멀라인 팽크허스트의 딸 실비아 팽크허스트Sylvia Pankhurst, 1882~1960는 런던 이스트엔드에서 노동계급 여성들과 긴밀히 협력하며 활동했는데, 여섯 아이의 어머니이자 훗날 런던 포플러 자치구에서 최초의 여성 시장이 된 넬리 크레설Nellie Cressall, 1882~1973도 그중 한 사람이었다. 크레설의 경우 페미니즘은 극적인 행진과 돌 던지기만큼이나 고용과 보육에 대한 요구로도 표출되는 것이었다.

　전국여성참정권연맹은 영국 노스웨스트의 섬유 노동자 공동체에서 단단히 자리 잡고 있었다. 여성 방직공 및 방적공들은 자신들의 투쟁이 노동계급 남성들과의 연합으로 이루어져야 한다고 보았다. 이들은 단순한 젠더 평등을 넘어 영국 국민의 보편적 참정권을 이루고자 했다. 재산자격property qualification[직업을 얻거나 투표를 하는 데 필요한 사유재산의 조건]을 유지하는 젠더 평등은 빈곤한 여성과 남성 모두의 투표권을 박탈하는 것이었다. 노동계급 활동가들은 '성인 참정권'을 위해 결집했다. 이들은 노동조합과 차티스트운동을 통해 발전시켜온 능숙한 캠페인 기술들을 이용해 공장 입구에서 발언하고, 대표단에 참여하고, 서명과 기금을 모았다.

여성참정권운동가들의 돌 던지기는 캠페인이 지속될수록 조직력도 강해지고 규모도 늘어나며 수많은 여성이 명성 높은 표적들을 동시에 공격하기에 이르렀다. 이런 행동으로 여성들이 체포되어 실형을 선고받았고, 거리에서 잡힐 경우 경찰에 곧장 끌려간다는 점에 대응해 관저 앞 동상이나 난간에 스스로를 사슬로 묶은 채로 발언할 시간을 확보하는 것처럼 새로운 전략도 등장했다. 1908년 여성자유연맹Women's Freedom League 소속 헬렌 폭스Helen Fox와 오스트레일리아 출신 뮤리얼 매터스Muriel Matters는 남성만 출입할 수 있는 하원과 여성 방청석의 구경꾼들을 분리하는 장식 창살에 스스로를 사슬로 묶었다. 이들을 풀어내려면 창살을 완전히 떼어내야 했고, 그 과정에서 여성의 정치적 배제를 상징하는 깊은 분노의 대상은 잠시나마 해체되었다.

캠페인이 이어지며 단순하고 접근하기 쉬운 돌 던지기는 방화나 예술품 훼손처럼 더욱 복잡하고 폭력적인 행동들로 대체되었고, 매우 헌신적인 극소수 활동가들만 이를 실행에 옮길 수 있었다. 1913년 런던의 상징인 세인트폴 대성당 폭파 시도는 주교좌 밑에서 커다란 장치가 발견되며 수포로 돌아갔으나 아일랜드, 스코틀랜드, 웨일스와 잉글랜드 전역의 장관 사저, 교회, 공공 기관에서는 실제로 폭발이 일어났다. 1914년 식칼로 무장한 캐나다 출신 여성사회정치연맹 회원 메리 리처드슨Mary

Richardson, 1883~1961은 런던 내셔널갤러리에 전시된 [디에고 벨라스케스의] 유명한 회화 작품 〈거울을 보는 비너스Rokeby Venus〉를 난도질했다. 얼마 전 대중의 지지 속에 국가가 사들인 이 작품에는 얼굴이 가려진 한 여성의 벌거벗은 등과 엉덩이가 그려져 있었다. 리처드슨의 행동은 전날 있었던 여성사회정치연맹 지도자 에멀라인 팽크허스트의 구속에 대한 항의였다. 그는 그림 속 비너스보다 더 아름다운 팽크허스트가 국가의 손아귀에서 폭력에 시달리고 있다고 주장했다. 그러나 훗날 리처드슨은 벌거벗은 여성의 신체 앞에서 "갤러리의 남성 관객들이 입을 쩍 벌리고" 있는 꼴이 싫었다고 덧붙였다. 그림에 난 칼자국들은 폭력적인 살상과 불편할 정도로 닮아 있었고 마치 칼에 베인 자상처럼 보였다. 언론은 19세기 후반 런던의 여성들을 살해한 유명한 연쇄살인범[잭 더 리퍼]을 언급하며 리처드슨을 '리퍼'라고 불렀다.

여성사회정치연맹의 전투적 행동은 때로 시위자 자신의 몸에 폭력이나 고통을 가하는 결과를 가져오기도 했다. 1913년 영국 더비에서 "여성에게 투표권을Votes for Women"이라고 쓰인 플래카드를 든 채로 왕을 태우고 달리는 말 앞에 뛰어들었던 에밀리 데이비슨Emily Davison, 1872~1913의 죽음은 상징적인 예시일 것이다. 정치적 행동으로 수감되어 단식투쟁을 하는 여성참정권운동가들에게 감옥 내에서 가해지던 강제 급식 역시 또 다른 형태의 폭력이었다. 전투적 여성참정권운동가들은 공통적으로 자신들의 시위가 어떤 인명 피해도 발생시키지 않도록 계획된다고 주장했다. 많은 사람이 여성에게는 어머니라는 역할이 있고 따라서 여성들은 인간 생명의 가치를 깊이 헤아리기 때문에 결코 생명을 해치지는 않을 거라고 믿었다. 그러나 현실에서는 때로 심각한 위험을 초래하는 행동들도 존재했다. 방화나 폭파는 통제되지 않았고, 산을 이용한 국영 우체국 공격으로 부상자가 발생하기도 했다. 폭력은 중요한 전술이었지만 좀처럼 예기치 않은 상황을 초래했고, 이는 결과적으로 주류 대중의 지지를 잃고 훨씬 강도 높은 정부의 탄압을 유발할 수도 있는 문제였다. 그럼에도 불구하고 이러한 전술은 다른 나라로도 퍼져나갔다. 영국과 직접적으로 접촉하고 있던 미국의 참정권운동가들이 유리창 깨기와 단식투쟁 같은 전투적 전술을 받아들였던 것이다.

중국에서는 상황이 다르게 전개됐다. 20세기 초반 중국의 여성참정권론자들도 전투적 개입과 대립의 전략을 채택했지만, 여기에는 아나키즘운동의 영향이 더 컸다. 중국의 국가주의자와 급진주의자들은 카심 아민과 마찬가지로 중국의 국가 발전을 위한 여성들의 '근대화'를 요구했다. 이들의 목표에는 교육확대와 전족 폐지가 있었고, 일부 여성에게 주어지는 참정권도 포함되었다. 이런 목표는 근대성과 자연권에 대한 [서구의] 계몽주의적 비전과 공명한다. 그러나 유학사상에 등장하는, 남편의 정치와 사업을 뒷바라지하는 것으로 중요한 역할을 할 수 있다는 '배운 아내' 같은 전통 역시도 분명 중국 여성참정권운동의 상당한 자원이 되었다.[6]

청나라 왕조를 끌어내리려 했던 쑨원의 중국혁명동맹회 내부에서도 페미니즘 개혁에 대한 지원이 있었다. 1911년 청나라

왕정이 몰락하자 일부 지방의회는 여성에게 참정권을 부여하려는 움직임을 보였다. 그러나 1912년 동맹회와 국민당이 새로이 연합하면서 젠더 평등에 대한 약속은 곁가지로 밀려났고 개혁은 좌절되었다. 선저우여성참정권동맹Shenzhou Women's Suffrage Alliance의 여성 활동가들은 평등권을 요구하는 집회와 청원으로 대응했다. 이에 난징 국회가 회의에 경비를 배치하자 여성들은 본래 자신들의 자리인 '방청석'을 무시하고 의원들 사이에 자리 잡고 앉아 그들의 옷을 잡아당기고 고함을 지르며 진행을 방해했다. 언론에서는 탕췬잉唐群英, 1871~1937이 이끄는 여성 시위대가 손으로 유리창을 깨뜨리고 자해했다는 소식이 전해졌다. 1904년부터 일본에서 망명생활을 한 그는 전투적 아나키스트 집단에서 활동하며 영향을 받았다.[7] 중국 신문은 그가 국민당을 창당한 쑹자오런宋敎仁 같은 인물들, 즉 여성을 배신한 남성 정치인들과 대립하는 모습을 보도했다. 1912년 8월 국민당 전당대회에 입장한 탕췬잉은 다음과 같은 행동을 했다고 전해진다.

쑹자오런의 자리로 걸어가 잽싸게 양손으로 그의 이마를 할퀴고 턱수염을 비틀더니, 그 가냘픈 손으로 따귀까지 올려붙였다. 그 소리가 너무 커서 모두에게 메아리가 들릴 정도였다.[8]

중국 여성참정권운동은 후난성, 광둥성, 쓰촨성, 저장성 지역에서 여성에게 평등한 시민권을 부여한 1920년대 '신문화운동'* 시기 청원과 로비를 벌이며 강력한 요구를 이어갔다. 국민당과 중국공산당은 모두 원론적으로는 여성의 평등을 지지했으나, 양당의 대립으로 인해 1936년 헌법이 제정될 때까지 여성참정권은 보장되지 못했다. 여성의 평등한 시민권은 전시에 여성들이 중국인민정치위원회에 참여하면서 강화되었고, 1949년 공산당이 국민당에게 승리하면서 확정되었다.

영국과 중국 여성들의 무력 사용은 언론의 관심을 불러일으키고 정부의 응답을 촉구하기 위해 기획된 것이기도 했다. 이들의 행동은 전 지구적으로 보도되었으나, 다른 국가의 여성 활동가들은 대체로 거부반응을 보였다. 예컨대 브라질의 여성참정권운동가이자 페미니스트인 베르타 루츠는 1918년 브라질 최초의 여성참정권 연합을 다음과 같은 말로 소개했다.

> 길거리의 유리창을 부수는 '서프러제트'들의 연합이 아니라, 성별에 기생해 살아가지 않는, (그럼에도) 쓸모 있고, 자신과 아이들을 교육하고, 미래에 반드시 할당받게 될 정치적 책임을 수행할 수 있는 브라질 여성들의 연합이다.[9]

이처럼 전투적 행동에 대한 경계와 거리 두기는 전 세계 수많은 페미니즘과 여성참정권운동 단체에서 공통으로 나타난 태도이기도 했다. 전투적 여성참정권운동가들의 대담한, 때로 폭

---

* 중화민국 초기 신지식인층이 유교 전통에 반대하고 새로운 생활양식을 확대하고자 전개한 문화운동.

력적이기까지 한 행동은 비전투적 단체들에게 온건함이라는 정치적 자본을 취할 수 있는 간단한 수단이 되었다. 다시 말해, 자신들의 요구가 단순한 정의나 실용주의의 실현임을 강조하는 수단으로써 전투적 행동이 언급되었다는 뜻이다. 하지만 그렇다고 해서 비전투적 단체들에 창의성이나 급진적 의도가 부재한 건 아니었다. 페미니스트 의사인 홀리에타 란테리 박사는 수십 년간 이어진 좌절에도 불구하고 극도의 끈기를 보여준 인물이다. 그는 이탈리아에서 태어나 아르헨티나로 이주했고, 라틴아메리카에서 최초로 투표권을 행사한 여성으로 알려져 있다. 아르헨티나 법의 모호함에 주목한 그는 이를 이용해 선거 당국을 설득하고 1911년 부에노스아이레스 시의회 선거에서 투표했다. 그해, 투표권을 행사하려면 군 복무를 마쳐야 하는 것으로 법이 개정되어 여성이 분명하고도 교묘하게 배제되었다. 란테리는 이에 굴하지 않고 1918년에서 1930년 사이 계속해서 공직에 입후보했고, 1929년에는 군 복무에도 지원했으나 모두 거절당했다. 1930년, 파시스트 성향의 군사쿠데타가 일어나 정당, 선거, 헌법이 중단되었다. 아르헨티나 여성들은 이후 1947년에 이르러서야 참정권을 얻게 된다. 란테리는 1932년, 부에노스아이레스의 거리에서 교통사고로 사망했다. 극우 성향의 준군사 조직원이 모는 차량에 치인 수상쩍은 정황의 사고였다. 그가 발휘한 비폭력적 전투성의 대가가 살상 전술로 돌아왔던 것이다.

1911년, 아르헨티나 부에노스아이레스 시의회
선거에 참여해 라틴아메리카 역사상 처음으로
투표권을 행사한 여성이 된 훌리에타 란테리의
모습. 그는 생애 내내 여성참정권을 위해
끈질기게 투쟁했다.

출처: Archivo General de la Nación Argentina 제공, AGN_
DDF/Caja 2124, Inv: 115542.

무력과 폭력에 대한 재고

여성참정권운동이 활용한 분필과 쇠사슬은 다음 세대 활동가들에게도 영감을 주었다. 한 예로, 오스트레일리아의 활동가 멀 손턴Merle Thornton과 로잘리 보그너Rosalie Bognor는 1965년 오스트레일리아의 술집과 호텔이 혼성 입장이 가능한 곳과 남성 전용 공간으로 분리되어 있다는 데 항의하며 브리즈번의 한 술집에서 스스로를 쇠사슬로 묶었다. 로비활동으로 별다른 개선이 이뤄지지 않자 보다 전투적인 저항에 나선 것이다. 이런 전통은 정부 고용에서의 성별 임금격차에 항의하고자 멜버른에 자리한 오스트레일리아 연방정부 청사에 쇠사슬로 몸을 묶은 젤다 다프라노Zelda D'Aprano에게로 이어졌다. 다프라노는 영국의 여성참정권운동가들에게서 영향을 받았다고 언급했으나, 이탈리아-오스트레일리아의 반파시즘운동 단체인 이탈리아리베라Italia Libera를 통해 국제적 반파시즘 결집에도 깊이 관여하고 있었다.[10]

오스트레일리아 활동가들은 그 뒤로도 창의적인 방식으로 성차별에 대항했다. 1970년대 후반에서 1980년대에 활약한 광고 그래피티 집단인 버거업Billboard Utilising Graffitists Against Unhealthy Promotions, BUGA-UP*은 광고업계의 성차별을 겨냥하는 익명의 혼성 단체였다. 버거업은 체포와 기소의 위험에도 불구하고 자동차, 청바지,

---

* 직역하자면 '건강하지 않은 광고에 반대하며 대형 광고판을 활용하는 낙서가들'인 이 단체의 이름은 '꺼져'라는 의미의 오스트레일리아 속어 bugger up과 의도적으로 같은 발음을 채택한 것이다.

1965년, 멀 손턴과 로잘리 보그너가
오스트레일리아의 한 술집에서 여성 배제에
항의하며 바 레일에 몸을 묶고 시위를 벌이고 있다.
오스트레일리아의 활동가들은 창의적인 방식으로
성차별에 대항하곤 했다.
출처: Bruce Postle, Newsphotos.

전자 제품 등을 팔기 위해 (관련 없는) 여성의 신체를 이용하는 광고를 표적으로 삼았다. 버거업은 광고에 재치 있는 낙서를 더해 이런 광고들이 보는 이를 당연히 남성으로 전제하는 문제를 분명하게 드러냈다. 예컨대 "모든 걸 가진 남자를 위해"라는 카피와 함께 남성의 가랑이를 보여주는 랭글러 청바지 광고에 여성해방을 상징하는 기호를 그려 넣고 "불알과 족쇄가 달림"이라고 카피를 고쳐 썼다. 또한 "너의 내부를 건드릴 필요가 없다면 인생은 훨씬 단순해질 거야"라는 카피로 여성 청소년을 대상으로 한 [탐폰회사] 탐팩스Tampax의 광고를 '올해 최악의 광고'로 선정하고는 금빛 페인트를 뿌려 '최고의 코딱지 상'을 수여했다. 버거업은 국경을 넘어 성차별에 반대하는 남성들과 페미니스트 여성들에게 직접적인 영감을 주었고, 그들 역시 여성을 비하하는 광고들을 훼손하거나 전복하는 활동을 벌였다.

같은 시기, 서독에서는 1968년 학생운동 및 시민권운동, 1970년대 좌파 테러리즘의 출현, 그리고 점점 더 강력해지는 여성운동에 뿌리내린 폭력 사용에 관한 광범위한 논쟁이 일어났다. 중국의 마오주의로부터 유래한 '쑤쿠' 기법은 종종 중국 여성들이 남성 가해자 개개인에게 맞서 집단적으로 취한 폭력적인 보복을 묘사하기도 했다. 중국 여성들이 남성을 묶고 폭행한 사건을 보도로 접한 독일의 페미니스트들은 논쟁을 벌였다. 한 페미니스트는 다음과 같이 말했다.

처음에 우리는 끔찍하고 반동적인 남편들을 때리고 그들에게

침을 뱉었다는 소식에 충격을 받았습니다. 그 충격에는 우리 역시 투쟁에 폭력을 사용할 수 있었으면 하는 자연스러운 욕망을 느낀다는 데서 오는 죄책감이 포함되어 있었고요.[11]

그러나 언어적·신체적 폭력을 포함한 집단 개입이라는 마오주의적 개념 '반신返身'은 1970년대 후반 독일 페미니즘계에서 강력한 수단으로 떠올랐다. 일부 페미니스트 단체는 이러한 수단이 폭력적일 수는 있으나 어디까지나 가부장제와 자본주의라는 사회구조가 여성에게 가하는 구조적 폭력으로 인해 촉발된 것이므로 '대항폭력'이라 이름했다. 이들은 페미니즘과 평화운동의 연결고리를 부정하며 완전히 다른 기조를 내세운다.

우리는 여성이 '자연적 본성'을 지닌 존재로, 즉 평화를 전파하는, 화해 불가능한 대립항 사이에서 평화를 구축하는 영원한 어머니이자 사회복지사로 환원되는 데 질릴 대로 질렸다. 우리는 '평화의 여성'이 아니다. 이곳에서도, 세상 그 어디에서도 평화라고 할 만한 모습이 보이지 않는다. 따라서 우리는 평화를 떠올릴 수도 없고, 다만 오로지 전쟁의 원인에 맞서 싸우고 파괴할 수 있을 뿐이다.[12]

신여성운동에 참여한 서독의 학생과 페미니스트들은 앞선 여성참정권운동가들의 직접적 영향으로 폭력을 지지했으나 사람에게 직접 가하는 폭력만큼은 신중하게 거부했다. 대신 이들은 1975년 3월 임신중단권 보장을 주장하며 카를스루에에 자리한 연방 헌법재판소를 폭파했던 것처럼 자산에 대한 폭력을 선호했다. 1977년부터 활동하기 시작한 [급진적 여성주의 게릴라] 단체인 로테초라Rote Zora(붉은 조라)는 서독에서 여러 건의 방화를 벌였다. 로테초라에서 활동한 이들은 애초에 혁명세포Revolutionary Cells라는 좌파 조직 소속으로, 좌파 남성들과의 교류에서 좌절감을 느낀 여성들이었다. 로테초라의 여성들은 정치적 성향이 어쨌든 간에 남성들이 여성을 성적 대상으로 취급하는 일상에서의 관행은 마찬가지라는 사실을 깨달았다. 그렇게 1984년 독립적인 여성 게릴라 단체로 탄생한 로테초라에서 여성들은 통상적으로 허용되지 않는 방법들로 정치적 의사를 표현하는 자유를 누렸다.

> 개인적으로, 우리에게 강제된 여성적인 평화로움과 절연하고 폭력적인 수단으로 정치학을 실현한다는 의식적 결정을 내린 데서 어마어마한 해방감을 느꼈다.[13]

로테초라의 초기 공격 대상은 주로 성매매업소였지만 1980년대 들어 지구적 관점으로 확대되면서 성 관광에 가담하는 필리핀 영사관을 폭파하는 시위를 벌이기도 했다. 유엔의 '유엔 여성 10년United Nations Decade for Women'(1976~1986) 선언과 함께 멕시코시티, 코펜하겐, 나이로비에서 열린 세계대회는 지구 남부 여성들의 삶과 차별 경험을 널리 알렸다.

로테초라가 실행한 가장 지속적인 행동은 독일의 의류기업 아들러Adler 한국공장에서 일하던 여성 노동자들이 독일 여성운동에 보낸 편지 한 장에서 촉발된 것이었다. 열악한 노동조건에 시달리던 한국 여성 노동자들은 '자매의 도움'을 요청했다. 이에 로테초라는 아들러를 상대로 시위를 벌였으나 기존의 방법으로는 통하지 않았고, 로테초라는 이후 아들러 매장들에 연속적인 폭파를 감행했다. 이들은 어떠한 인명 피해도 발생하지 않도록 느리게 연소되는 장치를 사용함으로써 상품을 훼손하고 스프링클러가 작동되도록 했다. 이로 인해 발생한 상당한 경제적 손실은 아들러 한국공장의 노동조건을 개선하도록 강제하는 캠페인에서 중요한 작용을 했다.

파업

로테초라 활동가들은 보다 해방된 독일 여성들의 개입을 필요로 하는, 착취당하는 존재로서 한국 여성을 '제3세계' 자매라 상상했을지 모른다. '제3세계주의third worldism'는 [스리랑카의 여성학자] 쿠마리 자야와르데나Kumari Jayawardena가 1986년 저서 《제3세계 페미니즘과 국가주의Feminism and Nationalism in the Third World》에서 주장한 것처럼 흑인, 라틴계, 아시아계 여성운동의 중요한 토대였을 수도 있다. 그러나 한편으로는 백인 여성 활동가들이 지구 남부 빈곤 국가의 여성들을 하나로 묶어 피해자로 제시하는 데 쓰이기도 했다. 이는 지구 북부 여성들 사이에 존재하는 인종 문제를 모호하게 만드는 동시에 '제3세계 여성들'에 대한 일종의 가치 있는 온정주의를 장려했다. 그러나 한국 여성들의 호소는 이미 여성 노동자 투쟁의 전통이 확립된 국가에서 나온 것이었다. 한국 여성들은 1961년 군사쿠데타로 정권을 잡은 박정희가 수출 강화를 목표로 내걸었을 때 대거 공장노동으로 유입되었다. 극도로 착취적인 노동조건에 맞닥뜨린 여성 노동자들은 1970년대 주길자, 이영숙 등이 노조 지도자로 선출되는 것과 함께 노동조합을 통해 결집했다. 남성 노동자들이 여성 지도자를 늘 지지한 건 아니었다. 한 예로, 이영숙이 지부장으로 선출되자 공장의 남성 노동자들은 여성 동료들의 투표 없이 재선거를 치르기 위해 그들을 기숙사에 감금하기도 했다.* 분개한 여성 노동자들은 기숙사를 탈출해 공장에서 연좌농성을 벌였다. 전경들이 공장 내에 진입하자 여성들은 반라를 보여주면 경찰들이 당황하여 제대로 진압하지 못하리라 보고 작업복을 벗어 던졌다. 진압 과정에서 많은 이가 폭행당하고 체포되었다. 이러한 좌절에도

---

* 1972년 한국 최초로 여성 노조 지부장이 선출된 동일방직 이야기다. 동일방직은 1972년과 1975년에 각각 주길자, 이영숙을 여성 지부장으로 선출했다. 이에 노조를 해산하려는 사측과 사측에 동조한 일부 남성 노동자들이 노조 집행부를 와해하기 시작했다. 1978년 대의원 대회에서 또다시 여성 지부장이 선출될 기미가 보이자 어용노조 남성 조합원들은 선거함을 훼손하고, 여성 노동자들이 기숙사에서 나오지 못하도록 막고, 이들에게 인분을 뿌림으로써 선거를 막았다. 이후 회사는 124명의 여성 노동자를 해고하고 블랙리스트까지 작성하며 이들의 취업을 가로막았다.

불구하고, 한국 역사 속 여성 노동자들은 열악한 노동조건에 대한 반발뿐만 아니라 1979년 박정희 독재정권의 붕괴를 이끈 정치혁명의 도화선이 된 YH무역 투쟁에서도 전투적 면모를 드러냈다.[14]

파업은 여성 노동자들에게 강력한 무기였으며, 이는 대개 노동운동 안에서 이뤄졌다. 보이콧, 연좌농성, 파업을 통한 직접행동은 [미국 역사학자] 도러시 코블이 "또 다른 여성운동"이라 일컬은 것처럼, 파업을 일상적 전술로 삼았던 도미틸리아 바리오스 데 충가라, 메이다 스프링어 켐프 같은 노동운동가들의 핵심적 행동이었다.[15] 이런 행동 중 일부는 남성 노동자들의 조직화를 지원하기 위해서도 이루어졌다. 광부의 아내들은 파업에서 중요하고도 가시적인 역할을 했는데, 1950년부터 1952년까지 미국 뉴멕시코주의 엠파이어아연사Empire Zinc Company를 상대로 벌어진 파업도 그중 하나다. 멕시코계 미국인 광부들이 일터에서 시위를 하는 건 금지되어 있었으므로, 광부의 아내들로 이루어진 여성지원단Ladies Auxiliary이 그 자리를 대신했다. 1984년에서 1985년까지 이어진 영국 광부파업에서도 여성들은 영국 전역에서 갱도를 점거하고, 피켓시위를 벌이고, 모금을 하며 비슷한 행동에 나섰다. 남성 노동자들은 이런 행동들에 무척이나 양가적인 태도를 취하기도 했는데, 아내들이 때로 예기치 못한 사회적 자신감을 얻어 취업과 가사노동의 재분배를 요구하게 되었기 때문이다. 그러나 전반적으로는 남성과 여성 모두 사회정의와 공동체의 생존을 위해 함께 투쟁했다.

한편, 파업은 보다 사적인 맥락에서 이뤄지기도 했다. 세 아이의 어머니인 프랑스 여성 넬리 루셀Nelly Roussel, 1878~1922은 군사적·경제적 목적을 위한 '총알받이'의 생산으로서 여성의 출산이 강요되는 데 열렬히 반대했다. 그는 프랑스에서 피임약 사용이 법적으로 불가능했던 1967년 이전까지 모든 여성의 피임권을 지지했다. 20세기 초반 루셀은 "페미니즘은 무엇보다 시급하게, 가장 신성하지만 그럼에도 불구하고 …… 모든 자유들 중 가장 적게 논의되며 존중받지 못하는 '모성의 자유'를 선포해야 한다"고 썼다.[16] 1904년, 그는 국가의 출산장려정책에 항의하며 출산파업을 촉구했다. 루셀은 급진적인 주장을 개진하면서도 기본적으로는 자신을 어머니로 제시하고자 책의 헌사, 사진, 조각작품을 전략적으로 이용했다. 그 결과 그는 자녀들과 긴 시간 떨어져 지냈음에도 불구하고 헌신적인 어머니로 추앙받았으며, 이에 따라 프랑스의 다른 피임 지지 활동가들이 맞닥뜨린 경찰의 괴롭힘과 체포를 피할 수 있었다.[17] 그는 또한 여성들이 성적 쾌락을 누릴 권리와 출산 중 진통제를 사용할 권리도 요구했다. 그러나 카리스마와 언론에서의 높은 명성에도 불구하고 집단적 대응을 조직할 수 있는 자원이 거의 없었고 출산파업은 현실적 전술로 실현되지 못한 채 수사적인 구호에 그치고 말았다.

대중을 아우르며 완벽히 실현 가능한 파업을 찾아낸 활동가들도 있었다. 1975년 10월 24일, 아이슬란드의 페미니스트들은 가정과 일터에서 여성이 수행하는 고된 노동과 남성에 비해 낮은 임금을 받는 현실을 사회적 문제로 조명하고자 전국적 '휴

무일'을 지정하는 특단의 시도를 했다. 아이슬란드 여성의 90퍼센트로 추산되는 대단히 많은 수의 여성이 이 '파업' 제안을 받아들였다. 여성들이 누군가를 가르치고, 신문을 인쇄하고, 항공사에서 서비스를 제공하고, 생선을 손질하는 일을 거부하자 아이슬란드의 학교, 산업, 상업이 전면적인 마비 상태에 빠졌다. 아버지들이 출근하고자 한다면 자녀를 동반해야 하는 상황이 벌어졌다. 이듬해 아이슬란드 의회는 평등권을 보장하는 법안을 통과시켰고, 5년 뒤에는 첫 여성 대통령이 탄생했다. 여성파업은 10년마다 되풀이되었는데, 최근에는 2016년 폴란드 활동가들이 이러한 전략을 이어받아 이미 극히 제한적이었던 임신중단권을 완전히 범죄화하려는 국가의 시도에 저항하며 성공적인 결과를 이끌어내기도 했다.

1975년 아이슬란드 여성파업 역시 앞서 1920년 미국 여성참정권 획득 50주년을 기념하여 1970년 8월 26일 미국 여성들이 벌인 소규모 파업에서 영감을 받은 것이다. 전미여성기구 회장 베티 프리단의 주도로 이뤄진 이 행동은 여성들이 자신의 삶에서 할 수 있는 그 어떤 행동이라도 취해야 한다는 호소로 촉발된 것이었다. 당시 집행부의 한 사람은 이렇게 상상했다.

사무실에서 일하는 여성들은 기계에 잉크를 들이부을 것이다. ······ 비서들은 모든 편지를 잘못된 봉투에 넣어버릴 것이다. 식당 종업원들은 설탕통에 소금을 넣을 것이다. 아내들은 남편에게 스완슨Swanson에서 나오는 냉동 멕시칸 음식을 먹이고 그들이 몬테수마의 복수[설사병을 가리키는 멕시코 속어]를 겪는 모습을 지켜볼 것이다. 남편에게 아무것도 먹이지 않는 여성들도 있을 것이다.[18]

그는 이날의 슬로건을 이렇게 제안했다. "파업이 뜨거울 동안은 다림질하지 말라!"

워싱턴 D.C.에서 이 행사를 조직한 다양한 단체들의 면면은 이 역사적 순간의 '여성운동'을 구성했던 복잡한 이해관계의 연합을 보여준다. 전미여성기구는 국가복지권리기구National Welfare Rights Organization, NWRO, 청년사회주의연합Young Socialist Alliance, 워싱턴D.C.여성해방운동DC Women's Liberation Movement, DCWLM, 연방고용여성Federally Employed Women, 여성노동조합원동맹Alliance of Union Women의 여성들과 함께했다. 이 단체들 각각의 목표는 베트남전쟁 중단에서 노동조합운동 내 성차별 철폐, 흑인·노동계급 여성의 빈곤 해결, 가부장제 타파에 이르기까지 무척이나 다양했다. 어떤 이들은 평등권수정헌법(ERA)을 지지했지만, 여성해방운동을 비롯한 다른 단체들은 ERA가 백인 중산층 중심의 개혁주의 법안이라는 점을 지적하며 현 상황을 바꾸기에는 부족하다고 반대했다. 이러한 의견은 주로 아프리카계 미국인 저임금 여성 노동자들로 이루어진 국가복지권리기구의 워싱턴 D.C. 지부 회원들의 공감을 이끌어냈다. 이들의 핵심 관심사는 빈곤이었기에 더 나은 주거, 더 저렴한 대중교통, 더 나은 의료를 위한 로비와 파업이 중요한 행동이었던 것이다. 또, 이런 '복지 활동가'들은 해방의 형태로 제시되는 유급노동에 회의적이었다. 열악한 조건의 저임금 노동 및 자녀 돌봄과 무관하게 복지제도가 강제하는 노동을 경험한 바 있는 에타 혼Etta Horn 같은 활동가들은 자신들의 행동과 여성 고용 확대를 말하는 여성해방운동을 신중히 구분했다. 이전에 가정부였으며 일곱 자녀의 어머니이자 교회에서 활발하게 활동하는 신자였던 혼은 경찰의 인종차별에 반대하는 시위 및 복지수급자들의 신용거래를 거부하는 백화점에 대한 불매운동에 참여했다. 국가복지권리기구는 이러한 자신들의 활동을 페미니즘이라 부르지 않았으나, 역사학자 앤 발크Anne Valk가 주장했듯 이들은 구조적 형태의 '남성우월주의'하에서 특수하게 착취당하고 임금을 받지 못하는 것으로 모성에 대한 분석을 발전시켰다. 복지수급자들에 남성보다 여성이 지나치게 더 많다는 것과 '남성우월주의'에 대한 여성들의 이야기는 국가복지권리기구의 활동이 페미니즘 캠페인과 강한 유대를 형성하도록 만들었다.[19]

1970년의 파업은 미국 전역에 다양한 전술적 영감을 주었다. 법적으로 파업이 금지된 연방고용여성은 구성원들에게 "벽돌이 아니라 재치로 투쟁하라" 촉구했다. 시카고여성해방연합 Chicago Women's Liberation Union은 한 여성이 일터에 아이를 데려왔다는 이유로 해고당하자 즉시 해당 정육공장을 찾아가 관리자들에게 복직을 설득했다. 워싱턴에서 전미여성기구는 소비자 불매운동을 주요 행동으로 삼았다. 성차별적 광고에 대한 항의로 전미여성기구는 잡지 《코즈모폴리턴》, 특정 담배 브랜드, 주방세

제, '여성 청결' 스프레이를 불매운동의 표적으로 삼았다. 워싱턴D.C.여성해방운동은 지역에 위치한 여성 교도소로 행진하며 "남성우월주의가 모든 여성을 감금한다"고 선언했다. 이들은 교도소 창문에 돌을 던지고 수감된 여성들을 향해 구호를 외쳤으며 이후에는 보석금을 모금해 석방을 시도하기도 했다. 그러나 다른 단체들이 보여준 여성 수감자들에 대한 연대는 상당 부분 피상적인 선에서 그쳤고, 보석금을 후원하거나 사법제도와 관련해 여성들과 더 많은 연결고리를 만들기 위한 노력도 빈약했다. 연합을 구축한다는 건 큰 대가가 따르는 일이었다. 결국 워싱턴D.C.여성해방운동은 전미여성기구와 함께하는 게 "우선순위가 다른 단체들과 일하느라 에너지를 낭비하는" 결과를 가져온다고 결론지었다. 미국의 다른 여성 단체들은 남성들의 파업 참여를 꺼렸다. 시카고여성해방연합은 한 집회에서 다음과 같이 말했다. "남성들이 군중 대부분을 차지하며 과도한 영향력을 가지는 듯했다. 이번에도 행사는 온전히 우리의 것이 아니었고 우리는 남성을 위한 볼거리였다."[20]

피켓시위

노동운동에서 사용된 또 다른 전술은 피켓시위로, 이는 전통적으로 일터에서의 파업에서 사용되었지만 파업과 마찬가지로 여성의 종속이 일어나는 장소에서 새롭게 쓰일 수 있었다. 한 예로, 1971년 시애틀의 한 술집에서는 약 40명의 시위대가 여성을 대상화하는 '핫팬츠 콘테스트'에 반대하는 피켓시위를 벌였다. 같은 해, 아일랜드의 한 여성 단체 또한 여성이 주도적으로 피임을 할 수 있도록 하는 법안을 처리하지 않는 의회에 항의하며 시위에 나섰다. 이들은 시민권운동의 민중가 〈우리는 움직이지 않을 것이다We Shall Not Be Moved〉의 가사를 '우리는 잉태하지 않을 것이다We shall not conceive'로 개사해 불렀다. 일부 여성들은 남자화장실 창문을 통해 의회 건물에 진입해 점거하기도 했다. 피임 법안을 표류시키는 의회를 향한 여성들의 절망감은 1971년 5월 22일 아일랜드 여성해방운동의 역사적 순간을 만들어냈다. 한 여성 단체가 아일랜드공화국의 피임 비범죄화를 외치고자 벨파스트*로 향하면서 이 여정을 취재할 텔레비전 방송국 취재진을 섭외해 동행했다. 이들은 그곳에서 콘돔과 살정제를 구입했지만 피임약을 구매하는 데는 실패했다. 영국은 1962년 피임약을 합법화하긴 했지만 처방을 통해서만 구입할 수 있도록 규제했기 때문이다. 이렇게 되자 여성들은 세관원이 피임약과 혼동하리라 예상되는 아스피린을 수백 개 구입했다. 기차를 타고 아일랜드 더블린으로 돌아온 여성들은 세관원에게 자신들의 행동을 선언하고는 콘돔을 흔들며 아스피린을 삼켰다. "그들을 들여보내라"라고 구호를 외치는 지지자들에 둘러싸인 세관원들은 선뜻 여성들을 체포하지 못했다. 이들의 시민불복종 행동은 널리

---

* 영국 자치국 북아일랜드의 수도로, 아일랜드공화국과 국경을 접한 지역.

보도되었으나, 변화는 더디기만 했다. 1973년에 이르러 아일랜드 대법원은 피임이 '부부의 권리'라고 판결했으나 정부는 가톨릭교회의 반대를 이유로 관련 제도를 마련하지 않았다. 마침내 1980년이 되어서야 피임은 결혼한 부부를 대상으로 부분적으로나마 비범죄화되었다. 이후 15년간 더디게 진행된 개정을 거치면서 피임약을 사용할 수 있는 사람들이 서서히 확대되었다. 2018년, 아일랜드공화국은 역사적인 국민투표를 거쳐 임신중단을 비범죄화했고, 2019년에는 북아일랜드 역시 뒤늦게나마 이를 따랐다.

일본과 한국 여성들은 성매매에 반대하며, 특히나 이것이 '관광'산업으로 여겨진다는 데 초점을 맞추는 피켓시위를 벌였다. 일본과 과거 일본의 식민 지배를 받았던 한국에는 오래전부터 '홍등가' 또는 '유흥가'라고 불리는 구조가 존재했다. 성매매업소가 법적 허가를 받을 수 있었고, 성노동자가 맺는 노동계약이 성노동자의 삶 전체를 통제하기도 했다. 예를 들면, '기생'이라 일컬어진 한국의 여성들은 양반 남성들에게 성적 유흥을 제공하는 것을 직업으로 삼았다. 19세기 후반 다수의 일본인이 한국에 정착하자 한국의 항구지역에서는 매춘이 성행했다. 1905년, 한국을 '보호국'으로서 통치할 것을 선포한 일본은 보다 공식적이고 규제적인 성 관광체계로서 '위안부'제도를 도입했다. 이러한 제도로 인해 1937년부터 1945년 사이 일본군 '위안소'에 수많은 한국인과 중국인 여성이 성노예로 감금되었다. 강압적으로 입소한 '위안부'들은 그곳에서 일본군에게 성을 착취당했고, 4분의 3이 감금된 채 사망하거나 살해당했다. 1945년 일본이 패전하고 1948년 남북한이 각각의 정부를 수립하며 분단 독립국이 되었으나 일본에서 한국으로의 성 관광은 사라지지 않았다. 1970년대 한국은 기업들의 후원하에 남성 전용 패키지 관광이 급속도로 성장했다. 역사상 20세기 후반까지는 2차 세계대전 중 '위안부'라는 전시 잔혹행위 문제가 제대로 인식되지 않았다. 한국정신대문제대책협의회는 1992년부터 1994년까지 주한 일본대사관 앞에서 매주 시위를 벌인 끝에 사과와 배상을 강제적으로 끌어낼 수 있었다.[*21]

미국과 유럽의 남성들과 마찬가지로 1970년대 일본의 성 관광객들은 한국과 필리핀을 찾았다. 한국정부는 외화벌이의 일환으로 성 관광을 적극 지원했고, 일본 기업들과 결탁해 여성 성노동으로 이득을 취했다. 이러한 구조에 대항한 것은 보다 적극적인 활동으로 부상한 한국 여성운동이었다. 한국 여성들은 서울 김포공항에서 일본 남성들의 입국에 반대하는 피켓시위를 벌였고, 1974년에는 일본 여성들이 도쿄 하네다공항에서 남성들의 출국에 반대하는 시위를 벌였다.[22] 시위대는 특히 일본의 성 관광 패키지가 만들어진 조직적인 행태에 분노했다. 일본 기

---

* 이 서술은 일제강점기 위안부 문제에 대한 일본정부의 연구 조사 이후 사죄와 반성의 뜻을 담아 발표한 1993년 '고노 담화'와 1995년 식민 지배를 사과한 무라야마 전 총리의 '무라야마 담화'를 염두에 둔 것으로 보인다. 한국정신대문제대책협의회(현 정의기억연대)는 1992년부터 현재까지 30년 이상 '일본군성노예제 문제 해결을 위한 정기 수요시위'를 꾸준히 이어오며 위안부 문제에 대한 진상 규명과 피해자의 인권 회복을 요구하고 있다.

업들은 식사와 호텔 제공을 통해 이익을 독점했고, 한국의 성노동자들은 매우 적은 임금을 받았다.

결국 관련 규제가 강해지며 수익성을 위협받게 되자 한국을 비롯한 성 관광지의 많은 여성은 일본으로 이동해 술집과 마사지업소에서 일하게 되었고, 이때도 대개 착취에서 벗어나지 못하도록 여권과 자금을 압수당했다. 이에 따라 공항에서의 시위에 나섰던 이들을 포함한 일본 여성들은 성착취 및 노동착취를 피해 도망친 이주 여성들을 위한 쉼터를 만들게 된다.

20세기 후반 포르노와 섹스토이를 판매하는 '섹스숍'이 성장하고 미디어에서의 노골적인 성적 묘사가 증가하자 여러 여성 단체들이 피켓시위를 시작했다. 1981년 샌프란시스코의 포르노와미디어속폭력에반대하는여성들Women Against Violence in Pornography and Media은 소식지를 통해 〈포르노 반대 피켓시위를 조직하는 방법〉이라는 '안내문'을 제공하며 영화관, 방송국 스튜디오, 섹스숍에서 사용할 수 있는 전술들을 소개했다. 이들은 언론을 끌어들일 것, 창의적 슬로건을 활용할 것, 그리고 적극적인 저항을 드러내는 구호와 음악을 사용할 것을 강조했다. 안내문에서는 시위에 적합한 노래들로 시민권운동에서 불리는 〈우리는 극복할 것이다We Shall Overcome〉, 〈반격Fight Back〉, 〈우리는 꼼짝도 하지 않을 것이다We Shall Not Be Moved〉를 추천했다.

런던에서는 1978년 '밤을 되찾자' 행진에 참여한 여성들이 섹스숍 앞에서 피켓시위를 벌이다가 가게 안으로 침입해 포르노 잡지들을 항의 스티커로 도배했다. 16명의 여성이 체포되었고, 이들은 유리창을 깬 여성참정권운동에서 영감을 받았음을 분명하게 언급했다.[23] 낙서를 하거나 화염병을 던지는 또 다른 전술들이 뒤따랐다. "밤을 되찾자"는 슬로건은 여성에 대한 남성들의 폭력에 항의하고자 도시를 행진한 시위에서 유래한 것으로 1970년대부터 널리 알려졌다. 페미니즘 언론에 기록된 최초의 '밤을 되찾자' 행진은 1976년 3월 벨기에 브뤼셀에서 일어났고, 곧바로 이탈리아 로마, 독일 베를린으로 확산되어 1977년 4월 30일 서독 전역에서 동시다발적으로 일어났다. 이 행진은 도시의 거리, 특히 홍등가에서 여성들이 일상적으로 당하는 강간과 성추행 때문에 촉발된 것이었다. 여성들은 타오르는 횃불과 악기를 들고 아무 물건이나 타악기로 삼아 연주하며 여성에게 적대적인 공간들에 소리와 불빛으로 침입했다. 이 행진은 1977년 영국의 리즈, 런던을 비롯해 7개 도시에서 이어졌는데, 그중에서도 리즈에서의 행진은 1975년부터 1980년 사이 '요크셔 리퍼'* 피터 서트클리프가 저지른 여성 살인사건을 표적으로 삼은 것이었다. 요크셔 경찰은 사건 이후 리즈의 여성들에게 안전을 위해 밤에는 집에 머물 것을 권고했는데, 이에 분개한 페미니스트들은 하나같이 이렇게 반문했다. 어째서 남성의 폭력에 대응하기 위해 여성이 스스로를 제약해야 하는가? 페미니스트들은 그 대신 남성들에게 통금을 가하라고 말했다. 리즈혁명적

---

* 1888년 여성 연쇄살인범으로 널리 알려진 잭 더 리퍼에 빗대어 요크셔 출신인 피터 서트클리프를 이렇게 부르기도 했다.

페미니스트그룹Leeds Revolutionary Feminist Group은 "웨스트요크셔의 모든 남성에게" 다음과 같은 사항을 권고하는 가짜 경찰 포스터를 제작해 배포했다.

여성의 안전을 고려해, 매일 저녁 8시 이후에는 혹여나 당신이 일으킬 수 있는 일에 대해 여성들이 두려워하지 않고 각자의 할 일을 할 수 있도록 실내에 머물러주시기 바랍니다.

'밤을 되찾자' 행진은 오늘날까지도 널리 이어지고 있다. 또한 이 행진에 담긴 공간 탈환에 대한 도전적인 요구는 2011년, 성폭행을 피하려면 '창녀slut'처럼 옷을 입지 말라고 권고한 토론토 경찰에 대한 항의로 시작된 전 지구적 '슬럿워크Slut-Walk'에서도 메아리친다. 두 시위 모두 자신이 일하는 지역이 소음으로 방해받는 데 분개하며 '창녀'라는 표현의 전유를 늘 반기지만은 않은 성노동자들과 관련해 논쟁을 불러일으켰다. 이들은 남성 폭력에 항의하는 데서 공통분모가 있었지만, 그것이 언제나 섬세하게 다루어지지는 않았다. 여성해방운동에 참여하는 대다수의 여성들은 성노동자를 희생자 또는 공모자로 간주했고, 19세기에 만연했던 '구제'의 대상으로서 성노동자를 보는 인식이 20세기 후반에도 여전히 존재했기 때문이다. 이는 성판매 여성과 논바이너리 여성들의 목소리에 주의 깊게 귀를 기울이지 않았던 여성운동에 엄청난 긴장을 불러일으켰다. '되찾고자' 하는 공간에 대한 요구나 '창녀' 같은 모욕적인 범주의 형성에는 누가 어디에 접근할 수 있고 포함될 수 있는지 새로운 경계를 만들어낸다는 위험이 내재되어 있었다.

여성의 몸과 발가벗기

1968년 애틀랜틱시티 미스아메리카 선발대회에서 벌어진 시위에서 유래한 '브라버너'는 페미니스트를 뜻하는 은어처럼 쓰이기 시작했다. 그러나 역사적인 명성과 달리 시위대가 실제로 브래지어를 불태운 적은 없다. 1970년대 페미니스트들이 브래지어를 벗어 던지라고 권하기는 했으나, 브래지어를 불태우는 이미지는 주로 반페미니스트들이 여성 신체가 옷, 남성, 국가에 의해 통제되지 않을 때 얼마나 위험하고 파괴적인지 나타내고자 이용하는 것이었다. 이런 고정관념에도 불구하고 가슴 등 여성의 몸은 페미니스트 저항의 뚜렷한 장이었다.

2008년, 우크라이나의 페미니스트 단체 페멘FEMEN은 유럽 및 우크라이나와 몰도바를 비롯한 구소련 국가에서 자행되는 인신매매에 반대하는 시위를 펼쳤다. 시위 초반 언론은 특별히 이 시위에 주목하지 않았지만 페멘 활동가들이 상의를 벗고 맨 가슴에 슬로건을 써넣기 시작하자 전 세계 언론이 앞다투어 이 시위를 보도했다. 즉흥적이고 도발적인 이 퍼포먼스는 여성의 가슴에 대한 미디어의 집착을 전복하고 페미니즘과 대중을 다시금 연결하고자 한 것이었다. 우크라이나에서 열린 임신중단권 시위에서 페멘 활동가들은 가슴에 "내 몸은 내가 알아서 할 일이다My body is my business"라는 슬로건을 써넣었다. 재생산의 권리를 전복적으로 주장하는 **동시에** 기업들이 여성의 신체를 이용한다는 사실을 빈정거리듯 지적한 것이다. 이 시위에 참여한 활동가들은 상당한 대가를 치러야 했다. 2013년 우크라이나에서 강제 추방당한 활동가들은 살해 협박을 받으며 프랑스에 망명을 요청했다.

　페멘 활동가들은 자신들의 페미니즘이 평등권에 초점을 맞추는 '역사적' 또는 '미국적' 페미니즘과는 다르다고 보았다. 그들은 이런 차별점을 담아내고자 '울트라 페미니즘' 또는 '네오 페미니스트' 같은 용어를 사용했다. 페멘 창립자 중 한 사람인 안나 후촐Anna Hutsol은 이렇게 말했다.

　페미니즘은 더 이상 주변에 머물러서는 안 된다. 페미니즘은 대중적이어야 한다. 쿨하고 재미있어야 한다. 그게 내가 페멘인 이유다. 나는 페미니즘이 대중적이고 가볍기를, 너무나 가볍기를 바란다.[24]

　이런 입장은 페미니즘을 미국적이거나 식민주의적인 것, 또는 서구로부터 왜곡되어 들어온 수입품으로 보는 전통적 시각을 바탕으로 한다. 이러한 시각은 지난 세대 페미니스트들의 목표를 거부하고 '새로운' 이름을 붙이고자 하는 또 하나의 오랜 내러티브와도 연결돼 있다.

1970년대 한국과 마찬가지로, 소비에트 붕괴 이후 1990년대부터 2000년대 우크라이나 역시 성 관광지가 되었다. 페멘의 상의 탈의 퍼포먼스는 여성에 대한 성착취의 역사에서 결코 동떨어진 채 존재하지 않았다. 그렇다면 이는 과연 언론의 관심을 끌기 위한 영리한 곡예였을까, 아니면 남성 응시에 대한 조건부 항복이었을까? 실제로 언론에서는 때로 남성들을 자극하고자 하는 목적으로 페멘 활동가들의 가슴을 촬영한 사진들을 보도했다. 활동가들의 몸은 대체로 젊고 날씬하며 가부장적 미의 기준에 부합했다. 페멘 활동가들은 남성이 행하는 여성의 신체에 대한 착취를 전복하고자 했지만, 뚱뚱하거나, 나이 들었거나, 비규범적인 몸은 전혀 보여주지 않았다.

이후 이어진 페멘의 시위는 이슬람에 초점을 맞추었는데, 이때 취한 반종교적 태도로 많은 비판을 받았다. 2013년 페멘은 유럽 5개 도시에서 무슬림 여성들을 지지하는 '상의 탈의 지하드'를 조직해 상의 탈의 또는 누드시위를 벌이는 무슬림 여성들을 소셜미디어를 통해 지원했다. 페멘의 '새로움'에 대한 주장에도 불구하고 평론가들은 포스트 식민주의 학자 가야트리 스피박Gayatri Spivak의 유명한 주장대로 "갈색 피부의 여성들을 갈색 피부의 남성들로부터 구하려" 했던 유럽과 아메리카인들의 과거 시도와 위험할 정도로 닮아 있는 페멘을 이슬람혐오적 또는 신식민주의적이라고 비판했다.[25]

상의 탈의 또는 누드시위는 페멘의 발명품이 아닌, 1970년대 한국의 여성 노동자들이나 1920년대 나이지리아 여성 시장 상인들의 행동에서도 찾아볼 수 있는 훨씬 기나긴 역사를 가진 것이다. 페멘이 시위에서 여성 신체를 활용하는 방식에 담긴 이슬람혐오적이고 인종주의적인 측면은 아프리카인과 아프리카계 미국인 자유인·노예 여성들이 저항의 행위로써 신체를 노출했던 것에 담긴 의미를 흐리게 만든다. 과거 아프리카계 미국인 여성들이 성적으로 방종한 존재로 여겨졌던 미국에서 그러한 시위는 특별한 의미를 지니고 있는데도 말이다. 흑인 여성의 몸은 노동하는 몸이든 성애화된 몸이든 줄곧 전시되어 조롱당하고 착취당하는 것이었다. 19세기와 20세기 초반의 흑인 연설가 프랜시스 하퍼Frances Harper, 아이다 B. 웰스Ida B. Wells, 마리아 스튜어트Maria Stewart처럼 강단이나 연단에 서는 일은 흑인 여성에게는 특히나 큰 대가가 따르는 일이었다. 노예 출신이자 노예제폐지 운동가인 소저너 트루스가 1858년 인디애나의 백인 청중들 앞에 가슴을 드러냈던 행동은 널리 알려져 있다. 그들은 소저너 트루스가 여성이 아니라고 주장했다. 트루스는 청중을 향해 자신의 가슴으로 백인 아이들에게 젖을 먹였으며 노예제는 자신을 자녀들에게서 떼어놓았다고 상기시켰다. 마지막으로 그는 백인 청중들에게 이리 와서 젖을 빨아보라고 권하기까지 했다. 이 영리하고도 전복적인 행위는 청중들에게 부끄러움을 안겨주었고, 회의주의자들에 의해 침묵당하기를 거부하는 트루스의 입장을 보여주는 하나의 전형이 되었다. 그러나 흑인 여성이 자신의 몸을 정치적으로 이용하는 건 결코 쉬운 일이 아니었다. 누드시위는 인종, 신앙, 계급이 여성의 몸이 지닌 의미를 형성하는 환경

에서만 수행되었다.[26]

　전 지구의 페미니즘이 지닌 차이에도 불구하고, 페미니스트들이 배제에 저항하고 공간을 요구하며 목소리를 내고자 사용한 수단에는 공통의 영감이라는 실마리가, 서로 빌려오고 공유한 기법들이 존재한다. 경제적·인구학적 변화, 전쟁 또는 정권 교체 같은 혼란스러운 순간들은 행동의 촉매가 되었다. 활동가들은 민주주의, 노예제 폐지, 시민권이나 종교적 변화, 민족해방 또는 임금인상 같은 다른 캠페인에서의 정치적 결집 경험들을 기반으로 움직였다. 그러나 이러한 투쟁들에서 여성들은 주변화되거나 진지하게 받아들여지지 않는 문제로 너무나 자주 낙담했다. 많은 여성이 노동, 국가, 신앙 같은 기존의 신념을 유지하면서도 좌절감에 휩싸여 페미니즘 행동에 투신했다. 그들은 때로 서로 다른 대의를 결합하기도 했다. 앞서 보았듯 아나키즘운동의 분열과 노동조합의 단체행동은 페미니즘의 행동에 수월하게 반영되었다.

　행동의 의미는 환경이나 개인의 입장에 따라 다양해질 수 있다. 이토록 무수한 차이가 존재하는 지형에서 '전투성'의 의미를 이해하고자 한다면 그것은 무력 사용의 정도가 아닌, 헌신과 용기의 결과로 개인이 치러야 했던 대가와 관련해 살펴보는 편이 마땅할 것이다. 가슴을 드러내거나 꽃을 나누어주는 일도 어떤 맥락에서는 전투성을 띠는 행동이었다. 대부분의 페미니즘 행동은 더 나은 삶을 위해 기획되었지만, 때로 목숨을 잃을 만큼

커다란 대가를 치러야 하기도 했다. 훌리에타 란테리, 푼밀라요 랜섬쿠티를 비롯해 거침없이 집요했던 활동가들이 준군사조직, 경찰, 군인의 손에 사망했다는 사실이 보여주는 것처럼 말이다.

8

노래

이 장에서 다루는 노래를 포함해 저자가 정리한
플레이리스트(Global Feminisms Songs)를
다음의 링크에서 살펴볼 수 있다.
https://open.spotify.com/playlist/5uCxpVJfbGpDmIVVdkYhOf

페미니즘을 귀로 듣는다면 어떤 기분일까?[1] 역사적 거리, 그리고 소리가 지닌 무형이라는 특성은 청각 아카이브의 한계를 만든다. 그러나 우리는 역사로 남아 있는 기록의 결을 더듬듯 읽어나가면서 수백 년이 지난 지금도 '페미니즘 듣기'를 할 수 있다. 웅변, 노래, 구호, 키닝keening[곡소리] 등 페미니즘을 둘러싼 풍부한 사운드트랙의 자취는 페미니즘의 쓸모 있는 과거를 이해할 수 있는 마지막 입구다. 1982년, 영국의 레즈비언 혁명가 질리언 부스Gillian Booth는 그리넘커먼의 다른 여성들에게서 도움을 받아 노래를 작사했다. 노래는 다음과 같은 냉엄한 질문을 던진다.

당신은 어느 편인가
당신은 어느 편인가

당신은 나와는 반대편인가
당신은 어느 편인가?

당신은 삶life을 미워하는 편인가
인종차별racial strife의 편인가
아내wife에게 폭력을 휘두르는 편인가
당신은 어느 편인가?

당신은 사냥hunt을 좋아하는 편인가
당신은 국민전선당National Front의 편인가
나를 보지cunt라 부르는 사람들의 편인가
당신은 어느 편인가?

인종주의, 가정폭력, 여우사냥*과 파시즘이라는 강력한 감정적 주제들을 하나로 연결한 이 페미니즘 노래는 당대의 시대적 상황과 영국이라는 지역적 배경을 그대로 담아내고 있다. 하지만 거기서 더 나아가 〈당신은 어느 편인가?Which Side Are You On?〉에는 복잡한 음악적·정치적 유산을 엿볼 수 있는 한층 더 긴 역사가 담겨 있다. 이 노래의 원곡자는 미국의 노동조합운동가 플로렌스 리스Florence Reece, 1900~1986로, 그는 1931년 켄터키주 할란카운티의 광부들인 남성 친척들의 경험에서 영감을 얻어 노래를 만

---

* 영국 귀족에게 여우사냥은 17세기부터 전해져온 전통적인 스포츠다.

들었다. 리스의 남편 샘은 노동조합 조직가였고, 이 부부는 일곱 명의 자녀가 지켜보는 가운데 집을 습격당한 경험이 있었다. 여성들만 참여했던 그리넘커먼의 상황과 달리 남성과 연대하고자 했던 리스는 남성 화자의 입장에서 이런 가사를 썼다.

> 내 아버지는 광부였고,
> 나는 광부의 아들이라네,
> 그는 동지들과 함께하리라
> 이 싸움이 승리할 때까지.

"당신은 어느 편인가?"를 묻는 후렴구는 남성들을 향해 노동조합과 함께하라는 외침이었다.

> 당신은 어느 편인가, 소년들이여?
> 당신은 어느 편인가?

리스는 '남자다운' 연대와 인내라는 이상에 호소했다.

> 오 노동자들이여 당신들은 견딜 수 있는가?
> 도대체 어떻게 견딜 수 있는가?
> 볼품없는 배신자가 되겠는가?
> 아니면 남자답게 함께하겠는가?

단체행동을 통해 사회정의를 추구한 여러 노동계급 여성과 마찬가지로, 플로렌스 리스 역시 남성 노동자와 여성 노동자가 공통으로 얻을 수 있는 이익을 강조했다. 이 노래는 여러 노동투쟁의 현장에서 불리며 1960년대에는 시민권운동을 대표하는 노래가 되었고, 세계 곳곳에서 벌어진 광산 노동자들의 파업에서도 다시금 활용되었다. 페미니즘운동, 노동운동, 반파시즘운동이 운동 사이의 경계와 국경을 넘어 노래를 공유하고 개작하면서 형성한 연결고리를 통해 우리에게는 풍부한 음악적 유산이 남았다.

페미니스트 운동가들은 오래전부터 연대의식을 고양하고 현 상태를 전복할 수 있는 노래의 힘을 인식하고 있었다. 에셀 스미스Ethel Smyth, 1858~1944가 작곡한 여성참정권운동의 찬가 〈여성행진The March of the Women〉(1910)에서부터 한 세기가 지나 등장한 러시아의 [페미니스트] 펑크록밴드 푸시라이엇Pussy Riot의 〈성차별주의자를 죽여라Kill the Sexist〉에 이르기까지, 페미니스트들은 이의를 제기하는 수단으로 노래와 음악을 사용해왔다. 칠레의 페미니스트 그룹 라스테시스Las Tesis가 2019년 창작해 전 세계에서 춤추며 공연한 〈당신이 가는 길에 나타난 강간범Un Violador en tu Camino〉처럼 간단한 구호의 형식을 가진 노래도 있었다. 밴드, 녹음실, 유통망 같은 인프라를 갖추고 창작되고 유통된 노래들도 있었다. 그러나 대부분의 역사에서 페미니즘운동은 흔히 글과 연설을 가지고 논의되었으므로, 그러한 틀을 깨는 창의적인 실천으로서 페미니즘 '듣기'를 상상하기는 어려울 수 있다. 다양한 종류의 문화적 생산에서 여성에 대한 배제는 여성 억압의 근본적인 요소이기도 했다. 예술에는 문화적 권력과 주장이 담길 수 있는데, 지난 2세기에 걸쳐 여성들이 음악의 작곡과 공연, 영화의 각본과 연출, 연극, 라디오와 텔레비전, 예술 작품 창작과 책 출판에서 주변화되어온 탓에 예술에서 여성의 삶, 진실, 비전에 대한 이야기는 소거되었다. 또한 음악과 미술에서 여성이 전문적 역할에 진입할 수 없도록 하는 장벽은 많은 여성을 빈곤으로 내몰기도 했다.

그럼에도 여성들이 문화를 창조해온 자취가 **존재한다**. 여기서는 음악을 통해 그 자취를 탐구해볼 것이다. 페미니즘운동의 아카이브에는 여성과 남성이 함께 투쟁하며 부른 노래들의 흥미로운 흔적이 남아 있다. 예를 들면, 스웨덴 작가 엘렌 케이는 20세기 초반에 다음과 같은 일이 일어났다고 기록했다.

여성 문제를 다루는 스칸디나비아 회의에서 울려 퍼진 칸타타는 인간이 남성의 패권 아래 범죄 속을 비틀거렸다는 내용이었다. 그러나 이제 여성의 영혼으로부터 인간은 새로이 태어나고, 해가 솟아나 밤의 어둠을 흩뜨려놓을 것이며, 메시아가 도래할 것이 확고한 사실이라는 노래였다.[2]

케이에게 페미니즘은 종교적 선지先知를 불러일으키는 사건이었다. 음악에는 영적·정서적 자원을 동원할 수 있는 페미니즘의 창조적 추동력과 능력이 담겨 있었다. 그러나 안타깝게도 우리는 여전히 그 칸타타가 어떤 소리였는지는 전혀 알 수 없다.

'페미니즘 듣기'가 비단 음악을 통해서만 가능한 건 아니다. 페미니즘 아카이브에서 우리는 다른 종류의 듣기를 할 수 있다. 예를 들면, 이란 페미니즘 역사의 결정적인 순간은 1979년 이란혁명 당시 13일간 그곳을 방문했던 미국의 페미니스트 케이트 밀렛이 자신의 생각을 녹음한 테이프에 담겼다. 새로운 이슬람 공화국의 탄생으로 여성 권리를 보장하고자 했던 이란 여성 활동가들의 열띤 대화와 구호를 외치는 소리가 우연히 함께 녹음된 것이다. 여성들은 당시 미국의 지원을 받는 독재자 레자 샤 팔라비에 맞선 반란을 지지하는 데 목소리를 높였다. 혁명 지도자 아야톨라 호메이니Ayatollah Khomeini는 점차 여성 활동가들의 주장과 다른 방향으로 나아갔지만, 여성들의 목소리가 담긴 이 테이프는 혁명이 취할 수 있었을 또 다른 방향을 알려준다. 이란의 페미니스트들은 종교적 신념을 떠나 '자유로운 사회'와 '자유로운 삶'을 꿈꿨다. 페미니스트 문화비평가 네가르 모타헤데Negar Mottahedeh가 주장했듯, 케이트 밀렛이 이란 페미니스트들의 우선순위를 항상 이해한 건 아니었지만 그는 그곳에 존재함으로써 흔치 않게 강렬한 페미니즘의 청각적 지형을 만들어냈다.[3]

녹음장비가 흔하지 않았던 시기의 페미니즘을 듣기는 더 어렵다. 우리에게 남은 건 글로 남겨진 기록이 전부일 때도 많다. 예를 들면, 여성들의 피임을 옹호했던 유명한 연설가 넬리 루셀은 티 없는 수정처럼 "애절한 진동으로 커다란 방을 가득 채우는" 듣기 좋은 목소리로도 유명했다.[4] 그는 논쟁적인 주제를 이야기하면서도 목소리를 통해 청중들에게 감화를 주는 것으로 정평이 난 사람이었다. 하지만 일반적으로 여성 활동가들은 청중 앞에서 목소리를 내는 데 어려움을 겪었다. 1858년 노예 가정에서 태어난 애나 줄리아 쿠퍼는 여러 국경을 넘나들며 탁월한 성취를 이루어냈다. 미국 오벌린대학교와 파리 소르본대학교에서 공부한 그는 흑인 시민권운동과 여성운동에서 적극적으로 목소리를 냈다. 1892년 출간한 그의 저서 《남부에서 온 목소리A Voice from the South》는 음악적 구성을 취한다. 첫 장은 소프라노 오블리가토라는 제목으로 여성성을 논하고, 다음 장 투티 아드 리비툼은 미국문화에서의 인종 문제를 다룬다.* 쿠퍼는 흑인의 목소리를 미국 남부의 "삐걱거리는 카덴차" 혹은 "억눌린 하나의 가락"이라고 표현했다. 하지만 흑인 여성들의 목소리에 대해서는 "음소거되어 소리 없는 음"이라는 말로 그 부재에 대한 더욱 강한 인식을 드러냈다.[5] 쿠퍼는 독자로 하여금 말할 수 있는 이가 누구인지를 음악적인 방식으로 생각해보게 함으로써 어떤 목소리가 침묵당하고 있는지를 알아차리도록 했다.

---

* 소프라노 오블리가토Soprano Obligato와 투티 아드 리비툼Tutti Ad Libitum은 모두 음악용어다. 오블리가토는 '생략할 수 없는'이라는 뜻으로 반드시 연주해야 하는 성부 또는 악기를 의미하며, 아드 리비툼은 그 반대로 '자유롭게'의 뜻을 가지고 어떤 성부나 악기를 생략할 수 있음을 의미한다.

아프리카계 미국인 여성 중 박사학위를 취득한
네 번째 여성이자 한평생 여성의 교육권과
시민권을 위해 활동한 애나 줄리아 쿠퍼.
그의 저서 《남부에서 온 목소리》(1892)는
침묵당하는 흑인 여성의 문제를 음악적인 은유를
통해 이야기했다. 출처: Oberlin College Archives 제공.

여성참정권운동의 음악

여성참정권운동의 시위들이 드라마, 색채, 의상을 창의적으로 사용했다는 사실은 널리 알려져 있다. 하지만 상대적으로 음악은 면밀하게 고찰되지 않았는데, 이는 아마도 음악이 일시적으로만 사용되어 제대로 아카이빙되지 않았기 때문일 것이다. 19세기 차티스트운동의 노래를 개사한 노래에서부터 20세기 특별히 의뢰해 만들어진 노래들까지, 여성참정권운동에서 노래는 수많은 노래집이 출판되었을 정도로 그 영향력이 컸다. 당대에 급진적 합창단, 관악대, 오케스트라의 활동이 활발했던 점을 고려하면 영국의 여성참정권운동이 음악을 지향했던 것도 놀랍지 않다. 클라리온사이클링클럽Clarion Cycling Club을 비롯한 사회주의운동과 절제운동의 활동가들은 지지자들에게 활력을 불어넣고자 음악을 널리 활용했다. ['제3의 성'으로 자신을 정체화하고 복장규범의 정복을 시도했던] 에드워드 카펜터의 사회주의 찬가 〈잉글랜드여 일어나라England Arise〉가 집회와 회의에서 울려 퍼졌지만, 사회주의운동은 때로 반페미니즘적인 짤막한 노래들을 만들기도 했다. 1898년 4월 《맨체스터 먼슬리 헤럴드Manchester Monthly Herald》에는 전래동료를 개사한 다음과 같은 노래가 실렸다.

자장자장, 아가야, 아버지가 옆에 있단다
어머니는 자전거를 타느라, 집에 있는 일이 없구나!
어머니는 공원으로 나가서 온종일 햇볕을 쬐거나

어느 회의에 가서 떠들어대고 있단다!
어머니는 여성 권리 행사의 중요한 사람이 되어
가엾은 아버지들을 어디로 가라는 등 가르친단다!

여성사회정치연맹이 주관하는 공식 행사나 행진에서 쓰이는 음악을 만든 사람은 영국의 작곡가 에셀 스미스다. 스미스는 아버지의 반대에도 불구하고 꿋꿋이 음악을 공부해 다양한 작품을 남겼고, 그중 하나인 오페라 〈데어 발트Der Wald〉는 1903년 뉴욕 메트로폴리탄 오페라극장에서 상연되기도 했다. 2016년까지 〈데어 발트〉는 이 공연장에서 상연된 오페라 중 유일하게 여성이 작곡한 작품이었다.

에셀 스미스는 1910년 여성사회정치연맹에 가입했고, 1912년 유리창을 깬 행동으로 체포되어 두 달간 할로웨이교도소에 수감되었다. 그가 칫솔을 든 채 감방 창문 너머로 지휘를 하고 다른 여성사회정치연맹 수감자들이 교도소 안마당에서 노래를 했다는 일화는 유명하다. 이때 그들이 부른 노래는 스미스가 여성운동을 위해 만든 노래 중 가장 널리 알려진 〈여성 행진〉이었다. 활기차고 신나는 이 행진곡의 가사는 영국의 작가 시슬리 해밀턴Cicely Hamilton이 붙였다. [참정권 신문] 《보츠 포 위민》은 이 곡을 "맹렬한 혁명 정신과 종교적 엄숙함이 결합된 …… 찬가인 동시에 전투를 위한 집결 신호"라고 묘사했다. 1911년 런던 중심부에 자리한 상징적인 공연장 로얄앨버트홀Royal Albert Hall에서는 여성참정권운동가들의 공연이 있었다. 스미스는 여성참정권운동가들의 연설과 모금을 위해 열린 이 공연을 다음과 같은 말로 기록했다. "여성참정권운동가들로 이루어진 합창단은 엄격한 훈련을 완수했다. …… 오르간 반주 속에서, 코넷[트럼펫과 유사한 금관악기]과도 같은 폭발적인 합창의 선율이 곡을 주도해나갔다."

유명한 작곡가로서 스미스가 가진 사회적 지위는 여성사회정치연맹에 대한 그의 음악적 공헌만큼이나 유용한 것이었기에, 시민권 주장과 함께 여성의 성취를 보여주고자 할 때마다 스미스는 선두에 자리했다. 그는 다음과 같이 회고했다. "음악학 박사 가운을 걸친 채 앨버트홀 한가운데 통로를 걸어가 팽크허스트씨에게서 금빛 띠를 두른 아름다운 지휘봉을 건네받는 기분은 황홀했다."[6]

스미스의 전도유망한 경력은 1913년 청각장애가 찾아오면서 주춤해졌지만, 사실 그전에도 이미 '여성 작곡가'라는 이유로 무시당하곤 했다. 영국 《데일리 메일》에 실린 〈데어 발트〉 관람평은 다음과 같은 말로 그를 깎아내렸다. "인간의 감정을 투영하고자 하는 시도보다는 작품 자체의 매력과 아취가 더 호소력이 있고, 그런 면에서 이 작품은 지금까지의 전통에 따라 여성적이다." 이런 수사법은 새로울 것도 없었다. 백인 여성들로 이루어진 '여성 오케스트라'들은 1870년대부터 유럽과 미국을 순회공연했으나, 뛰어난 음악성에도 불구하고 신기한 볼거리로만 받아들여졌다. 1874년 비엔나 여성 오케스트라를 다룬 《뉴욕 타임스》의 관람평 역시 "하나같이 예쁘장한 의상을 입고, (덧붙

1912년, 작곡가 에셀 스미스가 런던파빌리온에서
열린 여성사회정치연맹 회의에서 연설하고 있다.
음악가이자 활동가로서 〈여성 행진〉을 비롯해
여성사회정치연맹이 주관하는 공식 행사나 행진에서
쓰이는 음악을 다수 작곡한 그에게 음악은 저항과
연대의 수단이기도 했다. 출처: LSE Library.

이자면) 하나같이 예쁘장한 얼굴을 한 비엔나의 여성들"이라는 말로 이들을 깎아내렸다.[7] 여성 공연자들은 전문가로 대우받고자 분투했다. 콘서트홀에서 공연할 수 있는 기회가 상대적으로 적었던 이들은 보드빌vaudeville[버라이어티쇼 형태의 연극 장르]이나 극장 오케스트라를 비롯해 공원, 회의장, 파티를 무대로 삼았다.

여성 오케스트라 연주자들의 유급노동 일자리는 언제나 불안정했다. 예를 들면, 1차 세계대전 이후 맨체스터의 할레오케스트라는 전쟁 중 고용했던 여성 연주자들을 일제히 해고했다. 그 어떤 분야에서건 최우선으로 고용되어야 한다고 여겨진 귀환병들의 자리를 만들기 위해서만은 아니었다. 음악감독들은 여성이 순회공연에 적합하지 않으며 이들의 존재가 오케스트라 '스타일의 통일성'을 해친다고 주장했다. 여성음악가협회Society of Women Musicians 구성원으로서 캠페인을 벌이기도 한 스미스는 그러한 편견이 여성의 생계를 위협할 뿐만 아니라, 작곡가로 진출하기 위해서는 필수적으로 오케스트라 훈련 과정을 거쳐야 하므로 여성 음악가들의 작곡가 진출을 사실상 불가능하게 만든다고 인식했다. 그는 클래식 음악계를 신랄하게 비판했다.

괴롭힘과 비겁함, 비열함과 질투는 그다지 좋은 품성이 아니며, 누군가의 생계를 가로막는 이런 시도를 향한 여성들의 경멸 어린 눈길을 남성들이 알고나 있는지 의문이다.[8]

스미스에게 음악은 저항과 연대의 수단인 동시에 여성의

고용 접근성에 관한 것이기도 했다.

가스펠, 블루스, 인종차별

미국의 음악 공연장은 젠더뿐만 아니라 인종적으로도 확연히 분리되어 있었다. 흑인 여성 음악가들은 백인 여성 음악가들보다 취업 가능성이 현저하게 낮았으며 아프리카계·아시아계 미국인은 인종분리 때문에 음악 공연을 즐기는 데도 제약을 받았다. 이러한 문제는 페미니즘 음악 공연이 등장하는 발화점이 되었다. 1888년 설립된 국제네트워크 세계여성단체협의회는 1925년 워싱턴 D.C.에서 회합을 가졌다. 이 회합의 프로그램 중에는 다양한 나라에서 온 청중들에게 미국문화를 보여주기 위한 목적에서 전미음악페스티벌All-American Musical Festival이 포함되어 있었다. 그러나 개최 지역에서 인종별로 좌석을 분리하라는 요구가 있었고, 늘 급진주의와 거리를 두며 논란을 피하고자 했던 세계여성단체협의회는 그 기조에 따라 페스티벌이 열리는 메모리얼콘티넨털홀의 좌석을 인종별로 분리했다. 이러한 결정에 분개한 아프리카계 미국인 연설가 할리 퀸 브라운Hallie Quinn Brown, 1845~1949은 음악가들에게 페스티벌을 보이콧하자고 나섰다. 음악가이자 전국유색인여성협회 회원인 브라운은 1899년 런던에서 열린 세계여성단체협의회 대회에 미국 대표로 참석한 바 있었다. 노예 출신 부모에게서 태어난 그는 교육, 여성참정권운동,

린치 반대운동에서 두드러진 활약을 하는 한편으로 국제 순회 강연에서 아프리카계 미국인의 영적 전통이 담긴 노래를 불렀다. 브라운은 원칙 없는 세계여성단체협의회를 맹렬하게 규탄했다. "전 세계 여성이 모이는 이 자리에 유색인의 자리가 없다." 그의 규탄 이후 200명의 음악가가 페스티벌을 보이콧했다.

할리 퀸 브라운은 아프리카계 미국인 여성이 쉽게 접근할 수 있었던 가스펠에서 음악적 영감을 얻었다. 교회, 선교 모임, 부흥회 같은 기독교 환경에서 음악 공연이나 감상은 기본적으로 종교적 영감을 얻는 수단이었지만, 때로는 교회 내에서 높은 지위를 얻는 게 거의 불가능한 여성이 권위와 힘을 얻는 방법이기도 했다. 찬송가 부르기가 페미니즘의 이름으로 행해진 적은 거의 없다. 그럼에도 찬송가 부르기는 여성들에게 힘의 원천이 되기도 했는데, 이는 메릴랜드에서 노예로 태어났으나 영국, 인도, 라이베리아에서 선교와 연설을 펼치며 국제적 영향력을 미친 어맨다 베리 스미스Amanda Berry Smith, 1837~1915의 삶에서 목격할 수 있다. 스미스는 풍부한 성량의 목소리로 유명했으며, 그의 노래는 그가 몸담은 아프리카감리교성공회African Methodist Episcopal Church의 사역에서 핵심적인 역할을 했다. 수십 년간 가정부와 세탁부로 일하던 그는 감리교 선교회와 여성기독교절제연합에서 활동하기 시작했고, 마침내 1882년 라이베리아로 가 8년간 선교활동을 이어갔다. 스미스의 자서전에 따르면, 그는 기차 안에서, 마차 안에서, 나무 그루터기에 걸터앉아서, 천막과 교회에서 노래했다. 영국은 그를 가스펠 가수이자 '개종한 노예 여성'이라며 하대하듯 소개했다. 스미스는 신앙심을 끌어모아 다음과 같은 찬송가를 불렀다고 썼다.

> 그리스도의 평화가 내 마음에 새 힘을 주시네
> 끝없이 솟아오르는 샘물이네
> 내가 그리스도의 것이니 모든 것이 나의 것이네
> 나 어찌 노래를 그칠 수 있겠는가?[9]

스미스의 사역활동은 그리스도의 사랑과 하느님에 대한 믿음에 초점을 맞추었으며 페미니즘 의제를 명시적으로 다루지는 않았다. 그러나 역사학자 퍼트리샤 섹터Patricia Schechter에 따르면, 스미스는 어떤 모임에서도 성별을 이유로 배제되기를 거부했으며, 인간이 '인간일 수 있는' 곳이라는 라이베리아에 대한 이야기에 회의적이었다. 그는 대규모 감리교 연회에 모인 이들이 자신의 노래에 감탄하던 모습을 은근히 언급하면서도 성직자로 임명받고자 하지는 않았다. 그 이유는 "연회에서 특히 여성의 성직자 임명에 관한 이야기는 단 한 번도 언급된 적이 없었"으며 "그저 교회가 얼마나 발전해왔는가 하는 이야기만" 나왔기 때문이다. 그는 아내로서 남성을 밀어주고 가사노동을 도맡을 여성을 찾는 남성들의 경향을 경계했다. 두 번의 사별을 겪고 다섯 아이 중 네 아이를 성인이 되기도 전에 땅에 묻어주어야 했던 스미스는 결혼과 모성이 치르는 대가를 잘 알았기에 의식적으로 종교 및 절제 안에서 자주성을 지키고자 했다.

스미스의 음악적 폭은 넓지 않았다. 그는 잘 알려진 복음찬송가라는 한정된 레퍼토리에 의지했으며 자신이 방문한 국가의 음악적 전통에도 딱히 관심이 없었다. 1881년 버마[오늘날 미얀마]를 방문했을 때 그는 이렇게 썼다.

엄청난 소리의 음악을 들었는데, 이 나라 사람들의 음악이었다. 말로 설명하기 어렵다. 우리가 듣는 음악으로는 묘사할 수 없는 음악이었다. 양철 두드리는 소리와 탬버린, 그리고 연통이나 그 비슷한 것이 내는 듯한 소음이었다. 아, 정말이지 쩔그렁거리는 소리였다.

이런 선입견을 가졌으나 스미스의 노래는 전 세계에서 벌어지는 회합마다 친밀하고 호의적인 유대감을 불러일으켰다. 노래가 있었기에 그는 교회 내에서 힘을 얻었고, 국경을 넘나들며 활동할 수 있었으며, 스스로를 "맡은 일이라면 대체로 해내는" 여성이라 정의할 수 있었다.[10]

음악산업과 '여성 문화'

어맨다 베리 스미스의 노래하는 목소리는 정평이 나 있었지만 녹음된 것이 없기 때문에 우리는 그의 편지와 당대의 묘사를 통해 그의 목소리를 듣고자 시도하는 수밖에 없다. 그가 사망한 1915년은 왁스나 셀룰로이드 실린더를 재료로 한 저품질 녹음이 셸락이나 바이닐로 제조되는 디스크라는 신기술로 대체되던 시기였다. 녹음기술이 발달하며 축음기의 대량 생산이 급속도로 이루어졌고 이와 함께 음반사와 아티스트들도 성장했다. 음악이 점점 더 상업적인 상품이 되어가면서 여성의 창조적 에너지를 전용하고 여성의 예술적 선택을 통제하며 성적 대상화에 초점을 맞추는 음악계의 경향 역시 페미니즘적 우려의 영역이 되었다. 2차 세계대전 이후 대중음악 호황기의 여성 음악가들은 남성보다 낮은 임금을 받았으며 외모로 평가받는 게 일상이었다. 음악학자 재클린 워릭Jacqueline Warwick이 주장한 대로, 이 시기 미국의 '걸그룹'은 자세, 체중, 춤동작, 섹슈얼리티에 있어서 "기괴할 정도로 뒤틀려" 있었다. 워릭은 상업적으로 성공을 거둔 여성 그룹 크리스털스The Crystals에 주목한다. 1963년 제작자 필 스펙터는 그들이 원치 않는데도 〈그가 날 때렸어(그리고 그건 키스처럼 느껴졌어)He Hit Me(And It Felt Like A Kiss)〉를 녹음하도록 종용했다. 남성의 질투는 사랑의 깊이를 증명하므로 여성이 친밀한 파트너의 폭력을 반길 수 있다고 암시하는 얼토당토않은 가사의 곡이었다.

크리스털스는 평소 자신들의 음악 스타일인 경쾌한 두왑doo-wop* 사운드와 달리 느리고 우울한 이 곡을 "극도로 싫어했

---

* 1950년대 중반부터 1960년대 초반까지 인기를 끌었던, 아프리카계 미국인 음악가들이 주도한 알앤비풍 음악 스타일.

다". 1963년 발매한 앨범 《그는 반항아He's A Rebel》에 실린 이 곡은 가사에 대한 비판이 쏟아지면서 결국 관련 활동이 중단되었다.[11] 이 사건은 이성애 로맨스와 가부장적 권위를 미화하는 노래로 수익을 얻는 남성 대표들이 주류를 이룬 미국 음악산업의 문화적 현실을 드러낸다. 1976년, 미국의 페미니스트 정기간행물 《퀘스트》는 음악을 특집으로 다루며 다음과 같은 논조의 기사를 게재했다.

> (음악산업은) 이윤에 혈안이 되어 우리가 그들이 파는 건 무엇이든 사야 한다고 느끼게끔 조종한다. 상업음악은 그 음악을 창작하는 개인이나 문화만큼 다양한 음악이 아니라 팔기 위해 기획한 일부의 음악만을 내놓는다.

기사의 필자는 여성이 "음악을 통해 여성의 감정에 대한 의미 있는 발언을 할 수 있다"고 긍정적으로 전망하며, 활발한 정치적 활동을 하는 여성들을 향해 "무엇보다도 우리가 듣는 것에 귀 기울일 수 있도록" 페미니스트와 레즈비언 음악가들을 지지해달라고 호소했다.[12]

여성해방주의자들은 주로 남성들로 이루어진 사운드 엔지니어들 사이에 여성들이 합류하거나 남성을 대체할 수 있도록 하기 위한 워크숍을 열었다. 이들은 직접 음반 레이블을 설립하기도 했는데, 1973년 워싱턴 D.C.에서 결성된 이래 20년간 주로 레즈비언 정체성을 담은 음악을 발표하며 상업적 성공을 거둔 집단인 올리비아레코즈Olivia Records도 그중 하나였다. 올리비아 레코즈에서 첫 싱글을 낸 멕 크리스천Meg Christian의 곡 〈레이디Lady〉는 〈그가 날 때렸어(그리고 그건 키스처럼 느껴졌어)〉를 작곡한 팀(캐럴 킹, 제리 고핀)의 곡이었는데, 올리비아레코즈는 이러한 아이러니를 반겼던 건지도 모르겠다. 어쨌든 올리비아레코즈는 레즈비언·페미니스트 음악가들의 자유로운 창작을 지원했으며 수많은 레이블, 밴드, 페스티벌의 탄생에도 영향을 미쳤다. 대개 저예산으로 제작된 음악들이 미국 전역에서 대안적 여성(또는 위민wimmin/워민womyn) 문화를 창조하는 데 핵심 역할을 했다. 1970년대에는 애나 크루시스 위민스 콰이어Anna Crusis Women's Choir, 브레드앤드로지스 페미니스트 싱어즈Bread and Roses Feminist Singers, 필라델피아 페미니스트 콰이어Philadelphia Feminist Choir를 비롯한 수많은 여성 합창단이 번성했다.

미국의 춤, 음악, 예술을 통한 '여성 문화' 탐구에는 흑인 여성운동이 중요한 역할을 했다. [흑인 레즈비언 페미니스트 사회주의 단체] 컴바히리버컬렉티브는 1978년 흑인 레즈비언 정체성을 드높이고 '여성 음악'이 지닌 인종적·계급적 차원을 탐구하고자 '흑인 여성들의 다채로운 목소리들'이라는 제목의 투어를 기획했다.[13] 블루스 가수인 엘리자베스 코튼Elizabeth Cotten, 1893~1987, 포크 팝 음악가 트레이시 채프먼Tracy Chapman, 그리고 전원 여성으로 이루어진 밴드 스위트허니인더록Sweet Honey in the Rock을 비롯한 아프리카계 미국인 음악가들이 미국 음악의 정치적인 씬에서 유색인 여성이 지닌 다양성과 힘을 보여주었다. 아프리카계 미국인 가수이자 역사학자 버니스 존슨 리건Bernice Johnson Reagon이 결성한 밴드 스위트허니인더록은 1973년 첫 공연을 펼쳤다. 관객들의 인종은 다양했고, '여성 문화'운동을 말하는 다른 음악가들과 달리 이들은 반드시 남성 관객들도 자리한 무대에 서고자 했다. 시민권운동에 투신했으며 1961년 짧은 수감생활을 하기도 했던 리건은 음악을 통해 자신의 경험을 탐색했다. 그는 동료 수감자들과 함께 학생비폭력조정위원회 산하 프리덤싱어즈Freedom Singers를 결성해 1960년대의 정치학을 남부의 흑인음악과 결합했다. 1970년대, 리건은 여성에 대한 폭력을 종식하기 위한 캠페인을 시작했고, 1974년 강간을 시도한 교도관을 살해하고 탈옥한 아프리카계 미국인 여성 존 리틀Joan Little을 기리는 노래 〈존 리틀〉을 만들었다. 스위트허니인더록은 1976년 이 곡을 처음 공연했고 수익은 모두 리틀의 법률 비용으로 사용했다. 존 리틀은 마침내 무죄판결을 받고 저항의 상징적 인물이 되었다.

스위트허니인더록은 클럽, 페스티벌, 음반 레이블 등 여성음악이 매우 활발하게 성장하던 때 등장했다. 1977년 올리비아 레코즈의 주최로 열린 미국 서해안 투어에 나선 스위트허니인더록은 캘리포니아는 물론이고 국제적인 레즈비언문화 네트워크에서도 강력한 영향력을 발휘하게 되었다. 1973년 이들의 영국 투어를 주관한 루이셤흑인여성단체Lewisham Black Women's Group의 도나 피터스Donna Pieters는 스위트허니인더록을 이렇게 설명했다.

여성운동의 사운드트랙 …… 스위트허니는 흑인 여성운동에 참여하는 여성들의 모든 것을 체현한다. 당신은 누구의 집에 가든 '오, 스위트허니!' 하고 외치게 될 것이다. 스위트허니 콘서트를 찾은 당신은 당신이 아는 모든 이를 만나게 된다.[14]

음악은 여성과 페미니스트 활동가들이 공동체를 형성하는 데도 한몫했던 것이다.

스위트허니인더록은 자신들을 페미니스트보다는 '흑인 여성 가수들'이라고 정의했으며 '여성 문화'운동이 백인 중산층 여성을 중심으로 이루어지는 걸 경계했다. [미국의 포크음악가] 엘리자베스 코튼의 생애는 음악이 관대한 교류와 정서적 결속의 장인 동시에 전유와 인종차별의 장이기도 했음을 보여준다. 노스캐롤라이나의 가난한 아프리카계 미국인 음악가 집안에서 태어난 코튼은 열세 살부터 가사노동자로 일했으며 이후에는 유명한 포크 가수 시거Seeger 가족의 가정부로 일했다. 그는 시거 가족을 통해 음반 녹음과 투어의 기회를 얻었고, 그의 노래는 1960년대 포크 부흥의 일부를 이루며 아프리카계 미국인의 블루스 전통이 좌파 및 노동 정치학과 연결되는 데 일조했다. [시거 가족의 일원인] 페기 시거Peggy Seeger는 〈나는 기술자가 될 거야I'm Gonna Be An Engineer〉(1972), 〈그리넘을 집으로 가져가자Carry Greenham Home〉(1999) 같은 강력한 페미니즘 메시지를 담은 곡들을 썼다. 코튼은 시거 가족을 아프리카계 미국 음악 전통과 이어주는 중요한 고리였으나, 그들의 관계는 프랜시스 빌이 지적했듯 백인 여성과 흑인 여성 간의 관계를 형성하고 어지럽히는 데 크나큰 영향을 미친 가정부와 고용인이라는 불평등한 관계에 뿌리를 두고 있었다.

덴마크의 페이스더뮤직Face the Music, 스웨덴의 릴리트외론프뢰위드Lilith Öronfröyd를 비롯한 유럽의 음반 레이블과 유통사들은 미국 페미니스트 음악가들의 영향으로 이들의 음악을 수입하는 한편, 자국의 여성 음악계를 발전시키는 데 열중했다. 영국에서도 여성해방운동과 연결된 밴드와 레이블들의 창조적인 힘 기르기에 강한 의미를 부여했다. 런던에서 만들어진 레이블 스트라피카우Stroppy Cow는 "여성들의 생산성을 억누르는 상업주의의 압력에 굴하지 말고 우리의 시대와 공간에 맞는 우리만의 음악을 만들자"고 여성들을 격려했다. 활동가들은 서로 음악적 기술을 공유함으로써 '음악가'로 불리는 이들을 둘러싼 신비감을 거두고자 했다. 하피스The Harpies, 프로퍼리틀마담스Proper Little Madams, 오바Ova, 프리깅리틀비츠Friggin' Little Bits처럼 전복적인 이름을 가진 밴드들이 결성되었다.* 전원 여성 멤버로 구성된 밴드 레인보우트라우트Rainbow Trout는 〈커브 크롤러Kerb Crawler〉**의 공격적인 가사로 남성들을 공연장에서 쫓아냈다.

---

* 하피스는 그리스 신화에 등장하는 날개 달린 정령이자 여성을 히스테릭한 존재로 비하할 때 쓰이던 하르피이아에 착안한 이름이다. 프로퍼리틀마담스 역시 마님 행세를 하는 어린 소녀를 못마땅하게 일컫는 표현을 뒤틀어 전유한 것이다. 오바는 난자ovum의 복수형이다. 프리깅리틀비츠 역시 짜증을 유발하는 사소한 존재로 여성들을 비하하는 말이다.
** '느리게 차를 몰며 거리의 성노동자 여성을 찾아다니는 남자'를 뜻한다.

나중에 남자들과 모이면 너는 웃으며 농담하겠지
너희는 그 짓을 좋아하는 한 무리의 돼지들이야
……
거리를 걷는 한 여자가 그들의 눈에 들어오네
…… 그저 또 다른 고깃덩어리일 뿐이지
커브 크롤러에게는 말이야.[15]

음악가들은 또한 여성의 경험을 담은 포크송을 통해 이전 세대와 다시금 이어지는 연결고리를 만들면서 과거의 노래를 탐색했다. 여성해방의 음악은 연극이나 영화가 그러한 것과 비슷하게 창의적인 전복과 밀접한 관계를 맺었으며, 페미니즘 노래는 1970년대 공공장소, 바, 커피숍, 대학, 피켓라인, 점거농성, 시위에서 널리 이루어진 페미니즘 선동극agitprop, 디스코, 스탠드업, 풍자극 등의 공연에서 함께 쓰였다.

일부 페미니스트 음악가들은 정치적 전술로서의 풀뿌리 힘 기르기를 강조하며 음악산업의 '스타 시스템'에 도전했으나, 주류 음악계의 높은 장벽에 좌절했다. 밴드 레인보우트라우트의 [색소포니스트] 캐럴 넬슨Carole Nelson은 "라디오에서는 여전히 여성의 음악을 틀지 않는다. 성공하고 싶어 하는 이들에게는 정말 힘겨운 시간이다"라고 말했다. 이들의 음반은 페미니즘 서점이나 여성 서점에서만 판매되었다. 오스트레일리아 퍼스에서 활동한 단체 드래스틱온플라스틱Drastic on Plastic은 [같은 이름의 라디오 방송을 진행함으로써] 공중파에서 이루어지는 배제에 맞섰다. 그들의 이름에 담긴 플라스틱은 다만 레코드의 바이닐만을 뜻하는 것이 아니라 "조형적이고, 생산적이며, 유연하다는 의미"를 담은 것이기도 했다. 1983년 이들은 로레인 클리퍼드Lorraine Clifford의 진행으로 매주 30분간 송출하는 라디오방송을 시작했고, 펑크밴드 슬리츠The Slits를 비롯해 여성들이 만든 음악을 틀었던 이 방송은 이후에 2시간 길이로 늘어났다.[16]

라디오에서 좀처럼 입지를 확보하기 어려웠던 페미니스트 음악가들은 뉴질랜드의 타라나키여성음악페스티벌Taranaki Women's Music Festival을 비롯한 대안적 페스티벌에서 돌파구를 찾았다. 주로 저예산으로 운영된 이런 페스티벌은 일반적인 공연이나 축제에서 흔히 일어나는 성추행으로부터 안전한 공간을 만드는 동시에 강렬한 공동체 경험을 선사했다. 그러나 타라나키 페스티벌 집행부가 남성 사운드 엔지니어들을 고용했다는 데 실망감을 표하는 관객도 있었다. 이 관객은 다음 페스티벌에서는 사운드 엔지니어들도 여성만을 고용하라고 요구했다. 여성 전용인 환경에서만 레즈비언들이 "상의를 벗고 공공연하게 애정표현을 할 수 있다"고 불만을 표했던 것이다. 누가 참석할 수 있는가 하는 문제는 미시간여성음악페스티벌Michigan Womyn's Music Festival(1976~2015)이라는 보다 큰 페스티벌에서 또 한번 반복되었다. 주로 백인 레즈비언 여성으로 이루어진 1만 명의 관객을 모은 미시간페스티벌은 엄격한 여성 전용 정책을 강행했다. 이때 여성이란 '여성으로 태어난 여성'을 의미했으므로, 트랜스 여성 관객은 입장할 수 없다는 뜻이기도 했다. 젠더 이분법을 뒤흔드는 퀴어 정치학의 잠재성에도 불구하고, 여성해방운동은 개인이 젠더를 넘나들거나 복수의 젠더로 존재할 수 있는가를 놓고 분열했다.

1970년대에서 1980년대에 형성된 '여성 문화'는 때로 생물학적 또는 유전적으로 주어진 여성성에 기반한 것으로 여겨졌고, 이는 '여성'의 경계를 규정하려는 위험천만한 시도로 이어지기도 했다. 한 예로, 올리비아레코즈가 트랜스 여성인 샌디 스톤Sandy Stone을 고용하자 논란이 일어났다. '남성'이 '여성'이 되기를 선택한다는 건 자매애를 침해하는 일이고, 이미 '가부장적 배당'의 수혜자이면서 여성들이 나누는 정서적 연대까지도 얻으려 드느냐는 식의 비난이 들끓었다. 메리 데일리, 로빈 모건Robin Morgan, 글로리아 스타이넘, 재니스 레이먼드Janice Raymond는 오늘날 미국에서 '젠더 비판적gender critical' 페미니즘이라고 불리는 입장을 지지하는 저명한 이들이다. 《미스 아메리카는 이제 없다!No More Miss America!》(1968), 《자매애는 강력하다Sisterhood Is Powerful》(1970)를 저술하고 미국 페미니즘 잡지 《미즈Ms.》 편집장을 지내기도 한 저명한 페미니스트 작가 모건은 1973년 웨스트코스트레즈비언 대회West Coast Lesbian Conference의 초청 가수로 트랜스 여성[이자 포크 가수] 베스 엘리엇Beth Elliott이 발표되자 격분을 감추지 못했다.

나는 남성을 '그녀'라 부르지 않을 것이다. 이 남성중심적인 사회에서 32년간 고통받으면서도 생존한 대가로 나는 '여성'이라는 칭호를 얻었다. 남성 복장도착자transvestite가 거리를 걸으며 단 5분간 희롱에 시달린 뒤(그는he 아마 그걸 즐겼으리라) 감히, 그가 **감히** 우리의 고통을 이해한다 생각한단 말인가? 아니, 우리 어머니들의 이름으로, 또 우리 자신의 이름으로, 우리는 그를 자매라 불러서는 안 된다.[17]

엘리엇은 증오에 찬 공격에 맞닥뜨렸으며 레즈비언 단체인 빌리티스의딸들Daughters of Bilitis 샌프란시스코 지부에서도 쫓겨났다. 영국의 실라 제프리스Sheila Jeffreys와 오스트레일리아의 저메인 그리어Germaine Greer 등 여러 급진주의 페미니스트들도 모건의 입장을 공유했다. 이런 수사법에 담긴 폭력성은 [미국의 급진주의 페미니스트] 재니스 레이먼드의 《트랜스섹슈얼 제국The Transsexual Empire》(1979)에도 뚜렷이 드러나 있다. 전직 수녀이자 메리 데일리의 제자였던 레이먼드는 "모든 트랜스섹슈얼은 여성의 형상을 인공물로 환원하며 여성의 신체를 강간하고, 그들 자신을 위해 여성의 몸을 전유한다"고 주장했다. 여성에서 남성으로의 트랜지션 역시 적대적인 반응을 마주했다. [영국의 법학자] 스티븐 휘틀Stephen Whittle은 트랜지션 이전에 맨체스터의 여성해방운동 및 레즈비언 모임에서 적극적으로 활동했다. 그는 트랜지션을 시작하면서 편견과 배제에 맞닥뜨렸는데, 특히 페미니스트 모임에 계속 참여하고자 할 때 많은 어려움을 겪었다. 그러나 여성운동의 또 다른 한편에는 케이트 밀렛의 '양성bisex' 개념에서 볼 수 있듯 젠더 이분법에 의문을 품는 이들 역시 존재했다. 역사가 디엠 위더스D-M Withers가 최근 주장한 것처럼, 우리는 페미니즘의 과거가 일관되게 트랜스젠더를 적대했다고 납작하게 단정해 버리지 않도록 주의해야 한다. 위더스는 여성해방운동이 "젠더를 사회적 관행으로 읽을 수 있게 함으로써 성에 대한 인식 **전환**transformation에 상당한 기여를 했다"고 말한다.[18]

올리비아레코즈의 샌디 스톤은 1987년 〈**제국**의 역습: 포스트 트랜스섹슈얼 선언The Empire Strikes Back: A Posttranssexual Manifesto〉이라는 글로 레이먼드에게 응답했다. 그는 트랜스섹슈얼이 패싱passing이라는 관행을 그만두고, 철학자 도나 해러웨이가 "괴물의 약속"이라 일컬은, 오늘날의 우리가 '퀴어의 약속'이라 독해할 수 있을 비정통적 체현을 되찾아야 한다고 주장했다.[19] 1973년 웨스트코스트레즈비언대회에서 베스 엘리엇의 출연을 놓고 진행된 청중 투표의 결과는 대다수가 그의 노래를 듣고 싶어 한다는 것이었다. 엘리엇은 무대에 올랐다. 그러나 짧은 무대 이후 대회장을 떠났고 급진적 페미니스트 모임에서도 자취를 감추었다.

여성해방의 위협적인 허밍

페기 시거의 노래 〈그리넘을 집으로 가져가자〉는 이미 다채롭던 여성 평화운동의 음악적 지형에 뒤늦게 도착했다. 그리넘커먼평화캠프는 영국 잉글랜드 버크셔에 자리한 북대서양조약기구NATO '예비기지' 그리넘커먼 공군기지에 미국의 핵미사일을 배치하는 데 반대하는, 여성들로만 이루어진 시위였다. 19년간 이어진 그리넘커먼평화캠프는 여성운동 역사상 가장 오래 지속된 시위이기도 하다. 시위의 시작은 1981년, 36명의 여성과 4명의 남성이 웨일스에서 시작한 행진이었다. '지구에서의 삶을 원하는 여성들Women for Life on Earth'이라는 이름으로 나선 행진 참가 자들에게 영감을 준 건 코펜하겐에서 파리까지 이어졌던 기존의 또 다른 평화 행진이었다. 웨일스에서 출발한 시위대는 120마일[약 193킬로미터]을 행진해 그리넘커먼에 도착했으나 언론이 이들에게 관심을 가진 건 에드워드시대 여성참정권운동의 전술을 본떠 공군기지를 둘러싼 철조망에 사슬로 몸을 묶고 나서었다. 1982년 12월, 9마일에 이르는 철조망을 둘러싸는 인간 띠를 만들어 "기지를 감싸 안기" 위해 3만 명 이상의 여성들이 모였다. 한 참가자는 이날을 이렇게 묘사했다.

> 우리는 손에 손을 잡고 9마일 길이의 살아 있는 띠를 만들어 전쟁의 공포를 가두었고, 전쟁과 세계 사이를 가로막은 채로 이렇게 말했다. 우리는 당신의 폭력에 사랑을 담은 포옹으로 응답할 것이다, 그것이야말로 폭력을 제거하는 가장 확실한 방법이므로. '자유'를 외치는 목소리의 파도에 내 목소리를 보태고, 저 먼 곳에서 메아리가 기지를 가로질러 돌아온 순간 내가 얼마나 강해진 기분이었는지 모르겠다.[20]

남성들도 캠프를 찾았으나 일부 영역은 온전히 여성 전용이었다. 남성들은 아이 돌봄 같은 일들을 도왔지만 캠프를 설치하고 그곳에서 지낸 건 여성들이었다. 기지로 들어가는 여러 입구에는 무지개색에서 딴 이름과 함께 각기 다른 특색이 부여되었다. 보라색 입구의 시위자들은 종교적 신념을 가진 이들로 '어머니 대지mother earth'에 초점을 맞추는 노래를 불렀다. 주황색 입구는 아이들에게 안전한 곳이었고 늘 음악이 흘렀다. 초록색 입구는 전투적인 여성 전용 공간이었다. 노란색 입구는 인종차별에 강력하게 반대하는 이들의 자리였다. 수돗물, 전기, 전화를 쓸 수 없는 열악한 환경에서 노래, 춤, 뜨개질 같은 창조적인 활동들은 중요한 일상이 되었다. 기존의 다른 노래를 개사해 부르는 경우도 흔했다. 간단하고 반복적인 가사를 가진 유명한 노래들은 필요에 따라 금세 새로운 가사를 붙일 수 있다는 점에서 '지퍼 송zipper song'이라 불리기도 했는데, 이는 즉각적으로 저항의 자원을 제공하는 데 효과적이었다. 예를 들면, 그리넘커먼의 시위자들은 동요 〈자크 형제Frère Jacques〉의 가사를 다음과 같이 개사해 불렀다.

우리는 여성이다,
우리는 강하다,
우리는 반대한다,
폭탄을.

1983년 1월 1일, 44명의 여성이 기지에 침입해 저장탑 꼭대기에 올라가 1시간 동안 색소폰과 바이올린 연주에 맞추어 노래하고 춤추다가 결국 체포된 사건은 유명하다. 철조망을 끊으려는 시도도 꾸준히 뒤따랐는데, 같은 해 말에는 경찰이 출동하기 전까지 4마일 길이의 철조망을 끊어내기도 했다. 시위자들은 훈련장인 솔즈베리평원으로 군인들을 따라가 손을 잡고 노래를 부르며 군사훈련을 방해하기도 했다.[21]

그리넘커먼평화캠프의 영향력이 널리 퍼지면서 다른 기지들에도 비슷한 캠프들이 생겨났다. 링컨셔의 와딩턴 핵기지에서 시위에 참여한 카트리나는 다음과 같은 말로 캠프에 대해 기록했다.

> 캠프에서 꽃이 피어나고, 여성 문화가 자라나고 있다. 화사한 색깔을 가진, 자신감 넘치고 새로운 것이다. 우리는 기지 입구를 가로지르며 거미줄을 짜고, 새로운 노래를 부르고, 저글링하는 법을 배우고, 정문을 2주간 봉쇄한다. …… 칙칙한 껍질을 벗겨내고 생생한 색깔을 드러내는 것처럼 들뜨는 분위기다. 우리에게 힘이 있다는 감각은 황홀하다.[22]

그리넘커먼평화캠프는 큰 대가를 치러야 했다. 정기적으로 들이닥친 집행관들은 강제 퇴거를 명령하며 매일같이 그리넘의 텐트와 캠프파이어를 파괴했고, 이러한 괴롭힘은 음악가이자 예술가인 오노 요코의 기부금으로 기지 바로 옆의 부지를 매입하고서야 비로소 끝났다. 여성이 이끄는, 민주적이며 위계에 반대하는 이러한 공간의 유지는 전술, 책임감, 포용성을 둘러싸고 수시로 벌어지는 갈등 때문에 때로 난관에 빠지기도 했다. 캠프 내에 존재하는 다양한 문제의식을 '여성'이라는 범주로 모두 포괄할 수 없었기 때문이다. 그럼에도 불구하고, 극도의 남성성과 무력을 지닌 냉전의 미사일이 자리한 기지 입구에서 이루어지는 '여성 문화', 레즈비언 섹슈얼리티, 그리고 여성 공간의 실험은 강력한 힘을 불어넣어주었다.

캠프에서 기록된 녹음물에는 여성들이 미국 공군기지 입구와 철조망 앞에서 부른 노래들이 담겨 있다. 경찰과 군인들이 분노에 차 시위자들을 침묵시키려 하게끔 촉발한 노래들이다. 화음이 들어간 노래도 있고, 대부분은 즉흥 타악 반주와 함께한다. 그리넘에서 불린 노래의 한 구절인 "정신은 죽일 수 없다You Can't Kill the Spirit" 같은 문장은 슬로건이 되어 전 세계에서 낙서로 쓰이고 스티커로 만들어졌다. 캠프의 노래들이 오로지 평화와 핵의 위험성에만 초점을 맞춘 건 아니었다. 유명한 그리넘의 노래 〈밤을 되찾자〉는 1970년대 후반 전 세계적으로 일어난 여성폭력 반대 행진을 언급한다. 《그리넘 노래집Chant Down Greenham》에는 마녀에 관한 노래가 실려 있으며, "당신의 힘을 바람에 엮어라, 우리는 변화하고, 우리는 실을 잣으리라"처럼 메리 데일리의 에코페미니즘을 언급하는 가사들이 등장한다. 이런 강력한 가사에는 거미와 뱀이라는, 아메리카 원주민과 오스트레일리아 원주민의 종교적 이미지에서 차용한 부분들이 눈에 띈다. 〈정신은 죽일 수 없다〉는 애초 멕시코계 미국인 활동가 나오미 리틀베어 모레나Naomi Littlebear Morena가 아메리카 원주민에 대한 토지 수탈에 반대하고자 작곡한 노래였다. 이런 차용은 마치 까치가 물어와 늘어놓은 것처럼 다채로운 원천으로부터 조합된 '페미니즘의 모자이크'를 반영하는 동시에 풍부하게 만들 수 있는 잠재성을 지닌다. 그러나 동시에, 그런 전유가 일종의 백인 특권일 수도 있다는 인식이 거의 없이 이루어진, 음악적 유산에 대한 어설픈 권리 주장이 될 수도 있다.

그리넘의 여성들은 '여성적womanly' 힘의 역사적·영적 원천들에 대한 이러한 관심으로 인해 '키닝keening'을 활용하게 되었다. 키닝은 켈트문화에 뿌리를 두지만 고대 그리스와 로마로까지 거슬러 올라가는 애도의 곡소리다. 키닝은 핵전쟁의 전망 앞에서 시위자들이 느끼는 통렬한 상실감의 표현이었으며, 이들의 시위를 정치적인 동시에 정서적으로 만드는 수단이었다. 그리넘커먼평화캠프의 시작이었던 '지구에서의 삶을 원하는 여성들'의 행진 역시 키닝과 함께였다. 이 행진의 참여자 중 하나로, 이전에는 키닝에 대해서 전혀 몰랐던 제인은 당시를 다음과 같이 회상했다.

기지가 표상하는 바에 대한 제 고통과 절망을 소리 내 울부짖는 건 마치 치유처럼 느껴졌어요. …… 제 안 깊은 곳에서 끄집어낸 소리가 터져 나오는 순간 귀가 울리면서 기절할 것 같은 기분이 들었지만, 그저 눈물이 흐를 뿐이었어요. 메리사(행진의 다른 참여자)도 울고 있었고, 우리는 서로 껴안았죠. 저에게 그 순간은 마치 그 행진과 다른 연결된 행동 전체가 완성되는

것 같았어요. 정확히 말하면, 그 순간 지금까지의 제 삶 전체가 완성되는 것처럼 느껴졌죠.[23]

1982년 그리넘의 여성들이 웨스트민스터 의회 앞에서 벌인 시위는 시위대의 진입을 막는 물리적 장벽을 소리로 넘어서고 자 했던 '키닝 행동'으로 묘사되었다. 검은 옷을 입은 여성들은 서로를 끌어안은 채 웨스트민스터 광장을 말 없는 슬픔의 으스 스한 소리로 가득 메웠다. 한 시위 참여자는 이렇게 말했다. "만 약 우리가 그저 그곳을 찾아가 현수막을 들고 바깥에 서 있기만 했더라면 쉽게 무시당했겠지만, 소리를 활용함으로써 우리는 실제로 그 건물로 뚫고 들어갈 수 있었어요."[24] 키닝과 허밍은 적 대적인 공간에서 페미니스트의 존재를 느끼게 만드는 쓸모 있 는 방법이기도 했다. 그리넘커먼의 시위자들로 이루어진 한 무 리의 시위대가 1984년 리오틴토Rio Tinto 광산회사의 연례총회에 참석해 이 회사가 오스트레일리아, 파나마, 나미비아 지역사회 에서 자행하는 폭력에 항의했다. 전원 백인 남성으로 이루어진 이사회가 거짓말을 하고 있다고 판단한 페미니스트들은 허밍과 키닝으로 회의를 방해했다. 곧이어 이들이 "당신의 손에는 피가 묻어 있다, 전쟁광들!"이라는 구호와 함께 이사회 구성원 하나 하나의 이름을 호명하자 세 명의 여성이 퇴장당했다. 그러나 이 어진 격렬한 항의로 인해 회의는 퇴장당한 이들이 다시 입장한 뒤에야 재개될 수 있었다. 이 행동에서 소리의 중요성을 인식한 시위자들은 회의 전체를 녹음해 다른 운동가들에게도 공유했고, 음성 침입이라는 전술의 차용을 적극적으로 장려했다.

키닝은 비단 집단적 애도의 표현에 그치지 않았다. 연구자 마거릿 라웨어Margaret Laware의 말을 빌리자면 키닝은 "산 자와 죽은 자를 잇는 다리"이자 과거, 현재, 미래라는 "각기 다른 영역의 중재자인" 여성의 역할을 상기시키는 것이기도 했다. 히로시마와 나가사키의 원자폭탄 투하 추모일마다 이루어진 키닝은 이러한 역사 감각, 여성의 애도, 그리고 전쟁으로 인한 미래의 상실을 상징한다. 전 세계에서 벌어진 핵 활동을 추모하는 그리넘커먼 여성 시위자들의 지구적 지향성은 전 세계를 향해 발언하고 다른 투쟁의 장에도 동참하도록 만들었다. 1983년 그리넘의 여성들은 시칠리아의 코미소가 NATO의 미사일기지가 될 것이라는 소문을 듣고 그곳으로 향했다. 경찰이 잔혹한 진압과 함께 일부 시위자들을 체포하자 시위대는 코미소의 카르체레 라구사 교도소를 둘러싸고 노래를 비롯한 응원으로 이루어진 '고함지르기 행동'을 벌였다. 수감된 시위자들은 함께 고함을 지를 수는 없었으나, 노래까지 금지당하지는 않았다. 이들은 노래를 이용해 경찰이 한 여성의 팔을 부러뜨린 사건 등 자신들의 상황을 전했다.

감옥살이를 했던 여성참정권운동가 에셀 스미스와 마찬가지로, 영국 평화 시위자들의 수감생활에도 구석구석 노래가 스며들어 있었다. 1980년대 평화운동으로 할로웨이교도소에 수감된 여성들은 교도소 내 '자발적' 노역으로 '에일리언 스페이스 인베이더' 장난감을 조립하라는 명령을 받았다. 수감자 중 한 사람이던 세라 그린은 이렇게 회상했다.

웨스트민스터광장에서 열린 '키닝' 시위에 참여한
한 참가자의 모습, 1982년 1월. 키닝은 켈트문화에 뿌리를
두지만 고대 그리스와 로마로까지 거슬러 올라가는 애도의
곡소리다. 키닝은 핵전쟁의 전망 앞에서 그리넘커먼평화캠프의
시위자들이 느끼는 통렬한 상실감의 표현이었으며, 이들의
시위를 정치적인 동시에 정서적으로 만드는 수단이었다.
출처: Edward Barber.

여성들은 총을 기계에 끼워 넣은 다음 상자에 담으라는 명령을 받았습니다. …… 우리는 작업대 앞에 앉아 허밍을 했고, 저는 담당자에게 우리는 이 전쟁 장난감을 조립할 생각이 전혀 없다고 알렸습니다. …… 우리는 노래하기 시작했어요. "남자아이들에게서 이 장난감을 빼앗아라." 남성 교도관은 극도로 화가 나서 여성 교도관에게 고함을 질렀습니다. "이 여자들을 다른 데로 보내!" 그 덕분에 우리는 굉장히 즐거웠죠. 다시는 우리에게 일을 시키지 않더군요.[25]

허밍, 노래, 구호, 키닝의 전술은 체포와 감옥에 맞서는 데, 음향의 공간에 대한 소유권을 주장하는 데, 그리고 핵미사일이 상징하는 미래의 상실을 애도하는 데 강력한 힘을 발휘했다. 농성장에서 널리 불린 홀리 니어Holly Near의 〈우리는 온유하고 화난 사람들We Are a Gentle Angry People〉의 가사처럼, 시위자들은 "우리의 삶을 위해 노래하고, 노래한다"는 깊은 감정을 지니고 있었다.[26]

라이엇걸

1990년대에는 새로운 세대의 페미니스트들이 등장하면서 대안적인 음악 씬이 발전했다. 라이엇걸은 소비문화를 넘어서고자 하는 기존 여성운동의 야심을 공유하되, 여성해방 음악의 자율성과 '여성 문화'를 강조하기보다 여성과 아방가르드, 그리고 대중문화를 연결하는 음악의 한 장르이자 운동으로서 등장했다. 펑크와 얼터너티브록에 기반을 둔 라이엇걸은 감정과 일상의 경험에 뿌리를 두고 소녀다움girlhood을 비판적 관점으로 이야기했다.

특정 악기를 선택하는 것만으로도 페미니즘 선언이 돼버리는 경우가 있다. 오늘날 트롬본이나 튜바를 택하는 소녀나 여성들은 여전히 젠더에 따른 제약을 적잖이 마주한다. 1990년대에 남성의 것이라 공고하게 규정된 아일랜드 악기인 유리언파이프uilleann pipes를 연주했던 내가 '소녀 파이프 연주자'로서 아일랜드 전통음악 수업에서 마주한 당혹스러운 반응들 역시 이러한 제약을 반영한다. 유리언파이프는 디스토션 효과를 준 라이엇걸의 전자기타와는 상당히 다른 악기지만, 그럼에도 뜻밖의, 또는 당혹스러운 악기를 의도적으로 택했다는 점에서 같은 힘을 공유했다. 하찮다는 의미로 연상작용을 일으키는 '소녀girl'라는 단어를 되찾고자 했던 라이엇걸의 가사와 시는 소녀다움을 힘과 우정의 장인 동시에 성추행, 강간, 자해의 장으로 묘사했다. 젊은 여성들의 경험을 탐구하고자 한 이들의 시도에서 중심에 놓인 것은 몸이었다. 유동적인 젠더와 섹슈얼리티의 향유는 여성운동 안에 논바이너리, 패싱, 양성애, 범성애, 무성애를 비롯해 또 다른 욕망의 배합들을 포용하는 퀴어한 잠재성을 시사한다. 그러나 라이엇걸은 무엇보다 오늘날의 젊은 여성들에게도 긴급한 쟁점으로 남아 있는 신체 이미지, 식이 등 20세기 후반 여성으로 성장하는 데 따른 엄청난 압박에 대한 우려를 제기했다.[27]

라이엇걸의 음악가들은 DIY 진,* 시, 밴드의 접점에서 활동하며 다양한 문화적 장르를 활발하게 넘나들었고 공연자와 '팬'(종종 문화적으로 비하되는, 여성중심의 범주로서의) 사이의 경계를 무너뜨리려 시도했다. 라이엇걸은 진에서 대문자, 흘려 쓴 손글씨, 지어낸 단어들을 사용하는 것처럼 음악에서 고함과 비명을 사용했다. 1990년 워싱턴주 올림피아에서 결성된 밴드 비키니킬Bikini Kill은 공연에서 컬러링 잡지와 가사지를 나누어 주었고, 관객들은 스크랩, 일기장, 사진 몽타주와 선언문이 뒤섞인 형태로 저마다의 진을 제작했다. 라이엇걸은 '텍스트 오브제'가 가진 확산성에 주목했다. 구시대의 기술인 타자기로 타이핑하고, 손으로 쓰고, 오려 붙이고, 신기술인 복사기로 복제했다. 이러한 진은 DIY라는 특수성과 소량 유통에도 불구하고 때로 정부의 가혹한 제재에 맞닥뜨렸다. 예를 들어 캐나다 정부는 라이엇걸이 발행한 진《가시Thorn》가 분노와 폭력성을 표출한다며 유통을 금지했다.

성폭력, 자존감, 우정 같은 주제를 무척이나 개인적이며 고백적으로 담아낸 잡지는 기존의 의식 고양에서 토대 역할을 했던 이야기를 '물질적' 형태로 구현해낸 것이었다. 또 잡지는 역사적 자료를 의식적으로 재유통하고 재작업했는데, 여성은 "자신이 무엇이 아닌지를 알고자 남성을 바라보기를 그만두라, 자

---

* 특히 라이엇걸이 발행한 진은 펑크 정신과 페미니즘 메시지를 널리 전파하며 하나의 현상을 이끌어냈다는 점에서 독특했다.

신을 알고자 당신 안을 들여다보라"라고 주장한 아방가르드 예술가 미나 로이Mina Loy의 1914년 〈페미니스트 선언〉이 그 한 가지 예다. 로이의 모더니즘적이고 우생학적인 주장은 후대 페미니스트들의 자기표현에 쉽게 맞아떨어지지는 않았으나, 그가 보여준 인습 타파, 그리고 "여성은 사랑받고자 하는 스스로의 욕망을 파괴해야 한다"는 믿음은 다음 세대에서 재작업의 대상이 되었다. 같은 선상에서 심지어 1963년 만들어진 〈그가 날 때렸어(그리고 그건 키스처럼 느껴졌어)〉 역시도 펑크, 얼터너티브록, 그리고 라이엇걸이 일상의 삶과 음악산업에서의 성차별적 폭력에 맞서는 새로운 방식을 제시한 이후 새로이 활용될 수 있었다. 밴드 홀Hole의 리드싱어 코트니 러브Courtney Love는 1995년 조소와 분노를 담아 이 곡을 공연한 바 있다. 이때 러브는 가사에서 키스라는 부분을 빼고 "그가 날 때렸을 때, 나는 그의 것이 되었다"라고 노래했다.[28]

라이엇걸의 출발이 이전에 역동적인 여성해방 음악의 장이었던 미국 서해안 지역이라는 점은 중요한 의미를 지닌다. 그러나 음악이 담긴 카세트테이프와 잡지가 아시아, 유럽, 라틴아메리카까지 유통되면서 지역의 경계는 급속도로 확장되었다. 라이엇걸 씬은 브라질, 러시아, 인도네시아로도 넓어졌는데, 전파되는 과정에서 음악의 관심사와 형식 역시 변화했다. 2011년 러시아의 페미니스트 단체 보이나Voina(전쟁)가 만든 [펑크록밴드] 푸시라이엇은 2012년 모스크바의 그리스정교회 구세주 그리스도 대성당에서 〈펑크 프레이어Punk Prayer〉로 공연을 펼친 뒤 전 지구적으로 유명해지며 영향력을 떨치기 시작했다. 소셜미디어로 공개된 공연 영상은 국제적으로 [종교에 대한 모독이라는] 악명을 얻었으며 밴드 멤버 세 명이 체포되어 유죄판결을 받았다. 일각에서는 이들을 서구의 영향을 받은 악동에 불과하다고 무시하는 평가도 있었으나, 성소수자 권리를 지지하고 권위주의에 반대하는 푸시라이엇의 주장은 폭행, 체포, 징역형이라는 결과로 이어졌다. 라이엇걸의 영향을 받은 버진 오이!Virgin Oi! 같은 인도네시아의 밴드는 강간과 가부장적 가족 권위에 대한 저항을 표현하는 자신들의 노래가 푸시라이엇에게서 영감을 받은 것이라고 언급했다. 그러나 지구 북부에서 만들어진 '해방'의 판본이 복잡한 탈식민 지형을 헤쳐나가는 이들에게도 늘 도움이 되던 것만은 아니다. 예를 들어 인도네시아의 라이엇걸 밴드들은 미국과 러시아가 그려내는, 여성 억압의 대명사로서의 이슬람 이미지에 저항했다. 그들은 검은 머리쓰개와 검은 청바지로 이루어진 자신들만의 '룩'을 뽐내며 이슬람 유산을 존중하는 힘 기르기의 형태를 추구했다.[29]

세계여성의날과 국가 페미니즘

반정부 내란이 장기간 벌어졌던 인도네시아 아체 지역 당국은 21세기 초반 젊은이들 사이에 펑크가 유행하자 크게 우려했다. 2011년에는 경찰이 한 펑크 공연에서 64명을 체포하는 악명 높은 사건이 일어나기도 했다. 별다른 죄목도 없이 일주일간 억류된 여성과 남성들은 삭발과 기도, 공동 '정화' 목욕을 강요받았다. 인도네시아의 다른 지역에서는 펑크와 라이엇걸 밴드가 허용되는 분위기였지만 내란 직후의 아체에서는 샤리아법이 펑크를 금지한다고 해석했다.

인도네시아에는 대안적인 페미니스트 노래가 존재했다. 1장에서 판디타 라마바이의 작업에서 영감을 받은 인물이라 소개했던 카르티니는 1950년대와 1960년대 초반 인도네시아 국가주의자들과 사회주의·페미니즘운동가들의 단체인 거르와니 Gerwani를 통해 널리 각광받는 인물이 되었다.[30] 그의 명성은 세속주의·군국주의 정권인 수하르토 정권(1968~1998)이 카르티니를 '국가적 영웅'으로 지정하면서 정점에 이르렀다. 이렇게 신화적인 지위에 오른 카르티니를 기리기 위해 인도네시아는 4월 21일을 '카르티니의 날'로 지정했다. 카르티니의 날 기념 행사에는 늘 '그의' 노래가 따르는데, 인도네시아 국가를 작곡한 국가주의자 W. R. 수프라트만 W. R. Supratman이 1931년 작곡한 〈우리의 어머니 카르티니 Ibu Kita Kartini〉가 바로 그 노래다. 규칙적인 리듬에 예측하기 쉬운 화성을 가진 이 노래는 누가 들어도 점잖게 기획되는 공식 행사용임을 알 수 있다. 노래의 가사는 카르티니를 인도네시아의 공주이자 "국가의 전사"로 묘사한다. 지폐에 인쇄되거나 국가가 주도하는 행사에서 어머니이자 귀족적인 국가적 영웅으로 그려진 카르티니의 모습은 수하르토 대통령을 '아버지-대통령'으로 위치시키고 자바인의 인도네시아 군도 지배를 통해 권력을 중앙집권화하기 위한 '신질서' 기획의 한 요소였다.[31] 그러나 수하르토 반대세력은 카르티니의 반항적인 비순응성을 강조했으며, 인도네시아의 페미니스트들 또한 1998년 카르티니의 날에 수하르토의 정책에 저항하고 여성 권리를 주장하며 이슬람 페미니즘의 공간을 되찾기 위한 시위를 벌였다.

카르티니의 노래는 음악이 현 상태를 기리며 정치체제의 정당성을 지지하는 강력한 힘을 지녔음을 상기하게 만든다. 또 다른 '지정일'을 둘러싼 기념 행사를 통해 우리는 전복적 음악이 어떻게 정통성을 가지게 되는지 그 과정을 엿볼 수 있다. 1909년 처음 생긴 세계여성의날은 사회주의에서 비롯된 축하와 저항의 날이었다. 애초에는 미국 사회당Socialist Party of America이 2월 23일 뉴욕에서 이 행사를 주관했고, 이후 1910년 코펜하겐에서 열린 제2 인터내셔널 회의에서 또 한번 행사가 이어졌다. 세계여성의날은 클라라 체트킨의 주도하에 1911년 비엔나는 물론 독일, 스위스, 덴마크의 여러 도시로 빠르게 퍼졌고, 1912년에는 네덜란드와 스웨덴, 그리고 1913년에는 알렉산드라 콜론타이의 지원에 힘입어 러시아로도 전파되었다. 초기 행사들에서는 투표권과 동등고용권을 주장했고, 1차대전 기간에는 앞서의 요구들을 평화에 대한 촉구와 결합하는 이들도 있었다. 역사적 기록을 통해 당대 여성들이 이런 행사에서 깃발을 높이 들고 행진했다는 사실을 알 수 있지만, 공감각적이거나 청각적 경험으로서 세계여성의날을 전해주는 기록은 거의 없다. 베이징에서는 제3 인터내셔널(코민테른)의 지시를 따라 1924년부터 세계여성의날을 기념하는 행사가 열렸다. 시위 참가자들은 공산주의를 상징하는 〈인터내셔널가〉를 불렀다. 노동자와 평민을 대변하는 〈인터내셔널가〉 가사에는 유감스럽게도 "지구는 오직 인간men의 것이니"라는 구절이 포함되어 있다. 그럼에도 불구하고 이 곡에 담긴 해방의 비전을 지지하기 위해 여성 사회주의자들은 널리 이 노래를 불렀다.

중국에서는 국민당과 중국공산당의 연합이 깨지면서 양당이 각자의 노선을 확고히 하는 데 세계여성의날을 이용하고자 했다. 국민당은 영향력을 과시하려 점점 안달이 났다. 루이스 에드워즈Louise Edwards의 기록에 따르면, 1934년 국민당의 세력하에 있던 지역에서 열린 세계여성의날 행사에서는 세계 혁명이나 여성 노동자의 해방보다 일본 제품 불매운동 같은 당면한 과제를 강조하는 노래들이 불렸다. 한편 중국공산당 역시 마오쩌둥이 1931년 선포한 중화소비에트 임시정부에서 자체적으로 세계여성의날을 기념했는데, 이들은 행사를 위해 다음과 같은 노래를 만들었다.

3월 8일을 기념하자,
우리들은 온 힘을 다해 외치고자 한다.
공산당 만세!
여성 노동자 해방 만세! ……
제국주의자 국민당을 무너뜨리자!
중국 전역에 붉은 깃발을 높이 들어라,

중국 여성 노동자들의 완전한 해방을 이루기 위하여.

또 다른 노래에는 이런 가사가 있다. "소비에트 여성들은 이미 해방되었다. …… 국민당은 제국주의자의 개다." 양당이 중국 여성들에게 권위를 행사하려 서로 경쟁하는 데 세계여성의날을 이용했기에, 그 어떤 행사에서도 실제 페미니즘의 영향력은 거의 눈에 띄지 않는다. 이전의 세계여성의날이 국가를 가리지 않고 여성 노동자들의 혁명적 힘 기르기를 주장했던 데 비해 정당 프로파간다를 위한 뻔한 행사가 되어버린 것이다.[32] 이렇듯, 노래의 의미는 달라지기도 한다. '페미니즘'의 음악이 전통을 몰아내는 것이 아니라 오히려 찬양하는 의미를 지니게 될 수도 있는 것이다.

미국의 페미니즘 저널 《퀘스트》는 1976년 다음과 같이 주장했다.

노래는 청중에게서 그 어떤 기사나 연설과도 비견하지 못할 정도의 에너지를 이끌어낼 수 있는데, 이는 음악이 우리의 지성을 향하는 만큼이나 우리의 영혼을 향해서도 말을 걸 수 있는 정서적 힘을 지녔기 때문이다. 페미니스트 음악가들은 이제야 그 잠재력을 활용하기 시작했다.

그러나 페미니즘 음악이 이제 막 등장한 것이라는 판단은 틀렸다. 이 장에서 우리는 보다 길고 다양한 페미니즘 음악의 역사를 살펴보았다. 음악은 여성참정권운동가, 사회주의자, 해방운동가, 레즈비언이 공동체를 형성하고, 반대세력을 풍자하고, 기금을 마련하고, 그들을 반기지 않는 공간에 침입하는 데 도움을 주었다. 라이엇걸의 경우 음악은 아나키즘적 저항이었으며 그들의 복잡한 감정에 목소리를 주는 것이었다. 아프리카계 미국인 음악가들에게 가스펠, 재즈, 블루스는 행동과 힘 기르기에 반영할 수 있는 강력한 레퍼토리로서 힘을 주었다. 비욘세가 2013년 투어에서 페미니즘에 초점을 맞춘 것 역시 이런 전통과 완벽하게 맞아떨어진다. 그러나 역사적 기록에 따르면 아프리카계 미국인 여성은 음반사와의 계약에서 착취당하고 공연 장소에서 인종분리를 겪는 경우도 빈번했다.

역사적 거리가 생긴 지금, 여성운동이 '어떤 소리'를 가지고 있었는지를 다시금 포착하기는 어렵다. 그럼에도 불구하고 페미니즘을 오로지 텍스트적 사건으로만 보지 않는 건 중요하다. 1974년 리타 메이 브라운은 동료들을 향해 페미니즘의 복합감각적multi-sensory 요소에 좀더 집중해야 한다고 촉구했다.

여성운동은 대체로 백인 중산층 여성으로 구성되어 있기에 다른 형식의 의사소통을 희생하면서까지 상당 부분 언어에 의존하고 있다. 어린 시절 가난한 백인 동네에서 살았던 나는 '사람들이 하는 말을 듣지 말고, 사람들이 하는 행동을 보라'는 가르침을 들으며 자랐다. 페미니즘의 영향으로 변화하는 여성들을 지켜본 나는 …… 독자들이 그러한 변화의 한 영역으로서 비언어적 요소에 더 많은 주의를 기울여야 한다고 권하고 싶다.[33]

내가 사용한 모자이크라는 은유는 우리가 어떻게 페미니즘의 무늬를 볼 수 있을지, 어떻게 상상 속에서 그 창조물을 느끼고 만져볼 수 있을지 생각해보게 만든다. 그러나 페미니즘의 청각적 지형에 관해서만큼은 모자이크보다 역사학자 낸시 휴잇 Nancy Hewitt이 말한 라디오 주파수radio waves라는 은유가 좀더 적절할지도 모르겠다. 휴잇은 페미니즘의 연속적인 '물결ocean waves' 대신 어떤 건 크고 선명하고, 어떤 건 잡음으로 방해받기도 하는 채로 동시다발적으로 서로 경합하는 라디오 주파수를 상상해보라고 했다. 라디오 주파수라는 은유는 페미니즘의 제1, 제2, 제3 물결이라는 진부한 이야기로는 담아낼 수 없는 지구적 다양성과 목소리들 사이의 불평등을 포착해낸다. 라디오방송은 중립적이지는 않더라도 창의적이고, 혁신적이며, 나아가 독설에 차 있을 수도 있다. 라디오 주파수 은유는 페미니즘들 사이의 의견 불일치를 시사한다. 그러면서도 우리가 그들의 외침과 키닝, 음악과 노래를 통해 문자 그대로 또는 상상력을 동원해 페미니즘을 귀로 들을 수 있음을 상기하게 만든다.[34]

노래와 음악은 정치 또는 저항에서 손쉽게 사용할 수 있는 도구는 아니다. 감정을 심화하며 복잡하고 포착하기 어려운, 또는 이중적으로 해석될 수 있는 의미들을 담아내기 때문이다. 음악에 담긴 메시지는 듣는 이의 필요에 따라 다르게 해석되곤 한다.[35] 그렇기에 노래는 언제나 절대적으로 마음을 따뜻하게 해 주는 연대의 도구가 아니라 다양한 맥락에 따라 각기 다른 문화적·정치적 작용을 하는 도구다. 〈당신은 어느 편인가?〉 또는 〈인터내셔널가〉 같은 노래들의 역사적 근원과 여정을 알고 나면 우리는 현대 페미니즘의 다양한 갈래가 가진 폭넓음과 복잡함을, 그 재사용 전략을, 문화적 수완을, 그리고 이데올로기적·인종적 전유의 어색한 순간을 이해할 수 있다. 페미니즘에 귀를 기울일 때 우리는 페미니즘에 담긴 전기처럼 짜릿하고, 역동적이고, 분노에 차 있으며, 명랑한 독창성을 더욱더 잘 감지할 수 있을 것이다.

지구 페미니즘들

1911년 히라쓰카 라이초는 《세이토》에 다음과 같은 유명한 서문을 실었다.

처음에 여성은 진실로 태양이었다. 그는 진정한 인간이었다. 이제, 여성은 달이다. 타인을 통해 살아가고, 타인의 빛으로 빛을 내는 쇠약하고 창백한 달이다.[1]

우리는 서양식과 일본식 가구들로 나뉜 그의 서재에서 히라쓰카와 마주했다. 《세이토》에 실은 이 글 역시도 꼭 그 서재처럼 서로 얽힌 영향들을 보여준다. 히라쓰카와 동시대 일본 페미니스트들은 입센, 엘렌 케이, 존 스튜어트 밀과 같은 서양의 텍스트를 통해 여성이 남성 친족에게 복종해야 한다는 유교사상에 도전했다. 그러나 이들은 히라쓰카가 태양의 이미지를 사용한 것처럼 지역이나 문화적으로 특수한 원천에서 영감을 얻기도 했다. 태양은 일본 제국주의 통치자의 상징인 동시에 신토神道 여신*을 상징하는 종교적 의미를 지닌다. 20세기 초반 일본의 가장 중요한 페미니즘 출판물의 표지에 태양이 자리한 건 우연이 아니니라.[2] 그러나 일본 상징주의를 구축하는 데 일조했다 한들 주장과 사상이 지나치게 대담해지는 것까지 허용되지는 않았기에 《세이토》는 정부로부터 금서로 지정되었다.

《세이토》는 여성 권리, 해방, 젠더 정의를 추구하는 활동가들을 탄생시킨 지구적·지역적 영향을 보여주는 강력한 예시다. 페미니즘 지구사라는 이 기획을 처음 시작했을 때, 나는 쉬이 벗어날 수 없는 유럽과 북아메리카의 지배적인 기존 담론에 맞서고, 훨씬 더 다채로운 지형을 보여주기 시작한 새로운 역사적 글쓰기의 방식을 보여주고자 했다. 나는 분기하는 복수의 페미니즘들의 이야기를 기대했고, 실제로 이 책의 장들에서 다양한 이야기들이 솟아났다.

그러나 나는 예상보다 훨씬 더 많은 차용과 국경을 넘나드는 영향력, 공유를 마주쳤다. 지구적 영향력은 결코 특별한 것이 아니라 네트워크에, 지적 전통에, 대부분의 페미니즘 캠페인과 페미니스트의 삶 전반에 폭넓게 자리하고 있었다.

이 책은 지구 페미니즘들의 여러 주제를 더듬어보았다. 그

---

* 자연 신앙과 신화, 조상 숭배, 애니미즘이 결합한 일본 고유의 민족 종교.

주제들은 여성의 재산권·교육권·시민권, 평화주의, 반파시즘, 어머니와 아동의 복지 및 보호, 사회정의, 노동권, 인권, 성적 자율성, 문화적 표현과 재생산권에 이르기까지 무척이나 다양한 관심사를 아우른다. 변화를 시간의 흐름에 따른 선형적인 것으로 설명할 때는 이러한 의제들에 페미니스트가 동원되는 지구적 패턴이 쉽게 포착되지 않는다. 유럽과 미국에서 페미니즘의 시대를 1890년대에서 1920년대('여성참정권'), 1970년대에서 1980년대('여성해방')라는 두 '물결'을 중심으로 구분하는 건 우리로 하여금 1920년대에서 1930년대에 이루어진 국제적인 페미니즘-평화주의운동이나 1940년대에서 1960년대까지 이어진 공산주의운동 및 노동운동 같은 중요한 운동들로부터 눈을 돌리게 한다. 게다가 페미니즘들의 모자이크에는 선형성을 거부하는 원들이 존재한다. 서로 다른 독특하거나 지역적인 캠페인 또는 관심사일지라도 때로는 그것이 페미니즘 정치를 가로지르기도 한다. 예를 들어 투표권 요구 같은 캠페인만 해도 그 속도는 매우 다양하기 때문에, 같은 문제가 뉴질랜드에서는 19세기에 해소되었을지라도 쿠웨이트와 사우디아라비아에서는 21세기까지도 여전히 진행 중이었다는 것이다. 권리를 쟁취한 뒤로도 그것이 영원한 쟁취를 의미하지는 않았고, 때로는 이 권리를 계속해서 수호해야 하거나 퇴행과 함께 다시금 되찾아야 하기도 했다. 모자이크에는 반복적으로 등장하는 모티프가 있다. 예컨대 민족자결권, 평화운동, 사회주의는 지난 250여 년간 꾸준히 페미니즘에 날실이 되어 엮여왔다. 그렇기에 모자이크에는 새로운 파편과 타일뿐만 아니라 겹쳐지는 무늬 또한 존재한다.

　페미니스트들은 세계를 투쟁의 장소로 상상하곤 했다. 그 상상이 때로는 불완전한 것일지라도 말이다. 1848년 혁명기의 퀘이커 교인이자 여행자였던 앤 나이트는 프랑스의 페미니즘 저널 《여성의 목소리》에 실은 논평에서 '아프리카 부족들', 아메리카 원주민 휴런족, 앵글로색슨족과 갈리아족 사이에서 여성들이 정치적 권력을 행사했다고 언급했다.[3] 그러나 이러한 서술은 소위 '원시'와 오래된 '문명'을 병치한 데서 모호하게 상상된 실체이며, 나이트가 당대의 문명과 원시의 위계에 얼마나 사로잡혀 있었는지를 시사할 뿐이다. 한편으로는 그가 공동의 "자유를 위한 투쟁"이라 불렀던, 지구적으로 확장된 시야를 언뜻 보여주기는 하지만 말이다.

　나이트가 상상한 지구는 인종적 위계를 지녔다는 점에서 문제적이지만, 지구를 폭넓게 바라보는 그의 시야만큼은 훗날 '신여성'과 반식민주의 여성운동 같은 정치 단체의 발전에 영향을 미치며 중요한 흔적을 남겼다. 나이트의 글은 상상에 기반한 세계 지형을 전제로 하고 있으나, 이 상상의 세계는 현실에 존재하는 배제와 주변화로 인해 힘을 잃으리라는 확고한 감각을 불러일으키기도 한다. 혁명기 파리를 여행했던 나이트는 초국가적 이동이라는 특권을 지닌 이였다. 이러한 특권은 애나 줄리아 쿠퍼 같은 학생들, 푼밀라요 랜섬쿠티 같은 부유한 활동가들, 그리고 미나 로이 같은 문학가들도 공유하는 것이었다. 우리가 만난 또 다른 인물들은 여행하지 않았거나, 선택이 아닌 필요에 의해 여행했다. 일본으로 망명한 탕췬잉, 원치 않는 결혼에서 벗어나 일자리를 찾고자 했던 어니스틴 로즈, 그리고 기소를 피하기 위해 조국을 떠난 미나 케시와르 카말 같은 이들은 지구적 이동이 언제나 특권만은 아니었음을 상기시켜준다.

물리적 이동성에 더해, 전 세계 페미니스트들이 서로의 통찰을 차용하고 공유할 수 있었던 건 지난 250여 년간 발전해온 통신기술 덕분이었다. 19세기 우편서비스의 속도와 범위가 확대되고, 이후 차례차례 등장한 전보, 전화, 인쇄, 사진, 녹음기, 라디오는 연결과 네트워크의 세계를 만들어냈다. 캐시 데이비스는 그러한 연결의 한 예로《우리 몸 우리 자신》이 번역 출간되는 여정을 들며, 이 과정에서 공통의 관심사나 목표를 부과하지 않는 "지구 페미니스트들의 상상적 공동체"가 형성되었다고 주장했다. 이 책은 재출간, 각색, 번역을 기반으로 공유되는 지식의 정치를 가능하게 했다.[4] 이런 방식은 21세기 디지털매체를 통해서도 이어지고 있으며, 페미니즘은 기존의 장르 및 기술과 계속해서 대화를 나누는 중이다.

이 책이 상상하게 하는, 그리고 감각할 수 있도록 하는 '지구적'인 역사는 불과 20년 전만 해도 거의 불가능했다. 최근의 역사 연구들은 국가들과 활동가 단체들 사이의 연결을 촉진한 초국가적·국제적 네트워크에 대한 이해의 폭을 크게 확장했다. 이런 연구들로 인해 여성기독교절제연합, 국제여성참정권연맹, 세계여성단체협의회, 국제민주여성연맹 같은 단체들의 활동을 더욱 상세히 고찰할 수 있는 길이 열렸다. 범아시아·범아랍·범아메리카·범아프리카 정치학 역시 주로 전 지구적 남부 활동가들에게 주요한 영감과 리더십을 제공하는 원천으로 부상했다. 이런 네트워크와 정치 프로젝트를 통해 여성들은 우정을 증진하고, 회의와 여행의 자원을 마련하고, 각자의 이데올로기적·종교적 입장을 위해 싸웠다.[5] 이들의 작업을 담은 기록물들은 승리와 연대를 과도하게 추어올리는 경향이 있다. 때로는 여성들 사이에 나타난 차이에 대해 전략적으로 침묵하기도 한다. 국제네트워크가 이뤄낸 연맹은 종종 취약했다. 역사학자들은 세계여성단체협의회 등의 단체에서 유럽과 미국의 여성들이 지도자 역할을 담당하고 비유럽어 사용자 또는 비기독교 신앙을 가진 여성들이 주변화되어왔음에 주목했다. 페루전국여성회의Peruvian National Council of Women는 1937년 세계여성단체협의회가 "대놓고 영국-노르웨이-슬라브 중심으로 구성되어 있기에 진정한 국제 정신이 부재한다"고 낙심을 표하며 탈퇴했다.[6] 감시 또는 정보기관이 잠입하거나, 전쟁, 프로파간다, 교조적 정치학으로 인해 심각한 타격을 받은 네트워크들도 있었다. 그럼에도 불구하고 국제기구의 작동과 진화 방식을 이해함으로써 우리는 새로운 역사적 행위자들을 조명하고 페미니즘의 '시기'를 다시 생각할 수 있다.

그러나 국제주의가 유일한 틀은 아니다. 지구사는 또한 '연결된' 또는 '뒤얽힌' 역사들이라는 개념에 초점을 맞춘다. 이러한 개념은 종종 불평등한 조건하에서 이뤄지는 지구적 상호작용의 폭넓은 역동을 포착하는 데 유용하다. 이로써 국가와 국가간 관계를 통해 접근하는 세계사의 거시적 관점을 대체할 수 있기 때문이다. 예를 들어 앤 나이트의 퀘이커주의나 판디타 라마바이가 기독교와 힌두교 사이에서 벌인 까다로운 협상은 국가 또는 국제라는 범주를 뛰어넘는 연결과 뒤얽힘의 양상이다. 국가라는 범주에 속하지 않은 채 존재하는 많은 사람과 조직이 있었다. 나는 어맨다 베리 스미스처럼 단기체류를 일삼았던 개인에 대해, 국경지대에 대해, 난민과 디아스포라에 대해, 그리고 어떤 국가와도 직접적으로 관련되지 않은 지역과 민족 집단, 종교 단체에 대해 이야기했다. 또, 지역은 여전히 세계여성의날을 기념하거나 남성 폭력에 항의하는 행위들이 자아내는 공명을 이해하기 위해서도 중요한 요소다. 국지적local, 국제적, 초국가적, 지역적regional 관점을 견지함으로써 우리에게는 페미니즘 역사를 이해하는 짜릿하게 새로운 방식들이 생긴다. 나는 페미니즘의 실천들에 주목하며 송가와 저항의 노래, 신발과 베일, 돌과 볼트커터 등을 통해 그것들을 어떻게 보고, 듣고, 만질 수 있는지에 초점을 맞추었다. 물리적 공간의 형성은 꾸준히 반복되어온 주제로, 페미니즘의 역사를 구체적이고 물리적인 장소에 고정해 공간에 대한 권리와 접근성을 가지는 게 어떤 의미인지를 더욱 잘 이해하는 데 도움을 주었다. 공간은 캠페인, 사람, 생각으로 이루어진 '페미니즘의 모자이크'가 어떻게 고정되고 안정되었는지, 그리고 어떻게 때로 해체되고 다시 만들어졌는지를 기록할 수 있게 해주었다. 이런 접근법은 페미니즘의 여성 선구자들이라는 교조적인 정전의 바늘코를 풀어내 가려져 있던 모자이크 조각들을 드러내는 데 도움을 준다.

포함과 배제

페미니즘이 어떻게 실행되고, 꿈꾸어지고, 삶으로 실천되었는지에 집중하면 풀뿌리 인물들의, 젊은이들의, 빈곤한 이들의, 문맹자들의 목소리를 더욱더 잘 들을 수 있게 되고, 그들의 목소리를 특권을 지닌 이들의 증폭된 목소리와의 대화에 집어넣어볼 수 있게 된다. 이 책에서 다룬 인물들 모두가 페미니스트인 건 절대 아니다. 이 중 다수는 페미니스트라는 단어를 들어본 적 없을 것이고, 어떤 이들은 노여워하며 그 이름을 거부하기도 할 것이다. 그럼에도 불구하고 이 인물들은 비판적인 페미니즘 역사 속에, 즉 드넓은 캔버스 위에 펼쳐져 페미니즘들의 긴장과 가능성을 이해하는 데 유용한 역할을 해줄 수 있다. 또한 이 책은 파업, 피켓시위, 노래, 이론, 꿈에서 때때로 페미니즘의 협력자를 자처했거나 나아가 적극적 창조자이고자 했던 남성들의 참여에도 초점을 맞추었다. 물론 종종 신뢰할 수 없고, 지나치게 성애에 몰두하며, 정서적으로 곤궁하거나 이기적임이 입증된 남성들과 협력하고자 했던 시도들이 얼마나 많은 분노를 유발했는지를 간과하지는 않는다. 그러나 남성과 여성의 협력을 외면하는 건 의도적으로 역사를 소실하는 일인 동시에 미래에 다가올 변화에 대한 희망을 버리는 일이 될 것이다.

이 역사들 속에는 때로 명랑하게 선뜻 크로스드레싱을 하거나 남성인 동시에 여성으로 스스로를 정체화했던 엘시 클루스 파슨스 같은 인물들의 이야기가 등장한다. 널리 읽힌 주디스 버틀러의 저작은 두 가지 이상의 젠더를 표현할 수 있는 수행으로서의 젠더 개념에 대한 이론적 토대를 마련했다. 버틀러가 1990년 발표한 책《젠더 트러블》은 한 사람을 남성 또는 여성으로 쉽게 구분할 수 없다고 주장했다. 젠더는 내적 본질이 아니며 시간과 장소에 따라 특정적 형태로 반복되는 수행을 통해 구성되는 것이라고 주장한 것이다. 이에 따르면 젠더는 존재의 상태가 아니라 조형적 과정이다. 버틀러의 연구를 바탕으로 1990년대 채택된 '트랜스젠더'라는 용어는 이분법을 넘어선 젠더의 유동성을 일컫는 의미로 사용된다. 잭 핼버스탬Jack Halberstam의《여성의 남성성》(1998)은 트랜스젠더 남성의 존재를 더욱 가시화하며 페미니즘 이론과 퀴어 이론 사이의 연결고리를 단단히 만드는 데 기여했다.

'트랜스' 문제는 마치 본질주의적 형태의 정체성 정치를 재언명하는 피뢰침이라도 되는 것처럼, 오늘날 페미니즘에서도 여전히 극히 논쟁적인 것으로 남아 있다. 트랜스-페미니스트 래원 코넬은 페미니즘이 트랜스젠더와 '여성으로 태어난' 여성이 공통적으로 마주하는 문제, 즉 빈곤, 노동시장에서의 배제, 학대, 그리고 법적·의료적·시민적 권리에서 사각지대에 놓이는 문제에 주의를 기울여야 한다고 주장했다. 이는 젠더가 수행이냐 아니냐, 생물학적 성별이 성별이다 하는 식의 분열적인 논의를 대체하며, 체현되고 젠더화되는 관행과 물질적 맥락이라는 개념에 기반한 논의를 이어가도록 한다.[7] 오늘날 '젠더 비판적' 페미니스트들과 '트랜스 친화적' 페미니스트들 사이의 격렬한 싸움에도 불구하고, 우리는 젠더 비순응의 오랜 역사를 드러내는 새로운 이야기들의 등장을 계속해서 보게 될 것이며, 활동가들 또한 이러한 이야기에서 많은 걸 배우게 될 것이다.

이 책에 담긴 이야기들은 빈곤, 계급, 카스트, 사회적 지위에 따른 상처와 불평등의 이야기로 자꾸만 되돌아갔다. 임시적이거나 불확실한 고용, 교육 기회의 부족, 낙인찍힌 노동 또는 고된 육체노동으로 인해 구조적으로, 물질적으로 열악한 조건에서 삶을 살아가는 여성들에게 페미니즘은 아무리 좋게 본들 자신의 문제와는 무관한 것으로 여겨질 수 있다. 예컨대 경제적으로 불안정한 삶을 사는 이들에게 고등교육의 권리나 직업에 대한 접근성은 현실과는 동떨어져 있거나 사치스러운 문제로 여겨졌다. 그럼에도 불구하고 사회정의나 노동자 권리를 주장하는 단체와 페미니스트 단체 사이에는 연합과 협력이 존재했다. 또한 노동계급 여성들은 언제나 투표권, 평화, 재생산권을 위한 페미니즘운동의 주체로서 참여했다. 7장에서 보았듯 노동자조직은 파업, 피켓시위, 보이콧 등으로 페미니즘 전술에 풍부한 영감을 주는 원천이었다.

인종에 대한 편견 역시 지구 페미니즘들을 형성하는 데 매우 큰 영향을 미쳤다. 백인 특권에 관해 우리는 슐라미스 파이어스톤이 인종주의를 그저 '확장된 성차별주의'로 일축했다는 것,

독일 페미니스트 카린 슈라더클레베르트Karin Schrader-Klebert가 "여성은 모든 국가의 니그로다" 같은 주장을 했다는 중요한 이야기를 해야 하리라.[8] 인종 위계는 종종 백인 페미니스트들이 만든 공간, 기관, 그리고 미래에 대한 비전에서 흑인·아시아·라틴계 뿌리를 가진 이들을 배제했다. 이러한 상황은 "백인들의" 조직을 무너뜨리고 "다양성이 핵심에 존재하며 유색인들이 지도자 역할을 맡는" 새로운 페미니즘에 대한 요구로 이어졌다.[9] 인종적 특권에 대한 이야기는 유색인 여성들이 억압에 굴하지 않고 추구한 혁신과 주도권에 대한 대안적 이야기와 나란히 놓을 수 있다. 유색인 여성들의 조직과 캠페인은 민주주의, 인권, 성적 자율성을 이해하는 방식에도 영향을 미쳤다. 유색인 여성들은 단지 백인 인종주의에 반응한 것이 아니라, [여성학자] 베니타 로스Benita Roth의 주장대로 "다른 길"을 만들어내며 주체적으로 페미니즘을 발전시켜왔다.[10] 인종 불평등에 대한 감수성 덕분에 이들은 이 책에 지대한 영향을 준 교차성이라는 접근 방식을 개발하는 데 선두에 섰을 뿐만 아니라 그 밖의 다양한 이론과 행동에서도 최전선에 위치하게 되었다.

　이 책은 최대한 다양성에 전념하고자 했지만, 그럼에도 복원할 수 있는 역사의 범위에는 한계가 존재한다. 역사에 관한 글쓰기는 언제나 편지, 소책자, 잡지, 사진, 의복, 배지를 비롯해 과거의 페미니즘을 살펴볼 수 있는 온갖 일시적인 사물들의 보존 여부에 달려 있기 때문이다. 모자이크의 조각들은 사라지거나 파괴되고, 묻혀버리기도 하며, 그것들의 보존은 단지 우연이 아닌 권력과 자원 여부에 달려 있다. 변화를 추구했던 빈곤층, 노동계급, 이주민 또는 소수민족 활동가들의 페미니즘적 저항과 사상에 대한 기록은 그리 잘 보존되어 있지 않다. 즉, 페미니즘에 관한 모든 역사는 페미니즘을 주장하고자 했거나 주장할 수 있었던 이들, 자신의 목소리를 낼 수 있었던 이들을 중심으로 기울어진 편파적인 역사가 될 것이다. 보다 주변화되었던 이들, 또는 '페미니스트'라 불리기를 경계했던 이들은 가려져 있다. 그럼에도 불구하고 지구적이며 비판적인 의식을 지닌 역사는 지금까지 살아남은 것들에 집중하고 이를 보존함으로써 사라져버린 모자이크의 조각들을 암시할 수 있다.

쓸모 있는 과거

오늘날의 캠페인에 참여하는 이들은 과거와 어떤 관계를 맺어야 할까? 우리는 아이디어와 방법에 대해 과거에서 영감을 얻을 수 있다. 길에 분필로 글씨 쓰기, 단식투쟁, 패러디와 풍자, 열렬한 우정, 잡지를 만들고 책을 쓰는 것 등 이러한 행동들은 전부 오늘날 페미니즘 정치에서도 적극적으로 활용하는 것들이다. 과거와의 깊은 관계는 오늘날의 행동과 아이디어에 역사와 가능성에 대한 감각을 불어넣을 수 있다. 페미니즘의 지형에는 중요한 연속성들이 존재한다. 여성의 몸은 여전히 감시, 폭력, 통제의 대상이며, 활동가들은 여전히 사랑과 분노를 느끼고, 변화의 도구로 글쓰기와 노래를 활용하고, 자신만의 '사물들'과 공간을 창조하고 점유한다.

그러나 반복되는 패턴과 연속성을 강조하는 건 역사적 거리를 경시하게 될 위험을 내포한다. 과거 페미니스트들의 우려 또는 '여성 문제'를 다루고자 한 시도들은 오늘날의 캠페인들과는 무척 다른 맥락에 뿌리를 두기도 했다. 예를 들면, 여성이 교육을 받고 나아가 정치적으로 활약하는 모습을 보고 싶어 한 메리 울스턴크래프트의 '허황된 소망'은 그가 절대자를 향해 품었던 강한 종교적 믿음에 기반한 것이었다. 그의 신앙심을 낳은 18세기 특유의 지적·종교적 논쟁은 오늘날에는 되풀이될 가능성이 거의 없는 것이다. 역사학자 주디스 앨런Judith Allen은 이런 거리를 인식하며, 우리가 역사적 인물들을 [성을 뗀] 이름으로만 언급하는 식으로 지나치게 친밀하게 느끼는 일을 피해야 한다고 경고했다. 또한 그는 페미니스트 조상들이 '우리의' 가치를 고수하는 데 실패했다고 해서 그들을 비난해서는 안 된다고도 덧붙였다.[11]

우리는 과거의 한계와 폭력을 검증하거나 재현하지 않고서도 과거를 중요한 자원으로 삼을 수 있다. 다른 시대의 페미니스트들은 때로 인종차별, 계급적 편견, 반유대주의, 열성적 제국주의에 공모하거나, 오늘날에는 극히 중요한 것으로 여겨지는 의제들을 경시하기도 했다. 그러나 이런 불편한 과거에 그저 절연을 고하거나 환멸만을 품어서는 안 될 것이다. 불편한 과거라 할지라도 비교, 상상력을 동원한 재구성, 역사적인 지식에 기반해 비판의 대상으로 삼을 수 있기 때문이다. 우리는 페미니즘의 지형을 납작하게 또는 단순하게 만들고자 하는 시도, 또는 타협하기 어려운 이데올로기적 차이들을 무시하고자 하는 시도를 경계해야 한다. 이런 점을 이해할 때 페미니즘 역사는 더욱 쓸모 있는 것이 된다. 여성들이 서로 다른 걸 원한다는 사실은 놀랄 일이 아니다. 페미니즘의 성패는 이러한 다양성을 어떻게 활용하느냐에 달려 있다.

과거 페미니스트들의 방향이 결코 단일하지 않았다는 사실을 인식하면 오늘날 논쟁의 유해함을 감소시키는 데도 도움이 된다. 그 어떤 사회운동이든 여러 목표와 여러 전략이 존재할 수 있고, 사람마다 서로 다른 의미를 가지게 되는 건 당연하고도 생산적인 일이다. 나는 페미니즘의 가능성을 확장하고 페미니즘의 새로운 꿈에 영감을 불어넣고자 '페미니즘들'이라는 표현을 썼다. 그러나 내가 상징적이라고 선택한 순간들, 사물들, 장소들 역시 당연하게도 나 자신의 경험, 내가 읽은 책, 내가 들은 음악, 내가 살았던 장소, 그리고 내가 가진 특권의 영향을 받은 것이다. 다른 이들에겐 과거에 대한 또 다른 열망, 제안하고 싶은 꿈, 노래, 행동이 있을 것이다. 이 책은 분명 유용한 영감과 대화의 지점을 제공할 테지만, 모든 사람이 내 기준에 동의하지는 않을 것이며 이런 의견 불일치는 반가운 것이다. 완벽한 기준이란 존재하지 않으며, 페미니즘은 여전히 정치적으로 유효한 사상으로서 진화하고 있다.

앞으로는?

1971년 미국의 페미니스트 베티 프리단은 이런 의문을 품었다. "2000년에 이르러 내 딸이 낳은 딸의 세대가 오더라도 그들이 학대와 죄책감에 시달리며 또 한번 이 모든 걸 다시 시작하게 될까?"[12] 2020년대에도 여전히 페미니즘이 긴급한 초미의 문제로 남아 있다는 사실을 그가 알았더라면 경악했으리라. 최근 몇 년 간 칠레, 튀르키예, 멕시코, 브라질, 스페인의 도시들에서는 여성에 대한 폭력 그리고 경찰과 법원의 부적절한 대응에 항의하는 수십만 명의 여성들이 행진, 노래, 춤을 이어갔다. 불평등한 임금과 성차별적인 문화에 대항해 파업을 벌인 스위스 여성들은 성당의 종을 울리고 기차역에서 자신들의 주장을 생생하게 노래했다. "여성의 의지가 발휘되면 모든 게 멈춰버릴 것이다." 에코 페미니즘은 전 세계 빈곤 인구 중 대다수를 차지하는 여성이 기후변화의 가장 큰 타격을 받고 있다는 사실을 보여주었다. 기후정의는 베티 프리단이 페미니즘의 미래를 물은 바로 그해에 온두라스에서 태어난 베르타 카세레스Berta Cáceres, 1971~2016 같은 활동가들의 투쟁 덕분에 페미니즘의 주요 의제로 부상했다.

카세레스는 2016년 온두라스 군부 및 그가 반대했던 댐 건설사와 관련된 인물들에 의해 살해당했다. 최근에도 사우디아라비아, 러시아, 우간다를 비롯한 여러 국가에서 여성 인권을 말하는 활동가들은 여전히 투옥 등 국가와 기업의 심각한 폭력과 탄압을 마주하고 있다. 페미니스트들은 또한 포퓰리즘과 인종주의 정치의 부상과 함께 악의적인 공격의 대상이 되었다. 브라질 대통령 자이르 보우소나루는 학교 교과서에서 페미니즘을 언급한 모든 내용을 삭제하라 지시했다. 2019년 유출된 문서에 따르면 애플은 가상 비서인 시리Siri가 페미니즘에 대한 직접적인 질문을 받는 경우에도 '페미니즘'이라는 단어를 절대 사용하지 않도록 프로그래밍한 것으로 밝혀졌다. 재생산에 관한 권리와 정의는 극도의 위협에 처해 있다. 니카라과, 엘살바도르, 미국 앨라배마주에서는 사실상 어떠한 상황에서도 임신중단이 금지되어 특히 빈곤층과 젊은 여성들이 체포되거나 원치 않는 임신에 취약한 상황이다. 여성과 지구가 치르는 대가는 헤아릴 수 없을 정도로 크다. 지구 페미니즘들의 도전 과제가 이보다 명확할 수는 없으리라.

프리단의 질문에는 페미니즘이 성평등이라는 '최종 상태'에 다다르고자 하지만 그것이 고된 과정이리라는 함의가 담겨 있다. 그러나 꿈은 계속해서 진화해야 하며, '페미니즘을 하는do' 건 최종 상태가 아니라 여정이다. 페미니즘에 대한 지구적 관점은 젠더 정의를 향한 열망과 결의가 얼마나 깊고, 넓고, 다양한지를 살펴볼 수 있도록 한다. 이러한 관점은 또한 여성들 사이의, 또는 여성과 남성 사이의 연합이 어떻게 형성되고 와해될 수 있는지, 공통의 이해관계가 어째서 항상 잠정적인 것이며 당연한 것으로 간주될 수 없는지를 이해하도록 해준다. 프리단은 21세기의 활동가들이 처음부터 "다시 시작하게" 될 것을 염려했

다. 그러나 지구 페미니즘들의 풍부한 역사는 결코 다시 시작할
일이란 없음을 우리에게 알려준다.

감사의 말

함께 머리를 맞대고 이루어진 협력의 과정이 없었다면 이 책은 쓰일 수 없었을 것이다. 특히 읽을거리를 추천하고, 영감을 주고, 원고를 읽어준 너그러운 친구들과 연구자들에게 큰 빚을 졌다. 클로이 캐터, 마리아 디센조, 크리스티나 슐츠, 애나 불, 이시도라 그루바키, 프란시스카 드 한, 데버라 코언, 메리 채프먼, 디엠 위더스, 하이디 커비넌, 쿠람 조위야, 조이 스트림펠, 로사 캠벨, 미키코 에토, 조이 토머스, 나탈리 톰린슨, 플로렌스 서트클리프브레스웨이트, 모드 브랙에게 감사를 전한다.

에밋츠Emmets*—루시 블랜드, 로라 카터, 니암 갤러허, 줄리아 라이트, 헬렌 맥카시, 데버라 톰—는 특유의 섬세함과 사려

---

* 영국 남서부 콘월지역의 토착언어로 '여행자'를 뜻한다.

깊은 시각으로 초고를 읽으며 가까이서 응원해주었다. 최근 확장되고 있는 페미니즘 역사에서 빼놓을 수 없는 인물들인 마거릿 졸리와 폴리 러셀은 이 작업의 동료이자 멘토였으며, 이들의 존재가 내겐 큰 행운이었다. 주디스 앨런은 런던의 어느 펍에서 페미니즘 노래를 불러 이 책의 노래라는 주제에 영감을 주었을 뿐 아니라 엄청난 역사적 통찰력 또한 불어넣어주었다. 사진을 찍어준 그레이엄 코프코가에게도 감사를 전한다. 든든한 연구 공간을 제공해준 머리 에드워즈 펠로십, 특히 곁에서 도움을 준 레이철 레오에게 감사한다. 치카 토누카, 마누엘 아로요칼린, 줄리 바로, 실케 짐머메르켈, 조엘 페이션트는 번역에 관한 문제를 도와주었고, 벤 그리핀은 여러 프로젝트를 함께하며 친구이자 동료가 되어주었다. 모두에게 진심으로 감사드린다. 대학원 제자들은 내가 결코 마주칠 수 없었을 역사와 아이디어를 만나게 해주었고, 이들과 함께하는 작업은 더할 나위 없는 풍요로움을 느끼게 해주었다. 특히 페미니스트의 십자수 작품으로 사물을 다루는 장에 영감을 준 홀리 닐슨에게 감사를 전한다. 처음부터 내게 이 책을 쓰라고 부추겼던 카시아나 이오니타는 열정과 문장에 대한 탁월한 감각으로 도움을 주었다. 마무리 단계에서 큰 도움을 준 벤 시뇨르와 제인 버드셀에게도 감사를 표한다.

가족들 역시 이 책의 상당 부분을 읽어주었다. 원고를 읽어준 건 물론이고 그 외의 수많은 일들에 대해서도 감사를 전하고 싶다. 나를 지탱해주고, 머릿속을 환기하게 해준 가족 덕분에 이 책을 쓸 수 있었다. 늘 내게 영감을 주는 나의 조카딸들에게 페미니스트 시인 돌리 래드퍼드Dollie Radford의 시를 전한다.

우리의 올바름과 잘못을
마주하고, 미래의 지도자로 자리 잡을
너희 나의 조카딸들에게.

나 또한 앞으로도
세상 모든 묘하고 거칠고 새로운 것들을 찾아다니리,
노래에서 또 발레에서,

강의에서, 연극과 시와 산문에서,
네 이모가 앞으로 즐기게 될
왔다가 지나가는 온갖 열광의 대상들 속에서.*

공간적 전환spatial turn의 측면에서, 나는 영국 케임브리지와
아일랜드 케리에서 쓴 이 책을 오랜 세월 내게 중요했던 특정한
장소에 헌정하고 싶다. 그 장소는 케임브리지대학교 도서관의
남쪽 전면 두 번째 섹션이다. 페미니즘 역사의 보고인 이곳은 20
년이 넘는 시간을 역사학자로 살아온 내 삶과 언제나 함께였으
며, 그곳 특유의 냄새와 감촉은 이 책에도 고스란히 담겨 있다.

---

*   [원주] 돌리 래드퍼드, 〈마을의 해방된 이모로부터From Our Emancipated Aunt in
Town〉, *Songs and Other Verses* (London: Philadelphia: John Lane, 1895).

이런 공간을 이용할 수 있다는 게 특권임을 안다. 이 도서관을 돌보는 대학 도서관 직원들, 그리고 이곳의 서가를 빼곡히 채운 연구자, 번역가, 출판인들에게 깊이 감사드린다. 이 책은 그들 없이는 쓰지 못했을 것이다.

주

들어가며

1. *Western Echo* (3 January 1886), Audrey Gadzekpo, "The Hidden History of Women in Ghanaian Print Culture", in Oyèrónkẹ Oyěwùmí, *African Gender Studies: A Reader* (Palgrave Macmillan, 2005), 282쪽에서 재인용.

2. Chela Sandoval, *Methodology of the Oppressed* (University of Minnesota Press, 2000).

3. Adele Murdolo, "Safe Homes for Immigrant and Refugee Women: Narrating Alternative Histories of the Women's Refuge Movement in Australia", *Frontiers: A Journal of Women Studies* 35:3 (2014), 146쪽.

4. https://www.ipsos.com/sites/default/files/2017-03/global-advisor-feminism-charts-2017.pdf.

5. *Emporia Daily Gazette*, Kansas, USA (27 November 1897), vol. 7.

6. *The Times* (18 June 1906), 6.

7. 페미니즘의 몇 가지 개념을 소개하는 영상 https://www.youtube.com/watch?v=H_G B rIntUq8 참고.

8. Mina Roces, "Is the Suffragist an American Colonial Construct? Defining the 'Filipino Woman' in Colonial Philippines", in Louise P. Edwards and Mina Roces (eds.), *Women's Suffrage in Asia: Gender, Nationalism and Democracy* (Routledge, 2005), 29쪽.

9. Asunción Lavrín, *Women, Feminism, and Social Change in Argentina,*

    Chile, and Uruguay, 1890-1940 (University of Nebraska Press, 1995), 26~36쪽.

10. Mary Louise Roberts, *Disruptive Acts* (University of Chicago Press, 2002), 39쪽.

11. Johanna Gehmacher, "In/Visible Transfers: Translation as a Crucial Practice in Transnational Women's Movements around 1900", *German Historical Institute London Bulletin* 41:2 (2019), 3~44쪽.

12. Natalia Novikova, "Early Historical Accounts of the Russian Women's Movement: A Political Dialogue or a Dispute?", *Women's History Review* 20:4 (2011), 509~519쪽.

13. Frances Watkins Harper, "We Are All Bound Up Together": speech at the 11th National Woman's Rights Convention in New York, May 1866.

14. June Edith Hahner, *Emancipating the Female Sex: The Struggle for Women's Rights in Brazil, 1850-1940* (Duke University Press, 1990), 26~30쪽, 209~210쪽.

15. Bonnie S. Anderson, *Joyous Greetings: The First International Women's Movement, 1830-1860* (Oxford University Press, 2001).

16. Francisca de Haan, "Writing Inter-Transnational History: The Case of Women's Movements and Feminisms", in Barbara Haider-Wilson, William D. Godsey and Wolfgang Mueller (eds.), *Internationale Geschichte in Theorie und Praxis/International History in Theory and Practice* (Verlag der Österreichischen Akademie der Wissenschaften, 2017), 501~536쪽.

17. Kathy Davis, *The Making of Our Bodies, Ourselves: How Feminism Travels across Borders* (Duke University Press, 2008).

18. 낸시 휴잇의 라디오 주파수 은유는 다양한 볼륨으로 들려오는 페미니즘의 목소리라는 아이디어를 기발한 방식으로 보여주었다: Nancy A. Hewitt (ed.), *No Permanent Waves: Recasting Histories of U.S. Feminism* (Rutgers University Press, 2010).

19. Kathryn Gleadle, "The Imagined Communities of Women's History: Current Debates and Emerging Themes, a Rhizomatic Approach", *Women's History Review* 22:4 (2013), 524쪽~540쪽.

20. Kathryn Gleadle and Zoë Thomas, "Global Feminisms, c. 1870-1930: Vocabularies and Concepts – A Comparative Approach", *Women's History Review* 27:7 (2018), 1209~1224쪽.

21. Kimberly Springer, *Living for the Revolution: Black Feminist Organizations, 1968-1980* (Duke University Press, 2005).

22. bell hooks, *Talking Back: Thinking Feminist, Thinking Black* (Sheba Feminist, 1989).

23. Mrinalini Sinha, "Mapping the Imperial Social Formation: A Modest Proposal for Feminist History", *Signs* 25:4 (2000), 1077~1082쪽.

24. 사라 아메드는 '쓸모use'를 비판적으로 탐구했다. Sara Ahmed, *What's the Use? On the Uses of Use* (Duke University Press, 2019).

25. Kathleen A. Laughlin *et al.*, "Is It Time to Jump Ship? Historians Rethink the Waves Metaphor", *Feminist Formations* 22:1 (2010), 97쪽.

1장 | 꿈

1. Charles Fourier, "Marriage and the Family System", Charles Fourier, Jonathan Beecher and Richard Bienvenu (ed. and trans.), *The Utopian Vision of Charles Fourier: Selected Texts on Work, Love, and Passionate Attraction* (Beacon Press, 1971), 177쪽에서 재인용.

2. Shirin Akhtar, "East Bengal Women's Education, Literature and Journalism", in Francisca de Haan *et al.* (eds.), *Women's Activism: Global Perspectives from the 1890s to the Present* (Routledge, 2013)에서 재인용, 110쪽.

3. Bharati Ray, *Early Feminists of Colonial India* (Oxford University Press, 2012).

4. Barnita Bagchi, "Ladylands and Sacrificial Holes", in Barnita Bagchi (ed.), *The Politics of the (Im)Possible: Utopia and Dystopia Reconsidered* (Sage, 2012).

5. Judith A. Allen, *The Feminism of Charlotte Perkins Gilman: Sexualities, Histories, Progressivism* (University of Chicago Press, 2009), 354쪽.

6. Linda Edmondson, "Feminism and Equality in an Authoritarian State: The Politics of Women's Liberation in Late Imperial Russia", in Sylvia Paletschek and Bianka Pietrow-Ennker (eds.), *Women's Emancipation Movements in the Nineteenth Century: A European Perspective* (Stanford University Press, 2004), 221~239쪽.

7. Alexandra Kollontai, *Working Woman and Mother*, republished in *Selected Writings of Alexandra Kollontai*, trans. Alix Holt (Allison & Busby, 1978), 134쪽.

8. 같은 책, 135쪽.

9. Alexandra Kollontai, *A Great Love*, trans. Cathy Porter (London: Virago, 1981), 76쪽. [한국어판: 알렉산드라 콜론타이, 《콜론타이의 위대한 사랑》, 정호영 옮김, 노사과연, 2013]

10. Kollontai, *Selected Writings*, 134쪽.

11. Padma Anagol, *The Emergence of Feminism in India, 1850-1920* (Ashgate, 2005); Meera Kosambi, "Multiple Contestations: Pandita Ramabai's Educational and Missionary Activities in Late Nineteenth-Century India and Abroad", *Women's History Review* 7:2 (1998), 193~208쪽.

12. Ramabai Sarasvati, *The High-Caste Hindu Woman*, (G.Bell & Sons, 1888), 64쪽.

13. 같은 책, 202쪽. Uma Chakravarti, *Rewriting History: The Life and Times of Pandita Ramabai* (Zubaan, 2013) 참고.

14. 같은 책, 56~57쪽.

15. Kartini, Kumari Jayawardena, *Feminism and Nationalism in the Third World* (Kali for Women, 1986), 137쪽에서 재인용.

16. Jo Ellen Jacobs and Paula Harms Payne (eds.), *The Complete Works of Harriet Taylor Mill* (Indiana University Press, 1998).

17. Linda M. G. Zerilli, *Signifying Woman: Culture and Chaos in Rousseau, Burke, and Mill* (Cornell University Press, 1994), 96쪽.

18. 같은 책, 95쪽에서 재인용, 1857년 2월 17일 J. S. 밀이 해리엇 테일러 밀에게 쓴 편지.

19. Mary Trigg, *Feminism as Life's Work: Four Modern American Women through Two World Wars* (Rutgers University Press, 2014), 124쪽.

20. 'Hunger (for Audre Lorde)', in Adrienne Rich, *The Dream of a Common Language: Poems 1974-1977* (W. W. Norton and Co., 1993), 13쪽. [한국어판: 에이드리언 리치, 《공통 언어를 향한 꿈》, 허현숙 옮김, 민음사, 2020]

21. 'An Open Letter to Mary Daly', in Audre Lorde, *Sister Outsider: Essays and Speeches* (Crossing, 2007). [한국어판: 오드리 로드, 《시스터 아웃사이더》, 주해연·박미선 옮김, 후마니타스, 2018]

22. Pratibha Parmar, "Other Kinds of Dreams", *Feminist Review* 31(1989), 55~65쪽.

23. Iris Marion Young, "The Complexities of Coalition", *Dissent Magazine* (Winter 1997).

24. Audre Lorde, *Zami: A New Spelling of My Name* (Penguin Classics, 2018), 197쪽, 223쪽. [한국어판: 오드리 로드, 《자미》, 송섬별 옮김, 디플롯, 2023]

2장 | 생각

1. Ifi Amadiume, *Male Daughters, Female Husbands: Gender and Sex in an African Society* (Zed Books, 2015).

2. Josefa Amar y Borbón, *In Defence of Women*, trans. Joanna M. Barker (Modern Humanities Research Association, 2018), 100쪽.

3. Mary Nash, "The Rise of the Women's Movement in Nineteenth-Century Spain", in Sylvia Paletschek and Bianka Pietrow-Ennker (eds.), *Women's Emancipation Movements in the Nineteenth Century: A European Perspective* (Stanford University Press and Eurospan, 2004), 243~262쪽; Juan Pro, "Thinking of a Utopian Future: Fourierism in Nineteenth-Century Spain", *Utopian Studies* 26:2 (2015), 329~348쪽.

4. Christine Arkinstall, "A Feminist Press Gains Ground in Spain, 1822-66", in Silvia Bermúdez and Roberta Johnson (eds.), *A New History of Iberian Feminisms* (University of Toronto Press, 2018), 123쪽.

5. 영국에서 출판된 이 책은 레이디 메리 워틀리 몬터규(1689~1762)와 레이디 소피아 퍼머(1724~1745)가 쓴 것으로 보인다. 이 글의 번역문을 보려면 Charlotte Hammond Matthews, *Gender, Race and Patriotism in the Works of Nísia Floresta* (Cambridge University Press, 2013) 참고.

6. 브라질이 1889년 독립을 선언했음에도, 전국의 여성들에게 참정권이 생긴 건 '변방' 지역인 히우그란지두노르치주에서 1927년 여성 투표권을 보장하는 결의안을 연방정부가 채택한 1932년의 일이었다. 이후 일련의 독재정권('에스타두 노부 Estado Novo'의 1937~1945년, 그리고 군부정권인 1964~1985년)이 브라질을 장악하며 여성참정권은 다시금 사라졌다.

7. Lewis Henry Morgan, *Ancient Society* (University of Arizona Press, 1985), 54쪽, 505쪽. [한국어판: 루이스 헨리 모건, 《고대사회》, 정동호·최달곤 옮김, 문화문고, 2005]

8. Friedrich Engels, *The Origin of the Family, Private Property, and the State* (Penguin Classics, 2010), 27쪽. [한국어판: 프리드리히 엥겔스, 《가족, 사유재산, 국가의 기원》, 김대웅 옮김, 두레, 2012]

9. Olive Schreiner, *Women and Labour* (Virago Press 1978), 97~98쪽.

10. August Bebel. *Woman and Socialism*, trans. Meta L Stern (Socialist Literature Co., 1910), 6~7쪽.

11. Marilyn J. Boxer, "Rethinking the Socialist Construction and International Career of the Concept 'Bourgeois Feminism'", *American*

Historical Review 112:1 (2007), 131~158쪽.

12. August Bebel, *Woman in the Past, Present and Future* (Zwan, 1988), 264 쪽.

13. Elizabeth Cady Stanton, "Address", in Ellen Carol DuBois and Richard Cándida Smith, *Elizabeth Cady Stanton, Feminist as Thinker: A Reader in Documents and Essays*, (New York University Press, 2007), 96~97쪽.

14. Eleanor F. Rathbone, *The Disinherited Family: A Plea for the Family* (Edward Arnold, 1924), 215쪽, 269쪽.

15. Susan Pedersen, *Eleanor Rathbone and the Politics of Conscience* (Yale University Press, 2004), 246~256쪽.

16. Antoinette Burton, *Burdens of History: British Feminists, Indian Women, and Imperial Culture, 1865-1915* (University of North Carolina Press, 1994).

17. Charlotte Perkins Gilman, *The Man-Made World, Or, Our Androcentric Culture* (Charlton Company, 1914), 15쪽.

18. 같은 책, 16쪽

19. Charlotte Perkins Gilman, *Women and Economics* (Courier Corporation, 2012), 120쪽.

20. 슈라이너가 1886년 9월 10일 칼 피어슨에게 쓴 편지, University College London special collections, Karl Pearson, 840/4/3/61~64.

21. Louise P. Edwards, *Gender, Politics, and Democracy: Women's Suffrage in China* (Stanford University Press, 2008).

22. 슈라이너가 1912년 [날짜 미상] 존 X. 메리먼에게 쓴 편지, National Library of South Africa, Special Collections, Cape Town: MSC 15/1912:211.

23. Ling Qichao, "On Women's Education" (1897), in Lydia He Liu *et al.*, *The Birth of Chinese Feminism: Essential Texts in Transnational Theory* (Columbia University Press, 2013), 203쪽.

24. 같은 책에 재수록, Jin Tianhe, "The Women's Bell" (1903).

25. 같은 책, 11쪽.

26. Tani E. Barlow, *The Question of Women in Chinese Feminism* (Duke University Press, 2004), 49~59쪽, 274쪽.

27. He-Yin Zhen, "The Feminist Manifesto" (1907), in Liu *et al.*, *Birth of Chinese Feminism*, 184쪽.

28. Barlow, *The Question of Women*, 105~106쪽.

29. He-Yin Zhen, 앞의 글, 182~183쪽.

30. Kate Millett, *Sexual Politics* 일본어판 서문, Laurel Fredrickson, "Trap: Kate Millett, Japan, Fluxus and Feminism", *Women & Performance: A Journal of Feminist Theory* 19:3 (2009), 337~367쪽에서 재인용.

31. Shulamith Firestone and Anne Koedt (eds.), *Notes from the Second Year: Women's Liberation: Major Writings of the Radical Feminists* (New York Radical Feminists, 1970).

32. 같은 책.

33. Mary Daly, 'The Spiritual Dimension of Women's Liberation', in Anne Koedt, Ellen Levine and Anita Rapone (eds.), *Radical Feminism* (Quadrangle Books, 1973).

34. Mary Daly, *Gyn/Ecology: The Metaethics of Radical Feminism* (Beacon Press, 1978), 28쪽.

35. 같은 책, 32쪽.

36. Aileen Moreton-Robinson, *Talkin' Up to the White Woman: Aboriginal Women and Feminism* (University of Queensland Press, 2000), 24쪽.

37. Women in Publishing Industry Group in Britain, "Non-Sexist Code of Practice for Book Publishing", 1982.

38. Hélène Cixous, "The Laugh of the Medusa", *Signs* 1:4 (1976), 876쪽. [한국어판: 엘렌 식수, 《메두사의 웃음/출구》, 박혜영 옮김, 동문선, 2004]

39. Assia Djebar, *Ces Voix qui m'assiégent*, Jane Hiddleston, "Feminism and the Question of 'Woman' in Assia Djebar's *Vaste est la prison*", *Research in African Literatures* 35:4 (2004), 92~93쪽에서 재인용.

40. Robin Thompson, "Mary Daly's Gyn/Ecology", *The Amazon* (August-September 1980), 9~11쪽.

41. Pavla Miller, *Patriarchy* (Routledge, 2017); Seungsook Moon, "Carving Out Space: Civil Society and the Women's Movement in South Korea", *Journal of Asian Studies* 61:2 (May 2002), 473쪽.

42. Barbara Burris, "Fourth World Manifesto", in Anne Koedt (ed.), *Notes from the Third Year: Women's Liberation* (New York Radical Feminists, 1972), 342쪽.

43. Frances M. Beal, "Double Jeopardy: To Be Black and Female", *Meridians* 8:2 (2008), 169쪽.

44. Claudia Jones, "An End to the Neglect of the Problems of Negro Women" (1949), in *Claudia Jones: Beyond Containment: Autobiographical Reflections, Essays and Poems* (Ayebia Clarke, 2011),

80쪽; Denise Lynn, '"Socialist Feminism and Triple Oppression: Claudia Jones and African American Women in American Communism"', *Journal for the Study of Radicalism* 8:2 (2014), 1~20쪽.

45. Beal, 앞의 글, 175쪽.

46. Deborah K. King, "Multiple Jeopardy, Multiple Consciousness: The Context of a Black Feminist Ideology", *Signs* 14:1 (1988), 47쪽.

47. Kimberlé Crenshaw, "Mapping the Margins: Intersectionality, Identity Politics, and Violence against Women of Color", *Stanford Law Review* 43:6 (1991), 1241~1299쪽.

48. "Feminism, a Transformational Politics", in bell hooks, *Talking Back: Thinking Feminist, Thinking Black* (Sheba Feminist Press, 1989), 419~421쪽.

49. Philippe De Wolf, "Male Feminism: Men's Participation in Women's Emancipation Movements and Debates. Case Studies from Belgium and France (1967-1984)", *European Review of History* 22:1 (2015), 77~100쪽.

50. R. W. Connell, "The Politics of Changing Men", *Australian Humanities Review* (December 1996).

3장 | 공간

1. Margaret Mary Finnegan, *Selling Suffrage: Consumer Culture and Votes for Women*, Popular Cultures, Everyday Lives (Columbia University Press, 1999), 49쪽.

2. Maud Bracke, *Women and the Reinvention of the Political: Feminism in Italy, 1968-1983* (Routledge, 2014).

3. Roger Fulford, *Votes for Women: The Story of a Struggle* (Faber and Faber, 1957), 103쪽.

4. Virginia Woolf, *A Room of One's Own* (Penguin, 2004) [한국어판: 버지니아 울프, 《자기만의 방》, 이미애 옮김, 민음사, 2016]; Margaret Llewelyn Davies, *Life as We Have Known It, by Cooperative Working Women* (Virago, 1977).

5. Dina Lowy, *The Japanese 'New Woman': Images of Gender and Modernity* (Rutgers University Press, 2007), 11쪽.

6. "The Good Fairy", *Quest 1* (1974), 61쪽.

7. Mrs (Anna) Jameson, *The Communion of Labour: A Second Lecture on*

the Social Employments of Women (Longman, Brown, Green, Longmans, & Roberts, 1856).

8. H. Martineau, "Female Industry", Edinburgh Review 109 (1859), 336쪽.

9. Mya May Hla Oung, "The Women of Burma", Buddhism: An Illustrated Quarterly Review (September 1903), 62쪽, 81쪽.

10. Ellen Jordan and Anne Bridger, "'An Unexpected Recruit to Feminism': Jessie Boucherett's 'Feminist Life' and the Importance of Being Wealthy", Women's History Review 15:3 (2006), 385~412쪽

11. Ethel Snowden, The Feminist Movement (Collins, 1913), 216~217쪽.

12. Rosemary Feurer, "The Meaning of 'Sisterhood': The British Women's Movement and Protective Labor Legislation, 1870-1900", Victorian Studies 31:2 (1988), 233~260쪽.

13. Dorothy Sue Cobble, "More than Sex Equality: Feminism after Suffrage", in Dorothy Sue Cobble, Linda Gordon and Astrid Henry, Feminism Unfinished: A Short, Surprising History of American Women's Movements (Liveright Publishing Corporation, 2014).

14. Patricia Ann Schechter, Exploring the Decolonial Imaginary: Four Transnational Lives (Palgrave Macmillan, 2012).

15. Maria Odila Leite da Silva Dias, Power and Everyday Life: The Lives of Working Women in Nineteenth-Century Brazil (Polity Press, 1995), 32~33 쪽.

16. Toyin Falola and Adam Paddock, The Women's War of 1929: A History of Anti-Colonial Resistance in Eastern Nigeria (Carolina Academic Press, 2011) 참고.

17. 1929 Commission of Inquiry, Caroline Ifeka-Moller, "Female Militancy and Colonial Revolt", in Shirley Ardener, Perceiving Women (Wiley, 1975), 129 쪽에서 재인용.

18. Cheryl Johnson-Odim, For Women and the Nation: Funmilayo Ransome-Kuti of Nigeria (University of Illinois Press, 1997).

19. Ayesha Imam, "The Dynamics of WINning: An Analysis of Women in Nigeria (WIN)", in M. Jacqui Alexander and Chandra Talpade Mohanty (eds.), Feminist Genealogies, Colonial Legacies, Democratic Futures (Routledge, 1997), 282쪽.

20. 같은 책, 286쪽.

21. Bene E. Madunagu, "The Nigerian Feminist Movement: Lessons from 'Women in Nigeria', WIN", Review of African Political Economy, 35:118

(December 2008), 666~672쪽.

22. A. Finn Enke, *Finding the Movement: Sexuality, Contested Space, and Feminist Activism* (Duke University Press, 2008).

23. Alexandra Ketchum, "'The Place We've Always Wanted to Go But Never Could Find': Finding Woman Space in Feminist Restaurants and Cafés in Ontario, 1974-1982", *Feminist Studies* 44:1 (2018), 126~152쪽.

24. Joshua Clark Davis, *From Head Shops to Whole Foods: The Rise and Fall of Activist Entrepreneurs* (Columbia University Press, 2017).

25. 같은 책, 156~157쪽.

26. Alice Echols, *Daring to Be Bad: Radical Feminism in America, 1967-1975* (University of Minnesota Press, 1989), 280쪽.

27. Ann Phoenix, "Re-Narrating Feminist Stories", in Mary Evans and Kathy Davis (eds.), *Transatlantic Conversations: Feminism as Travelling Theory* (Routledge, 2016).

28. "Feminist Forum", *Women's Studies International Forum* 11:6 (1 January 1988), 14쪽.

29. Kristen Hogan, *The Feminist Bookstore Movement: Lesbian Antiracism and Feminist Accountability* (Duke University Press, 2016).

30. Elizabeth Cady Stanton, Introduction to *The Woman's Bible* (1898; reprinted by Polygon, 1985).

31. Betty Livingston Adams, *Black Women's Christian Activism: Seeking Social Justice in a Northern Suburb* (New York University Press, 2016).

32. 같은 책, 28쪽.

33. 같은 책, 31쪽.

34. 같은 책, 37쪽.

35. 같은 책, 78쪽.

36. 같은 책, 84쪽에서 재인용. 존슨이 1919년 8월 5일 윌슨에게 보낸 편지.

37. 같은 책, 113쪽, 150쪽.

38. Sheila Shaver, "Gender, Class and the Welfare State: The Case of Income Security in Australia", *Feminist Review* 32 (1989), 90~110쪽.

39. Rosa Campbell, "A Global History of Australian Women's Liberation 1968-1990" (forthcoming PhD dissertation, University of Cambridge); Tikka Jan Wilson, "Feminism and Institutionalized Racism: Inclusion and Exclusion at an Australian Feminist Refuge", *Feminist Review* 52 (1996), 1~26쪽.

40. Adele Murdolo, "Safe Homes for Immigrant and Refugee Women: Narrating Alternative Histories of the Women's Refuge Movement in

Australia", *Frontiers: A Journal of Women Studies* 35:3 (2014), 135쪽.
41. 같은 글, 138쪽.

4장 | 사물

1. George Thompson (1834), Gail Malmgreen, "Anne Knight and the Radical Subculture", *Quaker History* 71:2 (1982), 105쪽에서 재인용.
2. 같은 책, 106쪽.
3. Bonnie S. Anderson, *Joyous Greetings: The First International Women's Movement, 1830-1860* (Oxford University Press, 2001), 22쪽.
4. Samuel Allen (1841), Malmgreen, "Anne Knight and the Radical Subculture", 106쪽에서 재인용.
5. Margaret L. Laware, "Circling the Missiles and Staining Them Red: Feminist Rhetorical Invention and Strategies of Resistance at the Women's Peace Camp at Greenham Common," *NWSA Journal* 16:3 (2004), 18~41쪽에서 재인용.
6. "Pint Size", *Spare Rib 96* (July 1980), 11쪽.
7. Silver Moon, "Boltcutters", in Alison Bartlett and Margaret Henderson (eds.), *Things That Liberate: An Australian Feminist Wunderkammer* (Cambridge Scholars, 2013), 61쪽.
8. Alison Bartlett and Margaret Henderson, "What Is a Feminist Object? Feminist Material Culture and the Making of the Activist Object", *Journal of Australian Studies* 40:2 (2016), 170쪽.
9. Pankhurst, cited in Laura E. Nym Mayhall, "The Rhetorics of Slavery and Citizenship: Suffragist Discourse and Canonical Texts in Britain, 1880-1914", *Gender & History* 13:3 (2001), 481쪽.
10. Elizabeth Crawford, *The Women's Suffrage Movement: A Reference Guide, 1866-1928* (Psychology Press, 2001), 550쪽.
11. 같은 책, 137쪽.
12. *Votes for Women* (1908), Krista Lysack, Come Buy, *Come Buy: Shopping and the Culture of Consumption in Victorian Women's Writing* (Ohio University Press, 2008)에서 재인용.
13. Elizabeth Crawford, "Our Readers Are Careful Buyers: Creating Goods for the Suffrage Market", in Miranda Garrett and Zoë Thomas (eds.), *Suffrage and the Arts: Visual Culture, Politics and Enterprise* (Bloomsbury

Visual Arts, 2019).

14. Jessica Ellen Sewell, *Women and the Everyday City: Public Space in San Francisco, 1890-1915*, Architecture, Landscape, and American Culture Series (University of Minnesota Press, 2011), 140~142쪽.

15. Margaret Mary Finnegan, *Selling Suffrage: Consumer Culture and Votes for Women*, Everyday Lives (Columbia University Press, 1999), 122~124쪽.

16. Crawford, *The Women's Suffrage Movement*, 537쪽.

17. 같은 책, 149쪽; Kenneth Florey, *Women's Suffrage Memorabilia: An Illustrated Historical Study* (McFarland & Company, Inc., 2013), 107쪽.

18. Finnegan, *Selling Suffrage*, 126~128쪽.

19. Ornella Moscucci, *The Science of Woman: Gynaecology and Gender in England, 1800-1929*, (Cambridge University Press, 1990). Andrea Dworkin, *Autobiography*, Contemporary Authors Autobiography Series 22 (Gale, 1995), 14쪽.

20. Adrienne Sallay, "Pocket Mirror", in Bartlett and Henderson, *Things That Liberate*, 138쪽.

21. Donna J. Haraway, "The Virtual Speculum in the New World Order", *Feminist Review* 55 (1997), 45쪽.

22. Kathy Davis, *The Making of Our Bodies, Ourselves: How Feminism Travels across Borders* (Duke University Press, 2008).

23. Ester Shapiro, 같은 책에서 재인용, 180~181쪽.

24. Susan Magarey, "Tampon", in Bartlett and Henderson, *Things That Liberate*, 188~190쪽.

25. Theresa Munford, "China: Rough Brown Paper for Periods", *Spare Rib* 100 (November 1980), 15쪽.

26. "How to···", *Lesbian Connection* (March/April 1986), 13~14쪽.

27. Susanne Gannon, "Sea Sponges", Bartlett and Henderson, *Things That Liberate*, 165쪽.

28. Amanda Sebestyen, "Blood Money", *Spare Rib* 65 (December 1977), 8쪽.

29. "A Sponge?", *Bread and Roses* 1:2 (1978), 2쪽.

30. Jean Taylor, "Gestetner", in Bartlett and Henderson, *Things That Liberate*, 95쪽.

31. Jennifer S. Duncan, "French Feminism's Struggle to Become Global", in Francisca de Haan *et al.* (eds.), *Women's Activism: Global Perspectives from the 1890s to the Present* (Routledge, 2013), 183~197쪽.

32. Jennifer Leigh Disney, *Women's Activism and Feminist Agency in*

Mozambique and Nicaragua (Temple University Press, 2009).

33. Ifi Amadiume, *Male Daughters, Female Husbands: Gender and Sex in an African Society* (Zed Books, 2015); Oyèrónkẹ Oyěwùmí, *The Invention of Women: Making an African Sense of Western Gender Discourses* (University of Minnesota Press, 1997).

34. Penny A. Weiss and Megan Brueske (eds.), *Feminist Manifestos: A Global Documentary Reader* (NYU Press, 2018).

35. Susan Magarey, *Dangerous Ideas: Women's Liberation-Women's Studies-Around the world* (University of Adelaide Press, 2014), 33쪽.

36. Bartlett and Henderson, "What Is a Feminist Object?", 169쪽.

37. Urvashi Butalia and Ritu Menon, *Making a Difference: Feminist Publishing in the South*, (Bellagio Publishing Network, 1995), 19~20쪽.

38. *Feminist Bookstore News* (September-October 1986), 27쪽. 비라고프레스에 대해서는 Catherine Riley, *The Virago Story: Assessing the Impact of a Feminist Publishing Phenomenon* (Berghahn Books, 2018) 참고.

39. Simone Murray, "The Cuala Press: Women, Publishing, and the Conflicted Genealogies of 'Feminist Publishing'", *Women's Studies International Forum* 27:5 (2004), 489~506쪽.

40. Butalia and Menon, *Making a Difference*, 23~24쪽.

41. Joan Marie Johnson, *Funding Feminism: Monied Women, Philanthropy, and the Women's Movement, 1870-1967*, (University of North Carolina Press, 2017), 223쪽.

42. Deni Fuller "The Women's Symbol", in Bartlett and Henderson, *Things That Liberate*, 215~216쪽.

5장 | 모습

1. Elsie Clews Parsons, *The Journal of a Feminist*, Subversive Women 5 (Thoemmes Press, 1994), 86쪽.

2. Samuel Edwards, *George Sand: A Biography of the First Modern, Liberated Woman* (McKay, 1972).

3. Chandra Talpade Mohanty, "Under Western Eyes: Feminist Scholarship and Colonial Discourses", *Boundary* 12:3 (1984), 333~358쪽.

4. Mina Roces, "Is the Suffragist an American Colonial Construct? Defining

'the Filipino Woman' in Colonial Philippines", in Louise P. Edwards and Mina Roces (eds.), *Women's Suffrage in Asia: Gender, Nationalism and Democracy* (London: Routledge, 2005), 24~58쪽.

5. Marshall Foletta, "Angelina Grimké: Asceticism, Millenarianism, and Reform", *New England Quarterly* 80:2 (2007), 179~217쪽.

6. Bonnie S. Anderson, *Joyous Greetings: The First International Women's Movement, 1830-1860* (Oxford University Press, 2001), 59쪽.

7. Barbara Hamill Sato, *The New Japanese Woman: Modernity, Media, and Women in Interwar Japan* (Duke University Press, 2003); Dina Lowy, *The Japanese 'New Woman': Images of Gender and Modernity* (Rutgers University Press, 2007).

8. Dorothy Ko, "Jazzing into Modernity: High Heels, Platforms, and Lotus Shoes", in Valerie Steele and John S. Major (eds.), *China Chic: East Meets West* (Yale University Press, 1999). 다음 글도 참고. Joan Judge, "Sinology, Feminist History, and Everydayness in the Early Republican Periodical Press", *Signs* 40:3 (2015), 563~587쪽.

9. *Votes for Women* (30 July 1908), 348쪽, Wendy Parkins, "The Epidemic of Purple, White and Green: Fashion and the Suffragette Movement in Britain 1908-14", in Wendy Parkins (eds.) *Fashioning the Body Politic* (Berg Publishers, 2002), 102쪽에서 재인용.

10. Gul Ozyegin, "My Father, an Agent of State Feminism and Other Unrelatable Conversations" in Kathy Davis and Mary Evans (eds.), *Transatlantic Conversations: Feminism as Travelling Theory* (Ashgate, 2011), 37쪽.

11. 2012년 9월 2일, 레이철 코언이 수행한 마리테레즈 맥기번 인터뷰. *Sisterhood and After: The Women's Liberation Oral History Project, 2010-2013* (British Library Sound & Moving Image © The British Library and The University of Sussex). 이하 *Sisterhood and After*로 지칭.

12. Delia Davin, "Of Dogma, Dicta and Washing Machines: Women in the Peoples Republic of China", in Sonia Kruks, Rayna Rapp and Marilyn B. Young (eds.), *Promissory Notes: Women in the Transition to Socialism* (Monthly Review Press, 1989), 357쪽에서 재인용.

13. Sarah Franklin, "A Feminist Transatlantic Education" in Davis and Evans, *Transatlantic Conversations*.

14. Sue Katz, "Working Class Dykes: Class Conflict in the Lesbian/ Feminist Movements in the 1970s", *The Sixties* 10:2 (2017), 281~289쪽.

15. Alison Bartlett, "Bras", in Alison Bartlett and Margaret Henderson (eds.), *Things That Liberate: An Australian Feminist Wunderkammer* (Cambridge Scholars, 2013), 75쪽.

16. Margaret L. Laware, "Circling the Missiles and Staining Them Red: Feminist Rhetorical Invention and Strategies of Resistance at the Women's Peace Camp at Greenham Common", *NWSA Journal* 16:3 (2004), 30~31쪽.

17. 2011년 9월, 프레야 존슨 로스가 진행한 밸러리 와이즈 인터뷰, *Sisterhood and After*.

18. Sara Dowse, "Blouse", in Bartlett and Henderson, *Things That Liberate*.

19. Alice Echols, *Daring to Be Bad: Radical Feminism in America, 1967-1975* (University of Minnesota Press, 1989), 92~95쪽. [한국어판: 앨리스 에콜스, 《나쁜 여자 전성시대》, 유강은 옮김, 이매진, 2017]

20. 런던 앨버트홀 시위에 대한 활동가의 서술은 다음 글 참고. https://www.bl.uk/ collection-items/jo-robinson-miss-world-contest.

21. 2011년 7월 레이철 코언이 수행한 샌디 와일스 인터뷰, *Sisterhood and After*.

22. Constance Lytton, *Prisons and Prisoners: Some Personal Experiences* (Cambridge University Press, 2011), 239쪽.

23. Lekkie Hopkins, "Overalls", in Bartlett and Henderson, *Things That Liberate*.

24. Nett Hart, "But Can She Type? Meet Me Up Front", *Feminist Bookstore News*, 15:5 (1993), 65쪽.

25. Katz, "Working Class Dyke", 284~285쪽. 워싱턴의 레즈비언 집단 내의 유사한 역동에 관해서는 Echols, *Daring to be Bad*, 225쪽 참고.

26. Sojourner Truth, Margaret Mary Finnegan, *Selling Suffrage: Consumer Culture and Votes for Women* (Columbia University Press, 1999), 22쪽에서 재인용.

27. Hart, "But Can She Type?"

28. Elizabeth Cady Stanton, "Address", in DuBois and Smith, *Elizabeth Cady Stanton, Feminist as Thinker*, 96~97쪽.

29. Virginia Woolf, *A Room of One's Own; Three Guineas* (Vintage, 1996), 127~128쪽. [한국어판: 버지니아 울프, 《자기만의 방》, 이미애 옮김, 민음사, 2016]

30. 같은 책.

31. 2012년 9월 29일 루시 딜랩이 수행한 Pete Six [Goodridge] 인터뷰. *Unbecoming Men Collection* (British Library Sound & Moving Image, British Library). 이하 *Unbecoming Men Collection*.

32. Aidan White, "Laying Down Machismo and Taking Up Knitting," *Guardian* (16 July 1985), 8쪽.

33. John Colvin, "Dressing for Myself", *Man* 23 (Spring 1986), 12쪽.

34. 2013년 4월 7일 루시 딜랩이 수행한 존 콜빈 인터뷰, *Unbecoming Men Collection*.

35. Flora Tristan, *Flora Tristan, Utopian Feminist: Her Travel Diaries and Personal Crusade* (Indiana University Press, 1993), 29쪽, 31~32쪽.

36. Leila Ahmed, *Women and Gender in Islam: Historical Roots of a Modern Debate* (Yale University Press, 1992), 150쪽.

37. *Daily Alta California* (14 June 1851).

38. Margot Badran, *Feminists, Islam, and Nation: Gender and the Making of Modern Egypt* (Princeton University Press, 1995); Marie Sandell, *The Rise of Women's Transnational Activism: Identity and Sisterhood between the World Wars* (I. B. Tauris, 2015), 76쪽.

39. Ahmed, *Women and Gender in Islam*, 197~202쪽; Saba Mahmood, *Politics of Piety: The Islamic Revival and the Feminist Subject* (Princeton University Press, 2005).

40. Laura Bier, *Revolutionary Womanhood: Feminisms, Modernity, and the State in Nasser's Egypt* (Stanford University Press, 2011).

41. Rachel Rinaldo, *Mobilizing Piety: Islam and Feminism in Indonesia* (Oxford University Press, 2013).

42. Carla Jones, "Fashion and Faith in Urban Indonesia", *Fashion Theory* 11:2/3 (2007), 211~232쪽.

43. Ayesha Khan, *The Women's Movement in Pakistan: Activism, Islam and Democracy* (I. B. Tauris, 2018), 94~95쪽.

44. Anne E. Brodsky, *With All Our Strength: The Revolutionary Association of the Women of Afghanistan* (Routledge, 2003).

45. Amina Wadud, *Qur'an and Woman: Rereading the Sacred Text from a Woman's Perspective* (Oxford University Press, 1999).

46. Ziba Mir-Hosseini, *Islam and Gender: The Religious Debate in Contemporary Iran* (I. B. Tauris, 2000); Haleh Afshar, *Islam and Feminisms: An Iranian Case-Study* (Macmillan Press, 1998).

47. bell hooks, *Black Looks: Race and Representation* (South End Press, 1992), 7쪽.

48. *New York Times* (14 October 1917), 35쪽.

49. Anthony, Amy Kesselman, "The 'Freedom Suit': Feminism and Dress

Reform in the United States, 1848-1875", *Gender and Society* 5:4 (1991), 500쪽에서 재인용.

6장 | 감정

1. Chude Pamela Allen, "Free Space", in Anne Koedt (ed.), *Notes from the Third Year: Women's Liberation* (New York Radical Feminists, 1972).

2. Claudie Broyelle, *Women's Liberation in China* (Harvester Press, 1977); Quinn Slobodian, "Guerrilla Mothers and Distant Doubles: West German Feminists Look at China and Vietnam, 1968-1982", *Studies in Contemporary History/Zeithistorische Forschungen* 12 (2015).

3. Alice Echols, *Daring to Be Bad: Radical Feminism in America, 1967-1975* (University of Minnesota Press, 1989), 147쪽. [한국어판: 앨리스 에콜스, 《나쁜 여자 전성시대》, 유강은 옮김, 이매진, 2017]

4. Sudsofloppen, "The Sudsofloppen Paper", appendix to Chude Pamela Allen, *Free Space: A Perspective on the Small Group in Women's Liberation* (Times Change Press, 1969), 45쪽. (강조는 필자)

5. Mitsu, quoted in Setsu Shigematsu, *Scream from the Shadows: The Women's Liberation Movement in Japan* (University of Minnesota Press, 2012), 25쪽, 110쪽에서 재인용.

6. 같은 책.

7. Betty Friedan, "A Dialogue with Simone De Beauvoir", in *'It Changed My Life': Writings on the Women's Movement* (Harvard University Press, 1998), 160쪽.

8. Koedt, *Notes from the Third Year*에 재수록.

9. Rita Mae Brown, "Women Who Love Men Hate Them", *The Furies* (Fall 1972), 14~15쪽.

10. "CLIT statement 2", *off our backs* (1 July 1974), 13쪽.

11. Adrienne Rich, "Compulsory Heterosexuality and Lesbian Existence", *Signs* 5:4 (1980), 631~660쪽. [한국어판: 에이드리언 리치, 《우리 죽은 자들이 깨어날 때》, 이주혜 옮김, 바다출판사, 2020]; Jeska Rees, "'Taking Your Politics Seriously': Lesbian History and the Women's Liberation Movement in England", in Sonja Tiernan and Mary McAuliffe (eds.), *Sapphists and Sexologists* (Cambridge Scholars Publishing, 2009).

12. "editorials, challenges, clit", *off our backs* (1 July 1974), 1쪽.

13. Rees, *Sapphists and Sexologists*, 89쪽.

14. Naisargi N. Dave, "To Render Real the Imagined: An Ethnographic History of Lesbian Community in India", *Signs* 35:3 (2010), 595~619쪽.

15. Audre Lorde, "The Uses of Anger", in *Sister Outsider: Essays and Speeches* (Crossing, 2007), 124~133쪽. [한국어판: 오드리 로드, 《시스터 아웃사이더》, 주해연·박미선 옮김, 후마니타스, 2018]

16. Christina Kotchemidova, "From Good Cheer to 'Drive-By Smiling': A Social History of Cheerfulness", *Journal of Social History* 39:1 (2005), 5~37쪽.

17. Shulamith Firestone, *The Dialectic of Sex: The Case for Feminist Revolution* (The Women's Press, 1979). [한국어판: 슐라미스 파이어스톤, 《성의 변증법》, 김민예숙·유숙열 옮김, 꾸리에, 2016]

18. Barbara Ehrenreich, *Smile or Die: How Positive Thinking Fooled America and the World* (London: Granta, 2009); Sara Ahmed, *The Promise of Happiness* (Duke University Press, 2010), 53쪽. [한국어판: 사라 아메드, 《행복의 약속》, 성정혜·이경란 옮김, 후마니타스, 2021]

19. Concepción Arenal, "Spain", in Theodore Stanton (ed.), *The Woman Question in Europe: A Series of Original Essays* (S. Low, Marston, Searle, and Rivington, 1884).

20. Anna Julia Cooper, *The Voice of Anna Julia Cooper: Including A Voice from the South and Other Important Essays, Papers, and Letters* (Rowman & Littlefield, 1998), 72쪽. 다음 책 참고, Vivian M. May, "Anna Julia Cooper's Black Feminist Love-Politics", *Hypatia* 32:1 (2017), 35~53쪽.

21. Jennifer C. Nash, "Practicing Love: Black Feminism, Love-Politics, and Post-Intersectionality", *Meridians* 11:2 (2011), 1~24쪽.

22. June Jordan, *Some of Us Did Not Die: New and Selected Essays* (Basic Books, 2003).

23. Margaret H. McFadden, *Golden Cables of Sympathy: The Transatlantic Sources of Nineteenth-Century Feminism* (University Press of Kentucky, 1999), 177쪽.

24. Lorde, "The Uses of the Erotic: The Erotic as Power, in *Sister Outsider*, 54~57쪽. [한국어판: 오드리 로드, 《시스터 아웃사이더》, 주해연·박미선 옮김, 후마니타스, 2018]

25. 같은 책, 53쪽; Audre Lorde, *Zami: A New Spelling of My Name* (Penguin Classics, 2018). [한국어판: 오드리 로드, 《자미》, 송섬별 옮김, 디플롯, 2023]

26. Andrea Dworkin, "What is Lesbian Pride?" *Second Wave* (Fall 1975), 9쪽.

27. Ellen Key, *Love and Marriage*, trans. Arthur G. Chater (G. P. Putnam, 1911), 382쪽.

28. Havelock Ellis, 같은 책 서문, xiii, and Ellen Key, *The Woman Movement* (G. P. Putnam, 1912), xii쪽.

29. 같은 책, 44쪽, 57쪽, 223쪽, 215쪽.

30. Ann Allen, '"Maternalism in German Feminist Movements", *Journal of Women's History* 5:2 (1993), 99쪽.

31. Eileen Boris, "The Power of Motherhood: Black and White Activist Women Redefine the 'Political'", *Yale Journal of Law and Feminism* 2:1 (1989), 25~49쪽.

32. Miriam Tola, "Between Pachamama and Mother Earth: Gender, Political Ontology and the Rights of Nature in Contemporary Bolivia", *Feminist Review* 118 (2018), 25~40쪽.

33. Katherine M. Marino, "Marta Vergara, Popular-Front Pan-American Feminism and the Transnational Struggle for Working Women's Rights inthe 1930s", *Gender & History* 26:3 (2014), 642~660쪽.

34. Donna J. Guy, "The Politics of Pan-American Cooperation: Maternalist Feminism and the Child Rights Movement, 1913-1960", *Gender & History* 10:3 (1998), 449~469쪽.

35. Bertha Lutz in *Revista Da Semana* (23 December 1918), June Edith Hahner, *Emancipating the Female Sex: The Struggle for Women's Rights in Brazil, 1850-1940* (Duke University Press, 1990), 222쪽에서 재인용.

36. Francesca Miller, *Latin American Women and the Search for Social Justice* (University Press of New England, 1991).

37. Jadwiga E. Pieper Mooney, "Militant Motherhood Re-Visited: Women's Participation and Political Power in Argentina and Chile", *History Compass* 5:3 (2007), 975~994쪽.

38. Maria Estrela in *A Mulher*, Hahner, *Emancipating the Female Sex*, 59쪽에서 재인용.

39. Francisca de Haan, "Continuing Cold War Paradigms in Western Historiography of Transnational Women's Organisations: The Case of the Women's International Democratic Federation (WIDF)", *Women's History Review* 19:4 (2010), 547~573쪽.

40. Miller, *Latin American Women and the Search for Social Justice*, 197쪽.

41. Jocelyn Olcott, *International Women's Year: The Greatest Consciousness-Raising Event in History* (Oxford University Press, 2017).

42. Domitila Barrios de Chungara, *Let Me Speak! Testimony of Domitila, a Woman of the Bolivian Mines* (Monthly Review Press, 1978), 199쪽.

43. Jocelyn Olcott, "Cold War Conflicts and Cheap Cabaret: Sexual Politics at the 1975 United Nations International Women's Year Conference", *Gender & History* 22:3 (2010), 733~754쪽.

44. Barrios de Chungara, *Let Me Speak! Testimony of Domitila, a Woman of the Bolivian Mines*, 202쪽, 205쪽.

45. Katharine McGregor, "Opposing Colonialism: The Women's International Democratic Federation and Decolonisation Struggles in Vietnam and Algeria 1945-1965", *Women's History Review* 25:6 (2016), 925~944쪽; Francisca de Haan, "Eugénie Cotton, Pak Chong-Ae, and Claudia Jones: Rethinking Transnational Feminism and International Politics", *Journal of Women's History* 25:4 (2013), 174~189쪽.

46. Miller, *Latin American Women*, 198~203쪽.

47. Celia Donert, "Women's Rights in Cold War Europe: Disentangling Feminist Histories", *Past & Present* 218:8 (2013), 180~202쪽; Susanne Zwingel, T*ranslating International Women's Rights: The CEDAW Convention in Context* (Palgrave Macmillan, 2016).

48. Edna Acosta-Belén and Christine E. Bose, "U.S. Latina and Latin American Feminisms: Hemispheric Encounters", *Signs* 25:4 (2000), 1113~1119쪽.

49. Emilie Smith-Ayala, *The Granddaughters of Ixmucané: Guatemalan Women Speak* (Women's Press, 1991), 123~124쪽.

50. Lorde, "The Uses of the Erotic", 58쪽.

51. Olcott, 앞의 글.

52. Claudie Broyelle, *China: A Second Look*, trans. Sarah Matthews (Harvester Press, 1980), 7쪽. Marilyn B. Young, "Chicken Little in China: Women after the Cultural Revolution", in Sonia Kruks, Rayna Rapp and Marilyn B. Young (eds.), *Promissory Notes: Women in the Transition to Socialism* (Monthly Review Press, 1989) 참고.

53. Slobodian, "Guerrilla Mothers and Distant Doubles: West German Feminists Look at China and Vietnam, 1968-1982", *Studies in Contemporary History/Zeithistorische Forschungen* 12 (2015), 24쪽.

54. Barbara Mehrhof and Pamela Kearon, "Rape: An Act of Terror", in Anne Koedt, Ellen Levine and Anita Rapone (eds.), *Radical Feminism* (Quadrangle Books, 1973).

55. Mehrhof, Echols, *Daring to Be Bad*, 148쪽에서 재인용.

7장 | 행동

1. Qasim Amin in Sharon M. Harris and Linda K. Hughes (eds.), *A Feminist Reader: Feminist Thought from Sappho to Satrapi*, vol. II (Cambridge University Press, 2013), 507쪽, 510쪽.

2. 같은 책, 511쪽.

3. Gul Ozyegin, "My Father, an Agent of State Feminism and Other Unrelatable Conversations", in Mary Evans and Kathy Davis (eds.), *Transatlantic Conversations: Feminism as Travelling Theory* (Routledge, 2016), 37쪽.

4. Andrea Dworkin, *Last Days at Hot Slit: The Radical Feminism of Andrea Dworkin* (MIT Press, 2019), 208쪽.

5. A. Palmer, "Report on Why No Signature Was Obtained", The Postal Museum, POST 30/1655a. Emmeline Pankhurst, "When Civil War Is Waged by Women", cited in Miriam Schneir (ed.), *Feminism: The Essential Historical Writings* (Random House, 1972), 301쪽.

6. Susan Mann, *Precious Records: Women in China's Long Eighteenth Century* (Stanford University Press, 1997).

7. Louise P. Edwards, "Chinese Women's Campaigns for Suffrage", in Edwards and Mina Roces (eds.), *Women's Suffrage in Asia: Gender, Nationalism and Democracy* (Routledge, 2005), 60~62쪽.

8. *Shenzhou Daily* (27 August 1912), Yuxin Ma, *Women Journalists and Feminism in China, 1898-1937* (Cambria Press, 2010)에서 재인용.

9. Lutz, cited in June Edith Hahner, *Emancipating the Female Sex: The Struggle for Women's Rights in Brazil, 1850-1940* (Duke University Press, 1990), 224쪽.

10. 이러한 연관성을 설명해준 로사 캠벨(Rosa Campbell)에게 감사를 전한다.

11. 익명, Afterword to *Kinhua* (1969), Quinn Slobodian, "Guerrilla Mothers and Distant Doubles: West German Feminists Look at China and Vietnam, 1968-1982", *Studies in Contemporary History/Zeithistorische Forschungen* 12 (2015), 14쪽에서 재인용.

12. Frauen gegen imperialistischen Krieg, cited in Patricia Melzer, "'Women of Peace' We Are Not: Feminist Militants in the West German Autonomen and the Women's Movement", *German Studies Review* 40:2 (2017), 313~332쪽.

13. Red Zora, quoted in Katharina Karcher, "How (Not) to 'Hollaback':
    Towards a Transnational Debate on the 'Red Zora' and Militant Tactics in
    the Feminist Struggle against Gender-Based Violence", *Feminist Media
    Studies* 16:1 (2015), 1~16쪽.

14. Barbara Molony, *Gender in Modern East Asia: An Integrated History*
    (Westview Press, 2016), 434~435쪽.

15. Dorothy Sue Cobble, *The Other Women's Movement: Workplace Justice
    and Social Rights in Modern America* (Princeton University Press, 2004).

16. Karen Offen, *European Feminisms, 1700-1950: A Political History*
    (Stanford University Press, 1999), 241쪽.

17. Elinor Accampo, *Private Life, Public Image: Motherhood and Militancy
    in the Self-Construction of Nelly Roussel, 1900-1922* (University of
    California Press, 2000), 240~241쪽.

18. Miss Ruby Tuesday, *East Village Other* (18 August 1970), 7쪽.

19. Anne M. Valk, *Radical Sisters: Second-Wave Feminism and Black
    Liberation in Washington, D.C.* (University of Illinois Press, 2008).

20. *Chicago Women's Liberation Union News* (1 September 1970), 2쪽.

21. Seung-kyung Kim and Na-Young Lee, "Shared History and
    the Responsibility for Justice: The Korean Council for the Women
    Drafted for Military Sexual Slavery by Japan", in Barbara Molony and
    Jennifer Nelson (eds.), *Women's Activism and 'Second Wave' Feminism*
    (Bloomsbury Academic, 2017).

22. Okpyo Moon, "Japanese Tourists in Korea", in Sylvie Guichard-
    Anguis and Okpyo Moon (eds.), *Japanese Tourism and Travel Culture*
    (Routledge, 2011).

23. Jeska Rees, "A Look Back at Anger: The Women's Liberation Movement
    in 1978", *Women's History Review* 19:3 (2010), 337~356쪽.

24. Maria Mayerchyk and Olga Plakhotnik, "The Radical FEMEN and the New
    Women's Activism", *Krytyka Magazine* 11:12 (2015), 157~158쪽.

25. Gayatri Chakravorty Spivak, "Can the Subaltern Speak?", in Donna Landry
    and Gerald M. MacLean (eds.), *The Spivak Reader* (Routledge, 1996).
    [한국어판: 가야트리 스피박 외, 《서발턴은 말할 수 있는가?》, 로절린드 C. 모리스
    엮음, 태혜숙 옮김, 그린비, 2013]

26. Teresa Zackodnik, *Press, Platform, Pulpit: Black Feminist Publics in the
    Era of Reform* (University of Tennessee Press, 2011).

8장 | 노래

1. 새로운 곡을 추천하고 싶은 독자가 있다면 필자의 트위터 @suff66로 알려달라.
2. Ellen Key, *Love and Marriage*, trans. Arthur G. Chater (G. P. Putnam, 1911), 246쪽.
3. Negar Mottahedeh, *Whisper Tapes: Kate Millett in Iran* (Stanford Briefs, 2019).
4. Elinor Accampo, *Private Life, Public Image: Motherhood and Militancy in the Self-Construction of Nelly Roussel, 1900-1922* (University of California Press, 2000), 218쪽.
5. Anna J. Cooper, *A Voice from the South* (Oxford University Press, 1988).
6. Ethel Smyth, *The Memoirs of Ethel Smyth* (Viking, 1987), 297쪽.
7. Julie C. Dunbar, *Women, Music, Culture: An Introduction* (Routledge, 2011), 134쪽.
8. Smyth, 앞의 책, 342쪽.
9. Amanda Smith, *An Autobiography: The Story of the Lord's Dealings with Mrs. Amanda Smith, the Colored Evangelist* (Garland, 1987), 260쪽, 265쪽.
10. 같은 책, 324쪽, 414~415쪽. Patricia Ann Schechter, *Exploring the Decolonial Imaginary: Four Transnational Lives* (Palgrave Macmillan, 2012), 11쪽도 참고.
11. Jacqueline Warwick, "'He Hit Me, and I Was Glad': Violence, Masochism, and Anger in Girl Group Music", in Laurie Stras (eds.), *She's So Fine: Reflections on Whiteness, Femininity, Adolescence and Class in 1960s Music* (Routledge, 2010).
12. Jill Nickel and Sheri Maeda, "Put Another Nickel In", *Quest* (Fall 1976).
13. Eileen M. Hayes, *Songs in Black and Lavender: Race, Sexual Politics, and Women's Music* (University of Illinois Press, 2010), 70쪽.
14. Donna Pieters, *BWM16 - Heart of the Race Oral History Project*, Black Cultural Archives, Brixton. 녹취록을 옮겨준 디엠 위더스에게 감사드린다.
15. *Womansound* 2 (1984), Women's liberation music archives, https:// womensliberationmusicarchive.co.uk/s/에서 인용. 여성해방의 음악에 대해서는 D-M Withers, *Feminism, Digital Culture and the Politics of Transmission: Theory, Practice and Cultural Heritage* (Rowman & Littlefield International, 2015), 95~112쪽 참고.
16. Jane Armstrong, "Radio", in Alison Bartlett and Margaret Henderson

(eds.), *Things That Liberate: An Australian Feminist Wunderkammer* (Cambridge Scholars, 2013), 153쪽.

17. Robin Morgan, *Going Too Far: The Personal Chronicle of a Feminist* (Vintage Books, 1978).

18. Janice G. Raymond, *The Transsexual Empire* (Women's Press, 1980), 104 쪽; Will Self and Stephen Whittle, *Perfidious Man* (London: Viking, 2000); D-M Withers, "Laboratories of Gender: Women's Liberation and the Transfeminist Present", *Radical Philosophy* 2:4 (2019).

19. Sandy Stone, "The *Empire* Strikes Back: a Posttranssexual Manifesto", in Julia Epstein and Kristina Straub (eds.), *Bodyguards: The Cultural Politics of Gender Ambiguity* (Routledge, 1991).

20. Chris Mulvey, in Barbara Harford and Sarah Hopkins (eds.), *Greenham Common: Women at the Wire* (Women's Press, 1984), 92쪽.

21. Anna Reading, "Singing for My Life", in Anna Reading and Tamar Katriel (eds.), *Cultural Memories of Nonviolent Struggles: Powerful Times* (Palgrave Macmillan, 2015).

22. Katrina, Harford and Hopkins, *Greenham Common*, 167쪽.

23. Jayne, 같은 책, 15쪽.

24. Margaret L. Laware, "Circling the Missiles and Staining Them Red: Feminist Rhetorical Invention and Strategies of Resistance at the Women's Peace Camp at Greenham Common," *NWSA Journal* 16:3 (2004), 33쪽. Margaretta Jolly, *Sisterhood and After: An Oral History of the UK Women's Liberation Movement, 1968-Present* (Oxford University Press, 2019)도 참고.

25. Sarah Green, Harford and Hopkins, *Greenham Common*, 54쪽.

26. 22세 헬렌 토머스는 1989년 그리넘 시위 도중 경찰의 말 운송용 화차에 치어 사망했다. 웨일스어로 된 〈Can î Helen〉은 토머스의 활동을 기리는 노래다.

27. Natalya Lusty, "Riot Grrrl Manifestos and Radical Vernacular Feminism", *Australian Feminist Studies* 32:93 (3 July 2017), 219~239쪽.

28. Warwick, "'He Hit Me, and I Was Glad'", 102쪽. 코트니 러브가 부른 〈He Hit Me〉는 온라인 검색으로 쉽게 찾을 수 있다.

29. Kevin C. Dunn, "Pussy Rioting", *International Feminist Journal of Politics* 16:2 (2014), 317~334쪽.

30. Katharine McGregor, "Indonesian Women, the Women's International Democratic Federation and the Struggle for 'Women's Rights', 1946-1965", *Indonesia and the Malay World* 40:117 (2012),

193~208쪽.

31. Danilyn Rutherford, "Unpacking a National Heroine: Two Kartinis and Their People", *Indonesia*, no. 55 (1993), 23~40쪽.

32. Louise Edwards, "International Women's Day in China: Feminism Meets Militarised Nationalism and Competing Political Party Programs", *Asian Studies Review* 40:1 (2016), 1~17쪽.

33. Rita Mae Brown, "The Good Fairy", *Quest* 1 (1974), 60쪽.

34. Nancy A. Hewitt (ed.), *No Permanent Waves: Recasting Histories of U.S. Feminism* (Rutgers University Press, 2010).

35. Johanna Siméant and Christophe Traïni, *Bodies in Protest: Hunger Strikes and Angry Music* (Amsterdam University Press, 2016), 107~108쪽.

나가며: 지구 페미니즘들

1. Hiratsuka Raicho, cited in Dina Lowy, *The Japanese 'New Woman': Images of Gender and Modernity* (Rutgers University Press, 2007), 10쪽.

2. Barbara Molony, "Women's Rights, Feminism, and Suffragism in Japan, 1870-1925", *Pacific Historical Review* 69:4 (2000), 639~661쪽.

3. *Ce Qui Est* ('That Which Is'), cited in Bonnie S. Anderson, "The Lid Comes Off: International Radical Feminism and the Revolutions of 1848", *NWSA Journal* 10:2 (1998), 1~12쪽.

4. Kathy Davis, *The Making of Our Bodies, Ourselves: How Feminism Travels across Borders* (Duke University Press, 2008), 201쪽.

5. Aletta Jacobs, *Politics and Friendship: Letters from the International Woman Suffrage Alliance, 1902-1942*, ed. Mineke Bosch and Annemarie Kloosterman (Ohio State University Press, 1990); Francisca de Haan, "'Tapestries of Contacts': Transnationalizing Women's History", *Journal of Women's History* 26:2 (2014), 200~208쪽; Francisca de Haan, "Continuing Cold War Paradigms in Western Historiography of Transnational Women's Organisations: The Case of the Women's International Democratic Federation (WIDF)", *Women's History Review* 19:4 (2010); Elisabeth Armstrong, "Before Bandung: The Anti-Imperialist Women's Movement in Asia and the Women's International Democratic Federation", *Signs* 41:2 (2016), 305~331쪽; Maria DiCenzo *et al.*, "Mediating the National and the International: Women, Journalism and Hungary in

the Aftermath of the First World War", in Ingrid Sharp and Matthew Stibbe (eds.), *Women Activists Between Peace and War: Europe 1918-1923* (Bloomsbury, 2017); Marie Sandell, *The Rise of Women's Transnational Activism: Identity and Sisterhood between the World Wars* (I. B. Tauris, 2015); Leila J. Rupp, *Worlds of Women: The Making of an International Women's Movement* (Princeton University Press, 1997); Katherine M. Marino, "Transnational Pan-American Feminism: The Friendship of Bertha Lutz and Mary Wilhelmine Williams, 1926-1944", *Journal of Women's History* 26:2 (2014), 63~87쪽.

6. Sandell, *The Rise of Women's Transnational Activism*, 97쪽.

7. Raewyn Connell, "Transsexual Women and Feminist Thought: Toward New Understanding and New Politics", *Signs* 37:4 (2012).

8. Shulamith Firestone, *The Dialectic of Sex: The Case for Feminist Revolution* (The Women's Press, 1979) 97쪽. [한국어판: 슐라미스 파이어스톤, 《성의 변증법》, 김민예숙·유숙열 옮김, 꾸리에, 2016]; Karin Schrader-Klebert, *Die Kulturelle Revolution der Frau* (1969), Quinn Slobodian, "Guerrilla Mothers and Distant Doubles: West German Feminists Look at China and Vietnam, 1968-1982", *Studies in Contemporary History/Zeithistorische Forschungen* 12 (2015)에서 재인용.

9. Papusa Molina, "Recognizing, Accepting and Celebrating Our Differences", in Gloria Anzaldúa (ed.), *Making Face, Making Soul: Creative and Critical Perspectives by Feminists of Color* (Aunt Lute Foundation Books, 1990).

10. Benita Roth, *Separate Roads to Feminism: Black, Chicana, and White Feminist Movements in America's Second Wave* (Cambridge University Press, 2004).

11. Judith A. Allen, *The Feminism of Charlotte Perkins Gilman: Sexualities, Histories, Progressivism* (University of Chicago Press, 2009), 331~349쪽.

12. Betty Friedan, *"It Changed My Life": Writings on the Women's Movement* (Harvard University Press, 1998), 229쪽.

더 읽어보면 좋을 책

들어가며

Francisca de Haan *et al.* (eds.), *Women's Activism: Global Perspectives from the 1890s to the Present*(Routledge, 2013).

Ellen Carol Dubois *et al.*, 'Circling the Globe: International Feminism Reconsidered, 1910 to 1975', *Women's Studies International Forum*, 2009.

Kathryn Gleadle and Zoë Thomas, 'Global Feminisms, c. 1870-1930: Vocabularies and Concepts–A Comparative Approach', *Women's History Review* 27:7 (2018), 1209-24.

Nancy A. Hewitt (ed.), *No Permanent Waves: Recasting Histories of U.S. Feminism* (Rutgers University Press, 2010).

Karen Offen (ed.), *Globalizing Feminisms, 1789-1945* (Routledge, 2010).

Sylvia Paletschek and Bianka Pietrow-Ennker, *Women's Emancipation Movements in the Nineteenth Century: A European Perspective* (Stanford University Press, 2004).

Florence Rochefort, *Histoire Mondiale des Féminismes* (Que Sais-Je?, 2018). [한국어판: 플로랑스 로슈포르, 《페미니즘들의 세계사》, 목수정 옮김, 책과함께, 2020]

Bonnie G. Smith, *Women's History in Global Perspective* (University of Illinois Press, 2004).

Becky Thompson, 'Multiracial Feminism: Recasting the Chronology of

Second Wave Feminism', *Feminist Studies* 28:2(2002), 337-60.

1장 | 꿈

Padma Anagol, *The Emergence of Feminism in India, 1850-1920* (Ashgate, 2005).

Winifred Breins, *The Trouble Between Us: An Uneasy History of White and Black Women in the Feminist Movement* (Oxford University Press, 2006).

Antoinette Burton, *Burdens of History: British Feminists, Indian Women, and Imperial Culture, 1865-1915* (University of North Carolina Press, 1994).

Laura Engelstein, *The Keys to Happiness: Sex and the Search for Modernity in Fin-de-Siècle Russia* (Cornell University Press, 1992).

Bharati Ray, *Early Feminists of Colonial India: Sarala Devi Chaudhurani and Rokeya Sakhawat Hossain* (Oxford University Press, 2012).

Kimberly Springer, *Living for the Revolution: Black Feminist Organizations, 1968-1980* (Duke University Press, 2005).

Natalie Thomlinson, *Race, Ethnicity and the Women's Movement in England, 1968-1993* (Palgrave Macmillan, 2016)

2장 | 생각

Tani E. Barlow, *The Question of Women in Chinese Feminism* (Duke University Press, 2004).

Silvia Bermúdez and Roberta Johnson (eds.), *A New History of Iberian Feminisms* (University of Toronto Press, 2018).

Arianne Chernock, *Men and the Making of Modern British Feminism* (Stanford University Press, 2010).

Ellen Fleischmann, *The Nation and Its 'New' Women: The Palestinian Women's Movement, 1920-1948* (University of California Press, 2003).

James Keating, 'Piecing Together Suffrage Internationalism: Place, Space, and Connected Histories of Australasian Women's Activism', *History Compass* 16:8 (2018), 1-15.

Karen Offen, *Debating the Woman Question in the French Third Republic, 1870-1920* (Cambridge University Press, 2018).

Leila J. Rupp, *Worlds of Women: The Making of an International Women's Movement* (Princeton University Press, 1997).

3장 | 공간

Bonnie S. Anderson, *Joyous Greetings: The First International Women's Movement, 1830-1860* (Oxford University Press, 2001).

Maud Bracke, *Women and the Reinvention of the Political: Feminism in Italy, 1968-1983* (Routledge, 2014).

Cheryl Johnson-Odim and Margaret Strobel (eds.), *Expanding the Boundaries of Women's History: Essays on Women in the Third World* (Indiana University Press, 1992).

Shana Penn and Jill Massino (eds.), *Gender Politics and Everyday Life in State Socialist Eastern and Central Europe* (Palgrave Macmillan, 2009).

Barbara Hamill Sato, *The New Japanese Woman: Modernity, Media, and Women in Interwar Japan* (Duke University Press, 2003).

Mona L. Siegel, *Peace on Our Terms: The Global Battle for Women's Rights After the First World War* (Columbia University Press, 2020).

Sharon L. Sievers, *Flowers in Salt: The Beginnings of Feminist Consciousness in Modern Japan* (Stanford University Press, 1983).

Megan Threlkeld, *Pan American Women: U.S. Internationalists and Revolutionary Mexico* (University of Pennsylvania Press, 2014).

4장 | 사물

Lila Abu-Lughod, *Remaking Women: Feminism and Modernity in the Middle East* (Princeton University Press, 1998).

Alison Bartlett and Margaret Henderson (eds.), *Things That Liberate: An Australian Feminist Wunderkammer* (Cambridge Scholars, 2013).

Mary Cullen and Maria Luddy (eds.), *Female Activists: Irish Women and Change, 1900-1960* (Woodfield Press, 2001).

Miranda Garrett and Zoë Thomas (eds.), *Suffrage and the Arts: Visual Culture, Politics and Enterprise* (Bloomsbury Visual Arts, 2019).

Barbara Green, *Feminist Periodicals and Daily Life: Women and Modernity in*

British Culture (Palgrave Macmillan, 2017).

Marilyn Lake, Getting Equal: The History of Australian Feminism (Allen & Unwin, 1999).

Lisa Tickner, The Spectacle of Women: Imagery of the Suffrage Campaign, 1907-14 (University of Chicago Press, 1988).

5장 | 모습

Lila Abu-Lughod, Do Muslim Women Need Saving? (Harvard University Press, 2013).

Margot Badran, Feminists, Islam and Nation: Gender and the Making of Modern Egypt (Princeton University Press, 1995).

Laura Bier, Revolutionary Womanhood: Feminisms, Modernity, and the State in Nasser's Egypt (Stanford University Press, 2011).

Ian Fletcher et al. (eds.), Women's Suffrage in the British Empire: Citizenship, Nation, and Race (Routledge, 2012).

Tanisha C. Ford, Liberated Threads: Black Women, Style, and the Global Politics of Soul (University of North Carolina Press, 2015).

Patricia Grimshaw, Women's Suffrage in New Zealand (Auckland University Press, 2013).

Shanaz Khan, Zina, Transnational Feminism, and the Moral Regulation of Pakistani Women (UBC Press, 2011).

Joan Wallach Scott, The Politics of the Veil (Princeton University Press, 2007).

6장 | 감정

Ann Taylor Allen, Feminism and Motherhood in Western Europe, 1890-1970: The Maternal Dilemma (Palgrave Macmillan, 2007).

Ute Frevert, Women in German History: From Bourgeois Emancipation to Sexual Liberation (Berg, 1988).

Kimberley Manning, 'Making a Great Leap Forward? The Politics of Women's Liberation in Maoist China', Gender & History 18:3 (2006), 574-93.

Katherine M. Marino, Feminism for the Americas: The Making of an

International Human Rights Movement (University of North Carolina Press, 2019).

Francesca Miller, *Latin American Women and the Search for Social Justice* (University Press of New England, 1991).

Mina Roces and Louise Edwards (eds.) *Women's Movements in Asia: Feminisms and Transnational Activism* (Routledge, 2010).

Lynne Segal, *Radical Happiness: Moments of Collective Joy* (Verso, 2017).

Zheng Wang, *Finding Women in the State: A Socialist Feminist Revolution in the People's Republic of China, 1949-1964* (University of California Press, 2017).

7장 | 행동

Alison Bartlett, 'Feminist Protest and Maternity at Pine Gap Women's Peace Camp, Australia 1983', *Women's Studies International Forum* 34:1 (2011), 31-8.

Keisha N. Blain, *Set the World on Fire: Black Nationalist Women and the Global Struggle for Freedom* (University of Pennsylvania Press, 2018).

Myra Marx Ferree, *Varieties of Feminism: German Gender Politics in Global Perspective* (Stanford University Press, 2012).

Kumari Jayawardena, *Feminism and Nationalism in the Third World* (Kali for Women, 1986).

Sumita Mukherjee, *Indian Suffragettes: Female Identities and Transnational Networks* (Oxford University Press, 2018).

Judy Tzu-Chun Wu, *Radicals on the Road: Internationalism, Orientalism, and Feminism during the Vietnam Era* (Cornell University Press, 2013).

8장 | 노래

Angela Y. Davis, *Blues Legacies and Black Feminism: Gertrude Ma Rainey, Bessie Smith, and Billie Holiday* (Knopf Doubleday, 2011).

Eileen M. Hayes, *Songs in Black and Lavender: Race, Sexual Politics, and Women's Music* (University of Illinois Press, 2010).

Margaretta Jolly, *Sisterhood and After: An Oral History of the UK Women's*

Liberation Movement, 1968-Present (Oxford University Press, 2019).

Negar Mottahedeh, *Whisper Tapes: Kate Millett in Iran* (Stanford Briefs, 2019).

Rachel Rinaldo, *Mobilizing Piety: Islam and Feminism in Indonesia* (Oxford University Press, 2013).

Rochelle Goldberg Ruthchild, 'From West to East: International Women's Day, the First Decade', *Aspasia* 6:1 (2012), 1-24.

나가며

Sara Ahmed, *Living a Feminist Life* (Duke University Press, 2017). [한국어판: 사라 아메드, 《페미니스트로 살아가기》, 이경미 옮김, 동녘, 2017]

Cinzia Arruzza, Tithi Bhattacharya and Nancy Fraser, *Feminism for the 99%: A Manifesto* (Verso Books, 2019). [한국어판: 낸시 프레이저 · 친지아 아루짜 · 티티 바타차리야, 《99% 페미니즘 선언》, 박지니 옮김, 움직씨, 2020]

Heather Eaton and Lois Ann Lorentzen (eds.), *Ecofeminism and Globalization: Exploring Culture, Context, and Religion* (Rowman & Littlefi eld, 2003).

찾아보기

이 책은 온라인서점 예스24를 통해 북펀딩을 진행했습니다.
펀딩에 참여해주신 모든 분께 감사드립니다.

강성호	김하나	신소현	이의영	정윤정
강정섭	노헬레나	안지혜	이정민	조정호
고니	림보책방	연혜원	이희진	조진희
기은서	박누리	오정민	임수현	최은숙
김나연	박다애	윤재준	임재하	한채윤
김다일	성윤애	이선아	장정현	황윤하
김대현	손민규	이선영	장주영	
김순남	송상민	이세희	전성원	
김진호	송우성	이연수	정남기	
김태영	신소라	이용석	정수진	

페미니즘들

초판 1쇄 펴낸날 2023년 8월 28일
지은이 루시 딜랩
옮긴이 송섬별
펴낸이 박재영
편집 이정신·임세현·한의영
마케팅 신연경
디자인 조하늘
제작 제이오
펴낸곳 도서출판 오월의봄
주소 경기도 파주시 회동길 363-15 201호
등록 제406-2010-000111호
전화 070-7704-5240
팩스 0505-300-0518
이메일 maybook05@naver.com
트위터 @oohbom
블로그 blog.naver.com/maybook05
페이스북 facebook.com/maybook05
인스타그램 instagram.com/maybooks_05

ISBN 979-11-6873-069-4 03900

만든 사람들
책임편집 한의영
디자인 조하늘